HEYNE BÜCHER

Das Buch

PERRY RHODAN gilt nicht umsonst als der deutsche Science-Fiction-Erfolg schlechthin: Seit den 60er Jahren haben sich Millionen von Lesern von den Abenteuern des Astronauten Perry Rhodan und seiner menschlichen und außerirdischen Freunde unterhalten lassen. Woche für Woche erscheint seitdem ein Roman.

Die Auflage der Romanhefte, Taschenbücher und gebundenen Ausgaben hat allein in Deutschland längst die Milliardengrenze überschritten. Mehrere Lizenzausgaben - unter anderem in Japan - sowie reger Tausch sorgen für weltweite Verbreitung. PERRY RHODAN-Leser gibt es auf allen Kontinenten: Im Internet melden sich Interessenten aus Australien und Amerika, Leserbriefe treffen aus Südafrika und Taiwan ein.

Auch inhaltlich hat die PERRY RHODAN-Serie Dimensionen erreicht, die man zuvor nicht für möglich erachtet hat: Mit Raumschiffen vom Ausmaß gigantischer Städte stoßen die Menschen der Zukunft ins All vor; sie erreichen fremde Galaxien und unglaublich weit entfernte Orte des Universums, sie erforschen sogar Paralleluniversen und reisen durch die Zeit in die Vergangenheit der Erde.

Ob der kleine, gedankenlesende, stets pfiffig blickende Mausbiber Gucky oder der gigantische, monströs wirkende, aber sehr intelligente und im Grunde friedliebende Haluter Icho Tolot - die Freunde Perry Rhodans stehen für ein vielseitiges Universum, in dem die Menschlichkeit im Mittelpunkt stehen soll.

Das große PERRY RHODAN-Fanbuch informiert über die Hintergründe, liefert Informationen zu Autoren, Zeichnern und Herausgebern, bietet Texte, die bisher den internen Autorenkreis nicht verlassen haben. Mit dabei: der Roman »Gesänge aus der Unterwelt« von Peter Terrid und zwölf Farbtafeln des PERRY RHODAN-Illustrators Alfred Kelsner.

Nicht nur für Fans der größten Weltraumserie, nicht nur für Leser - sondern auch für Menschen, die Bescheid wissen wollen über den Science-Fiction-Kult aus Deutschland …

Der Herausgeber:

Klaus N. Frick, Jahrgang 1963, betreut seit Ende 1992 als Redakteur und Lektor die PERRY RHODAN-Serie. Als Autor lieferte er im Lauf der Jahre zahlreiche Beiträge für Zeitschriften, Zeitungen und Anthologien (u. a. Heyne).

DAS GROSSE PERRY RHODAN FANBUCH

Herausgegeben von
Klaus N. Frick

Nach einer Idee
von
Stefan Breuer

Originalausgabe

WILHELM HEYNE VERLAG
MÜNCHEN

HEYNE ALLGEMEINE REIHE
01/9968

Umwelthinweis:
Dieses Buch wurde auf
chlor- und säurefreiem Papier gedruckt.

Printed in Germany 1996
Umschlag- und Innenillustrationen: Alfred Kelsner, Bünde
Umschlaggestaltung: Atelier Ingrid Schütz, München
Satz: Franzis-Druck GmbH, München
Druck und Bindung: Pressedruck, Augsburg

ISBN: 3-453-11465-5

Inhaltsverzeichnis

Vorwort

Wer sich zum erstenmal an PERRY RHODAN heranwagt, wird leicht von Superlativen erschlagen: Seit 1961 sind über 1800 Heftromane und über 400 Taschenbücher erschienen. Zählt man die 850 Romane der Schwesterserie ATLAN mit, kommt die fast unglaubliche Summe von über 3000 einzelnen Romanen zusammen. Damit ist PERRY RHODAN tatsächlich die »größte Weltraumserie« überhaupt.

In den Augen vieler Leser ist der Erfolg ein Beweis für die Faszination des Gesamtwerks, für andere ist er zugleich eine Hürde. Manch einer schreckt vor der Masse zurück und glaubt, es nicht »schaffen« zu können. Das große PERRY RHODAN-Fanbuch tritt an, das Gegenteil zu beweisen. Und ich erlaube mir, Ihnen einen guten Rat zu geben: Lassen Sie sich auf das Wagnis PERRY RHODAN ein.

Lassen Sie sich von Peter Terrid und seinem Roman »Gesänge aus der Unterwelt« in die Vergangenheit des Arkonidischen Imperiums und in die »relative Gegenwart« der Liga Freier Terraner entführen. Bummeln Sie mit Orpheus Chambers und Valerie über einen Planeten, der eine über zehntausendjährige Vergangenheit hat. Erleben Sie ein faszinierendes Universum, das in über dreißig Jahren entstanden ist und an dem zwanzig Autorinnen und Autoren mitgearbeitet haben.

PERRY RHODAN-Fans kommen mit Hintergrund-Artikeln, mit Farbtafeln, Statistiken und Listen bereits erschienener Romane auf ihre Kosten. »Neulingen« oder jenen Lesern, die sich einen Einblick verschaffen wollen, wollen Verlag und Redaktion zeigen, wie alles zusammenhängt.

Natürlich kann ein solches Fanbuch nur an der Oberfläche kratzen, natürlich können zahlreiche Aspekte der PERRY RHODAN-Geschichte in diesem Zusammenhang nicht dargestellt werden. Wer sich intensiver beschäftigen will, wird nicht umhin kommen, sich aktuelle Romane zu besorgen oder sich in der Fan-Szene und deren Zeitschriften zu informieren.

Viel Spaß wünsche ich Ihnen schon jetzt dabei.

Klaus N. Frick

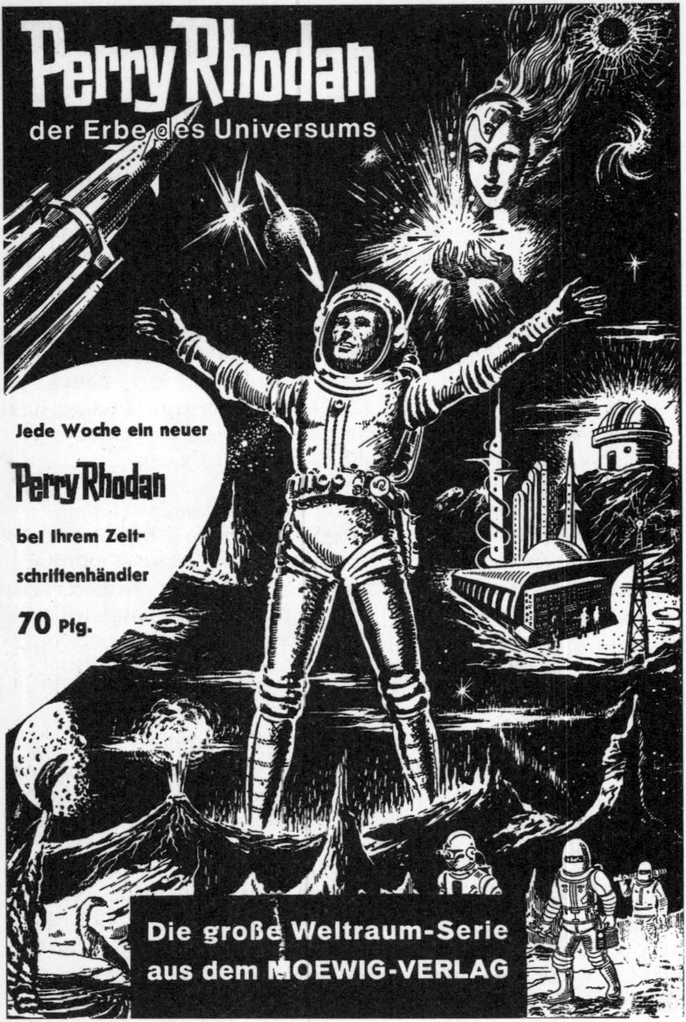

Starker Start ins Abenteuer: Mit dieser Werbung machte der Moewig-Verlag 1961 auf die neue Science-Fiction-Serie aufmerksam, und diese Werbung fand sich auch auf den Rückseiten der ersten PERRY RHODAN-Romane. Daß die Serie bis in die heutige Zeit überdauern sollte – daran dachte damals niemand auch nur im Traum.

Klaus N. Frick:
Zahlen, Daten, Fakten

Daß aus der Idee des Cheflektors Kurt Bernhardt ein Welterfolg wurde, überraschte wohl alle: Bernhardt setzte sich im Jahr 1961 mit den bekannten Science-Fiction-Autoren Karl-Herbert Scheer und Walter Ernsting (der unter seinem Pseudonym Clark Darlton schrieb) zusammen, um mit ihnen das Konzept für PERRY RHODAN zu erarbeiten. Geplant waren maximal dreißig bis fünfzig Heftromane.

Am 8. September 1961 erschien der erste Roman der PERRY RHODAN-Serie unter dem Titel »Unternehmen Stardust«; die Druckauflage lag bei 35 000 Exemplaren, was sich im Rahmen üblicher Erfahrungswerte für Science Fiction im Heftroman bewegte. Die Verkaufszahlen übertrafen jedoch alle Erwartungen, so daß die ersten zwei Hefte kurz darauf nachgedruckt werden mußten. Heute sind gerade diese verschiedenen »Erstausgaben« bei Sammlern besonders beliebt.

Der kommerzielle Erfolg hielt über die Jahre hinweg an. In den 60er und 70er Jahren waren stets steigende Auflagen zu bewundern. Als die PERRY RHODAN-Serie den Band 500 erreichte, damit also schon zehn Jahre lang ununterbrochen auf dem Markt war, feierte der Verlag das Jubiläum mit einem umlaufenden Titelbild und einem beigelegten Poster.

Ab Band 700 waren alle Jubiläumsbände mit einem umlaufenden Cover und Gimmicks im Innenteil ausgelegt. Zeitweise handelte es sich um vierfarbige Poster, teilweise um schwarzweiß gedruckte Rißzeichnungen besonders wichtiger Raumschiffe. Dem Band 1700 lag ein Poster bei, das das komplette Autorenteam mit Unterschriften präsentierte.

Die erste Hälfte der 80er Jahre markierte einen Höhepunkt in der PERRY RHODAN-Geschichte: In fünf verschiedenen Auflagen wurden die Hefte publiziert, in drei Auflagen kamen die Taschenbücher auf den Markt, und auch die Schwesterserie ATLAN erlebte zwei verschiedene Auflagen. Da alle Verlage zu dieser Zeit Science Fiction im Übermaß verlegten, kam es zu einer gewissen Überproduktion, und die Auflagen sanken.

Auch PERRY RHODAN, das Flaggschiff der deutschen Science Fiction, geriet ins Trudeln. Die zweite Auflage mußte eingestellt werden, auch die ATLAN-Serie und die Nachauflagen der Taschenbücher verschwanden vom Markt. Zuletzt wurde die vierte Auflage im Jahr 1992 gestoppt.

Trotz aller Unkenrufe hat sich PERRY RHODAN jedoch auf dem immer härter umkämpften Markt halten können. Der Verlag in Rastatt, der nicht mehr andere Heftreihen als Konkurrenz ansieht, sondern das Fernsehen mit seinen verschiedenen Science-Fiction-Serien, machte in letzter Zeit verstärkt durch Marketing-Aktivitäten und Öffentlichkeitsarbeit von sich reden.

Die Konkurrenz im Heftroman-Sektor hat aufgegeben; Serien wie »Rex Corda« oder »Ren Dhark« kamen nie auf Band 100 oder mehr. Der letzte Versuch, mit einer ambitionierten Science-Fiction-Serie gegen PERRY RHODAN anzutreten, kam von Bastei: Die sehr gut geschriebene und mit zahlreichen neuen Ideen aufwartende Serie »Die Terranauten« wurde mit Band 99 eingestellt.

Währenddessen konnte im Februar 1996 bei PERRY RHODAN der Band 1800 erreicht werden, der neue Zyklus - »Die Brücke in die Unendlichkeit« - kommt bei den Lesern bislang gut an. »Wir sollten uns mal Gedanken darüber machen, was wir in Band 2000 schreiben«, sinnierte Chef-Autor Ernst Vlcek bei der letzten Autorenkonferenz ohne jegliche Ironie.

Was früher völlige Utopie war, ist längst reale Planung: PERRY RHODAN-Band 2000 soll Ende Dezember 1999 erscheinen - und es gibt nur wenige, die derzeit daran zweifeln.

Die Nachauflagen

Nicht einmal fünf Jahre nach dem Start der PERRY RHODAN-Serie begann der Verlag mit einer Nachauflage; die bisher erschienenen Romane wurden leicht bearbeitet und erneut publiziert. Später folgten - in größeren Abständen - eine dritte, vierte und fünfte Auflage. Diese Auflagen erhielten teilweise eigenständige Leserbriefseiten und wurden redaktionell anders ausgestattet, um neue Leserschichten zu erreichen. »Der größte Feind der Nachauflagen sind die Flohmärkte« - so lautete schon in den 80er Jahren eine Aussage der PERRY RHODAN-Redaktion. Da Hunderttausende von Heften auf dem

Sammlermarkt zu erhalten waren, die man auf Flohmärkten, Fan-Veranstaltungen und in Antiquariaten zu niedrigsten Preisen erstehen konnte, sackten die Verkaufszahlen der Nachauflagen unweigerlich ab.

Nacheinander segneten deshalb die zweite und die vierte Auflage das Zeitliche. Zur Rettung wurden im Sommer 1993 die noch existierenden Nachauflagen umgearbeitet; seither erscheinen weder die dritte noch die fünfte Auflage als klassischer Heftroman. Sie werden in einer modernen Paperback-Form verlegt, in der jeweils zwei separate Romane zu einem neuen Ganzen zusammengefügt werden. Diese Doppelbände enthalten beide Titelbilder und sind mit einem kartonierten Rücken ausgestattet.

Der Abwärts-Trend konnte so verlangsamt oder sogar gestoppt werden. Während die fünfte Auflage derzeit in den 700er-Bänden im »Aphilie«-Zyklus das Thema der lieblosen Erde und der von Fremden besetzten Milchstraße schildert, behandelt die dritte Auflage in den 1200er-Bänden das faszinierende Geschehen um die Chronofossilien, den Dekalog der Elemente und das geheimnisvolle Tiefenland. An einen Start einer eventuellen sechsten Auflage wird derzeit nicht gedacht.

Die Taschenbücher

Im Januar 1964 kam das erste PERRY RHODAN-Taschenbuch auf den Markt, danach folgten in regelmäßigem Rhythmus - zuerst alle vier Wochen, dann exakt monatlich - neue Taschenbücher mit abgeschlossenen Abenteuern. Die Reihe erlebte bereits beim Moewig-Verlag zwei Nachauflagen, die aber mangels guter Verkaufszahlen eingestellt werden mußten.

Seit November 1993 erschienen die Titel beim Wilhelm Heyne Verlag in München. Heyne startete zudem eine weitere Neuauflage, in der die »Klassiker« der PERRY RHODAN-Taschenbücher in einer modernen Auflage auf den Markt kamen.

Leider konnte sich die Reihe der PERRY RHODAN-Taschenbücher im Heyne-Konzept nicht durchsetzen. Mit Band 403 erscheint im September der letzte Band der Reihe; damit ist nach über dreißig Jahren diese Tradition am Ende.

Die Silberbände

Als geradezu genial erwies sich eine Idee von Willi Voltz, die dieser Ende der 70er Jahre hatte: »Laß uns doch die alten Hefte in einer neuen Form auf den Markt bringen«, schlug der damalige Chef-Autor vor. Neue Leser sollten gewonnen, alte mit neuer Aufmachung erneut begeistert werden.

Die Rechnung ging auf: Jahr um Jahr erschienen drei Buchausgaben, die mit einem dreidimensional wirkenden Titelbild und einem Silberband ausgestattet waren und schon von daher absolut auffielen. Im Schnitt sind pro Buch zwischen fünf und acht Heftromane enthalten, gründlich überarbeitet und mit neuen Überleitungen versehen. So entsteht der Eindruck eines neuen spannenden Romans, der auf doppelte Beschreibungen, Wiederholungen und Fehler durch mangelnde Koordination zwischen den einzelnen Autoren verzichtet. Diese repräsentative PERRY RHODAN-Bibliothek, von der im Herbst 1996 der Band 56 erscheint, hat sich zum Renner entwickelt. Laut Verlagsangaben waren bereits im Jahr 1995 rund 4,6 Millionen Bücher verkauft worden; für deutsche Science Fiction im Hardcover-Geschäft ein absoluter Rekord.

PERRY RHODAN multimedial

Neben Heftromanen, Taschenbüchern und Hardcovern gibt es von PERRY RHODAN auch noch Rißzeichnungsbände, in denen großformatige Abbildungen und technische Zeichnungen der Raumschiffe zu finden sind, die in den Romanen eine wichtige Rolle spielen.

Diese Zeichnungen spielen auch eine Rolle beim Trading-Card-Spiel, das im Jahr 1996 erschienen ist. Neben klassischen Zeichnungen aus der Frühzeit der Serie wurden hier auch Illustrationen neuer Grafiker aus der Rißzeichner-Riege verwertet.

Wenn alles so läuft, wie es sich Autoren und Redaktion vorstellen, steht der nächste Quantensprung in Sachen PERRY RHODAN alsbald an: Sowohl eine Version der Serie als Computerspiel auf CD-ROM als auch eine Art Multimedia-Verarbeitung auf CD-ROM sind in Arbeit und dürften alsbald erscheinen.

Möglich ist vieles, möglich ist vor allem, daß sich die PERRY RHODAN-Serie zum Beginn des nächsten Jahrhunderts ganz anders präsentiert: nicht mehr als gedrucktes Weltraum-Abenteuer allein, sondern als multimediales Ereignis, in dem CD-ROMS, andere Spiele, Hörspiele und vielleicht sogar Filme einen gleichberechtigten Platz einnehmen. Das wäre der würdige Höhepunkt für eine Idee, die vor 35 Jahren ihren Ausgangspunkt nahm.

PERRY RHODAN EXPOSÉ 1800 Seite 1 1800 Rhodan

Autor:	Termin:	Zeit der Handlung:
Robert Feldhoff Haarenufer 5 26122 Oldenburg Tel. & Fax: 0441 74 755	29. September 1995	15. September 1222 - 12. Oktober 1288 NGZ
Daten zu diesem Band:	**zu früheren Bänden:**	**Begriffe:**
Cistolo Khan Bruno Drenderbaum Milchstraße im Jahr 1288 NGZ Jahreskalender 1288 NGZ		Boris Siankow, Geo Sheremdoc, POLYAMID, BASIS, Koka Szari Misonan, Brücke in dieUnendlichkeit, Stiftermann III, Kristallimperium, Forum Raglund, LFT, Camelot-Projekt
zu kommenden Bänden:		
GILGAMESCH (n.n.)		
An alle Autoren: Exposés bitte immer bis zum neusten Stand lesen!		

Situation:

Gomasch Endredde existiert nicht mehr.
Voltago hat sich mit folgenden Worten von Rhodan verabschiedet: "Vergiß nicht, daß du die Brücke in die Unendlichkeit betreten mußt. Vielleicht kostet es dich nicht nur einen Schritt. Vielleicht auch tausend tote Gefährten und hundert sterbende Planeten. Aber wie hoch der Preis auch sein mag, du wirst ihn bezahlen müssen."
Das Sporenschiff AACHTHOM ist zu seiner Mission ins Arresum verschwunden, die Verhältnisse in Hirdobaan stehen durch das Eingreifen der Sydorrier vor ihrer endgültigen Klärung. Man hat eine Jahrtausende dauernde Knechtschaft beendet.

Perry Rhodan erhält von Ernst Ellert zum Abschied eine rätselhafte Box aus schwarzem Material, von der man nicht genau sagen kann, ob sie leer oder mit einem nur nicht auffindbaren Inhalt gefüllt ist.
Damit und mit dem Schirmfeldgenerator, der die Wirkung des psionischen Imprints aufhebt, machen sich die BASIS und die mit ehemals Süchtigen besetzten Schiffe auf die Rückreise in die heimatliche Milchstraße.

Streng geheim: PERRY RHODAN wird nach Exposés geschrieben, die nicht nur das Datengerüst zu einem Roman liefern, sondern auch die Handlung charakterisieren. Die Abbildung zeigt das Titelblatt zum Exposé für Band 1800.

Neue Epoche: Mit Band 1800 - »Zeitraffer« von Robert Feldhoff - leitete die PERRY RHODAN-Serie einen neuen Zyklus ein. Ein Schwerpunkt dabei: die »Brücke in die Unendlichkeit«.

PETER TERRID

Gesänge aus der Unterwelt

Im Krisenzentrum Geel-Shahan –
ein Fall für Orpheus Chambers

Der Autor dieses Romans:

Peter Terrid
(bürgerlicher Name: Wolfpeter Ritter)
wohnt in Köln

1.

Terra, Solsystem, September 1222
Neuer Galaktischer Zeitrechnung

Das Gemeine mit diesen Trivideo-Streifen ist, daß sie immer nur so tun, als wären sie wirklich dreidimensional. In Wirklichkeit ist das eigentliche Bild flach wie ein Gemälde. Gewiß, man hat den Eindruck, als sähe man das Geschehen gleichsam aus nächster Nachbarschaft, so, als würde man aus dem Fenster gucken. Aber wenn man näher herangeht, wird einem klar, daß es eben doch nur eine Projektion ist.

Der Streifen war eigentlich miserabel, eine wüste Zukunfts-Kriminalgeschichte. Da geht es natürlich nicht mehr darum, nur einfach ein Verbrechen aufzuklären; es muß jedesmal das halbe Universum in Gefahr sein und am Schluß gerettet werden. Mal ehrlich: Wer möchte schon mit einer Frau oder einem Mann zusammenleben, der sich damit brüsten kann, zahlreiche Planeten mit zahllosen Milliarden von Lebewesen vor teuflisch raffinierten Anschlägen irgendwelcher Fieslinge gerettet zu haben? Gar so raffiniert sind die Machenschaften selbstverständlich nicht, schließlich muß das geschätzte Publikum sie auch kapieren können.

Ebenso selbstverständlich, daß zu einem solchen Streifen eine Heldin oder ein Held gehört, meist beides, die so klug und schön sind, daß es den Göttern im Olymp die Sprache verschlagen hätte.

In diesem Fall hieß der Streifen reißerisch *Todesröcheln aus dem Sternenschlund*. Eine Heldin war zuständig, eine ungemein Appetitliche um die fünfzig. Samtene braune

Haut, wie man sie bei vielen Plophosern findet; grünliche Mandelaugen. Die waren schöner als meine, aber dafür konnte ich mit meinen künstlichen Sehorganen mühelos erkennen, daß bei der Formgestaltung ein exzellenter Chirurg nachgeholfen hatte: Die winzigen Narben waren gut auszumachen. Die Heldin hatte rötliche Haare, schulterlang und vermutlich gefärbt, eine Intelligenz, die NATHAN verblüfft hätte, und dazu Kurven ...

Ich war aufgestanden und hatte mich der Projektionswand genähert, auf der rechten Seite. Die Schöne saß mit dem Rücken zu mir auf einem Foltergestell und wurde gerade von dem Oberbösen verhört, der sie mit Martern aller Arten zu traktieren versprach. Die Süße zappelte und keuchte, und ich hatte vor, gewissermaßen schräg von der Seite schielend, nachzuprüfen, ob sie tatsächlich so schwer atmete. Wäre die Darstellung wirklich dreidimensional gewesen, dann hätte ich rechts von der Kante her ihre Atmung überprüfen können. Groß genug war das Dekolleté dafür ...

Genau in diesem Augenblick begann rechts oben ein Symbol zu blinken. Ich wurde angerufen. Ich werde *immer* in solchen Augenblicken angerufen. Woher wissen die Leute nur, in genau welchem Augenblick sie mit ihrem Kommunikationsbedürfnis am meisten stören?

»Kennung!« verlangte ich vom Syntron. Das Symbol verschwand und machte einer schriftlichen Mitteilung Platz.

Ich stieß eine Verwünschung aus.

Von allen Menschen, die ich kannte, wollte ich von diesem am wenigsten gestört werden. Ich mochte diesen Geo Sheremdoc einfach nicht. Gut, er war Kommissar der Liga Freier Terraner, so etwas wie ein Notstandsspezialist mit besonderen Vollmachten und damit eine der einflußreichsten Persönlichkeiten Terras, aber das hieß nicht, daß er mir sympathisch zu sein hatte.

Im nächsten Augenblick war prompt seine Stimme zu hören.

»Melde dich, Chambers, ich weiß, daß du zu Hause bist!«

Höflich wie immer, der Kerl.

»Umschalten auf Großprojektion! Film im Ausschnitt stoppen!«

Die Syntronik meiner Behausung reagierte wie befohlen. Die winselnde Plophoserin rutschte verkleinert in die linke untere Ecke und verharrte dort atemlos, dafür wurde die Wand meines Wohnzimmers vom überlebensgroßen Abbild Geo Sheremdocs eingenommen. Er lächelte nicht. Wahrscheinlich hat er nicht einmal als Säugling gelächelt.

»Ich grüße dich, Orpheus Chambers«, übte er sich in formeller Höflichkeit.

»Ich grüße dich auch«, gab ich zurück und ließ mich in meinen Sessel fallen. Das Möbel knirschte leise, Sheremdoc wölbte die rechte Braue.

»Alles schon ausgegeben?« erkundigte er sich sarkastisch. »Reicht es nicht einmal mehr für einen modernen Pneumosessel?«

Ich hatte die Beine unter den Bauch geschlagen und hockte in dem Möbel wie ein Buddha. Allerdings kannte ich keine Statue des Erleuchteten, in deren rechter Hand ein Glas mit Whisky gesteckt hätte. Und meist war Buddha rasiert und trug keinen alten Morgenmantel mit ein paar Essensflecken darauf.

»Du hättest mich in meinem Büro anrufen sollen«, grollte ich ihn an. »Wer mich privat stört, der muß mich eben so nehmen, wie ich bin.«

»Dein Büroanschluß ist gesperrt«, konterte Sheremdoc. »Vermutlich hast du die Gebühren nicht bezahlt.«

Wollte er mir jetzt einen Vortrag über Zahlungsmoral und sinnvolle Geldanlage halten? Die paar Hunderttausend Galax, die er mir – zähneknirschend, was für ein erhebender Anblick – nach unserem ersten *und einzigen* Handel hatte zahlen müssen, hatte ich umsichtig angelegt. Zum Teil in hochwertige Spirituosen, ein bißchen Geist muß schließlich sein, und wenn es Weingeist ist, zum Teil hatte ich mich als Sportsponsor betätigt und bei den verdammten Rennen eine Menge gutes Geld verloren. Wahrscheinlich wußte Sheremdoc das, aber er wußte nicht, daß er mich mit Geld nicht würde ködern können. Noch war mir genug geblieben, um davon zwei Jahrzehnte lang feucht und fröhlich leben zu können; was brauchte ich mehr?

»Weswegen störst du mich?« blaffte ich ihn an. »Ich hatte gerade einen Schulungsfilm laufen.«

Er hatte die Frechheit, mich sarkastisch anzugrinsen. Er lächelte nicht, aber boshaft grinsen konnte er hervorragend.

»Was könnte man dir noch beibringen?« erkundigte er sich, ohne das Thema zu vertiefen. Möglich, daß er mich für ein Genie hielt, das nichts mehr zu lernen brauchte, möglich, daß er mich für einen Trottel hielt, dem man ohnehin nichts mehr beibringen konnte – wahrscheinlicher war die zweite Möglichkeit.

»Komm endlich zur Sache«, forderte ich ihn auf und nahm einen kräftigen Schluck aus meinem Glas. Anschließend atmete ich deutlich in seine Richtung. Es gibt Geräte, die auch zur Sendung passende Gerüche absondern konnte, aber ich hasse diese Dinger. Nach einer Werbeunterbrechung riecht es dann meist wie in einem gutbeleumundeten Bordell auf Lepso. Sheremdoc würde meine Fahne nicht schnuppern können, aber er hatte mitbekommen, wie es gemeint war.

Er stieß einen Seufzer aus. »Wir brauchen dich«, gab er dann zu.

Ich entfaltete meine Beine und streckte mich lang und

behaglich in meinem Sessel aus. Da der Morgenmantel ohnehin bis zum Bauchnabel offenstand, zögerte ich nicht, mich genußvoll am Bauch zu kratzen.

»Sieh an«, gab ich in philosophischer Abgeklärtheit zurück, genoß erst einmal die Situation. »Ist die Liga Freier Terraner wieder einmal in Not?«

»Die Sache ist nicht spaßig«, knurrte Geo Sheremdoc. »Ganz und gar nicht.«

Ich griente ihn an. »Es gibt nichts, worüber man nicht ein paar schlechte Witze machen könnte«, sagte ich. »Dich wahrscheinlich ausgenommen.«

Er hielt für eine halbe Minute den Mund, was mir Gelegenheit gab, ihn genauer anzusehen. Sonderlich groß war er nicht, knapp über einsachtzig, für einen Mann knapp über hundert sah er ganz brauchbar aus, eher zäh und drahtig als kraftvoll und muskulös. Ich hätte gern gewußt, ob sein vollkommen kahler Schädel auf Haarausfall zurückzuführen war oder seinen Grund darin hatte, daß er keine Lust hatte, sich jeden Morgen zu frisieren. Letzteres konnte ich nachvollziehen, ich hielt auch nicht viel von Kamm und Bürste. Von Enthaarungscremes allerdings ebensowenig.

Geo Sheremdoc machte das Gesicht, für das er bekannt war. Er wirkte verkniffen, fast schon stur, wie eine Mischung aus Asket und Fanatiker – und das waren die schlimmsten Zeitgenossen von allen. Sein Kinn war trotzig und kampfbereit nach vorn gereckt. Die Falten von der Nasenwurzel zu den Mundwinkeln hatten sich seit unserem letzten Zusammentreffen vertieft: Sorgen oder Magengeschwüre.

»Vergessen wir's«, hörte ich ihn murmeln, aber so billig kam er mir nicht weg. Ich wollte wenigstens wissen, was ihn bedrückte, das machte die Schadenfreude größer.

»Nicht so schnell«, bat ich eilig. »Du hast mir noch

nicht gesagt, wozu du mich haben willst. Die Hamamesch sind weg, ihre hübschen Spielzeuge auch ...«

»Aber ihr Erbe ist uns geblieben ...«, knurrte Sheremdoc.

Ich werde diese meine Memoiren posthum herausgeben lassen, also erst im vierzehnten Jahrhundert NGZ, deshalb sei kurz daran erinnert, wer und was die Hamamesch waren und was sie veranstaltet hatten.

Sie stammten aus der Galaxis Hirdobaan, weit draußen im Universum, so weit draußen, daß nur Narren, Halunken oder ein Perry Rhodan jemals auf die Idee kommen würden, eine so weite Reise zu machen. Schlappe 118 Millionen Lichtjahre. Die Hamamesch stammten genetisch von Fischen ab und waren mit Fischen verwandt, so wie wir klugen Menschen mit den weitaus klügeren Affen verwandt sind, die immer an der frischen Luft leben, sich äußerst gesund von Früchten ernähren und weder Raumfahrt noch einen Kater kennen. Beneidenswerte Geschöpfe. Die Hamamesch gehörten zur Schar der Halunken – vielleicht nicht alle, aber wenigstens diejenigen, die uns vor einigen Jahren mit ihren riesigen Handelsstationen einen Besuch in unserer Milchstraße abgestattet hatten. Auf diesen sogenannten Basaren, so groß wie mittlere Monde, hatten sie den unglaublichsten Krempel und wollten ihn tauschen. Geld wollten sie nicht – nur ein bißchen Spitzentechnologie: Energieerzeuger, Syntroniken, Waffen und allerlei anderes wertvolles Zeug mit vielen Knöpfen und Schaltern daran.

Normalerweise wäre kein Galaktiker so dämlich gewesen, sich auf diesen absurden Tauschhandel einzulassen, aber die Hamamesch-Waren hatten es in sich gehabt. Ein Blick eines potentiellen Kunden hatte genügt – und dann war es um ihn geschehen gewesen. Die Fachleute hatten diese besondere Eigenschaft der

Hamamesch-Waren als psionischen Imprint bezeichnet, eine hochtrabende Umschreibung für die Tatsache, daß sie in Wirklichkeit keine Ahnung gehabt hatten. Jedenfalls war dieses Zeug suchterzeugender gewesen als der übelste Stoff, der je auf Lepso gehandelt worden war. Die Menschen, auch Topsider, selbst Moofs, waren wie verrückt hinter solchen Imprint-Waren her gewesen und hatten alles geopfert, um solch ein Ding eintauschen zu können. Nachdem die Hamamesch etliche Milliarden Galaktiker auf diese Weise ausgeplündert hatten, waren sie mit ihrer Beute abgezogen. Ihre Waren hatten nach kurzer Zeit den besonderen ›Kick‹ verloren – und nur die Imprint-Sucht zurückgelassen.

Nach meinem Wissensstand hatten sich daraufhin etliche Millionen total durchgeknallter Freaks mit allem, was durch den Raum fliegen konnte, auf den Weg nach Hirdobaan gemacht – ein Flug, der schätzungsweise zwei Jahre dauern würde, falls sie überhaupt je ankamen. Einige Zeit später hatten die Galaktiker eine Hilfsflotte hinterher geschickt, ausschließlich mit Blues bemannt, weil die seltsamerweise gegen Imprint-Sucht gefeit waren.

Was aus beiden Flotten geworden war, wußte offenbar niemand. Wahrscheinlich würden in ein paar Monaten einige wenige Schiffe mit Überlebenden ankommen, mehr schien mir nicht möglich zu sein. Immerhin lag Hirdobaan ein wenig abseits der Flugroute, die Perry Rhodan, Atlan und die anderen Unsterblichen mit ihren Zellaktivatoren auf ihrem Trip mit der BASIS zur Großen Leere und zurück hatten abfliegen müssen. Natürlich hoffte jedermann, daß der Große Rhodan so nebenbei auch dieses Problem lösen würde.

Ich für meinen Teil hoffte, daß Rhodan verschollen bleiben würde und seine Kumpane mit ihm; ich mag diese Unsterblichen nicht, in meinen Augen sind es Monstrositäten.

»Wo ist das Problem?« fragte ich. »Die Süchtigen habt ihr inzwischen hübsch in irgendwelchen Anstalten verschwinden lassen, wo sie mit modernen Drogen ruhiggestellt werden. Rhodan ist weit weg, ihr könnt weitermachen wie bisher. Was also liegt an?«

»Ist dir gar nichts heilig?«

»Gar nichts würde ich nicht sagen«, antwortete ich und rieb mir den Bauch. »Ich habe eine ungeheure Hochachtung vor mir selbst, beispielsweise.«

»Der Idealfall einer Religion mit einem Gott und einem Gläubigen, und dazu beides in einer Person«, spottete Sheremdoc.

»Sprich sanfter mit mir, sonst breche ich das Gespräch ab«, drohte ich. »Und hör auf, um den heißen Brei herumzuschleichen. Wozu brauchst du ein kriminalistisches Genie wie mich? Warum rufst du nicht diese fantastische Ermittlerin namens Lhoreda Machecoul? Die Frau soll toll sein in ihrem Beruf.«

»Sie ist anderweitig beschäftigt«, informierte mich Sheremdoc. »Mit Erziehungsaufgaben. Sagt dir der Name Shahan etwas?«

Ich dachte nach und schüttelte den Kopf.

»Shahan ist eine Welt im Chorwan-System«, klärte mich Geo Sheremdoc auf. »Das System liegt irgendwo zwischen unserer Einflußsphäre und der von Arkon. Ursprünglich war es eine Arkon-Welt, jetzt ist sie in unserem Besitz.«

»Ich gratuliere«, spottete ich und füllte mein Glas nach. Menschen wie Sheremdoc kann ich nüchtern nicht ertragen; betrunken wirkt er zwar nicht viel netter, aber dann macht es mir weniger aus.

»Auf Shahan haben wir einige hunderttausend Galaktiker aus allen Völkern untergebracht«, fuhr Geo Sheremdoc fort. Ich sah ihm an, wie schwer es ihm fiel, darüber zu reden. Vor allem mit mir. Er mochte mich so wenig wie ich ihn, und er wußte, daß ich ihn nicht mochte; und daß ich auch ebenso wußte, daß er mich nicht mochte. In dieser Beziehung waren wir wie gewisse Eheleute, einander verbunden durch gegenseitige Abneigung.

»Untergebracht?« hakte ich nach. Das klang nicht sonderlich freundlich, eher nach ›interniert‹.

»Gewissermaßen interniert«, gab Sheremdoc auch prompt zu. »Allerdings auf freiwilliger Basis. Diese Leute haben zwei Sachen gemeinsam – zum einen handelt es sich um Imprint-Süchtige, zum anderen haben sie vor ihrer Sucht wichtige Positionen bekleidet, in der Verwaltung, in der Forschung, in sicherheitsrelevanten Positionen. Du verstehst?«

Ich mag diesen Politikerjargon nicht: ›sicherheitsrelevant‹. Brrr! Aber ich hatte verstanden.

»Leute, die in ihrem derzeitigen Zustand niemand in die Finger bekommen soll?« vermutete ich.

»Genau so ist es«, stimmte Geo Sheremdoc zu. »In ihrem gegenwärtigen Zustand sind diese Galaktiker nicht Herren ihres Verstandes. Agenten feindlicher Mächte könnten sie in dieser Verfassung unter Druck setzen, manipulieren oder sich sonstwie dienstbar machen. Deswegen haben wir diese Leute gewissermaßen isoliert.«

»Hoffentlich nicht bei Wasser und Brot«, sagte ich und streichelte meinen Bauch.

Geo Sheremdocs Kopf war in dieser Projektion fast zwei Meter groß und entsprechend breit. Ungefähr so mußte sich ein Neugeborenes fühlen, wenn es von seinem Vater angestarrt wurde. Und Sheremdoc hatte einen sehr strengen väterlichen Blick.

»Es gibt gewisse Menschen, denen eine Diät von Wasser und Brot durchaus nicht schaden würde«, bemerkte er halblaut, begleitet von einem anzüglichen Blick auf meinen Bauch. Im Nabel klebte noch ein krümeliger gelber Rest vom Frühstücksei.

»Spar dir deine Bemerkungen«, wies ich ihn zurück. Natürlich hatte ich nicht die geringste Lust, mich von ihm zu einem Job anheuern zu lassen. Aufträge, die ein Sheremdoc vergab, waren in der Regel mit Unannehmlichkeiten verbunden, mit knapper Nahrung, Alkoholentzug und Lebensgefahr. Letzteres hätte ich zu ertragen vermocht. Ich genoß das Gespräch. Einen Burschen wie Sheremdoc in der Rolle eines Bittstellers zu sehen, war ein tiefer Genuß für mich, der ich von allem, was nach Staatsgewalt und Behörden schmeckte, schon immer nur Widerwärtigkeiten erfahren hatte. Und in dieser Minute war Geo Sheremdoc ein Bittsteller. Er brauchte mich, ich konnte es ihm ansehen. Wie er das Gesicht verzog und heftig schluckte. Oh ja, es ging ihm ganz und gar gegen den Strich, sich mit mir abgeben zu müssen. Noch ahnte er nicht, daß er in *jedem* Fall eine Abfuhr von mir bekommen würde.

»Shahan ist eine sehr schöne Welt«, klärte Geo Sheremdoc mich auf. »Eine ehemalige Ferienwelt für die hohen Imperatoren von Arkon. Landschaftlich sehr reizvoll, mit einem wunderbaren Klima, prachtvollen Stränden … Es wird dir dort gefallen.«

»Noch weiß ich nicht, was ich unter all diesen Süchtigen soll? Drehen sie durch?«

Sheremdoc schüttelte den Kopf.

»Nein«, antwortete er grimmig. »Es geht unseren Leuten dort sehr gut. Sie führen ein friedliches Leben auf sehr hohem Niveau. Luxuriös, sozusagen, genau das Richtige für dich.«

Wußte er, daß das Wort *luxuriös* eigentlich aus dem Französischen stammte und in Wirklichkeit soviel wie *wollüstig* bedeutete? Mit Fremdworten ist es so eine Sache …

»Noch sehe ich mich nicht dort«, sagte ich zwischen zwei Schlucken. Der Whisky wurde langsam warm. »Erstens weiß ich nicht, was ich dort sollte. Und zudem fehlt es mir am nötigen Kleingeld, um mich unter luxuriösen Süchtigen zu bewegen.«

Sheremdocs Grinsen verriet, daß er nun glaubte, mich da zu haben, wo er mich hatte haben wollen. Geld, angeblich meine schwache Seite. Unsinn, eine Kugel hat keine schwache Seite.

»Wir werden die Kosten tragen«, versprach er.

Ich grinste schäbig. »Unterkunft und Verpflegung?« schätze ich.

»Und ein reichlich bemessenes Taschengeld«, ergänzte er, als betriebe er Reklame für ein Preisrätsel. »Abgesehen von der Prämie, falls du erfolgreich bist.«

Er lockte vergebens. Ich hatte keinerlei Lust, meine Haare oder noch mehr für ihn zu riskieren.

»Und an was für eine Art von Erfolg denkst du?« forschte ich weiter.

Sheremdocs Miene verdüsterte sich. »Es hat auf Shahan einen Mord gegeben«, gab er bekannt.

Ich pfiff leise durch die Zähne. Die Lücke im rechten Unterkiefer ließ den Pfiff allerdings noch leiser ausfallen, als ich gewollt hatte.

Mord also ...

Im Gegensatz zur Trividwelt, in der man ständig über Leichen stolpert, die meist nackt und weiblich sind, wie früher auch, gibt es im wirklichen Leben des dreizehnten Jahrhunderts Neuer Galaktischer Zeitrechnung – also im neunundvierzigsten Jahrhundert der alten Zeitrechnung – Morde nur sehr selten. Man muß als Detektiv schon sehr viel Glück haben, um in einen Mordfall verwickelt zu werden. Die Sache hatte also etwas Verlockendes.

»Darf ich Einzelheiten wissen?«

»Erst nach deiner Zusage«, konterte Sheremdoc. Blöde war er nicht. Er wußte, daß mich die Sache reizte.

»Kriege ich die Rechte an der Story?« wollte ich wissen.

»Rechte?« Er starrte mich ziemlich entgeistert an.

»Urheberrechte«, klärte ich ihn auf. »Ich mache vielleicht einen Roman daraus. Oder ein Bühnenstück, vielleicht ein Musical. Und natürlich alle Nebenrechte wie Verfilmung, Vertonung, Kartenspiele, Brettspiele, Buttons und andere Anstecker, der ganze Kram also.«

»Selbstverständlich nicht«, sagte Sheremdoc trocken. »Die Sache muß strikt vertraulich behandelt werden. Geheimhaltung, du verstehst?«

»Ich verstehe, daß für mich nichts drin ist«, gab ich zurück. Verflixt, das Glas war leer, und ich hatte keine Lust aufzustehen. Dieser Mann bereitete mir ununterbrochen Verdruß.

Urplötzlich wechselte Sheremdoc das Thema.

»Wie geht es deiner kleinen Freundin?« erkundigte er sich.

Ich hätte ihm am liebsten das leere Glas an den Kopf geworfen. Das also war der Haken, den ich schlucken sollte. Dieser niederträchtige Mistkerl!

Auf dem Höhepunkt des Theaters um die sogenannten Digital-Gespenster, in das niemand anderes als Geo Sheremdoc mich hineingestoßen hatte, hatte ich die Bekanntschaft eines Mädchens gemacht. Valerie Grath hieß die Kleine, sie war zwölf Jahre alt und inzwischen wahrscheinlich Vollwaise. Ihre Eltern waren imprint-süchtig geworden und hatten sich, wie ich in Erfahrung gebracht hatte, mit der Flotte der anderen Junkies nach Hirdobaan abgesetzt. Im letzten Augenblick hatte die Mutter den Fehler begangen, ihrer Tochter ihre neue Erwerbung zu zeigen, ein Etwas, das von Valerie als ›roter Plonk‹ bezeichnet wurde –

und natürlich hatte die Imprint-Sucht auch das kleine Mädchen befallen.

Seither hatte ich mich, so gut es ging, um die Kleine gekümmert, und Sheremdoc schien das zu wissen.

»Was geht dich mein Privatleben an?« fauchte ich und zog unwillkürlich den Morgenmantel zusammen.

»Nichts«, sagte Sheremdoc zynisch. »Ich amüsiere mich nur darüber, daß ein Ekelpaket wie du so fürsorglich sein kann. Ich habe dir einen Vorschlag zu machen.«

Er hatte mich. Er sollte im Inneren einer explodierenden Supernova schmoren, dieser Hund.

»Laß hören«, knurrte ich.

»Wir werden auf Shahan einen Platz für Valerie besorgen, und du wirst als ihre Begleitperson dort auftauchen. Die nötigen Dokumente verschaffen wir dir – daß du der Onkel des Mädchens bist oder ihr Vormund, jedenfalls eine unverdächtige Tarnung. Du ermittelst und spürst den Täter oder die Täterin auf, gegen entsprechendes Honorar, versteht sich.«

»Und wenn ich ablehne, bleibt die Kleine in der gottverdammten Klinik? Könnt ihr dem Mädchen dort wenigstens helfen?«

»Heilen können wir die Sucht nicht«, sagte Sheremdoc offen. »Aber sie wird es dort viel besser haben als die Mehrzahl aller anderen Süchtigen.«

»Das ist Erpressung!« stieß ich hervor.

»*Was für ein hartes Wort ...*« hatte Sheremdoc nach dem üblichen Drehbuchschema zu sagen.

»Völlig richtig«, stimmte er mir zu; sein Gesicht wurde wieder hart. »Es mag dir zeigen, wie dringlich die Sache ist. Also?«

Ich nickte langsam.

Er hatte mir keine andere Wahl gelassen. Warum nur bin ich so ungeheuer sentimental und weichherzig?

2.

Arkon I, die sogenannte Kristallwelt,
Arkon-System, im Jahre 13.486 von Arkon

Yobilyn IV. aus dem Geschlecht derer von Quertamagin, Imperator des Großen Imperiums von Arkon, hatte die Augen geschlossen und den Kopf auf die rechte Handfläche gestemmt. Er lauschte, nickte dann langsam.

»Sehr gut«, sagte er leise, ohne die Augen zu öffnen. »Wirklich sehr gut, Moraynir.«

Der Hofkomponist und Oberste Musikant des Erhabenen verzog keine Miene. Durch die Halle rauschten seine Klänge, sanft wogende Tonfluten, die sich an den Wänden brachen, zurückgeworfen wurden und sich mit dem Originalklang vereinigten. Die Musik schien somit aus allen Richtungen zugleich zu kommen. Sie atmete, schwang ruhig und friedensspendend durch den Raum.

»Ganz ausgezeichnet«, kommentierte der Imperator und richtete sich auf. »Wie heißt das Stück?«

»*Schwebende Welten V,* Erhabenheit«, antwortete Moraynir sofort. »Ich habe mir erlaubt, es untertänigst Eurer tausendohrigen, alleshörenden Erhabenheit zu widmen.«

Yobilyn zwinkerte verblüfft. »Widmen? Wozu widmen?«

Der Oberste Musikus erstarrte leicht. Das Mißfallen des Imperators konnte einen Künstler oder Dienstboten Ehre, Ruhm, Stellung und Gehalt kosten, manches Mal auch den Kopf.

»Ich gedachte bei der Veröffentlichung …«

Yobilyn machte eine abwehrende Geste.

»Nichts da«, entschied er in rauhem Tonfall. »Musik für die Ohren des Imperators braucht sonst niemand zu hören. Dieses Werk gehört mir ganz allein, verstehst du, Moraynir? Niemand sonst wird es jemals zu hören bekommen? Für ewig und alle Zeiten!«

»Wie Eure Erhabenheit es wünscht!« Moraynir begleitete seine Worte mit einer Geste der Unterwerfung.

»*Schwebende Welten* ...«, murmelte der Imperator versonnen.

Breit und massig von Gestalt, ein Muster praller Leibesfülle, so lag er in seinem Thron. Yobilyn IV. galt als Freund und Förderer der schönen Künste, als ein Mann, der das Leben zu nehmen verstand und seine Genüsse voll Behagen in sich aufnahm. Ein Schöngeist, Feinschmecker, Literaturkenner und Musikfreund; auch weibliche Schönheit hatte es ihm angetan und wurde mit gleichem Eifer von ihm gesammelt.

»Wie hast du das gemacht?« wollte der Imperator wissen. »Diese Klänge ... Ich kann das Instrument nicht erkennen. Eine dranurische Ombute?«

»Das Gehör Eurer Erhabenheit ist nicht zu täuschen«, wieselte der Komponist mit Worten. »Sehr richtig, auch dieses Instrument ist dabei. Ich habe mir aber erlaubt, den Klang etwas naturnäher zu gestalten.«

»*Schwebende Welten,* hmmm.« Der Imperator dachte nach. Moraynir wußte, daß zwei Räume weiter Botschafter zahlreicher Welten auf Audienz warteten. Für das Regieren eines Sternenimperiums von der Größe des arkonidischen brachte der Imperator nur wenig Energie auf; diese Arbeit überließ er seinem Nachfolger, dem designierten Kristallprinzen.

»Wenn ich das richtig höre ...«, dachte Yobilyn halblaut nach, »hast du versucht, das Wesen der Natur in Klänge zu fassen.«

»Sehr richtig, Eure Erhabenheit. Wenn man diesem Klang das äußerste Maß an technischer Fertigkeit und Künstlichkeit verleiht, muß die Musik sich zwangsläufig wieder der Natur annähern, aber in einer neuen, künstlerisch überhöhten Form. Sie muß das Wesen des Hörers erfassen und durchdringen, so wie es die Natur selbst tut.«

»Ein interessanter Ansatz«, gab der Imperator zu. »Wenn ich die Augen schließe und lausche, sehe ich Sonnen lodern, umschwirrt von Planeten. Ich sehe den Glanz der Sterne, das gewaltige Gebilde unserer Galaxie, so deutlich, als könnte ich es mit Händen greifen.«

»Dies ist dann der nächste Schritt, Erhabener«, ließ sich Moraynir zögernd vernehmen.

»Der nächste Schritt? Ist diese Musik denn nicht vollendet?«

»Das einzelne Stück vielleicht, Erhabener, aber nicht die Arbeit, zu der Ihr mich inspiriert habt. Gewiß, diese Klänge drücken das Wesen der Natur in einigen Teilaspekten aus, aber noch ist die Abbildung äußerst unvollkommen. Eine Sprache des Wohlklangs, aber bisher nur mit wenigen Worten ...«

Er verstummte vorsichtig und legte den Kopf schräg. Der Imperator lächelte verhalten.

Es gab eine seit langem populäre These, wonach bedeutende Künstler erst durch ein Leben voller Entbehrung und Mißgeschicke auf die Höhe ihrer Kunst gebracht wurden. Materielle Not spornte sie erst wirklich an, Enttäuschungen in der Liebe, und als besonders förderlich galten körperliche Mängel, Häßlichkeit oder Gebrechen.

Nichts von dem traf auf Moraynir zu. Er war jung und er war schön; Yobilyn wußte auch dies als Kenner einzuschätzen. Schlank und hochgewachsen, das weißblonde Haar übergossen mit einem silbrigen Glanz, die Augen in einem tiefen, beinahe glutenden Rot, feingeschnittene Gesichtszüge; Abkömmling eines uralten Geschlechts, das sich größter Macht und uner-

Planet der Mock

Sturz in die Ewigkeit

schöpflichen Reichtums rühmen konnte, erstklassig erzogen, Musterschüler der berühmten galaktonautischen Akademie von Iprase; umfassend gebildet und Schwarm zahlreicher Frauen: das war Moraynir von Yeran.

Und er war klug. Er wußte, daß er auf die Inspirationen durch die Erhabenheit zu warten hatte. Es ziemte sich nicht, in Gegenwart des Imperators die eigene Fertigkeit herauszustreichen. Der Imperator allein gab die Impulse, er bestimmte die Leitlinien der Kunst wie die der Macht. Man übertrug was er anregte oder befahl; niemand hätte es gewagt, ihm darin dreinzureden oder gar zu widersprechen.

»Man müßte diese Bibliothek erweitern«, sagte Yobilyn halblaut. »Viele Worte und Klänge finden, sie zu Sätzen zusammenstellen, zu Gedichten in reinem Klang. Und alles der Natur entnommen ...«

»... und an die Natur zurückgegeben, Erhabener!« warf der Komponist leise ein.

Yobilyn starrte ihn an. »Wie habe ich das zu verstehen?«

»Nach Euren Anregungen und Inspirationen stelle ich es mir so vor, Erhabener«, sagte der Komponist und breitete die Hände aus. »Die Fertigkeit meiner musikalischen Apparaturen, ästhetische Qualitäten von Naturereignissen in unmittelbare Musik zu übertragen, sollte vervollkommnet werden. Und die Zahl dieser Naturphänomene, wie Eure Erhabenheit in diesen Minuten angeregt hat, sollte vergrößert werden, so lange, bis uns die ganze Fülle möglichen Wohllauts uneingeschränkt zu Gebote steht.«

Yobilyn lachte unterdrückt. »Du willst wahrscheinlich die ganze Schöpfung mit deinen Apparaten in Klänge verwandeln?«

»Völlig richtig, Erhabener Imperator, genau das ist

meine Absicht. Ich will das Naturgeschehen unmittelbar einfangen. Alles, was es gibt, was uns erfreuen kann. Oder erschrecken. Die Geburt von Sternen, das langsame Wachsen von Bäumen, die Wildheit der Tiere, die Schönheit von Pflanzen, die Urgewalt der Stürme, das ewige Wogen gewaltiger Ozeane, all dies und noch viel mehr sollte in einer Bibliothek des Klangs eingefangen werden. Des künstlerisch gestalteten Klanges, wohlgemerkt, nicht bloß als Geräusch ...«

»Ein vermessener Plan«, bemerkte der Imperator; seine Mundwinkel verzogen sich. »Und wahrscheinlich erwartest du von mir, daß ich diesen Aufwand finanziere.«

Moraynir wog rasch seine Möglichkeiten ab. Yobilyn war ein Genußmensch, und einer der höchsten Genüsse, die er kannte und schätzte, was gutgezielte Schmeichelei. Der Imperator war eitel – aber intelligent. Er hatte seinen Vorgänger und dessen Vorgänger äußerst geschickt aus dem Wege geräumt, und bisher hatte er zweiundzwanzig Umsturzversuche, Attentate und Anschläge überlebt. Sein politisches Lebensziel war gewesen, Imperator zu werden und Imperator zu bleiben. Das hatte er bisher geschafft.

Es blieb noch der letzte, geheime Wunsch – irgend etwas zu tun, das selbst den Glanz seiner Vorfahren übertraf. Im Buch der Geschichte wollte er nicht nur eine Randbemerkung abbekommen, er wollte mindestens eine eigene Seite, wenn nicht ein besonderes Kapitel, das ausschließlich seine ewige Größe pries. Ob dabei das Imperium zugrundeging, interessierte ihn nicht – sofern man diesen Untergang anderen zuschreiben konnte.

Aber bisher hatte sich in seinen vielen Regierungsjahren kein Anlaß einstellen wollen, der groß und gewaltig genug gewesen wäre, diesen Anspruch zu erfüllen. Die Methankriege mit den Maakhs waren nicht mehr aktuell; die Aufstände der Springer und Zaliter waren niedergeschlagen worden. Eine große Zahl von Hinrichtungen und Toten – das hatten andere vor ihm auch geschafft. Außerdem wollte der Erhabene nicht als Yobilyn der Blutige in die Geschichte eingehen.

»Es wäre eine Entscheidung, die Eurer Größe würdig wäre«, sagte Moraynir leise. Man durfte dem Imperator das Lob nicht zu dick auftragen, sonst wurde er mißtrauisch.

Yobilyn hatte wieder die Augen geschlossen und dachte nach.

Gebieter der Künste, Herrscher des Schönen, Yobilyn der Strahlende ... das machte sich gut. Die Überlegungen waren am Mienenspiel des Imperators ohne Mühen abzulesen.

»Ich habe folgenden Plan«, sagte Moraynir sehr leise; er ließ die Worte in das Denken seines Förderers hineinträufeln. »Am äußersten Rand des Großen Imperiums gibt es eine Welt, die ihrer Schönheit wegen gerühmt wird. Shahan im Chorwan-System.«

»Kenne ich.« Der Imperator machte eine wegwerfende Gebärde. »Zugegeben, sehr schön, aber auch langweilig.«

»Nicht, wenn wir diesen Planeten für unsere Zwecke in Besitz nehmen«, fuhr Moraynir fort. »Ihn mit Musik umgestalten, seine Wunder in Klänge übersetzen. Ich werde Maschinen entwerfen und bauen lassen, die den ganzen Planeten erfassen und in Musik umwandeln.«

Yobilyn sah ihn kurz an.

»Einer meiner Vorgänger hat einen halben Gebirgszug in ein Relief umwandeln lassen«, erinnerte er sich und lächelte sarkastisch. »Anschließend brauchte er für Tage die gesamte Energieversorgung des Planeten, um dieses Relief vollständig in kristallinen Kohlenstoff umzuwandeln. Dieses galaktische Wunder willst du übertreffen?«

Moraynir lächelte gewinnend.

»Nicht ich, Erhabener. Ich bin nur das ausführende Werkzeug. Denn die Beziehung zwischen der Musikanlage und dem Planeten wird wechselseitig sein. Und auch die Beziehung zwischen dem erhabenen Hörer und der Maschine wird sich wechselseitig entwickeln.«

Yobilyn runzelte die Stirn. Moraynir spürte, daß er aufpassen mußte. Der Erhabene liebte es überhaupt nicht, allzuviel erklärt zu bekommen oder gar nachfragen zu müssen. Es ließ ihn unwissend und inkompetent wirken, und derlei durfte niemals sein.

»Was soll das bedeuten?«

»Die Maschine wird die Klangwelt des Planeten zu Eurem Ohr tragen, Erhabener; Ihr werdet anschließend Eure ureigensten Gedanken der Maschine aufprägen – und der Planet wird reagieren. Ihr werdet Stürme sehen und hören, Ihr werdet sie entfesseln und besänftigen, wie es Euch gefällt. Vulkanausbrüche und Erdbeben, rauschende Regenfälle, sengende Dürre – all dies und viel mehr wird zu Eurem Gebote sein. Ihr allein werdet es sein, der diesen Planeten über die Maschine in ein einziges, gigantisches Kunstwerk umwandeln wird, in Kompositionen einer Größe, die niemals übertroffen werden kann. Ihr werdet in jeder nur denkbaren Form über diesen gesamten Planeten herrschen und ihn nach Euren erhabenen Wünschen gestalten können.«

»Das vermag ich schon jetzt, Narr!« schalt ihn der Erhabene. »Nur eine Frage des Aufwandes.«

»Das ist etwas gänzlich anderes«, wagte Moraynir zu widersprechen. »Eure Gedanken und Wünsche werden unmittelbar auf den Planeten einwirken. Ich baue nur die Maschine, danach wird mein Werk beendet sein – und der Planet gehört dann mit allem, was darauf lebt, ausschließlich Euch. Er wird Euch vollkommen untertan sein. Ihr werdet dort herrschen wie ..., wie ...«

»Wie ein Gott ...!« Yobilyn flüsterte.

»Ihr habt es treffender ausgedrückt, als ich es vermag«, beeilte sich Moraynir zu versichern.

»Ein wahrhaft gewaltiges Unterfangen«, sagte Yobilyn versonnen. Er lächelte. »Eine Aufgabe, die in der Tat meiner würdig zu sein scheint. Ich werde noch einmal den *Schwebenden Welten* lauschen, während ich nachdenke. Du kannst dich zurückziehen!«

Moraynir vollführte die übliche Demutsgeste und schritt dann rückwärts zur Tür, die sich bei seiner Annäherung öffnete. Ein siegessicheres Lächeln stand auf Moraynirs Lippen, als er den nächsten Raum durchschritt und in die große Vorhalle trat.

Der Raum war voller Menschen. Im Hintergrund drängten sich dreihundert Edle von Zalit, die gekommen waren, den Imperator von Arkon ein letztes Mal um Gnade und Erbarmen zu bitten. Zalit lag gleichsam vor der Haustür von Arkon und war schon vor vielen Jahrtausenden von Arkon-Kolonisten besiedelt worden. Allerdings hatten die Zaliter im Laufe dieser Jahrtausende ihr arkon-typisches Aussehen eingebüßt; ihre Haut war rotbraun gefärbt, und ihre Haare hatten die Farbe vom Kupfer angenommen, einen leichten grünen Oxydationsschimmer eingeschlossen. Von Arkongeborenen als zweitklassig angesehen, hatten die Zaliter immer wieder rebelliert, zuletzt vor fünf Jahren. Selbstverständlich war der Aufstand niedergeschlagen worden. Diese Zaliter in der Vorhalle bildeten das letzte Kontingent von Freiwilligen, das gekommen war, um dem Imperator als Unterwerfungsgeste ihre Köpfe anzubieten. In früheren Fällen hatte Yobilyn dieses Angebot gelegentlich angenommen; wie er in diesem Fall entscheiden würde, ließ sich unmöglich vorhersagen.

»Wie ist seine Stimmung?«

Moraynir fühlte sich am rechten Arm gepackt und wandte sich um. Er blickte in das Gesicht des jungen Adhemar von Quertamagin, Kristallprinz und damit vorbestimmter Nachfolger auf dem Thron von Arkon. In Moraynirs kritischen und sachkundigen Augen besaß er ebenso viele Fehler und Mängel wie sein Vater, aber Adhemars Härte und Herrschsucht würde dem Imperium wahrscheinlich mehr schaden als die Trägheit seines Vaters.

»Sehr gut«, beeilte sich Moraynir zu versichern. »Mein jüngstes Werk hat ihn entzückt.«

»Das kann ich mir vorstellen«, knurrte Adhemar sarkastisch. »Er beschäftigt sich ja kaum mehr mit etwas anderem als mit seinen Künsten und den Künstlern. Die Politik kommt bei ihm viel zu kurz.«

Er sprach leise, so daß nur Moraynir ihn hören konnte.

In Moraynirs Augen war Adhemar von Quertamagin ein Hochverräter, ein Lügner, Betrüger, Mörder und Räuber; Moraynir hätte Vergewaltiger hinzufügen können, aber das Niveau von Adhemars Liebschaften sicherte den Kristallprinz wenigstens vor diesem Vorwurf. Es war in jedem Fall nicht ratsam, sich diesen Mann zum Feind zu machen.

Moraynir lächelte sanft. »Glücklicherweise«, sagte er ebenso leise. »Stellt Euch vor, er würde tatsächlich Politik betreiben ...«

Adhemar grinste anzüglich. »Da hast du recht«, gab er zu. »Aber das muß sich ändern!«

Es wird sich ändern, dachte Moraynir für sich und machte eine freundliche Miene dazu.

»Wartet ab«, schlug er Adhemar vor.

Der Kristallprinz blickte ihn lauernd an.

»Du hast einen Plan, das sehe ich dir an. Rede!« Adhemars Lächeln wurde vertraulich. »Wir sind doch alte Freunde von der Akademie ...«

Wo du glatt durchgefallen wärest, hochnäsiger Dummkopf, hätte ich dir nicht geholfen.

»Faßt Euch ein wenig in Geduld«, bat der Komponist sanft. »Manchmal ist es gar nicht nötig, sich mit aller Kraft gegen einen großen Brocken zu stemmen, der einem hartnäckig und hinderlich im Wege liegt. Mitunter rollt er ganz von allein zur Seite.«

»Ohne Gewalt?« Adhemars Miene verriet, daß er sich das nur schwer vorzustellen vermochte.

Wie alle Kristallprinzen seit vielen Jahrtausenden hatte Adhemar sich der Prüfung der ARK SUMMIA unterzogen und hatte bestanden. Kristallprinzen fielen nie durch! Danach war ein normalerweise brachliegender Teil seines Gehirns künstlich aktiviert worden, das sogenannte Extrahirn. Bestehend aus einem fotografisch exakten Gedächtnis und einem Logiksektor, der mit der Unbestechlichkeit einer Positronik Problemstellungen zu Leibe ging, war dieses Extrahirn ein nahezu unentbehrliches Werkzeug für den Herrscher eines so gewaltigen Imperiums.

Auch Moraynir hatte die ARK SUMMIA absolviert; er fand es bedauerlich, daß zur Aktivierungsprodezur nicht auch die Installation eines moralischen Gewissens gehörte. In Adhemars Fall war es allerdings fraglich, ob es da etwas gab, das man hätte aktivieren können. Moraynir wußte, daß Adhemar den ›Unfall‹ inszeniert hatte, dem Yobilyns Vorgänger zum Opfer gefallen war.

Wie hatte ein Spötter anläßlich der Inthronisation geschrieben:

»Der neue Imperator schritt zu seiner Krönung, angeführt von den Mördern seines Vorvorgängers, umgeben von den Mördern seines Vorgängers und gefolgt von seinen eigenen Mördern.«

»Gänzlich ohne Gewalt«, antwortete Moraynir leise. »Laßt mich nur machen, Ihr werdet es sehen.«

Adhemars Blick wurde noch lauernder.

»Warum sollte ich dir vertrauen?« erkundigte er sich. »Ausgerechnet dir, Moraynir?«

»Weil Euch keine andere Wahl bleibt«, gab Moraynir zurück.

Die Tür zum Verbindungsraum öffnete sich geräuschlos. Einige Augenblicke später erklang die Audienzfanfare, die Moraynir für Yobilyn komponiert hatte: feierlich, pompös und überaus beeindruckend, eine musikalische Wiedergabe der nahezu uneingeschränkten Macht, über die ein Imperator von Arkon gebot. Zehntausende von Planeten mit einigen Billionen Lebewesen waren seiner Herrschaft unterworfen; er war Oberkommandierender einer Schlachtflotte von mehr als einhunderttausend Schiffen der unterschiedlichsten Größenklassen, und jedes einzelne dieser Schiffe war kampfstark genug, um einen Planeten vollständig zerstören zu können. Was auch des öfteren der Fall gewesen war. Wenn man Yobilyn mit Unannehmlichkeiten behelligte, pflegte er diesen Mißstand rasch und gründlich zu beseitigen, mehr aus Trägheit und Bequemlichkeit denn aus Brutalität, die ihm allerdings nicht fremd war.

»Du sprichst verwegen, alter Freund«, murmelte Adhemar, während die Delegation der unglücklichen Zaliter den Raum verließ, um aus Yobilyns Mund ihr Urteil in Empfang zu nehmen. Nur wenige Mienen wirkten hoffnungsfroh.

»Ich weiß, was ich sage«, gab Moraynir zurück und sah zu, wie sich die Tür hinter den Zalitern schloß. Den Zarlt von Zalit, den Regenten des Planeten, hatte Yobilyn wohlweislich nicht vorgeladen; das schürte den Neid und den inneren Widerstand unter den Zalitern.

Mochten sie sich nur gegenseitig bekämpfen – solange sie Arkon untertan und gefügig blieben, waren ihnen innere Zwistigkeiten freigestellt. Damit waren sie zu beschäftigt. »Wartet nur, Ihr werdet es sehen und erleben.«

Adhemar legte seine rechte Hand auf Moraynirs Schulter und starrte ihm in die Augen.

»Wenn du mir behilflich bist, wird es dein Schaden nicht sein«, sagte er sehr leise. »Aber wehe dir, wenn du es wagen solltest, dich gegen mich zu stellen. Du weißt, daß meine Feinde selten alt zu werden pflegen!«

Deine Freunde allerdings auch nicht, dachte Moraynir und streifte die Hand behutsam von seiner Schulter.

Er entfernte sich. Es galt nun, ein ungeheures, einzigartiges Werk in Gang zu bringen, eine technische und künstlerische Leistung, wie sie die Galaxis noch nicht erlebt hatte. Nie zuvor waren einem Künstler solche Mittel an die Hand gegeben worden – und Moraynir war fest entschlossen, dafür Sorge zu tragen, daß sich dergleichen auch niemals wieder ereignen würde. Wenn das Werk vollendet war, würde es Moraynirs Ruhm über die Jahrtausende hinweg erstrahlen lassen. Von Yobilyn hingegen würde man nur noch als Auftraggeber dieses Werkes reden. Wenn überhaupt …

3.

Shahan, Chorwan-System, Mitte September 1222 NGZ

»Und da unten bekomme ich den roten Plonk?«

In mancherlei Beziehung hatte sich Valerie verändert, seit ich sie kennengelernt hatte. Sie war nicht mehr zwölf, kein kleines Mädchen mehr. Sie war jetzt sechzehn, kurz davor, erwachsen zu werden, hatte die Figur einer Frau bekommen. Aber das waren nur Äußerlichkeiten.

In vielen anderen Dingen war sie sehr ähnlich geblieben. Noch immer waren ihre Haare dunkel, fast schwarz; sie trug sie in zwei langen, straff geflochtenen Zöpfen. Auch ihre Neigung zu sehr schlichter Kleidung in tiefem Schwarz hatte sich gehalten. Nach wie vor war ihre Haut auffallend hell, fast weiß, und fast immer blickte sie sehr ruhig und sehr ernst.

Ihre seelische Entwicklung hatte mit der körperlichen Reife nicht Schritt halten können. In dieser Beziehung war sie nach wie vor das kleine Mädchen, das ich in Rabaul-Tas auf der Erde kennengelernt hatte, durch einen jener Zufälle, die das Leben weit mehr prägen als alle Pläne und Konzepte.

Valerie wollte den roten Plonk, was immer das auch sein mochte. Ihre Mutter hatte den roten Plonk mitgenommen, ihn nur ganz kurz der Tochter gezeigt, aber das hatte genügt. Valeries ganzes Denken und Trachten galt nur dem vermaledeiten Plonk, den sie nicht einmal richtig beschreiben konnte. In diesem Fall hätte ich ihr vielleicht einen Pseudo-Ersatz besorgen können, obwohl sie mit dem niemals zufrieden gewesen wäre.

Ihre Sucht – anders konnte man ihr Leiden nicht nennen – galt weniger dem Ding, das sie als Plonk bezeichnete, sondern dem psionischen Imprint, den diese Hamamesch-Ware getragen hatte. Welche Wirkung der Imprint auf Menschen hatte, war niemals exakt untersucht worden. Zumindest wußte ich nichts davon. Klar war nur, es gab keinerlei Abstufung. Entweder bekam man das Ding zu sehen, dann war man rettungslos der Sucht verfallen – oder man hatte keinen Kontakt mit Imprint-Ware, und dann passierte auch nichts. Dazwischen gab es nichts.

Angesichts der verzweifelten Lage der Terraner im Jahr 1218 NGZ hatten Experten und Politiker lange mit sich gekämpft, ob man nicht vielleicht doch Experimente mit Imprint-Waren hätte beginnen sollen, ausschließlich mit Freiwilligen selbstverständlich, die sich des verheerenden Risikos voll bewußt waren. Aber ehe man in den führenden Kreisen der Liga und anderer politischer Systeme in der Galaxis zu einem Entschluß hatte kommen können, waren die Hamamesch verschwunden gewesen, ihre Waren hatten – niemand wußte wie – den psionischen Imprint verloren, und damit hatte das Experimentieren ein Ende gefunden.

In Fachkreisen, zu denen ich natürlich nicht gehörte, wurden Begriffe wie ›Zuckermann-Spektrum‹ gehandelt und Theorien ausgebrütet, aber in der Praxis hatte sich nichts verändert. Die betroffenen Galaktiker waren und blieben süchtig; präziser gesagt: Sie litten unter Entzugserscheinungen, die kein Ende nehmen wollten. An der verhängnisvoll einseitigen Struktur ihres Denkens und Fühlens hatte sich nichts geändert.

Valerie konnte als Beispiel dienen: Sie wollte den roten Plonk, mehr nicht. Alles andere interessierte sie nur ganz am Rande ihrer Wahrnehmung.

»Ich fürchte, auch da gibt es keine Plonks, Kleines«, sagte ich sanft. Diese Töne liegen mir nicht, ich komme mir stets vor wie ein lausig schlechter Schauspieler, der zudem kein vernünftiges Skript zu seiner Verfügung hat.

»Dann will ich auch nicht hin«, entschied Valerie ruhig.

Die SAMSA war ein Spezialschiff, umgebaut zu dem Zweck, Suchtkranke zu transportieren. Die medizinischen Einrichtungen an Bord waren hervorragend, es gab jede Menge erstklassiges Personal, hochwertige Medo-Robots und allen Komfort, mit dem man die Kranken von ihren Leiden ablenken konnte – theoretisch. In der Praxis funktionierte es nicht. Man hätte die SAMSA als Medo-Spezialschiff bezeichnen können. In meinen Augen war sie so etwas wie ein raumflugtaugliches Irrenhaus.

Wir standen in dem für Passagiere bestimmten Teil der Zentrale der SAMSA. Über uns wölbte sich die Halbkugel der Zentrale. Projektoren sorgten dafür, daß die metallene Decke mit einer Abbildung des umgebenden Raums bestrahlt wurde; man hatte den Eindruck, unter einer riesigen gläsernen Kuppel zu stehen und von dort aus den Weltraum, die kosmischen Nebel, Sonnen und Planeten sehen zu können. In den unteren Rand dieser Darstellungen waren zahlreiche kleine Projektionen integriert worden, auf denen die Daten der unterschiedlichen technischen Systeme dargestellt wurden. Vor diesen Monitoren saßen die Mitglieder der Zentralbesatzung und übten ihren Dienst aus. Ich konnte Köpfe unter Helmen sehen, die sich ab und zu bewegten. Anzeigen flackerten, ab und zu waren leise Bemerkungen der Bordsyntronik zu hören, die mit der Besatzung kommunizierten.

Unser Interesse – vor allem meines – galt dem Planeten, der auf der Projektionsfläche immer größer zu werden schien, eine sanft schimmernde Dreiviertelscheibe, die von der Sonne Chorwan bestrahlt wurde.

Aus dieser Höhe, knapp einhundert Kilometer über der Oberfläche, waren schon Einzelheiten des Planeten auszumachen. Große dunkelblaue Flächen, von weißen Kräuseln überzogen; andere Gebiete strahlten in einem saftigen Grün, das jedem überzeugten Veganer den Mund wässrig gemacht hätte. Dunkelbraune Einsprengsel waren zu erkennen, und über die ganze sichtbare Fläche wanderten langsam riesige Wolkengebilde.

Es gibt Planeten, die aus dem Orbit bereits aussehen wie ein Halteverbotsschild: Lepso ist eine solche Welt. Dort ist die Atmosphäre trübe, die Besiedlung hat sich wie eine krätzige Flechte über den Planeten ausgebreitet, man sieht wenig Natur, nur viel Menschenwerk. Betonierte Flächen, begradigte Flüsse, und den Grünanlagen kann man die technisch-künstliche Herkunft auch aus zweihundert Kilometern Höhe ansehen.

Shahan hingegen sah aus dem Orbit nach einem Paradies aus. Man ahnte, daß dort überall die Sonne schien, daß die Luft angenehm temperiert war, durchsetzt von Gerüchen nach Pflanzen und anderer Natur. Genau das, was sie Ärzte mir seit Jahrzehnten zu verschreiben versuchten.

»Es wird dir bestimmt auf Shahan gefallen, Valerie« beteuerte ich wenig glaubwürdig.

Als Zwölfjährige hatte Valerie einen ungewöhnlich ernsten Blick gehabt, fast schon abweisend; jetzt hatte sich etwas dazugesellt, das mir wie ein Meer von stiller Traurigkeit erschien. Ich konnte diesem Blick immer nur für wenige Sekunden standhalten – er machte mir ein schlechtes Gewissen, als wäre ich an ihrem Elend schuld. Nüchtern betrachtet war das Unsinn, aber ich konnte mich trotzdem nicht dagegen wehren. Und ich hasse es, wenn meine klare, rationale Intelligenz von Gefühlswandlungen gestört wird. Deswegen lebe ich allein, weder mit Frauen noch mit Haustieren oder Kindern zusammen.

Valerie hob die Schultern, eine müde, resignierte Geste; sie wirkte wie ein Mädchen, das mit seinen wenigen Lebensjahren bereits alles Weltliche hinter sich gelassen hat, ohne Wünsche, ohne Bedürfnis, durchtränkt von dem Wissen, daß alles Leben letztlich nur Leiden bedeutet.

Die SAMSA ging tiefer und schwenkte dann in einen stabilen, stationären Orbit ein. Wenn sie diesen Kurs beibehielt, und das war Sinn des Manövers, blieb sie für einen Beobachter von unten immer am gleichen Platz des Himmels stehen.

Der Verlauf dieses Orbits war genau kalkuliert.

Schon wenn man auf der alten Erde einen Interkom benutzte, stieß man auf das Problem: Wer in Terrania, Terras Hauptstadt, am Goshun-See in der Gobi gelegen, auf die Idee kam, einen Freund in Europa anzurufen, mußte den Unterschied zwischen den Ortszeiten beachten. Wenn man nicht darauf achtete, warf man womöglich den Freund aus dem Bett oder hielt ihm vom Schlafengehen ab.

Auch bei der innergalaktischen Kommunikation und bei Reisen von Planet zu Planet stieß man unweigerlich auf dieses Problem. Auf der Erde konnte man derlei Pannen noch mit ein bißchen Fantasie und Nachdenken lösen, aber wenn Zehntausende von Planeten ins Spiel kamen, wurde es extrem schwierig. Normalerweise wurde auf dem Interkom- oder Trividschirm, je nachdem, welches System man benutzte, ein kurzer Hinweis eingeblendet: *Ortszeit des Angerufenen 23:45 Uhr.* Erst nach einer Bestätigung für die Syntronik wurde dann wirklich angeklingelt.

Entsprechendes galt für Raumreisen. An Bord der SAMSA war Mittagszeit, folgerichtig hatte der Kommandant des Schiffes sich für einen Orbit entschieden, der das Schiff über der Mittagszeit-Region des Planeten stehen ließ. Bei der Landung brauchten wir daher weder die inneren noch die äußeren Uhren umzustellen. Nahezu alle modernen Chronometer werden bei Planetenankünften ohnehin per Funksignal auf die jeweilige Ortszeit eingestellt.

»Komm!« sagte ich. »Wir werden jetzt landen!«

Sie protestierte nicht. Folgsam wie ein Lämmchen trottete sie hinter mit her, als wir mittels Antigravschacht und Laufband die Schleuse für das Shuttle aufsuchten.

Es tat weh, sie so zu sehen. Sie quengelte nicht, sie nörgelte nicht, sie machte keine Schwierigkeiten. Sie verzog nicht einmal eine Miene. Valerie tat einfach, was ich ihr sagte, wie ein Roboter. Inbrünstig haßte ich die Hamamesch für das, was sie diesem Kind und Milliarden von anderen intelligenten Lebensformen angetan hatten.

Das Shuttle brachte uns nach unten; es brauchte dazu eine knappe halbe Stunde.

Die SAMSA war für Landungen auf Planeten nicht gebaut. Die künstliche Schwerkraft im Inneren eines Raumschiffes bezog sich auf das Schiff und dessen Inhalt, nicht auf die Umgebung. Sollte diese künstliche Gravitation einmal ausfallen, schwebte alles schwerelos herum, unangenehm, aber nicht weiter tragisch. Sollte das Schiff aber einmal auf einem Planeten landen, müßte es – für den Fall der Fälle – stabil genug sein, um nicht unter der Last des eigenen Gewichtes zusammenzuknirschen. Zur Abwehr dieser Gefahr hätten Wandung und Innenstrukturen aus meterdickem Stahl bestehen müssen, eine überaus kostenträchtige Angelegenheit.

Ein weiterer Vorteil des Shuttle-Systems: Die Raumhäfen konnten erheblich kleiner ausfallen. Unser Shuttle landete auf dem Raumhafen von Geel-Shahan, der Hauptstadt des Planeten.

Geel-Shahan zählte rund eine Millionen Einwohner, wie ich den Informationen entnommen hatte. Der größte Teil der Infrastruktur der Stadt war unterirdisch gelegen, damit mehr Fläche für Wohnbauten und öffentliche Einrichtungen zur Verfügung stand. Es war, wie ich beim Anflug sehen konnte, eine schöne Stadt, von Wasserläufen durchzogen, mit einer sehr lockeren Bebauung, die viel Raum ließ für Grünflächen, Parks und Sportanlagen.

Als wir ausstiegen, konnte ich feststellen, daß Geo Sheremdoc erstaunlicherweise übertrieben hatte. Angenehme Temperaturen waren zu spüren, nicht zu trocken, nicht zu feucht; eine freundliche Brise wehte allerlei interessante Gerüche über die Stadt. Valerie allerdings bekam davon nichts mit. Blaß und teilnahmslos ging sie neben mir her.

Am Ausstieg wartete ein robotgesteuerter Gleiter, der uns zu unserem eigentlichen Ziel bringen sollte: ein großes, weitläufiges Klinikgelände am Rande der Stadt. Nach zehn Minuten waren wir dort angekommen.

Paß- und Meldeformalitäten gab es zwar, aber sie waren bereits per Datentransfer vor unserer Landung abgewickelt worden, anderenfalls hätten wir gar nicht erst landen dürfen.

Ich warf einen Blick nach oben. Sterne oder Monde waren nicht zu sehen. Shahan hatte keinen Trabanten und lag in einem sternarmen Winkel der Milchstraße; nachts würde es hier also wirklich dunkel werden.

»Hier werden wir eine Zeitlang wohnen«, gab ich Valerie bekannt. »Nun, wie gefällt es dir?«

Sie sagte nichts, zuckte bloß mit den Achseln und hielt meine linke Hand fest in ihrer rechten. Ein überaus braves Mädchen, zur Hölle damit; mir wäre fast lieber gewesen, sie hätte mich ein bißchen genervt.

Ich lieferte sie am Empfang der Klinik ab und suchte dann mein erstes Ziel auf.

Krehn Fossert war der Leiter der Klinik, ein hagerer Mann mit graumelierten Haaren und einem Gesicht, das auf den ersten Blick den verbissenen Gesundheitsapostel verriet. Sein erster Blick in meine Richtung war diagnostischer Art, unverkennbar.

»Ich weiß, ich weiß«, sagte ich statt einer Begrüßung und fläzte mich in den Sessel. »Zuviel Gewicht, zu wenig Bewegung. Alles schon gehört.«

»Und offensichtlich nie befolgt«, konterte er trocken; er zwinkerte, vielleicht hatte er wenigstens einen Funken Humor. »Du bist also der Ermittler, der mir angekündigt worden ist?«

»Richtig«, gab ich zu. »Orpheus Chambers.«

»Eigentümlicher Name«, bemerkte Fossert.

»Meine Eltern waren Musikfreunde«, klärte ich ihn auf. »Und ich bin danach geraten. Wenn ich anfange zu singen, werden Tote wieder lebendig.«

»Das wage ich zu bezweifeln«, sagte er und nahm hinter seinem Tisch Platz. Er schlug die Beine übereinander und schnippte ein vereinsamtes Stäubchen von seinen Beinkleidern. Solche Leute tragen keine Hosen sondern Beinkleider. »Die Person, um die es geht, wird ganz bestimmt nicht wieder aufwachen, und wenn du noch so laut singst.«

»Um wen handelt es sich?«

»Dhellbert Muryl«, erklärte Fossert nüchtern, offenbar ein Zwitter aus Mediziner und Verwaltungsmensch. »Einhundertvier Jahre alt, in körperlich guter Verfassung. Ansonsten das Übliche – ein Imprint-Süchtiger.«

»Wie viele habt ihr davon auf Shahan?«

»Im Bereich von Geel-Shahan? Ungefähr vierhundertdreißigtausend, es können ein paar mehr sein.«

»Und was macht ihr mit den Leuten?«

Fossert seufzte.

»Nichts, was man wirklich eine ernsthafte Therapie nennen könnte«, gab er zu. »Wir dämpfen mit Medikamenten die Übererregbarkeit, die fast alle Süchtigen aufweisen. Mit anderen Medikamenten versuchen wir die Stimmung aufzuhellen, Angstzustände zu bekämpfen und unseren Kranken ein halbwegs normales Leben zu ermöglichen.«

»Und wie sieht dieses Leben aus?« wollte ich wissen. Was stand Valerie bevor? Würde man sie hier zu einem biochemisch kontrollierten Roboter machen?

»Eigentlich ziemlich normal«, versuchte Fossert zu erklären. »Nur ein bißchen zeitlupenhaft. Den Leuten fehlt hauptsächlich der Schwung, die Energie. Sie essen und trinken, sie verfolgen die Trivideo-Programme, wenn auch ohne besondere Aufmerksamkeit. Sie schlafen, meist nicht besonders gut, leider. Viele treiben unter unserer Anleitung Sport jeglicher Art, ruhen sich in der Sonne aus. Kurz gesagt, es wird dir vorkommen wie ein Ferienaufenthalt, was es ja eigentlich auch ist. Es geht nur langsamer und zäher als üblich.«

Prachtvolle Aussichten …

»Woran ist Dhellbert Muryl gestorben?«

»Er wurde erdrosselt.« Fossert konstatierte lediglich eine Tatsache, die ihn sonst nichts weiter anging. »Mit dem Gürtel seines Bademantels. Selbstverschulden scheidet dabei aus.«

»Ist das absolut sicher?«

Fossert zeigte ein dünnes, überlegenes Lächeln.

»Wärest du imstande, dich selbst mit dem Gürtel deines Bademantels zu erdrosseln?«

Ich versuchte gar nicht erst, mir das vorzustellen.

»Irgendwelche Hinweise auf potentielle Täter?«

Fossert schüttelte den Kopf und stieß einen langen Seufzer aus.

»Keinen«, sagte er. »Eine Patientin, die kurz vor der Tat auf dem Flur spazierenging, glaubt, aus Muryls Appartement Stimmen gehört zu haben. Zwei Männer; es soll sogar nach einem Streit geklungen haben. Muryl scheint zum fraglichen Zeitpunkt Besuch gehabt zu haben. Er selbst trank nie Alkohol, aber in seinem Zimmer wurde auf dem Tisch eine angebrochene Flasche *Archers' Tears* gefunden.«

Die nächste Frage lag nahe, die Antwort leider auch. Wenn es so einfach gewesen wäre, hätte man mich nicht zu rufen brauchen.

»Fingerabdrücke?«

»Nur Muryls Abdrücke, sowohl auf der Flasche als auch auf dem Glas. Der Raum ist von Spezialrobotern gründlich untersucht worden. Sie haben keinerlei Anzeichen dafür gefunden, daß Dhellert Muryl Besuch gehabt hat.«

Ich runzelte die Stirn. Das war mehr als ungewöhnlich.

Verbrecher hatten es in unserer Zeit wahrhaftig nicht leicht. Im 13. Jahrhundert wurden Spuren ausgewertet, die selbst der geschickteste Täter nicht vermeiden konnte. Nicht nur so banale Dinge wie Fingerabdrücke oder ausgefallene Haare, Blutstropfen oder dergleichen. Die Untersuchungen waren so gründlich, daß einzelne Hautschuppen gefunden und ausgewertet werden konnten. Außerdem hatte jeder Mensch seine eigene Bioflora: Bakterien, Pilze, Enzyme und dergleichen. Im Grunde brauchte er nur einmal zu husten, und er hatte einige zehntausend Hinweise auf seine Person geliefert – die spezielle Mischung dieser Bioflora war absolut unverwechselbar. Verhindern konnte man derlei nur, wenn man in einem SERUN herumlief, also in einem der Kampfanzüge, die bei Weltraumexpeditionen verwendet wurden. Aber Menschen in dieser Kleidung waren bemerkenswert auffällig.

»Lippenspuren am Glas?«

Fossert zögerte. »Ja, wir haben Lippenabdrücke gefunden«, gab er zu. »Aber wir konnten sie nicht einordnen.«

Die Lippen eines Menschen wiesen in ähnlicher Weise ein Linien- und Rillenmuster wie die Fingerkuppen auf – und sie waren vor Gericht dank neuester Forschung ebenso beweiskräftig wie Fingerabdrücke.

Ich runzelte die Stirn und machte ein nachdenkliches Gesicht. »Was heißt das, nicht einordnen?«

»Sie waren nicht menschlich«, antwortete Fossert. »Kein Terraner, kein Arkonide – keines der uns bekannten Völker liefert solche Abdrücke. Wir haben auch die exotischen Sachen nicht ausgelassen – Echsenwesen wie die Topsider zum Beispiel, obwohl es auf Geel-Shahan nur sehr wenige Topsider gibt. Auch hier: keine Übereinstimmung.«

Ich schüttelte verwirrt den Kopf. Das paßte einfach nicht zusammen. Es sah danach aus, als warte eine verdammt dicke und harte Nuß auf mich.

»Weitere Informationen kannst du dem Syntron entnehmen. Diese Informationen stehen nur dir und mir zur Verfügung, für jeden anderen sind sie gesperrt. Offiziell ist Muryl an einem Unfall gestorben, und dabei wird es vorläufig bleiben.«

»Hat er Angehörige?«

»Keine«, antwortete Fossert. »Deswegen haben wir uns erlaubt, seine Leiche einstweilen in einem Kryo-Tank unterzubringen, bis der Fall geklärt ist.« Er blickte mich streng an. »Ich hoffe, diese Klärung wird nicht lange auf sich warten lassen. Du bist uns als erstklassiger Spezialist auf deinem Gebiet avisiert worden.«

Sein schiefer Blick verriet, daß er diese Einschätzung nicht teilte. Wahrscheinlich hatte Geo Sheremdoc zu meinen Gunsten übertrieben. Hätte ich diesen durchtriebenen LFT-Kommissar doch nie kennengelernt!

»Übrigens, was ist mit deinen Augen?«

Als Diagnostiker war er wirklich nicht schlecht. Den meisten Zeitgenossen fällt gar nicht auf, daß ich keine echten Augen mehr habe. Sie registrieren nur eine gewisse Starrheit in meinem Blick, und das schreiben sie für gewöhnlich meinem Beruf zu.

Die Wirklichkeit sah ein wenig anders aus: Es war um die vorzeitige Beendigung eines langfristigen Ehevertrages gegangen, also um die übliche Untreueschnüffelei. In diesem Fall war die Angelegenheit, eigentlich nur Routine, in einem tumultarischen Eifersuchtsdrama geendet. Fazit: drei Tote und ein Schwerverletzter, nämlich ich. Das Gesicht hatten die Knochenflicker wieder hinbekommen, aber die Augen waren unrettbar verloren gewesen. Statt dessen hatte man mir künstliche Augen verpaßt, bewegliche Hochleistungsoptiken, die mit dem *nervus opticus* verbunden worden waren. Seither konnte ich normal, ultraviolett und infrarot sehen, außerdem ließen sich die Optiken auf Lupen und Telewirkung einstellen. Ein gewisser Röntgenblick war mir ebenfalls möglich, natürlich nicht im wörtlichen Sinn, denn dazu hätte ich die Röntgenstrahlen erst einmal erzeugen müssen. Aber die allgegenwärtige kosmische Strahlung, die fast jede Materie durchdringen kann, leistet sehr ähnliche Dienste.

»Ein Betriebsunfall«, sagte ich, begleitet von einer wegwerfenden Gebärde. »Ich sehe jetzt besser als je zuvor.« Ich fügte ein breites Grinsen an. »Und auch besser aus.«

Keine Reaktion.

Fossert stand auf und reichte mir die Hand. Er tat es mit einem gewissen Widerwillen; daß sich meine Hände weich, warm und ein wenig feucht anfühlen, dafür kann ich nichts.

»Sheremdoc hat übrigens verlauten lassen, daß du unsere Dienste jederzeit in Anspruch nehmen kannst«, ließ Fossert verlauten.

Ich runzelte die hohe Denkerstirn. »Was meint er damit?«

»Nun«, meinte Fossert dann gedehnt. »Man könnte problemlos die Aknenarben in deinem Gesicht beseitigen, Chambers, außerdem würde ich zu einer Revitalisierung der Haare raten. Du wirst langsam kahlköpfig. Den Bauch kann man ebenfalls wegoperieren, und wenn wir zusammenarbeiten und du ein paar Monate ganz und gar auf Alkohol verzichtest, wirst du nicht mehr so schnaufend atmen müssen und die cyanotische Verfärbung deines Gesichtes wird auch sicher verschwinden.«

Ich lachte ihn einfach aus.

»Das wäre dann nicht mehr ich«, protestierte ich und wuchtete meine einhundert Kilo aus dem Sessel hoch. Meine Devise war von je her gewesen: *Jede Bewegung schwächt*, oder noch präziser: *Man sollte nie stehen, wenn man sitzen und nie sitzen, wenn man liegen kann*. Und daran gedachte ich mich auch künftig zu halten. Auf Schönheitspreise legte ich keinen Wert. Das Leben währte ohnehin viel zu lange. Bis zu zweihundert Jahre alt konnten durchschnittliche Terraner werden, eine elend lange Zeit, wenn man sie mit Faulenzen verbringen will. Wenn die Rechnung stimmte, hatte ich noch rund einhundertzwanzig Jahre vor mir – zwölf Jahrzehnte, und das als Zeitgenosse von Typen wie Geo Sheremdoc.

»Wie du willst«, sagte Fossert achselzuckend. »Aber

du bist doch als Patient bei uns angemeldet worden, dann müßtest du wenigstens an einigen Gesundheitsprogrammen teilnehmen.«

Ich stieß ein grimmiges Schnauben aus. Ich ahnte, was mich erwartete.

Magere Kost, wenig zu trinken und viel Bewegung – widerlich …

4.

Arkon 1, die Kristallwelt,
im Arkon-System, im Jahre 13.512 v. A.

Die Stimme des Imperators klang giftgeschwängert.

»Also doch, Moraynir, du bist wahrhaftig endlich fertig geworden? Ich vermag es kaum zu glauben!«

Der Hofmusiker machte eine tiefe Demutsgeste; sein Gesicht hatte sich gerötet. Yobilyn ließ ein leises, böse klingendes Lachen vernehmen.

»Du hast dich sicher gefragt, warum ich dich in all den Jahren nicht längst habe einsperren lassen für dein Unvermögen. Das hast du dich doch gefragt, nicht wahr? Ha! Ich sehe es dir an, Moraynir. Du hast es dich gefragt, wieder und wieder. Bei jeder Audienz bist du ein wenig bleicher und kleiner geworden. Jedes Mal, wenn du zu mir gekommen bist, um weiteres Geld zu erbitten, hattest du das Gefühl, daß dein dummer Kopf immer wackeliger auf deinen Schultern sitzt. Und das hast du durchaus richtig gespürt.«

Yobilyn dehnte die gichtigen Muskeln. Es handelte sich um eine sehr seltene Form der chronischen Polyarthritis, die auch die galaxisweit berühmten Mediziner von Aralon nicht hatten heilen können. Jede Bewegung schmerzte den Imperator, und da er selbst litt, störte es ihn nicht, daß andere litten. Der Imperator stieß ein Ächzen aus.

»Weißt du, Moraynir, es macht keinen Spaß, einen Mann exekutieren zu lassen, der weiß, daß er den Tod verdient hat. Er ist darauf vorbereitet, er hat die Angst bereits durchgeschmeckt und kennt ihren fauligen Atem. Du weißt, wie die Angst schmeckt, nicht wahr? Ein kaltes, schleimiges, dumpfes Zeug, das in deinen Eingeweiden nistet und jeden deiner Gedanken wie mit

Verwesungssäften durchtränkt. Du nickst, also habe ich recht. Aber du hast einen Trost, mein Freund: deinen Glauben, der dir Kraft gibt und der dich wähnen läßt, daß irgendwo jenseits der Welt, die wir schwachen Wesen kennen, ein anderes Leben auf dich wartet. Ein Leben, das nichts mit dem unseren gemein hat, ein Leben in Schönheit und Glanz. Und vor allem ein Leben, das dir den Ausgleich bietet für alles Häßliche und Widerwärtige, das du in diesem erddumpfen Leben hast erdulden müssen. Du glaubst, daß es einen ewigen Schöpfer gibt, nicht wahr? Ein Gott der Güte und der Gerechtigkeit, der die seinen nicht verläßt.«

Moraynir wurde langsam blasser. Er fühlte, wie die Kraft ihn verließ, während der Imperator in verbaler Grausamkeit schwelgte. Moraynir mußte ihm zugestehen, daß er seine Sache vorzüglich machte. Wieder klumpte das Grauen in seinen Eingeweiden und erstickte ihm den Atem. Yobilyn war nicht gar so grausam, wie es allgemein hieß; er schwelgte ein wenig in dem Ruf, den Henker mit leichter Hand herbeizuwinken. Meist beschränkte er sich darauf, seine Opfer in Angst und Schrecken zu versetzen.

Aber er konnte anders, und es gab keine Möglichkeit, das vorher abzuschätzen. Auch Moraynir wußte nicht, woran er war, wenn der Imperator geruhte, schlechter Laune zu sein.

Das Unternehmen Shahan hatte sich nicht so angelassen, wie Moraynir es sich gewünscht hatte. Viele Jahre waren vergangen, Milliarden waren in Technik und Architektur geflossen, es hatte Pannen gegeben, Unfälle, regelrechte Katastrophen, und die letzten Male, da Moraynir vor das Antlitz seines erhabenen Gebieters hatte treten müssen, war er nicht sicher gewesen, die Stunde der Audienz überleben zu dürfen.

Aber nun war es vollbracht, und er konnte sein Werk

dem Imperator vorführen. Es war die Stunde des Triumphes, aber Yobilyns grausam-niederträchtige Rede drückte Moraynir die Luft ab. Er würgte.

»Ich werde dir sagen, was ich zu tun gedenke, Moraynir. Ich werde mir ansehen, was du hergestellt hast, und dann werde ich entscheiden. Ist es dir mißlungen, mein klangkundiger Freund, werde ich dich foltern lassen, bis du nach dem Tode winselst. Hast du aber vollbracht, was du zugesagt hast, dann werde ich dich schnell und ohne Schmerz sterben lassen. Wie gefällt dir das?«

»Erhabener!« stieß Moraynir erschüttert hervor. Möglich, daß es sich um einen weiteren grausamen Scherz handelte. Vor einer der zahlreichen Mätressen Yobilyns hatte Moraynir erfahren, daß er sie gelegentlich auf den Hals zu küssen pflegte, begleitet von den Worten: »Auch dieser schöne Kopf wird fallen, wenn ich es will ...«

Wenn er ruhig auf seinem Thron saß und nicht redete, wirkte Yobilyn noch erstaunlich jung. Öffnete er aber den Mund, dann konnte man sehen, mit wieviel Aufwand und Mühe die Kosmetiker die Haut gestrafft und die Falten mit Bioplast eingeebnet hatten. Dann warf das rundliche, aufgedunsene Gesicht des Imperators Falten wie ein zerknülltes Bettuch. Es sah scheußlich aus, ganz besonders dann, wenn Yobilyn, wie in diesem Augenblick, vor boshafter Freude lachte. Seltsamerweise bebte und hüpfte sein praller Bauch dabei heftig mit, ein Anblick, der zum Lachen reizte. Aber wehe dem, der sich nicht zu beherrschen wußte.

»Ungerecht, denkst du, nicht wahr? Es ist nicht anständig von den Göttern, dich ausgerechnet in der Stunde deines Triumphes sterben zu lassen. Als Versager sterben, meinethalben. Ha, Schwächlinge und Versager sterben ohnehin jeden Tag ihre inneren Tode. Aber dem

Tode entronnen zu sein, ganz knapp nur, um die Breite eines Haares, das große, gewagte Spiel trotz aller Risiken gewonnen zu haben – um dann doch viel zu früh zu sterben, das tut weh? Ist es so, du Tonkünstler, du Genie der Klänge und des Wohllauts? Ist es nicht so? Rasest du nicht innerlich vor Entsetzen und Zorn, daß du trotzdem wirst sterben müssen?«

Yobilyn lachte laut.

»Es tut noch mehr weh als Todesangst, nicht wahr? Denn es erschüttert deinen Glauben. Ein Universum, in dem ein Unschuldiger solche Leiden und himmelschreiende Ungerechtigkeit erdulden muß, ein solches Universum hat vielleicht gar keinen gnädigen Schöpfer.«

Yobilyn bewegte sich äußerst behutsam, um bequemer sitzen zu können. Seine gichtischen Gelenke loderten wohl vor Schmerz, und er stieß einen halblauten Schmerzensruf aus.

»Aahhh«, ächzte er. »Du siehst, wie ich mich quälen muß. Warum sollte ich dann dich schonen? Wohlan, berichte mir, was du zu sagen hast. Ist tatsächlich dein geniales Werk vollendet? Ist Shahan so geworden, wie du es mir versprochen hast?«

»Noch größer, noch schöner, noch gewaltiger, Erhabener«, beteuerte Moraynir bleich, mit leidlich fester Stimme. »Es ist ein Kunstwerk, wie es kein zweites in der Schöpfung gibt.«

Yobilyn lachte wieder.

»Du hast sogar die Götter übertroffen, Moraynir? Nicht schlecht für einen Arkoniden, der nichts weiter ist als ein Lakei an meinem Hof. Nun, vielleicht lasse ich dich doch am Leben, wenn es mir gefällt.« Yobilyn zwinkerte zynisch. »Vielleicht nicht ganz, nur ein bißchen, so daß du zwar weißt, daß du lebst, aber nichts mehr davon hast. Wir werden sehen. Ich werde meine Jacht startfertig machen. Und du wirst mich begleiten,

Moraynir. Nein, kein Besuch mehr bei deinen Verwandten und deiner Frau. Tssst, Moraynir, was soll denn das? Ist es nicht besser für das arme Weib, wenn sie völlig überraschend Witwe wird? Willst du sie wirklich tage- und wochenlang auf deinen Tod warten lassen?«

Moraynir schluckte. Daß Yobilyn im Alter grausamer geworden war, daß er seine Fantasie immer mehr auf das Zufügen von Qualen richtete, war ihm durchaus nicht entgangen. Aber mit dieser Entwicklung der Audienz hatte er nicht gerechnet. Sein Rücken war nur mehr ein Eisblock, sein Atem ging stoßweise, er schwitzte am ganzen Leib.

Yobilyn sprach einige Befehle, die von den versteckten Positroniken aufgenommen und sofort befolgt wurden. Sein Thron setzte sich in Bewegung und glitt geräuschlos über den Boden, der mit einem Platin-Gold-Mosaik ausgelegt worden war, auch dies ein Kunstwerk, dessen Größe und Kostbarkeit in der bekannten Galaxis gerühmt wurde.

»Folge mir, Moraynir!« befahl Yobilyn mit lauter Stimme. Er wandte mühsam den Kopf, da Moraynir ein paar Schritte zurückgeblieben war. Wieder formten seine schmalen, blutarmen Lippen ein zynisches Lächeln. »Vielleicht hast du ja Glück, und ich sterbe auf dieser Reise, bevor ich den Exekutionsbefehl geben kann. Wäre das nicht wundervoll für dich?«

Moraynir hatte einige Fahrten in der Jacht des Herrschers mitgemacht und er wußte, daß das Fahrzeug hervorragend gesichert war. Nur der Imperator selbst konnte dem automatischen Piloten Befehle und Anweisungen geben, niemand sonst. Sollte Yobilyn während der Reise nach Shahan tatsächlich vom Schlag getroffen werden und sterben, war Moraynir in der Jacht eingesargt, ohne Aussicht auf Rettung.

»Oheim ...?!«

Moraynir schluckte. Es war die Stimme von Adhemar, der in diesem Augenblick den Gang betrat, den Yobilyn und Moraynir benutzten. Yobilyn blickte ihn unwillig an. Er mochte seinen Neffen nicht und hatte auch nie ein Hehl daraus gemacht. Selbst war er ohne erbberechtigten Erben, also wußte er, daß Adhemar ihm nach Lage der Dinge auf dem Thron von Arkon nachfolgen würde. Nachfolgen *wollte* – um nahezu jeden Preis.

»Ich mache eine kleine Reise, Neffe«, verkündete Yobilyn knapp. »Ich habe Anweisung gegeben, daß du mich während meiner Abwesenheit vertrittst. Also, genieße es.«

Es gab nichts zu genießen. Adhemar hatte lediglich repräsentative Aufgaben zu erfüllen und Pläne auszuarbeiten, die sein Onkel dann genehmigte oder ablehnte. Selbst eine Entscheidung zu treffen, sie öffentlich zu verkünden und auch praktisch umzusetzen, blieb ihm verwehrt – eine weitere Bosheit des alternden Imperators.

»Ich werde mein Bestes tun, Oheim, wie immer«, beteuerte Adhemar, dem diese Höflichkeiten sichtlich schwerfielen. Ein rascher Blick hinüber zu Moraynir, ein kurzer Augenkontakt, dann blitzschnelles Verstehen. Der Plan war besprochen, ohne daß auch nur ein Wort gewechselt wurde.

»Was ist das schon, dein Bestes?« fragte Yobilyn rhetorisch und fuhr weiter. Seine Privatjacht stand auf einem kleinen Raumhafen neben dem Kristallpalast und war über einen unterirdischen Gang zu erreichen. Traktorstrahlprojektoren und Prallfelder, beide positronisch gesteuert, übernahmen es, den schweren Thron an Bord zu schaffen. Yobilyns ganz besonderer Thronsessel war nicht einfach nur ein Sitzmöbel oder ein Bestandteil des pompösen Arkon-Zeremoniells. In den Sockel waren etliche Meßinstrumente integriert, die im Notfall beispielsweise auf Beschuß reagierten und dann einen gleichfalls in den Sockel eingebauten Schutzschirmgenerator aktivierten. Als sich der Thron in Bewegung gesetzt hatte, waren automatisch die Serviceleitungen gekappt worden, über die sich Yobilyn Getränke und Erfrischungen liefern lassen konnte.

Moraynir mußte warten, bis er ebenfalls die Jacht besteigen konnte. Er warf einen letzten Blick auf den Horizont und erfaßte die Silhouetten der benachbarten Gebäude, in der Regel Wohnsitze großer und berühmter Familien, die sich diesen teuersten Baugrund Arkons leisten konnte. Unverwechselbar der Schnitt der klassischen Trichterbauten, die für Arkon typisch waren. Es gab sie auch auf anderen Planeten, aber nirgendwo waren die Proportionen dieser Gebäude von solcher Sachlichkeit und Ausgewogenheit.

»Nun mach schon!« wurde Moraynir über die Außenlautsprecher angerufen. »Ich habe nicht ewig Zeit, Moraynir! Du willst wohl ein paar Minuten Lebenszeit herausschinden, wie?«

Moraynir knirschte mit den Zähnen. Eines nahm er sich vor: Wenn es zum Äußersten kam, daß Yobilyn ihn würde töten lassen, wollte er vorher noch seinen Mut zusammennehmen und dem Scheusal einige Wahrheiten ins Gesicht schleudern.

Auf der anderen Seite verspielte er damit garantiert die letzten Chancen auf einen raschen und schmerzlosen Tod – auch das wollte bedacht sein. Moraynir war kein Feigling, aber diese Wahl ...

Rasch bestieg Moraynir die Personenschleuse, deren äußeres Schott sich hinter ihm schloß. Von diesem Augenblick an war er Gefangener des Imperators, dessen Willen und dessen Gnade wehrlos ausgeliefert.

Der Gedanke lag nahe, den Flug auszunutzen, um Yobilyn zu überraschen, ihn zu töten und dann ...

Sinnloses Unterfangen. Yobilyn wurde durch die Sicherheitseinrichtungen der Jacht und des Thronsessels nahezu perfekt geschützt; Moraynir hatte nicht einmal die Chance, ihn auch nur zu ohrfeigen, geschweige denn, ihn zu erschießen oder gar mit eigenen Händen zu erwürgen.

Wenige Augenblicke, nachdem Moraynir die Zentrale des kleinen Schiffes betreten hatte, hob die Jacht vom Boden ab und beschleunigte in den freien Raum. Arkon I, die Kristallwelt, fiel zurück. Hier hatten die Arkoniden zuerst gesiedelt. Aus welcher Region diese Gründungsväter gestammt hatten und was sie ausgerechnet in dieses System geführt hatte, das wußten nur sehr wenige Eingeweihte, und zu denen zählte Moraynir nicht. Von hier aus waren sie in die verschiedenen galaktischen Richtungen geflogen und hatten sich ein Planetensystem nach dem anderen nutzbar gemacht – oder untertan.

Arkon II tauchte auf dem Panoramaschirm auf. Die Handelswelt, größter Umschlagplatz für Waren und Güter im galaktischen Kugelsternhaufen, zu dem Arkon gehörte, und damit der größte Handelsplatz der bekannten Galaxis. Eine einzige Ansammlung von Raumhäfen, Silos, Lagerhallen, Magazinen, Stapelhäusern, zum Teil Hunderte von Metern tief in den Boden gegraben. Hier wurden die Schätze abgeliefert, jene Kostbarkeiten, die den Arkoniden das Leben so angenehm und leicht machten.

Arkon III bekam Moraynir nicht zu sehen, dieser Planet wurde zur Zeit von der Sonne verdeckt. Arkon III war Kriegswelt, Flottenstützpunkt, Werftplanet, Arsenal, Kadettenanstalt, Ausbildungslager und Waffenschmiede. Von hier starteten die Flotten, die Arkons Macht und Glorie in weitere Bereiche des Kugelsternhaufens trugen, hierher kehrten sie zurück, wenn sie ihr Unterwerfungshandwerk verrichtet hatten.

Es gab etwas, das diese drei Welten miteinander verband und zu einem einzigartigen Gebilde im bekannten Kosmos machten: Die Planeten waren mit sehr geringen Abweichungen gleich groß, sie lagen auf der gleichen Bahnebene, und sie beschrieben um das Zentralgestirn Arkons die gleiche Kreisbahn. Ein perfektes, in seiner Vollkommenheit unerreichtes Dreigestirn, Ausdruck des technischen Könnens, des Machtwillens und des Stolzes der Arkoniden.

Aber die Erschaffung des Planeten-Tripletts war das Werk vieler Generationen gewesen; kein einzelner konnte sich rühmen, dafür die Verantwortung getragen zu haben.

Das war bei Moraynirs Vorhaben anders. In der Größenordnung wohl nicht mit der Erschaffung Arkons zu vergleichen, aber zweifelsohne das wohl gewaltigste Werk, das einem einzigen künstlerischen Schöpfer zugeordnet werden konnte – ihm, Moraynir von Jehran.

Nur würde er ganz sicher keinerlei Gelegenheit haben, sich in diesem Ruhm zu sonnen.

»Erhabener ...« Moraynir wagte kaum zu flüstern.

»Was willst du? Stör mich nicht bei der Sprungvorbereitung!«

Moraynir wagte dennoch weiter zu sprechen.

»Ich weiß, daß Ihr vorhabt, mich zu töten, vielleicht oder sicher, das ist in Euer Belieben gestellt.«

Yobilyn schnaubte kurz.

»Ich möchte nur wissen, was ... was wird aus ... aus meinem Werk?«

Yobilyn wandte den Kopf. Moraynir brauchte nur einen Blick auf dieses Gesicht zu werfen, um eine Antwort auf seine Frage zu haben.

Yobilyn würde ihn nicht nur töten, gleichgültig, wie lange das dauern mochte. Er hatte nicht nur vor, Moraynir physisch auszulöschen und wahrscheinlich auch psychisch. Er wollte ihn als Künstler eliminieren ...

Die Arbeiten auf Shahan waren von Robotern ausgeführt worden, im Geheimen. Roboter plauderten nicht. Die Kosten waren im Staatshaushalt geschickt versteckt worden, und selbstverständlich hatte Moraynir dafür seinen Namen nicht hergegeben. Wenn Yobilyn es wollte, würde niemals ein lebendes Wesen erfahren, *wer* Shahan zum Leben erweckt hatte. Moraynir würde ohne Ruhm, ohne Ehren, praktisch sogar ohne Namen aus der Geschichte verschwinden; selbst in einschlägigen Fachwerken würde er nach kurzer Zeit kaum mehr als eine Fußnote abgeben, die niemand las.

»In sechs Minuten erfolgt die erste Transition«, gab die Positronik laut bekannt. Imperator Yobilyn hatte das Kommando des Schiffes an den Autopiloten abgegeben.

Die Zeit verstrich langsam. Endlich hatte die Jacht die erforderliche Sprunggeschwindigkeit erreicht. Die Jacht entmaterialisierte, durchstieß gewaltsam den Hyperraum und rematerialisierte an den Zielkoordinaten, einen kaum meßbaren Augenblick später. Transition oder Hyperraumsprung wurde dieses Verfahren genannt. Die Völker des Arkon-Imperiums beherrschten diese Technik seit Jahrtausenden und hatten sie immer mehr verfeinert. Allerdings war bisher kein technisches Verfahren imstande gewesen, den sogenannten Entzerrungsschmerz zu verhindern, der kurz nach der Rematerialisierung auftrat; seine Intensität richtete sich nach dem technischen Stand des Triebwerks und nach der Weite des Sprungs. Normalerweise wurden die Sprungwerte so berechnet, daß sich der Nackenschmerz in Grenzen hielt, wobei Handelsraumfahrern und Soldaten meist heftigere Belastungen zugemutet wurden als den Insassen einer Luxusjacht.

Yobilyn war ein alter Mann, von gichtischen Schmerzen geplagt, die offenbar entschieden größer waren als der übliche Entzerrungsschmerz. Der Imperator hatte einen sehr weiten Sprung gewählt, über mehr als dreitausend Lichtjahre hinweg. Moraynir stöhnte unterdrückt auf und massierte mit einer Daumen-Zeigefinger-Zange seinen Nacken.

»Du bist offenbar nichts gewöhnt, junger Mann!« höhnte Yobilyn genußvoll. »Mach dich damit vertraut, dies ist erst der Anfang. Es wird noch sehr viel schlimmer kommen.«

Er winkte Moraynir zu sich heran.

»Du bist sehr stolz, Moraynir von Jehran«, sagte er im Plauderton; es klang nach väterlicher Freundlichkeit. »Ich habe es sehr wohl bemerkt. Und das ist gut so. Ein Künstler soll stolz sein auf sich und sein Werk, und wenn er ein großer Künstler ist, so wie du, dann darf er so überheblich auftreten wie ein Kristallprinz bei seinem ersten Liebesabenteuer.« Yobilyn verlor sich für einige Augenblicke in Erinnerungen an längst vergangene Tage; sein Blick wurde verschwommen und weich, änderte sich aber sehr schnell wieder. »Aber für einen Untertanen schickt sich das nicht, das wirst du noch lernen müssen, Moraynir. Du wirst mir, als Balsam für meine wehen Knochen, dein Winseln und Wimmern schenken, so lange, bis du begreifst, daß ich der Herr bin, in allem und jedem. Wenn du willst, magst du dich nun zurückziehen und ausruhen. Schlafe und schöpfe Kräfte, du wirst sie brauchen ...«

Moraynir starrte in das gespannte Gesicht des Imperators. Seit jenem Tag, an dem das Projekt Shahan beschlossen worden war, hatte der Erhabene drei weitere Attentatsversuche überstanden, allesamt eingefädelt von seinem Neffen und Nachfolger Adhemar von Quertamagin. Es waren nur diese drei Versuche gewesen, denn Yobilyn hatte sich einen raffinierten Trick einfallen lassen, seinen mordlüsternen Enkel auszutricksen.

Die Attentäter waren samt und sonders gefaßt worden. Bevor man sie hingerichtet hatte, waren sie pausenlos verhört worden, bis sie alle Namen preisgegeben hatten, die natürlich auf Adhemar verwiesen. Der hatte – ebenso natürlich – geleugnet, erfolgreich. Selbstverständlich hatte niemand ihm geglaubt, aber offiziell war er niemals angeklagt, ja nicht einmal beschuldigt worden.

Yobilyn hatte ihn bewußt verschont und damit allen potentiellen Verschwörern ein Zeichen gegeben: »Tut euch nicht mit diesem da zusammen, es wird euer Untergang sein.« Verständlich, daß Adhemar nach diesen Fehlschlägen keine Personen mehr gefunden hatte, die bereit gewesen wären, sich bei einem so gefährlichen Unterfangen wie einem Putschversuch mit ihm zusammenzutun – zumal der gesamte Hof wußte, daß Adhemar kaum etwas anderes tat, als Attentatspläne und Mordkomplotte zu schmieden, mit ihm als Hauptbegünstigten.

Yobilyns infamer Trick hatte dafür gesorgt, daß sich an der Person seines Nachfolgers nichts geändert hatte – wer immer also Yobilyn ans Leben wollte, beschwor damit die Regentschaft von Adhemar herauf, und die war womöglich noch weniger beliebt als Yobilyns Regentschaft. Alles, was Yobilyn zu tun hatte, und niemals war er von diesem Grundsatz abgewichen, war, niemals zuzulassen, daß man ihn selbst und Adhemar gleichzeitig ausschalten könnte. So lange dieses Prinzip gewahrt wurde, war Yobilyns Leben gesichert.

In diesem Augenblick hätte Moraynir am liebsten ...

Yobilyn lächelte wieder, lachte dann sogar laut, gab damit zu verstehen, daß er Moraynirs Gedanken von dessen Gesicht abgelesen hatte.

Moraynir zog sich in seine Schlafkabine zurück. Er nahm ein Beruhigungsmittel zu sich, aber trotz des Medikaments wollte sich der Schlaf nicht einstellen. Er war einfach zu aufgeregt, um schlafen zu können.

In unregelmäßigen Abständen vollführte die imperiale Jacht nun Transitionssprünge, einen nach dem anderen. Yobilyns Kopf war offenbar nach dem ersten, sehr weiten Sprung, wesentlich empfindlicher geworden, daher zog er nunmehr kurze, nahezu schmerzfreie Sprünge vor. Außerdem ergab sich dabei des öfteren die Möglichkeit, den nächsten Sprung so zu gestalten, daß er – von Arkon aus betrachtet – im Energieschatten einer Sonne endete und das Manöver so nahezu unanpeilbar machte.

Und ein anderer, sehr erwünschter Nebeneffekt dieser langsamen Reise war, daß Moraynir eine längere Zeitspanne zur Verfügung stand: zu hoffen oder sich zu fürchten …

5.

Ich betrachtete Valerie, und in meinem Magen begann sich das Frühstück zu kaltem Schleim zusammenzuballen. Die Kleine wirkte grausig. Man hatte ihr irgendwelche Drogen eingegeben, sicher gut gemeint, um ihr Entzugsschmerzen und ähnliche Beschwerden ersparen zu können. Aber welche argen Nebenwirkungen diese Mittel hatten, war mir bislang nicht bewußt gewesen.

Valerie lächelte in einem fort. Nahezu ohne Pause waren ihre Lippen leicht geöffnet; man konnte die sehr regelmäßigen Zahnreihen sehen, schimmernd wie Perlen. Valerie sah aus wie eine glückliche Idiotin, anders konnte ich es nicht ausdrücken.

Nur ihre Augen lächelten nicht mit; sie hatten jeden Glanz verloren, schienen an mir vorbei oder durch mich hindurch in extragalaktische Fernen zu blicken, vielleicht genau dorthin, wohin sich die elenden Hamamesch abgesetzt hatten.

»Was haben sie nur mit dir gemacht?« murmelte ich betroffen. Valerie lächelte durch mich hindurch. Zugegeben, ein normales Mädchen war sie nie gewesen, nicht normal in dem Sinn von angepaßt, handelsüblich oder konventionell. Sie hatte immer schon eine gewisse Extravaganz an den Tag gelegt; schon ihre strenge, an Schwarz orientierte Kleidung wies darauf hin. Auch der herbe, zurückhaltende Ausdruck ihres Gesichtes hatte dazu gepaßt. Jetzt aber …

»Kann ich den Toten sehen?« fragte Valerie.

»Interessiert dich das?« wollte ich erstaunt wissen. Valerie hatte von je her einen ganz besonderen Geschmack gehabt, aber dies?

Sie zuckte mit den schmalen Schultern.

»Warum nicht? Es wäre einmal etwas anderes?«

»Dann komm!« schlug ich vor. Ich hatte ohnehin geplant, mir den toten Dhellbert Muryl einmal anzusehen; vielleicht konnte ich etwas finden, was den normalen Fahndern entgangen war. Mit der Polizeiarbeit auf Shahan stand es nicht zum besten: Auf einer Welt wie dieser rechnete man normalerweise überhaupt nicht mit Verbrechen, schon gar nicht mit Morden.

Muryl war in einen Kryo-Tank gepackt worden, einen Behälter, der zur Hälfte aus transparentem Glassit und zur anderen Hälfte aus Stahl bestand. Bei einer Temperatur von knapp einhundert Kelvin – also minus 173 Grad der üblichen Celsius-Rechnung – konnte sich die Leiche viele Generationen lang völlig unversehrt halten.

Geo Sheremdoc hatte mich mit den nötigen Daten auf meiner Ausweiskarte ausgestattet, so daß ich keine Probleme damit hatte, in die Halle eingelassen zu werden.

»Scheußlich«, murmelte Valerie dumpf.

Dhellbert war Mitte der achtzig gewesen, als er zu Tode gekommen war. Ein durchschnittliches Gesicht mit einem halb kahlen Schädel, ein wenig übergewichtig, aber ansonsten mehr als normal. Die Daten hatte ich bereits eingesehen. Muryl hatte eine hohe Position in der Kosmischen Hanse bekleidet, bevor ihn die Sucht gepackt hatte; danach war er für diesen Job untragbar geworden, das Sicherheitsrisiko war den Verantwortlichen zu hoch gewesen.

Valerie beugte sich über den Tank und starrte auf die steifgefrorene Leiche hinab.

»Da stimmt was nicht«, sagte sie leise, zuckte mit den Achseln und wandte sich ab. Ich versuchte mir vorzustellen, was in den letzten Jahren im Kopf dieses Mädchens vorgegangen war, da sie dem Tod – noch dazu einem gewaltsamen – mit solcher Gelassenheit entgegentreten konnte.

»Und was stimmt nicht?« wollte ich wissen und betrachtete die Leiche eingehender. Der Gürtel war noch um Dhellberts Hals geschlungen, die restlichen Details versuchte ich lieber auszuklammern. Jemand, der mit einem Gürtel zu Tode stranguliert wurde, bot keinen erfreulichen Anblick; nur in Filmen sahen Leichen schmuck aus – oder schauerlich blutbesudelt.

»Der Gesichtsausdruck«, präzisierte Valerie, während sie sich der Tür näherte. »Er ist wütend gewesen …«

Ich runzelte die Stirn. Was meinte Valerie damit? Muryls Gesichtszüge wirkten aufgeschwollen, vermutlich eine Folge der Strangulation; seine Augen waren geschlossen.

»Syntron, ich brauche eine Abbildung des lebenden Dhellbert Muryl«, forderte ich. Die Syntronik lieferte das Bild binnen weniger Zehntelsekunden.

Es gibt Portraitfotos, auf denen lebendige Menschen wie Wachspuppen aussehen, mit eingefrorenen, mühsam einstudierten Gesichtsausdrücken. Dies hier war ein anderer Fall. Muryl wirkte auf der dreidimensionalen Farbdarstellung gelassen, lebensfreudig, ja sogar heiter; er lächelte breit und außerordentlich sympathisch. Ein ganz anderes Bild als jenes, das die Leiche bot. Schade, daß er hatte sterben müssen; Dhellbert Muryl schien sein Leben genossen zu haben, und nach normaler Berechnung hatte er noch fast ein Jahrhundert Lebensspanne vor sich gehabt.

»Von wann stammt die Aufnahme?« fragte ich nach und bekam zügig die Antwort. Das Bild war vor der Sucht entstanden; kein Wunder, daß sich seine Mimik inzwischen geändert hatte. Die verhängnisvolle Sucht, dazu der Entzug, obendrein eine Fülle schwerer Medikamente, das hinterließ naturgemäß Spuren, auch im Mienenspiel.

»Der Mann ist stinksauer gewesen, als er gestorben ist«, sagte Valerie halblaut.

Nun, wer war schon glücklich und zufrieden und schaute entsprechend, wenn er erdrosselt wurde? Ich wollte das Bild gerade wieder verschwinden lassen, als mir ein Gedanke kam.

»Eine zusätzliche Aufnahme von Dhellbert Muryl aus den letzten Lebenswochen, wenn das möglich ist«, fordert ich an. Einen Sekundenbruchteil später erschien diese Aufnahme, nicht sonderlich gut getroffen, aber doch unverkennbar Dhellbert Muryl.

Ich stieß einen halblauten Pfiff aus.

»Siehst du es?«

Was ich sehen konnte, war, daß der Süchtige sich auf Shahan verändert hatte. Er war magerer geworden, sein Gesicht schlanker, fast ein wenig verhärmt. Seine frühere Gelassenheit hatte sich in eine schlaffe Resignation gewandelt.

Warum hatte dieser Mann sterben *wollen* – Selbstmordthese? Oder sterben *sollen* – Mordthese? Der Kranke hatte nicht ausgesehen wie ein Mensch, der seine letzten seelischen Kräfte auf einen Selbstmord konzentrierte. Und für einen Mord gab es bei diesem Kranken eigentlich nicht den geringsten Anlaß.

»Eine Abbildung des Toten!«

Auch dies wurde von der Syntronik prompt geliefert.

Ich ließ die Bilder sich überlappen, mal diese nach oben, mal das andere, schob sie vor und wieder zurück. Valerie hatte recht. Das Bild des Toten paßte weder zu dem gesunden noch zum kranken Dhellbert Muryl. Es war, als hätte sich eine dritte Persönlichkeit dazwischen geschoben.

Und dieser Jemand hatte sich nicht töten lassen wollen. Valerie hatte recht. Die Syntronik hatte aus der Aufnahme der Leiche all jene Elemente wegretuschiert, die auf seinen Zustand zurückzuführen waren, und nun war es nicht zu übersehen: Dieser Dhellbert Muryl hatte nicht sterben wollen. Aber er war offensichtlich nicht in der Lage gewesen, seine Ermordung zu verhindern.

Ich ließ mir eine Stunde Zeit und betrachtete die Leiche von allen Seiten, sämtliche Möglichkeiten meiner besonderen Optik ausnutzend.

Die Ergebnisse waren mehr als verwirrend.

Die Strangulationsmerkmale an seinem Hals waren eindeutig, als Tatwerkzeug kam nur der Gürtel in Frage. Winzige Abschuppungen seiner Hände auf dem Gürtel, die Abdrücke des geflochtenen Gürtels an seinen Händen – beides bewies, das niemand anderer als er selbst den Gürtel in mörderischer Absicht zusammengezogen hatte. Die Hände waren die eines Täters, aber sein Gesichtsausdruck war eindeutig der eines Opfers.

Wie paßte das zusammen? Hatte Geo Sheremdoc das gewußt, als er mich in diesen Einsatz geschickt hatte? In der Tat, damit hatte er mir eine harte Nuß zu knacken gegeben.

Ich stieß einen langen Seufzer aus und schloß die Untersuchung ab.

Valerie hatte geduldig vor der Tür auf mich gewartet. »Und was jetzt?« wollte sie wissen.

Ich hatte mir von der Syntronik verraten lassen, an welchen Orten auf Shahan sich Dhellbert Muryl zuletzt aufgehalten hatte.

»Wir machen einen Spaziergang«, schlug ich vor und lächelte, so gut ich konnte. »Zur großen Kaskade ...«

Ein robotgesteuerter Gleiter nahm uns auf und brachte uns aus der Stadt Geel-Shahan. Die große Kaskade, eines der zahlreichen Naturwunder des Planeten, lag etwas mehr als einhundert Kilometer entfernt, für einen Gleiter ein Katzensprung.

Valerie saß ruhig auf dem Platz des Kopiloten und

blickte kaum hinaus ins Freie; wo sie mit ihren Gedanken war, wollte ich lieber gar nicht erst wissen. Nach einer halben Stunde wurde der Gleiter langsamer und suchte sich selbsttätig einen Parkplatz.

Chorwan, Shahans Sonne, stand ziemlich hoch und bestrahlte eine wolkenfreie Landschaft, wie man sie sonst nur in einschlägigen Streifen zu sehen bekam. Klare Luft, ein paar weiße Wolken, die über einen strahlend blauen Himmel drifteten. Der Horizont wurde eingenommen von einer zerklüfteten Hügelkette, die mit Bäumen und Sträuchern bewachsen waren.

Dazwischen verliefen Kieswege, die sanft und wohlklingend unter unseren Füßen knirschten, als wir unseren Spaziergang aufnahmen.

»Wunderbar anzusehen, nicht wahr, Valerie?«

Sie antwortete nicht und stapfte nur neben mir, in welche Richtung ich mich auch wandte.

Die Landschaft war wirklich herrlich, ich hatte selten etwas Schöneres gesehen. Es gab Blumen in allen Farben des Spektrums, die ihre Wohlgerüche verbreiteten, Bäume und Sträucher mit buntfarbigem Laub, und alles war so zusammengestellt, daß man nach jeder Wegbiegung einen neuen, überraschenden und schönen Anblick geboten bekam. Außer uns waren einige hundert Spaziergänger unterwegs, die kaum ein Wort sprachen und wie Valerie teilnahmslos durch das Gelände spazierten. Ob sie die Schönheit dieses Platzes überhaupt erreichen konnte?

Am schönsten fand ich die Wasserläufe, eine Ansammlung von Bächen und kleinen Flüssen, die mal in Seen mündeten, mal schroffe Klippen weißgischtend hinabtosten und schließlich in einer riesigen Fontäne endeten. Mehr als einhundert Meter hoch stieg das Wasser, sprühte pilzförmig auseinander und ließ mikrofeinen Wasserstaub über Rasen, Büsche und Wege wehen.

Valerie war stehen geblieben und starrte auf die große Kaskade.

Ich lächelte und stellte mich neben sie. »Schön, nicht wahr?«

An einem Platz wie diesem fiel es sogar mir nicht schwer, den Naturverbundenen zu spielen. Der Anblick hob meine Stimmung gewaltig; er sorgte dafür, daß ich mich gelassener und kräftiger fühlte und alle Mühseligkeiten für einige Zeit vergessen konnte.

Ich betrachtete Valerie. Wenn sich die Wirkung auch auf sie übertragen hätte, wäre mir weitaus wohler gewesen. Sie hatte die Augen geschlossen und lauschte.

Dann erst fiel es mir auf …

In der Luft lagen sanfte, verhaltene Klänge. Es war nicht nur das leise Rauschen der Blätter oder das kraftvolle Plätschern des sprudelnden Wassers. Da war noch mehr, und wenn ich meine Augen schloß und mich darauf konzentrierte, konnte ich es hören.

Was dort erklang, wußte ich nicht, auch nicht, woher diese Klänge stammten. Sie schienen von überall her zu kommen, hüllten uns ein und wiegten unsere Seelen in einen Zustand des Behagens. Ich konnte die Strukturen dieser Musik nicht erkennen, nur ihre Wirkung auf mich spüren. Sie ließ Kraft und Ruhe zugleich in mich strömen, füllte mich ganz und gar aus; mit jedem Atemzug schien ich diese Klänge in mich aufzunehmen, die mich durchdrangen und einspannen. Ich spürte, wie sich meine Wangenmuskulatur entspannte, wie mein Atem allmählich ruhig und gleichmäßig wurde.

Diese Musik machte etwas mit mir. Einen Augenblick lang spürte ich in mir das Verlangen, mich gegen diese Beeinflussung zu stemmen, aber dann gab ich der Versuchung einfach nach und nahm in mich auf, was mir so bereitwillig angeboten wurde.

Langsam spazierten wir weiter. Valeries Hand fühlte

sich warm und trocken an, sie lag ruhig in der meinen, ohne Kraft und Anspannung, gelassen und zufrieden. Offenbar tat dieser Ort nicht nur mir gut, sondern hatte auch eine wohltuende Wirkung auf Valerie. Ich brachte ein schwaches Lächeln zustande, als ich an Geo Sheremdoc dachte, dem ich diesen Auftrag zu verdanken hatte.

Stundenlang wanderten wir durch das Gelände und kosteten aus, was es uns zu bieten hatte. Auf seltsame, für mich nicht faßbare Art und Weise spiegelten die Klänge das wieder, was wir zu sehen bekamen, und übertrugen dies auf unsere Gemüter. Oben auf der Hügelkette blieben wir stehen, blickten hinunter auf die Landschaft, genossen den Frieden und die Weite; nicht einmal die anderen Besucher des Geländes konnten diesen Genuß beeinträchtigen. Unwillkürlich breitete ich die Arme aus, als ich mich umdrehte und hinausblickte in die Ebene, die sich jenseits der Hügelkette erstreckte. Ich hatte Luft zu fliegen, die Schwingen auszubreiten und mich von der Luft und den geheimnisvollen Schwingungen tragen zu lassen, wohin sie mich auch führen mochten.

Ich riß mich zusammen. Wenn jemand mich so zu sehen bekam, war mein Ruf beim Teufel. Ich hatte mich in meinem Leben für die Rolle eines knötterigen Griesgrams entschieden, und dabei sollte es bleiben. Aber es fiel im Moment verdammt schwer.

Chorwan wanderte am Himmel weiter, berührte den Horizont und begann langsam zu sinken. Von der anderen Seite des Panoramas stieg das Nachtdunkel allmählich herauf, die ersten entfernten Sterne waren zu sehen. Das Dunkel war nicht bedrohlich, im Gegenteil, sein Anblick erfüllte mich mit einem Gefühl von Kraft, Größe, ja von Erhabenheit …

Hier wollte ich bleiben, für immer und ewig …

»Nun, Valerie?«

Sie blickte mich an, sanft und müde.

»Ich hätte gerne meinen Plonk«, sagte Valerie leise, und ihre Hand in der meinen wurde hart und kalt.

Von einem Augenblick auf den anderen verschwand der Zauber, der uns für einige Stunden umfangen hatte; die Wirklichkeit hatte uns zurück, und ich begann unwillkürlich zu frösteln. Der Wind, der über die Landschaft wehte, war kühl geworden.

»Gut, wir kehren in die Stadt zurück«, entschied ich. Ein Kodesignal ließ den Gleiter von seinem Parkplatz zu unserem Standort kommen. Wir brauchten nur einzusteigen und den Befehl zu geben, nach Geel-Shahan zurückzukehren. Wenig später lag das Gelände um die große Kaskade hinter uns, aber schwache Nachwirkungen des Ausfluges konnte ich noch spüren: zum Beispiel in der Gestalt eines großen Widerwillens, mich weiterhin mit so scheußlichen Dingen wie einem brutalen Mord – oder Selbstmord – zu befassen.

Es war dieser Gedanke, der mich abrupt in die Realität zurückstieß. »Wie fühlst du dich, Valerie?«

Sie hob die schmalen Schultern.

»Müde? Oder traurig? Resigniert? Bitte beschreibe es so genau wie möglich, ja?«

»Ich weiß nicht!« Mehr an Antwort brachte sie nicht zustande.

Ich erinnerte mich daran, daß Dhellbert Muryl die Kaskade zwei Tage vor seinem Tod besucht hatte. Auch er mußte diese geheimnisvollen Klänge wahrgenommen und gespürt haben; er war ein Imprint-Süchtiger gewesen, ebenso wie Valerie. War es dieses Erlebnis gewesen, das ihm den letzten Kick gegeben hatte, ihn seelisch endgültig aus der Bahn geworfen hatte?

Ich spürte in mir selbst nach, ein schwieriges Unterfangen. Mein Gebiet war die präzise Beobachtung und logische Auswertung von Fakten. Gefühle und Sentimentalitäten waren da nur hinderlich. Aber in diesem besonderen Fall schien es keinen anderen Weg zu geben.

Nein, so etwas wie Resignation und Verzweiflung konnte ich bei mir nicht spüren. Der Ausflug hatte mir gutgetan – besser, als es zu dem Verhaltensmuster paßte, an das ich mich gewöhnt hatte: knurriger, schrulliger Einzelgänger, ein bißchen verschroben und querköpfig, durchaus nicht bereit, sich nach herrschenden Konventionen zu richten. Ich begann mich zu fragen, ob mein Lebensstil auf lange Sicht wirklich derjenige war, nach dem ich leben wollte.

Aber ich spürte keinen Zwang, mich zu verändern. Nicht den geringsten. Der Besuch hatte mich nachdenklich gemacht, aber er hatte mich seelisch nicht aus der Bahn geworfen. Nach wie vor war ich in meinen Entscheidungen frei, und ich merkte, daß mir der Gedanke eine gewisse boshafte Freude bereitete, mich für den Rest des Tages eben nicht so angepaßt zu verhalten, wie es das Ausflugserlebnis sanft suggeriert hatte. Auf diesem Planeten würde sich wohl Hochprozentiges auftreiben lassen, für einen gemütlichen Schlummertrunk, wenn ich erst Valerie zu Bett gebracht hatte …

Einen Vorteil, pardon, hatten Imprint-Sucht und starke Medikamente: Valerie erwies sich einmal mehr als das folgsamste Kind, das man sich nur denken konnte. In unserer Klinik, die mehr einem luxuriösen Hotel als einem Hospital ähnelte, bekamen wir eine brauchbare Abendmahlzeit, und eine Stunde später schickte ich Valerie ins Bett. Sie gehorchte brav und zog sich in unser Appartement zurück. Auch die Medikamente, die man ihr verschrieben hatte, nahm sie mit üblicher Folgsamkeit.

Ich blieb in der großen Halle des Hotels und betrachtete die anderen Gäste dort. Wie ich nicht anders erwartet hatte, war die allgemeine Stimmung nicht besonders gut; an ihren Verhaltensweisen waren die ruhiggestellten Imprint-Süchtigen unschwer von den Angestellten der Klinik zu unterscheiden.

Die Patienten saßen in kleineren Gruppen beieinander und unterhielten sich gelangweilt; die Medikamente, die sie hatten nehmen müssen, dämpfte nicht nur die in ihnen brennende Sucht nach den Imprint-Waren, die es nicht mehr gab, sie wirkten ebenso dämpfend auf andere Wünsche und Sehnsüchte.

Einige der Gestalten kamen mir bekannt vor. Die junge Frau, die knapp zwanzig Meter von mir entfernt saß, trug die markanten Gesichtszüge der Freyts. Ihr Vorfahr hatte vor vielen Jahrhunderten zu den engsten Freunden und Mitarbeitern von Perry Rhodan gehört. Auch einige andere Insassen der Klinik trugen Namen, die auf die lange Geschichte der Terraner verwiesen – ein Nachfahre Balton Wyts war darunter, eine Urur … enkelin mit dunkler Hautfarbe entstammte vermutlich der Nachkommenschaft von Nome Tschato, dem legendären Kommandanten des Schlachtkreuzers LION.

»Nun, Fortschritte gemacht?«

Der sarkastische Tonfall allein hätte ausgereicht, den Sprecher kenntlich zu machen. Geo Sheremdoc hatte sich auf Shahan eingefunden. Ohne mich zu fragen, nahm er an meinem Tisch Platz. Ein paar neugierige Blicke trafen ihn, aber man ließ uns ungestört.

»Bis jetzt nicht«, antwortete ich. »Muryl ist tot, soviel steht fest, und er ist nicht freiwillig gestorben, auch das ist klar. Alles andere steht in den Sternen.«

Ich bestellte über den Servo eine Flasche Hochprozentigen, die auch brav geliefert wurde, zusammen mit einem Glas.

»Auch etwas?«

Sheremdoc schüttelte den Kopf. Irgendwelche Laster schien er nicht zu haben, abgesehen von seinem Ehrgeiz, und das wiederum war eine Schwäche, von der ich wiederum verschont geblieben war.

»Wir waren heute im Freien«, berichtete ich Sheremdoc. »Bei der großen Kaskade. Dort haben wir eine sehr beeindruckende Musik gehört, aber ich konnte nicht feststellen, woher die Klänge gekommen sind. Sie wirken ziemlich stark auf die Psyche, jedenfalls bei den meisten Menschen. Hast du eine Ahnung?«

»Shahan war früher eine Art Urlaubswelt«, klärte mich Sheremdoc auf. »Als der Planet noch zum Großen Imperium von Arkon gehört hat. Yobilyn hieß der Imperator, und er hat zahlreiche Musikanlagen in den Untergrund des Planeten einbauen lassen.«

»Musikanlagen?«

Sheremdoc machte einige fahrige Gesten.

»Er wollte alles und jedes in Klänge übersetzt haben«, fuhr er fort. »Inzwischen ist er von der Geschichte praktisch vergessen worden, aber seine Anlagen sind geblieben. Harmlose Maschinen, die niemandem etwas tun. Die Klänge sind angeblich beruhigend und heilsam. Warum fragst du?«

»Weil deine Diagnose richtig ist. Die Musik ist beruhigend, sogar sehr. Wirkt sogar auf mich.« Ich grinste ihn breit an. »Wenn ich das Zeug länger hören muß, wird womöglich sogar das aus mir, was man einen guten Menschen nennt.«

»Kaum vorstellbar«, kommentierte Geo Sheremdoc trocken. »Aber es wäre interessant es zu beobachten.« Er verzog das Gesicht. »Ausgerechnet Orpheus Chambers als Gemütsmensch ...«

»Muryl hat die Kaskade einen Tag vor seinem Ende aufgesucht«, sprach ich weiter, ohne auf den schlechten Scherz einzugehen. »Wenn er dort gewesen ist, wird er kaum in der Stimmung für Selbstmord gewesen sein.«

»Also bleibt es dabei: Er ist ermordet worden. Gut,

dann finde den Grund dafür heraus«, konterte der LFT-Kommissar. »Ich will wissen, wer es getan hat, und vor allem will ich das Motiv in Erfahrung bringen.«

»Was ist daran so wichtig?«

Geo Sheremdoc zögerte mit der Antwort.

»Wir können die Tatsache von Muryls Ermordung nicht für alle Zeit geheimhalten«, sagte er dann. »Spricht sich so etwas aber herum, werden die Angehörigen verlangen, daß man ihre Verwandten anderswo unterbringt. Mit Diskretion und Geheimhaltung ist es dann vorbei …«

Ich nickte, ich hatte verstanden. Nachlässig füllte ich mein Glas und nippte an dem Inhalt. Der Stoff war genau richtig temperiert.

»Und was führt dich nach Shahan?« fragte ich.

Sheremdocs Augen wurden zu Schlitzen.

»Weil es in den letzten Stunden einen weiteren Mord gegeben hat«, sagte er leise. »Eine ältere Frau, man hat ihr mit einem spitzen Gegenstand mehrmals auf den Kopf geschlagen …«

6.

»Wo ist es?« fragte der Imperator, drehte sich langsam um seine Achse und ließ den Blick über die Oberfläche des Planeten gleiten. Er stand, gekleidet in einen stabilen Raumanzug, auf der höchsten Erhebung von Shahan; ein schwacher Sturm trieb Schneeflocken vor sich her, die um seinen Körper wirbelten. Yobilyn hatte sein Individualschirmfeld eingeschaltet, das ihn sowohl vor den treibenden Schneeflocken als auch vor dem Strahl einer auf ihn gerichteten Waffe beschützen konnte. »Ich kann nichts sehen!«

Moraynir lächelte verhalten.

»Die Anlagen sind unterirdisch, Erhabener«, gab er bekannt. »Niemand weiß, wo sie sind. Die Roboter, die sie erbaut haben, wurden deprogrammiert; sie haben vergessen, was sie getan haben und wo sie gearbeitet haben.«

Yobilyn kniff mißtrauisch die Augen zusammen.

»Und die anderen? Die Arkoniden, Springer und alle anderen?«

»Wurden nur unter der Erde eingesetzt«, erklärte Moraynir. »Sie wurden in geschlossenen Raumschiffen hergeflogen, haben den Planeten und die Sternkonstellationen über ihm also niemals zu sehen bekommen. Inzwischen sind sie fort. Von ihnen wird ebenfalls keiner das Geheimnis verraten können. Es gehört Euch ganz allein, Erhabener!«

Yobilyn blickte ihn giftig an. »Noch nicht ganz allein«, bemerkte er anzüglich. »Also – was hast du mir vorzuführen?«

»Konzentriert Euch, Erhabener«, bat Yobilyn und trat einen Schritt zurück. »Ich habe die Anlage verhalten eingerichtet, wie es Eurem Geschmack entspricht, nicht so laut und lärmend, daß jedermann ihren Reiz erkennen könnte.«

Yobilyn machte eine herrische Geste.

»Tritt näher her ...«, gebot der Imperator, verstummte dann aber plötzlich. »Oha!«

Die heftige Bewegung von Hand und Arm hatte einen heftigen Windstoß als Echo bekommen, ein dumpfes Brausen klang über den Gipfel. Yobilyn erstarrte, und der Ton verklang.

Dann hob er allmählich die Arme und lauschte. Seine Gesichtszüge verklärten sich.

»Das ist es ...«, murmelte er. Der Imperator wirbelte um seine Achse. Eine Wolke von Schneeflocken stob auf und bildete einen wirbelnden Trichter, ganz in seiner Nähe. Mit einer heftigen Gebärde scheuchte der Imperator den Schnee davon, packte ihn und preßte ihn zusammen. Ein kräftiger Wind zog fauchend über den Gipfel, packte den Schnee und stieß ihn vor sich her.

»Herrlich ...!« begeisterte sich Yobilyn.

Er legte seine Willens- und seine Körperkraft in die nächsten Bewegungen. Einem Orkan gleich orgelte der Wind über den nahegelegenen Gletscher. Krachend barst das Eis und spie Fontänen glitzernder Kristalle von sich; ein reißender, gleißender Strom jagten die Kristalle über das Land, trieben Schneeballen vor sich her, die sich mit kraftvollem Dröhnen zusammenfanden und dann schmetternd hinunterdonnerten zu Tal.

Yobilyn gab Laute des Verzückens von sich.

Er begriff und spürte, was geschah. Mit seinem Willen und seiner Kraft kontrollierte er die Natur von Shahan. Er allein hatte den Schneesturm entfesselt, und er spürte, wie der Widerhall dieser tobenden Kraft in seinen Muskeln zitterte. Er spürte, wie die Lawine hinabdonnerte und seine Kraft zusammenfaßte; mit allen Nervenfasern nahm er die zertrümmernde Gewalt dieser Lawine in sich auf. Er ließ Felsen zerbersten und zerplatzen, und hoch über allem orgelte der klangliche

Widerhall seiner Kraft, Fluten von Klängen, wohllautend und doch mit Energie zum Platzen gefüllt. Er selbst war diese Urgewalt, er allein löste sie aus, und zur selben Zeit spürte er sie in sich selbst.

Yobilyn breitete die Arme aus. Es war nicht nur diese Bewegung, auch das Spiel seiner Finger gehörte dazu, daß Spreizen der Hände, die Art und Weise, wie er die Beine anspannte, um kräftiger zu stehen – all dies wurde übertragen in ein abenteuerliches Geschehen in der Natur, in entfesselte Gewalt und in Musik. Er konnte diese Kräfte beschwichtigen, konnte sie allmählich verrinnen lassen.

Ein Windhauch strich sacht über den Gipfel, trieb Schnee vor sich her. Frieden kehrte in seine Seele ein, Ruhe und Gelassenheit; alle Beschwerden schienen vom Imperator abzufallen, ein wohliges Wärmegefühl breitete sich in ihm aus, während der unaufhörlich wirbelnde Schnee in dichtem Gestöber damit begann, das Land sachte zu bedecken.

Abermals loderte der Sturm auf, packte den Schnee und hetzte ihn über die Flächen, ließ Wolken aufsteigen und Sturzbäche entstehen; wieder zerbarsten Felsen, grub sich das Wasser tief in das Gestein, ließ Eiszapfen aufschimmern und glitzernde Kristalle entstehen.

»Wahrhaftig!« stieß Yobilyn hervor. »Du hast es wirklich vollbracht.« Der Imperator breitete die Arme aus. »All dies – es gehört mir. Und es tut, was ich sage …«

»Und es klingt, Erhabener«, fügte Moraynir hinzu. »Diese Maschinerie bildet Euren Willen zu Kräften um und führt Eure Wünsche aus. Und sie wandelt all dies in Klänge um. In wohllautende Klänge, wie ich anmerken möchte. Ihr werdet keinen Mißton zu hören bekommen. Von einer Ausnahme abgesehen …«

»Und das wäre?«

»Diese Welt ist ein Planet des Friedens und des

Glückes, Erhabener. Sie wurde geschaffen und verwandelt zu Eurem Ergötzen. Nichts, was hier geschieht, vollzieht sich ohne dazugehörige Klänge. Nicht einfach nur Geräusche oder schlicht in Klänge übertragenes Geschehen. All diese Vorgänge sind harmonisch, beziehen sich aufeinander und auf Euch. Selbst gewaltige Ausbrüche oder entfesselte Stürme – all dies wird in Euren Ohren kraftvoll aber wohlklingend zu hören sein. Nur ein natürliches Geschehen, das habe ich nicht in Wohlklang übertragen können.«

Yobilyn starrte ihn an. »Du meinst den Tod?«

Moraynir senkte das Haupt.

»Dies ist mir nicht gelungen, Erhabener. Den Tod in Klang umzusetzen, ist nicht sonderlich schwierig. Aber es klingt verlogen, wenn es gut klingt. Und wenn die Musik wirklich einmal echt ist, dann entfesselt sie ein Gefühl des Schauderns ...«

Yobilyn lächelte giftig.

»Was für ein geschickter Trick«, lobte er. »Auf diese Weise also willst du dein Leben retten. Du willst mir ein paar Dissonanzen ersparen, welche die Folge deines Todes wären?«

Moraynir schwieg.

Yobilyn wandte sich wieder um und ließ seinen Blick über die Bergwelt schweifen.

Dunkle Wälder bis sehr hoch hinauf, Flüsse, Wasserfälle, Seen. All dies war zu sehen und auch zu hören. Er brauchte sich nur zu konzentrieren ...

Die unwiderstehliche, sanfte Gewalt eines Gletschers ...

Die innere Erheiterung, wenn er die purzelnden Kapriolen eines schmalen Eisbachs in sich aufnahm. Behäbige Ruhe, ein Hauch von Ewigkeit, wenn er sich in die schwarzen Wälder vertiefte ...

Yobilyn ließ den Wind los. Erst in schwachen, aufstäubenden Stößen. Schnee wirbelte und setzte sich an Klüften wieder ab; die Wipfel bogen sich unter dem Druck des Windes, und er hörte, wie die Harmonien einander durchdrangen und gegeneinander kämpften. Er verstärkte seinen Druck. Die Gewässer stiegen aus ihren Betten und brachen sich gischtend Bahn, unwiderstehlich rissen sie alles mit sich, entwurzelten Bäume, stürzten Felsen übereinander …

Und alles dies schuf er, er allein gebot dieser Natur. Es war eine Frage der Übung und der Konzentration, das war offensichtlich. Man mußte lernen, mit diesen Mächten umzugehen.

Yobilyn konnte die Tiere sehen, wie sie vor dem Sturm aus dem Wald flüchteten. Weiße Fontänen stäubten ihnen nach, hüllten sie ein.

Das Beben der gejagten Kreatur war in Yobilyn zu spüren; sein Atem beschleunigte; er erlebte, wie seine Muskeln vibrierten, während es in seinen Ohren dumpf brauste und rauschte. Er konnte die Quellen dieser Klänge nicht mehr einzeln orten, es verschmolz alles zu einer Gesamtheit aus Kraft und Klang und Ewigkeit.

Noch einmal packte der alternde Imperator mit seinen geistigen Kräften zu, steigerte den Sturm bis zum Orkan, klatschte den Tieren die geballten Schneemassen entgegen, jagte sie vor sich her, immer weiter, durch ein peitschendes Gewirr aus Zweigen und Schnee …

Und dann …

Yobilyn, der Imperator, spürte, wie seine Atmung jäh aussetzte, als er den Abgrund spürte. Er sah ihn nicht, nicht so, wie er ihn normalerweise gesehen hätte. Er spürte die Tiefe als jähes Absacken seiner Kräfte, die sich in ein Nichts zu verströmen schienen. Von einem Augenblick auf den anderen klemmten ihn die Klänge die Atmung ab, spürte er, wie die Laute in seiner Kehle zusammenklebten und ihn erstickten. Und dann …

Yobilyn taumelte zurück. Er wäre gestrauchelt und hingefallen, wäre nicht Moraynir zu ihm gesprungen und hätte ihn aufgefangen.

Der Imperator ließ ein Ächzen hören. Sein Blick flackerte unstet, wie der eines verängstigten Tieres, das den Jäger hinter sich wußte.

»Das war schauerlich«, seufzte er leise. »Du hast recht, das sollte niemand hören müssen.«

Es hatte nicht lange gewährt, nur Sekundenbruchteile, in denen seine Wahrnehmung vor dem Nichts gestanden hatte. Keine Geräusche mehr, nicht mehr das angespannte Beben und Zittern der Muskeln, kein hektischer Herzschlag, der bis in die Zehenspitzen zu spüren war. Nicht mehr das dumpfe Dröhnen von Hufen auf dem Schnee, das Fauchen des Windes, das Ächzen der sturmgepeitschten Äste.

Nur Stille. Nichts mehr. Gar nichts mehr.

Nicht einmal mehr Angst.

Nichts …

»Warum kann ich dich nicht spüren?« fragte Yobilyn. Er ließ einen kräftigen Wind in Moraynirs Haaren wirbeln. Die Kraft und den Schabernack konnte er spüren. Daß sich Moraynirs Atem beschleunigte, konnte er an den weißen Dunstwolken vor dessen Mund sehen oder auch einfach hören. Aber von Moraynirs Gefühlen konnte er nichts erfassen.

»Es ist in der Programmierung nicht vorgesehen, Erhabener«, beteuerte der Komponist. Der Sturm steigerte sich von Minute zu Minute. Yobilyn, der nur ein paar Schritte entfernt war, konnte der Sturm nicht erfassen; der Imperator wurde durch seinen Raumanzug geschützt. Aber Moraynir wurde von der Gewalt des Windes gepackt und spürte den Druck auf seinen Körper wachsen. Er mußte sich immer kräftiger dagegen stemmen, wenn er nicht von den Beinen gerissen und davongewirbelt werden wollte.

Yobilyns Gesicht war maskenstarr. Ohne körperlichen Bewegungen, nur mit der Kraft seines Geistes, kontrollierte er die Naturkräfte, die sich auf dem Gipfel dieses Berges austobten. Moraynir konnte spüren, wie sich Yobilyn langsam und sehr vorsichtig an die kritische Grenze herantastete …

Dann ließ der gewaltige Druck mit einem Schlag nach, der Wind flaute ab und der Schnee begann wieder still und harmlos zu rieseln. Das Idyll stellte sich wieder ein.

»Du wirst die Anlage erweitern müssen«, ordnete Yobilyn an.

»Erweitern, Erhabener?«

»Du hast richtig gehört, Moraynir. Zunächst einmal bin ich mit deiner Arbeit zufrieden. Mehr noch, ich gebe zu, entzückt zu sein. Du hast dich selbst übertroffen – jedenfalls an diesem Ort von Shahan. Ich werde in den nächsten Tagen und Wochen andere Regionen des Planeten überprüfen, aber ich bin zuversichtlich, daß deine Kunstfertigkeit auch diese Probleme gemeistert haben wird. Nur eines fehlt, und das wirst du mir liefern.«

»Und was wäre das?«

Yobilyn ließ seinen Blick wieder über das Panorama wandern. An der äußersten Grenze des Gesichtskreises war das Schimmern einer Wasserküste zu sehen; der Blick des Imperators saugte sich dort fest.

»Du hast die Macht und die Kraft, die Schönheit der Natur in Klänge gießen können, Moraynir«, murmelte Yobilyn. »Du hast auch daran gedacht, daß es neben der unbelebten Natur noch Leben gibt. Das war sehr klug von dir. Nur hättest du dort nicht haltmachen dürfen.« Sein Blick wurde streng. »Ich will alles, verstehst du,

Moraynir, wirklich alles in Klang verwandelt haben. Nicht nur Berge, Flüsse, Seen, Wolken und Wind. Nicht nur Fische im Wasser und Tiere im Wald. Ich will auch dich auf diese Weise spüren und hören können. Bis in die allerletzte Faser deines Wesens.«

Moraynir wurde bleich.

»Erhabener«, stammelte er fassungslos. »Ich weiß wirklich nicht, ob ich dazu ...«

»Ich kann deine Fertigkeiten offenbar besser einschätzen als du selbst«, unterbrach ihn der Imperator. »Du wirst es schaffen. Ich will alles hören und wissen, alles. Was immer es gibt.« Ein tückisches Lächeln stahl sich auf seine Züge. »Und noch eines, Moraynir ...«

Der Komponist und Musiktechniker senkte das Haupt und wartete demutsvoll auf die Anweisungen.

Yobilyn lächelte sein böses, faltiges Lächeln. »Du brauchst mich dabei nicht auszunehmen«, sagte er leise.

»Bitte?« Moraynir glaubte seinen Ohren nicht trauen zu dürfen.

»Ich will Arkoniden und andere intelligente Geschöpfe ebenso spüren können wie die Tiere vorhin, bis in die letzte Faser ihres Lebens. Die genauen Gedanken interessieren mich nicht, ich weiß, daß die Technik dazu nicht ausgereicht. Aber du wirst imstande sein, ihre Körperhaltung, ihre kleinen, winzigen Gesten, ihre Atmung, den Lidschlag und vieles andere mehr in Klänge zu übersetzen. Und ich werde lernen, auf diese Weise zu hören, wie jemandem zumute ist – einschließlich meiner eigenen Person.«

»Erhabener«, stammelte Moraynir, fassungslos angesichts dieses Vorhabens. »Ist dies nicht ...?«

»Ja, sprich dich aus, Moraynir ...«

»Ist es nicht vermessen, Erhabener«, brachte Moraynir über die Lippen. »Vielleicht sogar ... gotteslästerlich?«

Er wartete auf den Ausbruch des Imperators, auf die Entladung des allerhöchsten Zorns. Yobilyn hatte Arkoniden wegen weitaus geringerer Vergehen verhaften und auf Verbannungswelten schicken lassen ...

»Du könntest recht haben«, sagte Yobilyn und starrte an Moraynir vorbei ins Leere. »Vielleicht ist es eine Lästerung der Götter.« Er lächelte schwach. »Falls es Götter gibt, woran ich zweifle ...«

Yobilyn verstummte und holte tief Atem.

»Auf der anderen Seite ...«, fuhr er fort. »Wenn deine Arbeit getan ist, dann werde ich wissen, ob es Götter gibt. Vielleicht ja, vielleicht nein.« Er ließ ein kurzes, trockenes Lachen hören. »Durchaus möglich, daß es am Ende dieser Prozedur nur noch ein göttliches Wesen gibt ... mich!«

Moraynir schnaufte vor Erregung.

»Nun, wie gefällt dir das?« fragte Yobilyn. »Sicher bist du trotz deiner Angst und Beklemmung intelligent genug, die wundervolle Ironie dieses Vorhabens zu erkennen. Denn wenn es anschließend nur einen Gott, also mich, in diesem Kosmos gibt, dann verdanke ich diese göttliche Stellung ausschließlich dir, niemandem sonst. Selbst kein Gott, wirst du dich rühmen können, einen Gott geschaffen zu haben. Wer kann das schon von sich sagen?«

Moraynir schluckte. Er wußte nicht mehr, was er tun sollte. Yobilyns Maßlosigkeit machte ihn schwindlig.

»Nun zeig mir eine andere Gegend des Planeten«, forderte Yobilyn ihn auf. »Ich will die Küste sehen ...«

Das Beiboot der imperialen Jacht brauchte nur wenige Minuten, um die beiden einzigen Passagiere an das Ziel zu bringen. Hoch oben auf der Klippe blieb Yobilyn stehen. Knapp einhundert Mannslängen unter ihm brandete das Wasser des Ozeans gegen das Felsgeklüft; die Brandung ließ weiß schäumende Gischt durch die Luft fliegen, das Tosen der Wellen war überall zu hören.

»Da braucht es fast keine Musik mehr.« Yobilyn lachte gutgelaunt. »So etwas gibt es auf Arkon nicht mehr, eigentlich schade ...«

Wann genau die drei Welten des Arkon-Systems zu der berühmten Dreier-Konstellation zusammengefügt worden waren, war ein Staatsgeheimnis und nur Eingeweihten bekannt. Die offizielle Lesart war, daß die Natur oder die Sternengötter oder beide zusammen dieses einmalige System geschaffen hatten, das daher vorbestimmt gewesen war für die Glorie und den Ruhm von Arkon. Aus den selben Gründen war auch bekannt, wie die drei Arkon-Welten in ihrem ursprünglichen Zustand einmal ausgesehen hatten. Jedenfalls, da hatte Yobilyn recht, gab es so etwas wie natürliche Ozeane auf Arkon nicht mehr.

Yobilyn blickte sich um.

»Natürlich werden wir auch diese Welt nach unseren Wünschen gestalten«, sagte er leise. »Aber nicht so, daß jeder Narr es auf den ersten Blick bemerkt. Wir werden es so machen, daß die Oberfläche ganz natürlich aussieht – perfekt natürlich, verstehst du?«

»Euer Wille, Erhabener ...«

Imperator Yobilyn schnitt ihm mit einer energischen Handbewegung das Wort ab.

»Du wirst es schon schaffen«, verkündete er abschließend und wandte sich dem Meer zu.

Dunkle, langsam anschwellende, sich sacht in sich selbst wiegende Töne, Klänge voll sanfter Kraft, tragend und schwebend, füllten die Luft und wurden stärker. Das konstante Brausen eines kräftigen Windes mischte sich hinein und schwoll an.

Moraynir allein wußte, welche Maschinen und welche Energien gebraucht wurden, um dieses Schauspiel möglich zu machen. Für unbegrenzte Zeit ging das nicht, aber einige Tage lang konnte Yobilyn sich dieser einen Fantasie hingeben, wenn er wollte. Er war kein Mann großer Geduld, er schätzte die Vielzahl der Reize höher ein als das einzelne Vergnügen.

»Aaahhh!« stöhnte der Imperator auf.

Er hatte die Arme weit ausgebreitet und wühlte jetzt mit langsamen, kraftvollen Schwüngen seiner Arme die Wasser des Ozeans auf, ließ die Flut emporschäumen an den Klippen, sich im Felsgewirr brechen und wieder zurückschwappen. Gleichzeitig brauste und orgelte der Sturm mit verheerender Gewalt über das Meer und die Küste, zerrte an Kleidung und Haaren. Yobilyn öffnete den Mund, ließ sich den Geschmack des salzigen Windes in die Lugen blasen; er spürte die Kraft dieses Sturms und gab sie sofort wieder zurück. Beide Augen hatte er geschlossen, war ganz und gar diesem faszinierenden Ansturm hingegeben.

Moraynir hatte sich geduckt, er spürte, wie seine Kleidung durchnäßt wurde und ihm der Sturmwind den Atem von den Lippen zu zerren schien.

Dies war der Augenblick …

Ein Aufspringen, ein Anstürmen – wenn er sich mit aller Kraft gegen den Imperator warf …

Unsinn, törichtes Unterfangen. Zum einen hätte der immer vorsichtige Yobilyn die Attacke sicherlich rechtzeitig gewittert und abgewendet. Zum zweiten wäre er durch seinen Anzug geschützt gewesen. Selbst wenn es Moraynir gelungen wäre, den verhaßten Tyrannen in die Tiefe zu stürzen, die Klippen hinab in die aufgewühlte See – der Individualschirm hätte Yobilyn gerettet. Und danach …

Nein, dies war kein günstiger Augenblick für ein Attentat. Außerdem hätte die Jacht Moraynir niemals zurückgebracht; sie wir ausschließlich auf den Imperator eingestellt. Moraynir hätte bis zum Ende seiner Tage auf Shahan zurückbleiben müssen – und dieses Ende hätte sehr lange auf sich warten lassen können.

Unterdessen hatte der Imperator einen furchtbaren Sturm entfesselt, so stark, wie er ihn gerade noch ertragen konnte. Yobilyn stemmte sich gegen den Wind, er schrie, ganz in seine Gedanken verloren und seine Gefühle vertieft, gegen die Gewalten an, die er zugleich entfesselte und kontrollierte; es war ein Ausbruch von Gefühlen, wie ihn Moraynir bei dem Imperator noch nie erlebt hatte.

Die Anwesenheit seines Komponisten schien der Imperator völlig vergessen zu haben, er hatte sich ganz seinem Spiel überlassen. Auch ohne die besonderen Fähigkeiten, die von den Maschinen vermittelt wurde, konnte Moraynir die Faszination spüren, die von diesem Spiel ausging. Er hatte es selbst einige Male bei Probeläufen genossen.

Er wußte, wie es war, sich mit der ganzen Körperkraft gegen die elastische Feder des Sturmes zu stemmen, sich gleichsam an den Wind zu lehnen und ihn so zu steuern, daß er einen aufrecht hielt und nicht umfallen ließ. Er hatte es geliebt, wenn dieser Wind durch seine Haare gefahren war, stürmisch und leidenschaftlich wie eine Geliebte, ihn packend und an ihm zerrend, kraftvoll bis dicht an den Schmerz heran. Er erinnerte sich, wie es war, wenn man kaum mehr Luft bekam, weil die Luft so voll aufgepeitschter Gischt war, daß man darin hätte ertrinken können. Wie es sich anhörte, wenn die Wellen gegen die Klippen peitschten, wenn man ihre ungeheure Kraft spürte, die doch nicht gegen die unerbittliche Härte der Klippen ankam. Der Boden erzitterte bei jedem Aufprall, man spürte die Hammerschläge der Brandung wie dumpfe Hiebe in den Unterleib. In den

Ohren brauste und dröhnte der Wind, riß einem die Laute der Angst und des Entzückens von den Lippen und wehte sie von dannen.

Und in diesem Fall kamen die Klänge dazu: ein hohes, beinahe schmerzlich schrilles Pfeifen, das die Spitzen des Windes und der Wellen symbolisierte; das Dröhnen einer unsichtbaren Orgel, die man bis in die Eingeweide spüren konnte, darunter das sanfte, den Magen erschütternde Brummen entfesselter Naturkräfte – all dies verband sich zu einem Gemisch aus natürlichen und der Natur nachgeformten Klängen, die Körper und Seele mit ungeheurer Gewalt erfaßten und nicht wieder los ließen.

Der Himmel hatte sich bewölkt, schwarz verfärbt. Es war kaum noch etwas zu sehen, aber jetzt gleißte der erste Blitz durch das Nachtdunkel; grellweiß zackte er zuerst von einer Wolke zur anderen, dann jagte er hinunter in das Wasser, in die brodelnd schwarze, von weißen Schaumkronen überzogene Fläche.

Es war, als wolle der Himmel dieses Gewässer erschießen. Unendlich kalt und tief erschien der Ozean, ein niemals überwindbarer Feind des Lebens, nur durch die Unerschütterlichkeit der Felsen darin gehindert, alles Lebendige in seinen Schlund zu zerren und hinabzuziehen. Nichts, so schien es, war imstande, diesen Gewalten zu trotzen, wenn sie einen zu fassen bekamen. Und immer wieder jagten die grellen Entladungen der Blitze aus dem Himmelsdunkel hinunter in das brausende Chaos, tobte dumpf grollend der Donner über die Fluten.

Es fiel Moraynir schwer zu atmen. Ob er wollte oder nicht, er wurde in diese Auseinandersetzung zwischen Mensch und Natur hineingezogen; selbst als Zuschauer konnte er der faszinierenden Gewalt dieser Bilder nicht widerstehen.

Yobilyn schrie gellend. Welche Worte sich aus seiner Kehle lösten, Yobilyn wußte es nicht. Er erinnerte sich auch nicht mehr an das, was er an gleicher Stelle geschrien hatte. Es war eine unheimliche Mischung aus Lauten gewesen, die ähnlich unwiderstehlich und brodelnd wie der Ozean vor ihm aus der Tiefe seiner Seele aufgestiegen war. Triumph hatte er herausgebrüllt, das Machtgefühl eines Arkoniden, der es wagte, der Natur selbst und ihren Göttern Widerstand zu leisten, sie herauszufordern, zu reizen, sie anzustacheln und ihnen dennoch zu widerstehen. Angst hatte in seinen Ausbrüchen mitgeschwungen. Angst zu sterben. Angst davor, leben zu müssen. Angst vor der Einsamkeit, vor der unglaublichen Intensität der eigenen Gefühle, Angst vor der Angst an sich, davor, sich in diesem entfesselten Chaos zu verlieren, nicht mehr zu wissen, wo man selbst aufhörte und wo die Natur begann …

All dies und vieles mehr, das ihm deutlich nie bewußt geworden war, nicht vorher und nicht in diesem Augenblick – all dies hatte er herausgeschrien, bis er jenen Zustand erreicht hatte, in den nun auch Yobilyn verfiel.

Erschöpfung. Das Ende der seelischen, der geistigen und der körperlichen Kräfte. Die Lungen wollten nicht mehr, die Beine waren weich geworden; die Arme baumelten schlaff herab. Die Stimme war nicht einmal mehr ein Krächzen, nur noch ein atemloses Keuchen und Nach-Luft-Schnappen, und seelisch war der Geist so leer, wie er sich nie zuvor gefühlt hatte.

Es ging einfach nicht mehr weiter …

Yobilyn taumelte rückwärts. Moraynir sprang auf und packte zu. Jetzt fauchte der Wind nur noch leise, eine Raubkatze, die sich auf leisen Sohlen entfernte, aber ein letztes Mal hören ließ, daß ihre Kräfte zum Weitermachen durchaus noch reichten.

»Gut …!«

Yobilyn brachte das Wort kaum über die Lippen. Sein Körper war erschlafft, er hatte die Augen geschlossen.

Moraynir sah, daß der Imperator lächelte. Müde, ausgepumpt, erschöpft – und auf seltsame Art und Weise glücklich …

Und Moraynir brachte es einfach nicht fertig, ihn in diesem Augenblick zu töten …

Die Zeitspringer

Raumkapitän Nelson

7.

»Es muß zwischen diesen beiden Todesfällen eine Verbindung geben«, überlegte Geo Sheremdoc. »Aber welche? Ich hatte gehofft, du wärest imstande, mir auf diese Frage eine Antwort zu geben.«

Ich grinste freudlos.

In meinen Eingeweiden wütete der Ekel. Ich hatte in meinem Leben nicht allzu viele Leichen zu sehen bekommen, und die meisten waren alte, friedlich entschlafene Menschen gewesen, keine Mordopfer. Und von den Leichen im Trivideo weiß man als kundiger Zuseher, daß sie für diese Zwecke maskiert und hergerichtet worden sind – mal auf sexy, mal auf bluttriefend.

Diese Leiche gehörte eindeutig in die zweite Kategorie, und sie sah ganz besonders scheußlich aus.

Die Frau hatte sehr viel Blut verloren, das nicht ersetzt, nur weggewischt worden war. Infolgedessen war ihre Haut gräulich weiß; es sah übel aus. Die Augen waren geschlossen, das Gesicht angespannt. Die Miene deutete auf Konzentration und Entschlossenheit hin – aber der Zustand der restlichen Leiche sprach eindeutig gegen diesen ersten Eindruck.

Die Tatwaffe war gefunden worden – ein Werkzeug aus Stahl mit einer scharfgeschliffenen Spitze. Angeblich wurde es von Spezialisten für Gartenarbeiten gebraucht; ob das stimmte, entzog sich meiner Kenntnis. Die Waffe hatte einen handlichen Griff, sogar anatomisch geformt, dazu besagte Spitze. Damit war die Frau getroffen worden – fünf Mal.

Die Kopfwunden waren deutlich zu sehen; ich blickte nur einmal zaghaft hin und wandte mich dann ab. Dieser Mord unterschied sich von allem, was ich jemals an Ermittlungsarbeit gemacht hatte.

»Die Gemeinsamkeit ist, daß beide tot sind«, sagte

ich, nur um etwas zu sagen. Warum ließ Sheremdoc mich nicht einfach in Ruhe? »Und beide sind eines gewaltsamen Todes gestorben, innerhalb weniger Tage. In beiden Fällen existiert niemand, der als Täter auch nur in Verdacht geraten könnte.«

Sheremdoc nahm einen Schluck Fruchtsaft und nickte langsam. Er winkte mir zu, wir verließen die Halle. Draußen stieß ich erst einmal einen Seufzer der Erleichterung aus. Jetzt hätte ich eine größere Dosis Schnaps gebrauchen können, nur wegen meines Magens, versteht sich.

»Für Mord«, sagte Geo Sheremdoc, »gibt es in beiden Fällen keine eindeutigen Hinweise. Keine Fingerabdrücke, keine Täter oder Verdächtige, die in der fraglichen Zeit in der Nähe gewesen wären. Auf der anderen Seite – ist es möglich, daß jemand sich auf diese Weise selbst ermordet haben könnte? Mit einem Pickel sich selbst fünfmal auf den Schädel hauen? Oder sich mit eigener Hand erdrosseln?«

Ich hob abwehrend die Hand und schüttelte den Kopf.

»Unvorstellbar«, sagte ich entschieden. »Da müßte sich so etwas wie ein Selbsterhaltungsinstinkt bemerkbar gemacht haben. Und bei der Erdrosselung – wenn jemand sich selbst bis zur Bewußtlosigkeit stranguliert hat, noch nicht bis zu Tode wohlgemerkt, dann müßte seine Hand erschlaffen und damit automatisch den Griff lockern.«

Sheremdoc nickte. »Ich denke in die gleiche Richtung«, verriet er mir; sein Lächeln war hart und bitter. »Aber es liefert uns leider keine Ergebnisse.«

»Glaubst du, daß ein und derselbe Täter für beide Morde in Frage kommt?« fragte ich nachdenklich.

Geo Sheremdoc hob die breiten Schultern.

»Woher soll ich das wissen?« gab er zurück. »Wir

wissen ja nicht einmal, was das Motiv gewesen ist, weder bei dem Mann noch bei der Frau. Sie waren beide harmlos ...«

»So harmlos doch wohl nicht«, warf ich zweifelnd ein. »Beide waren Geheimnisträger ...«

»Und sind seit Jahren auf Shahan interniert«, unterbrach mich Sheremdoc. »Warum sollte man sie ausgerechnet jetzt für interessant halten? Beide Opfer waren süchtig, beide wurden mit Medikamenten ruhiggestellt. Sie waren zuletzt völlig sanft und harmlos, für niemanden eine Gefahr. Ich kann mir nicht ein einziges Motiv vorstellen, daß einen Menschen in diesen beiden Fällen zum Mörder hätte machen können.«

»Rache, Neid, Habgier, Sexuelles ...«, zählte ich auf. »Es gibt immer eine Fülle denkbarer Motive. Die Menschen sind in den letzten Jahrtausenden kein bißchen besser geworden.«

Sheremdoc schüttelte den Kopf und sah mich vorwurfsvoll an.

»Ganz bestimmt nicht hier und jetzt, in ihrem Zustand und auf Shahan. Nein, da steckt etwas anderes dahinter, etwas ganz anderes.«

»Und das soll ich herausfinden, nicht wahr?«

»Dafür wirst du bezahlt«, konterte Sheremdoc trocken.

Wir hatten mein Appartement aufgesucht und uns an einen Tisch gesetzt. Im Nachbarraum lag Valerie auf ihrem Bett, starrte gelassen und unerschütterlich die Decke an. Ich durfte gar nicht daran denken.

»Nebenbei«, fragte ich halblaut, »wie sieht es aus? Findet ihr bald ein Mittel gegen die Sucht? Gibt es Nachrichten von Rhodan?«

Sheremdoc antwortete mit einem leisen Seufzer.

»Leider nicht«, antwortete er. »Wir haben der Bluesflotte, die schon seit vielen Monaten weg ist, hochkarätige Spezialisten mitgegeben, die ganz gezielt nach einem Mittel gegen diese Imprint-Sucht fahnden sollen. Wenn sie Glück haben …«

Ich machte eine wegwerfende Handbewegung. »Vergiß es«, sagte ich rauh. »Daraus wird garantiert nichts.«

Sheremdoc lächelte müde. »In diesem Punkt bin ich wie Perry Rhodan«, sagte er leise. »Ich gebe nie die Hoffnung auf, bis zuletzt nicht.«

»Ich habe schon überzeugendere Durchhalteparolen gehört«, meinte ich matt. »Kehren wir zum Thema zurück. Syntron, einschalten!«

Das Appartement verfügte über einen kombinierten Interkom-Syntron-Trivideo-Anschluß, wie ich ihn auch in meiner Behausung hatte. Es hing ausschließlich von den Wünschen des Bewohners ab, welches Systems er sich bedienen wollte. In diesem Fall tauchte, so groß wie die entsprechende Wand, das markante Kennsymbol der Syntronik auf.

»Ich möchte, daß alle Daten der beiden Toten miteinander verglichen werden«, ordnete ich an. »Jede nur irgend denkbare Gemeinsamkeit ist aufzulisten.«

»Keine genaueren Spezifikationen?« erkundigte sich die Syntronik. Auf Shahan hatte man sich für eine Männerstimme entschieden, jung, beflissen höflich und völlig unerschütterlich.

»Was immer dir an Daten zur Verfügung steht«, bestimmte ich.

»Hier Geo Sheremdoc!« Seine Stimme und sein Aussehen schienen ihn für die Syntronik hinreichend zu identifizieren; der überlichtschnelle Rechner erkannte Geo Sheremdoc und begrüßte ihn. »Zur Ermittlung sollen *alle* Daten herangezogen werden«, bestimmte Sheremdoc, »auch solche Daten, die normalerweise dem Schutz unterliegen. Ergeben sich daraus Gemeinsamkeiten, so sind sie zuerst mir vorzulegen.«

Ich ahnte, was es mit diesem Befehl auf sich hatte. Im Gegensatz zu sehr altmodischen Rechnern, die nur das behalten, was man ihnen speziell als Daten anbietet, die sie sich merken sollen, können sich Syntroniken auch Daten einprägen, wie ein Mensch dies tun kann – beiläufig, aus dem Zusammenhang gerissen, einfach zufällig. Normalerweise können diese Daten von niemandem angefordert werden, gleichgültig, ob sie wichtig oder von Bedeutung sind. Das hat etwas mit der tiefverwurzelten und nachvollziehbaren Abneigung der Terraner gegen permanente Überwachung zu tun.

Nur in Ausnahmefällen hatten ganz bestimmte Personen auf praktisch alle Daten Zugriff, die jemals personenbezogen gesammelt worden waren. Geo Sheremdoc als LFT-Kommissar war offenbar eine dieser Personen.

Die Syntronik brauchte nur kurze Zeit, bis sie zu einem Ergebnis gekommen war. »Es gibt Übereinstimmungen«, berichtete sie und legte los.

Der größte Teil dieser Gemeinsamkeiten war schlichter Quatsch, völlig ohne Belang – beide benutzten das Wort ›man‹ ungefähr doppelt so oft wie der Durchschnittsbürger. Beide zogen bestimmte Fruchtsäfte vor und was dergleichen Wichtigkeiten mehr waren.

Aber es gab ein paar Übereinstimmungen, die ein wenig interessanter klangen.

»Beide haben in sicherheitsrelevanten Abteilungen gearbeitet«, stellte Sheremdoc fest.

»Kein Wunder, daß sie schließlich aus diesem Grund beide nach Shahan verfrachtet worden sind«, kommentierte ich.

Beide hatten ungefähr die gleiche Gehaltsklasse. Meinetwegen.

Beide waren Weintrinker gewesen. Mochten sie, ich zog Whisky vor. Beide hatten sie …

»Augenblick!« stieß ich hervor. »Was ist das?«

Es war erstaunlich, in der Tat. Beide Ermordeten hatten in den letzten Jahren des öfteren Ferien gemacht. Beide waren dabei auf Ferrol und einigen anderen Planeten der Wega gewesen.

»Paßt nicht«, kommentierte Geo Sheremdoc. »Sie haben zwar dieselben Planeten besucht, aber dies nicht zur selben Zeit ...«

»Syntronik, bitte überprüfe, ob es auf Shahan noch jemanden gibt, der ebenfalls im Wegasystem gewesen ist, auf Ferrol oder einem anderen Planeten. Und zwar zur gleichen Zeit wie Muryl und die Frau.«

Geo Sheremdoc runzelte die Stirn.

»Was versprichst du dir davon?« wollte er wissen. »Jedes Jahr fahren Hunderttausende von Terranern nach Ferrol. Schließlich hat das Wegasystem seine besonderen Geheimnisse ...«

Ich wußte, worauf er anspielte.

Ganz präzise wußte ich es nicht mehr, aber vor vielen Jahrzehntausenden hatte das System der Wega einen Planeten mehr aufzuweisen gehabt, für einige Zeit jedenfalls. Dieser Planet war Wanderer gewesen, die ursprüngliche Heimat jenes unbegreiflichen Geschöpfs, das wir ES nannten – oder das ›Fiktivwesen von Wanderer‹. Im Wegasystem hatte Perry Rhodan in seinen frühen Jahren zum ersten Mal die Spur der Superintelligenz aufgenommen und sich daran gemacht, die Geheimnisse von Wanderer und ES zu lösen. Kernpunkt dieser Geheimnisse war die relative Unsterblichkeit gewesen, verliehen von ES, verabreicht auf Wanderer ...

Was Wunder also, daß jedes Jahr Hunderttausende von Galaktikern nach Ferrol im Wegasystem reisten, um wenigstens die ersten Stationen dieser Jagd nach ES mit eigenen Augen bestaunen zu können.

»Dyamhehn Mavvion«, ließ sich die Syntronik vernehmen. »Er war zur selben Zeit im Wegasystem …«

»Volltreffer!« murmelte ich grinsend. »Alle Daten, die du kriegen kannst, Syntron.«

Dyamhehn Mavvion war ein noch ziemlich junger Mann, knapp über fünfzig. Er hatte einen Job bei der Kosmischen Hanse gehabt, war süchtig geworden und nach Shahan gebracht worden. Wie die Daten auswiesen, war das geschehen, noch bevor Shahan zur Spezialwelt für VIPs bestimmt worden war.

Ich blickte auf das Foto, das überlebensgroß auf der Leinwand abgebildet wurde.

»Ist dies das neueste Bild?« fragte ich.

»Nein, eine ältere Aufnahme. Jetzt sieht Mavvion so aus«, antwortete die Syntronik.

In diesem Augenblick machte es in meinem Kopf ›Klick!‹.

Ich blickte Geo Sheremdoc an und grinste zufrieden. »Kannst du es sehen?« fragte ich.

Geo Sheremdoc starrte intensiv auf das Gesicht vor der Wand. Naturgetreue Farben, dreidimensionale Darstellung, dazu mehr als lebensgroß. Rechts die ältere Aufnahme, links das Bild neueren Datums. Das alte Bild war speziell für solch eine Datensammlung aufgenommen und archiviert worden, das neue Bild kaum mehr als ein Schnappschuß.

»Es ist derselbe Mann«, stellte er fest. »Ich kann keine besonderen Unterschiede erkennen. Worauf willst du hinaus?«

»Das Wesentliche hast du damit gesagt«, klärte ich ihn auf. Ich zögerte nur einen Augenblick lang, dann hatte ich eine Idee. Ich rief halblaut nach Valerie. Sie kam sofort.

»Mädchen«, sagte ich. »Was fällt dir auf diesen beiden Bildern auf? Ich sage dir gleich dazu, daß es sich um jemanden handelt, der als Imprint-Süchtiger hier auf Shahan einquartiert worden ist.«

Es war erstaunlich, wie präzise Valeries Geist trotz der Sucht und trotz der Medikamente funktionierte. Von der Sucht selbst wurde der Verstand des Süchtigen nicht beeinflußt, aber die unbezähmbare Gier nach Imprints hatte natürlich Einfluß auf den Charakter und die Entschlüsse des Opfers.

»Als ob das so schwierig wäre«, sagte sie. »Es ist zweimal derselbe Mann, das ist alles. Brauchst mich noch?«

»Nein, danke«, sagte ich und lächelte ihr aufmunternd zu. Ohne Widerhall, wie üblich. »Du hast deine Sache wieder sehr gut gemacht.«

Geo Sheremdocs Miene hatte sich verändert. Er wirkte jetzt gereizt und angespannt.

»Kann mir endlich jemand sagen, was zum Teufel ...«

Er unterbrach sich abrupt. Jetzt war der Groschen auch bei ihm gefallen. Er sprang auf und starrte beide Aufnahmen an.

»Er hat sich kein bißchen verändert«, stieß er heiser hervor. »Trotz Imprint-Sucht.«

»Und trotz der Medikamente, die er gegen die Sucht angeblich wird einnehmen müssen«, ergänzte ich. »Dieser Mann ist ein Simulant, er spielt uns den Süchtigen nur vor.«

Geo Sheremdoc kniff die Augen zusammen. »Und wozu macht er das?« wollte er wissen.

»Woher soll ich das wissen?« fragte ich zurück. »Syntron, können wir ein Itinerar dieses Mannes zu sehen bekommen?«

Oh ja, es hatte schon seine Vorteile, wenn man uneingeschränkt auf alle Daten einer Syntronik zurückgreifen konnte.

Syntronische Beobachtungssysteme gab es zu Hunderttausenden, zu den unterschiedlichsten Zwecken, und die meisten waren bei Tag und Nacht aktiv und speicherten irrsinnige Mengen an Daten. Daß ich von einer Syntronik überwacht, kontrolliert und bedient wurde, wenn ich an meiner Bank Bargeld abholen wollte, erschien nicht nur mir völlig normal. Aber daß die gleiche Syntronik auch alle Personen registrierte, vollautomatisch, gewissermaßen unbewußt, die in der Warteschlange hinter mir standen ... das wußte kaum jemand. Und wenn ich in der Halle über eine Syntronik einen Drink bestellte, dann bekam dieser Syntron gleichzeitig mit, wer sich sonst noch in der näheren Umgebung aufhielt, was diese Leute untereinander redeten, was sie bestellt hatten und Tausende von Details mehr. Bei jedem menschlichen Lauscher mit scharfen Augen und feinem Gehör würden sich die Menschen soviel Anteilnahme – und Neugierde – verbitten, aber da man auf Syntroniken kaum einmal achtete und sie auch nur in den seltensten Fällen als vorhanden optisch registrierte, nahm man sich bei Syntroniken nicht so sehr zusammen.

Eine Folgeerscheinung: Syntroniken, die von datenschutzbedingten Restriktionen befreit waren, konnten schier unglaubliche Mengen an Zufallsdaten über Personen gespeichert haben und zu sinnvollen Kombinationen zusammenstellen. Beispielsweise zu einem Itinerar, einem möglichst vollständigen Verzeichnis, wann sich die fragliche Person wo aufgehalten hatte ...

Und in diesem Fall waren die Ergebnisse ausgesprochen bemerkenswert, stellte ich fest: Mavvion hatte es in sich.

Geo Sheremdoc blickte mich an, nickte und grinste.

»Ich habe recht behalten«, sagte er mit einem Tonfall der Zufriedenheit, der mir sofort sauer aufstieß. Wenn

Sheremdoc zufrieden ist, kommt für mich nichts Gutes dabei heraus.

»Womit?« wollte ich wissen.

»Ich wußte, daß du das Rätsel würdest knacken können«, sagte er. »Oder hast du je daran gezweifelt?«

Ich hätte mir lieber die Zunge abgebissen als das zuzugeben. »Selbstverständlich nicht«, sagte ich.

8.

»Hier entlang, Erhabener ...«

Moraynirs Stimme klang leise und kraftlos. Er wagte kaum den Blick zu heben. Abermals waren einige Jahre ins Land gegangen. Yobilyn lebte noch immer. Er lebte mühsam, nur von den Ärzten am Leben erhalten, geplagt von kleinen und großen Schmerzen. Die tägliche Arbeit hatte er nahezu vollständig seinem Nachfolger Adhemar übertragen, aber dieser Nachfolger war gezwungen, im Hintergrund und im Verborgenen zu bleiben. Offiziell lag aller Ruhm und alle Macht noch immer in den gichtverkrümmten Händen des alten Yobilyn. Der Alte hatte es so gewollt, und sich seinem Willen zu widersetzen, wagte längst niemand mehr.

Die Hoffnung der Arkoniden, der Zaliter, der Springer und aller anderen Völker, die aus Arkoniden hervorgegangen waren oder von ihnen beherrscht wurden, konzentrierten sich nur auf ein Ziel: am Leben zu bleiben, bis Yobilyn endlich die Augen für immer schloß. Und danach zusehen, was sich mit dem neuen Imperator arrangieren ließ. Bis dahin galt es, die Nerven zu bewahren und nicht unangenehm aufzufallen. Jedes Stirnrunzeln des alten Tyrannen konnte dazu führen, daß die Leibwächter aus dem Volk der Naats in Arbeit traten.

Yobilyns dürre Lippen hatten sich in einem Zustand andauernder Heiterkeit verkrampft; selten sah man ihn mit einem anderen Gesichtsausdruck. Er änderte ihn nicht, weil es weh tat, eine Miene zu verziehen. Außerdem täuschte das Grinsen seine Gegenüber über das hinweg, was sie wirklich erwartete.

»Du bist endlich fertig geworden?« fragte er knurrig.

»Es ist alles so, wie Eure Erhabenheit es verlangt hat«, bestätigte Moraynir eilig.

»Alles, wirklich alles?«

Es war an Moraynir zu lächeln. »Ja«, sagte er ruhig. »Die Arbeit ist abgeschlossen, zu einem Ende gebracht. Das Werk ist vollendet. Es wird für ewig und alle Zeiten den Ruhm Eurer Erhabenheit verkünden.«

»Nicht den deinen?«

Moraynir blickte seinen Gebieter an. Seit Jahrzehnten lebte er nun so: Jedes Wort, das er sprach oder nicht sprach, konnte ihn den Kopf kosten, theoretisch. In der Praxis war er unentbehrlich, bis das große Werk vollendet war.

Folglich hätte er nur dafür Sorge zu tragen gehabt, daß sich die Bauarbeiten hinzogen bis nach Yobilyns Tod. Danach hätte er Chancen gehabt, seine Freiheit und sein Leben zurückgewinnen zu können.

Aber diesen Ehrgeiz und diese Furcht hatte er bereits hinter sich gelassen. Obwohl noch vergleichsweise jung an Jahren, hatte das Leid ihm mehr Lebenserfahrung vermittelt, als andere in Jahrzehnten hatten sammeln können. Moraynir war geistig auf der Höhe, intellektuell leistungsfähig; er war schlank und trieb Ausgleichssport; bis jetzt hatte er über keinerlei Beschwerden zu klagen gehabt. Und doch …

Er war des Lebens müde.

Er hatte daran gearbeitet, maßgeblich sogar, die Träume eines anderen Wirklichkeit werden zu lassen. Vermessene, hochfliegende, ja blasphemische Träume, Träume geboren aus Aberwitz, Hochmut und Wahnsinn. Er hatte ihre Erfüllung auskosten können, aber es hatte ihm nichts bedeutet. Sein Interessen waren von anderer Art geworden als jene, die Yobilyn umtrieben.

»Wann kann ich es sehen?«

»Sofort, Gebieter«, sagte Moraynir eilfertig. Er wußte, daß Yobilyn ihn in wenigen Stunden, nach dem ersten erfolgreichen Probelauf der gesamten Anlage, höchstwahrscheinlich töten lassen würde.

Moraynirs Lippen formten sich zu einem schmalen Lächeln. Das würde eine herbe Enttäuschung für den alten Menschenquäler geben. Sicher erwartete der Imperator, daß Moraynir um sein Leben bangte, daß er zittern und beben würde, vielleicht sogar winseln und flehen. Vielleicht, auch solche Arkoniden gab es, würde sein Stolz größer sein als die Todesangst; er würde sich fürchten, sich aber nichts anmerken lassen. Lieber aufrecht sterben, als auf dem Bauch kriechend zu überlegen.

Aber das würde den Kern von Moraynirs Wesen nicht mehr treffen. Er hatte dies alles hinter sich gelassen.

Er war – einfach gesagt – am Leben nicht mehr interessiert. Er hatte ausgekostet, was es auszukosten gab, und er hatte alles letztlich schal gefunden. Yobilyn hatte ihm – nicht ohne einen Beigeschmack von Tücke – die Freiheit gegeben, eine Familie zu gründen, vielleicht mit der infamen Absicht, seine Todesangst ein wenig steigern zu können.

Aber es war ihm nicht gelungen. Eine Frau oder ein Kind, das wie ein Symbiont an einem klebte, wollte Moraynir nicht haben; wenn schon, dann wollte er selbständige Kinder und eine entsprechende Partnerin. Dann aber lief es immer auf das gleiche hinaus: Es war schön, solche Menschen um sich zu haben; mußte man ohne sie leben, war dies zwar nicht angenehm, aber es ließ sich aushalten. Wenn man sich nicht zu sehr auf den anderen einließ, verringerte sich die Gefahr, durch Abschied oder Trennung Schmerz zu erleiden.

Das beste Verfahren aber, keinen Schmerz zu erleiden, war vergleichsweise einfach: sein Leben an nichts mehr zu hängen, alles seinen Lauf gehen zu lassen, es hinzunehmen, wie es kam, und passieren zu lassen, wie es ablief. Ob er starb oder lebte, das war für Moraynir gleichgültig geworden; nicht einmal der Gedanke daran, daß Yobilyn in seiner Wut zu unvorstellbarer Grausamkeit fähig war, konnte Moraynir noch erschrecken. Er war imstande, sich seelisch und geistig so in sich selbst zurückzuziehen, daß er für körperliche Qualen praktisch nicht mehr erreichbar geworden war.

»Hier, Gebieter ...«

Moraynir trat respektvoll einen Schritt zur Seite und überließ dem Imperator den Vortritt.

Yobilyn hinkte über die Schwelle. Er bewegte sich langsam, und ihm war anzusehen, daß er Schmerzen litt. Moraynir zuckte mit keiner Miene, aber er war sich der Paradoxie durchaus bewußt.

Niemals durfte es zugelassen werden, daß ein Imperator Arkons in der Öffentlichkeit als erkrankt, leidend oder hinfällig gezeigt wurde. Ein Imperator hatte, unabhängig von seinem wirklichen Alter, frisch und beweglich auszusehen, er mußte dynamisch wirken, im Vollbesitz seiner geistigen, seelischen und körperlichen Kräfte. Und dieses ungeschriebene Gesetz war so stark, daß selbst die imperiale Allmacht eines Yobilyn nichts dagegen vermochte.

Der Erhabene mußte es sich gefallen lassen, daß man aus seinem Gesicht die Falten wegschminkte, daß man seinen Körper mit betäubenden und schmerzlindernden Spritzen traktierte, seine Körperhaltung mit kosmetischen Hilfen aufrecht erscheinen ließ und vieles mehr, bis er mehr einer halbrobotischen Aufziehpuppe glich als dem Imperator eines gigantischen Sternenimperiums.

»Was soll das sein, Moraynir?« fragte Yobilyn grimmig. »Willst du mich veralbern?«

»Dies ist der Zugang zum eigentlichen Geheimnis von Shahan«, versicherte der Komponist. »Er ist auf besondere Art und Weise angelegt worden, damit er unter gar keinen Umständen enttarnt und entdeckt werden kann.«

Yobilyn knurrte etwas Unverständliches.

»Deswegen eine primitive Liftkabine aus einem Plastikmaterial«, fuhr Moraynir fort. »Aufgehängt an einem Plastikseil, das ebenso unzerreißbar wie nicht zu orten ist.«

Yobilyn musterte die enge Kabine, drehte sich um und starrte Moraynir an. Langsam nickte der Imperator.

»Wir fahren zusammen«, bestimmte er und trat in die Liftkabine. Moraynir folgte ihm. Sanft anruckend begann die Kabine in die Tiefe zu gleiten.

»Wo liegt der Boden dieses Schachts?« wollte Yobilyn wissen.

»Fünfzehn Kilometer unterhalb der Oberfläche«, antwortete Moraynir. »Kein Ortungssystem wird das Geheimnis dort entdecken können.«

»Praktisch«, murmelte Yobilyn mit giftigem Spott, »vor allem, wenn man Leichen verschwinden lassen will.«

»Dafür«, widersprach Moraynir sanft, »waren die Räume eigentlich nicht gedacht …«

Wenige Minuten später hielt die Kabine an. Yobilyn blickte sich um und runzelte die Stirn.

»Ich sehe Panzerungen aus Stahl, moderne Maschinen zuhauf …«, beschwerte er sich. »Anlagen dieser Art …«

»Können hier nicht geortet werden«, widersprach Moraynir gelassen. »Laßt Euch überraschen, Erhabener. Ich habe an solche Einwände gedacht und sie berücksichtigt.«

Er schritt langsam voran und führte den Imperator durch die weiträumige Anlage. Alles gab es dort, was ein Imperator von Arkon an Bequemlichkeiten erwarten konnten; eine Hundertschaft hochmoderner Roboter wartete darauf, seine Befehle entgegenzunehmen und umzusetzen. Es gab Schlafzimmer, Hygieneräume von modernstem Standard, Speisesäle, eine perfekt eingerichtete Küche – der Imperator brauchte in dieser Unterwelt auf praktisch nichts zu verzichten.

»Gut gemacht«, lobte Yobilyn halblaut. Er hatte sich einen Schwebestuhl kommen lassen, in dem er Platz genommen hatte, um seine müden Glieder zu entspannen. »Aber das ist doch nicht alles, oder?«

»Nein, der Höhepunkt wartet noch auf Euch, Erhabener«, beteuerte Moraynir. »Das eigentliche Kernstück der Anlage, in dem Eure kühnsten Wünsche in Erfüllung gehen werden.«

Yobilyn starrte ihn von der Seite her an und lachte kurz.

»Was weißt du schon von kühnsten Wünschen? Und ganz besonders von den meinen?« murmelte er. »Vorwärts, Moraynir! Ich habe es eilig. Du nicht auch?«

War das eine Anspielung darauf, daß Moraynir nach Abschluß dieser Besichtigung sterben mußte? Der Komponist und Baumeister ging nicht darauf ein.

Statt dessen führte er den Imperator in seinem Schwebestuhl in eine große Kuppelhalle, die auf den ersten Blick aussah wie ein Planetarium. Das Dunkel des Weltraums war zu sehen, durchkrustet von den Abbildern von Sternen, Sternhaufen und Wolken kosmischen Staubs.

In der Mitte des Raumes war Platz gelassen worden für den positronisch gesteuerten Schwebesessel, davor ragte ein Gebilde in die Höhe, dessen Bedeutung dem Imperator zunächst unklar war.

»Man könnte es eine Orgel nennen«, erklärte Moraynir. »Ihr könnte sie durch Berührung antreiben, aber auch durch die Kraft Eurer Gedanken. Es wird ein wenig Zeit und Übung kosten, ihre Bedienung zu erlernen, aber Ihr werdet sehen, daß sich dieser Aufwand lohnen wird.«

»Ich soll etwas lernen? In meinem Alter?«

»Für diese Kunst ist es niemals zu spät«, behauptete Moraynir, während Yobilyn in der Mitte des Raumes Platz nahm. Vorsichtig streckte er seine Hände nach der metallisch schimmernden Orgel aus.

In diesem Augenblick änderte sich das Bild ringsum. Verschwunden war der Weltraum, den Yobilyn schon so oft gesehen und durchflogen hatte. Jetzt war er von allen Seiten eingehüllt von einer echtfarbigen, dreidimensionalen Abbildung des Planeten, gestochen scharf bis zum letzten Farbpixel. Die Täuschung war perfekt, Yobilyn konnte sich wirklich fühlen wie in der freien Natur.

Er ließ seinen Bewegungen, Gedanken und Fantasien freien Lauf. Er bewegte sich durch die Luft, tauchte in das Wasser des Ozeans hinab und streifte über den Grund des Meeres. Dann stieg er mit rasender Geschwindigkeit auf, schoß hoch in die Luft, wiegte sich in den Winden und schwang sich der Sonne entgegen. Alle diese Bewegungen wurden blitzschnell umgesetzt, nahezu verzögerungsfrei. So atemberaubend war der Eindruck, daß der Imperator die Anwesenheit eines anderen Geschöpfs völlig vergaß.

Für ihn schmolzen all diese Sinneseindrücke zusammen. Die metallenen Pfeifen der seltsamen Orgel schienen gleichsam in die Natur hineinzuwuchern, in Sturzbächen zu münden, in rauschenden Wäldern, im offenen Krater eines gerade eruptierenden Vulkans.

»Von hier aus«, erklärte Moraynir mit ruhiger Stimme, »werden die natürlichen Kräfte des Planeten angezapft. Die Einstrahlung der Sonne, das Feuer der Magma, die Gewalt der Wogen. Von hier aus werden diese Kräfte gelenkt und geformt, und alles, was geschieht, wird augenblicklich transformiert in Klänge und Musik. Von hier aus, ohne dich anstrengen zu müssen, vermagst du alle Phänomene dieser Welt zu hören – und sie nach deinen Wünschen zu gestalten, wenn es dir beliebt.«

Yobilyn wandte nicht den Kopf, als er antwortete, erstaunlich ruhig und gelassen für sein Temperament: »Du wagst es, mich so respektlos anzureden?«

»Ich habe mein Werk vollendet«, sagte Moraynir. »Jetzt werde ich nicht mehr gebraucht. Von diesem Augenblick an kann mir jedes Wort, das ich spreche oder auch nicht spreche, den Tod bringen. Und wenn es mir schon beschieden ist zu sterben, will ich wenigstens durch Worte sterben, die mir selbst gefallen.«

»Oho!« ließ sich Yobilyn vernehmen. »Stolz bis zuletzt? Nennt man das Todesmut, mein tapferer Moraynir? Und wie klingt dieser Todesmut, wenn man ihn in Musik umsetzt?«

»Auch das kann ich dir demonstrieren, wenn du willst.«

Yobilyn nickte versonnen. »Nicht jetzt«, sagte er halblaut. »Erst will ich erkunden, was du für mich geschaffen hast. Du kannst dich zurückziehen ...«

Moraynir deutete eine knappe Verbeugung an und verließ den Raum. Noch gab ihm das Schicksal – und sein Mut, dieses Schicksal herauszufordern – eine letzte Chance. Ihm standen gewisse Möglichkeiten zu Gebote, und die gedachte er nun auszunutzen.

Der Komponist schritt durch die Räume und Kammern des unterirdischen Palastes, den er für Yobilyn geschaffen hatte. Vor einer der Wände blieb er stehen. Dort hatte er ein Portrait seiner selbst anbringen lassen. Es war eine lebensgroße Abbildung in der feierlichen Tracht des Hofkomponisten. Sein Gesichtsausdruck war ruhig und ehrerbietig, er hatte die rechte Hand zum Gruß erhoben.

Moraynir brauchte nur die Fingerspitzen zu heben, um die geheime Tür zu öffnen. Geräuschlos schwang sie zur Seite, gleichzeitig flammte die Beleuchtung auf, einen Augenblick später schloß sich die Tür wieder hinter dem Eintretenden.

Moraynir aktivierte das Hyperfunkgerät. Die Frequenz hatte er bereits eingestellt. Es dauerte nur wenige Sekunden, bis die Verbindung hergestellt war.

»Du hast mich lange warten lassen, Moraynir«, grollte Adhemar von dem Bildschirm herunter. »Meine Geduld ist allmählich erschöpft.«

»Ich bin so vorgegangen, wie es die Lage erforderte«, antwortete Moraynir unbeeindruckt.

»Was ist nun? Kann ich auf Shahan landen?«

»Sobald es dir beliebt«, antwortete Moraynir. »Aber du weißt natürlich, daß der Imperator von deinem Anflug erfahren wird.«

Adhemar machte eine wegwerfende Gebärde.

»Das laß meine Sorge sein«, stieß er unwillig hervor. »Sieh du zu, daß unser Plan funktioniert. Du weißt, daß dein Leben davon abhängt. Und Arkons Schicksal in Zukunft.«

»Das ist mir durchaus bewußt«, sagte Moraynir mit einem schmalen Lächeln und unterbrach die Verbindung.

Er wußte, daß Adhemar mit einem schwerbewaffneten Schiff im Anflug auf Shahan war; an Bord waren zahlreiche Roboter, vor allem Kampfmaschinen, erprobt und kampfstark genug, auch eine entsprechend gerüstete Besatzung des Planeten niederzukämpfen.

Wirkliche Verteidungseinrichtungen gab es auf Shahan gar nicht, jedenfalls nicht solche, mit denen Adhemar gerechnet hatte.

Moraynir verharrte einige Augenblicke in ruhigem Nachdenken. Adhemar hatte durchaus recht: In den nächsten Stunden würden sich viele Schicksale erfüllen, auch das seine.

Moraynir war bereit für die Auseinandersetzung ...

Er verließ den Raum und stellte befriedigt fest, daß er unentdeckt geblieben war. Langsam kehrte er in die große Halle zurück.

Yobilyn hatte den Vulkan für sich entdeckt. Das Grollen der Eruptionen ließ die große Halle schwingen; ein tiefes, kraftgeschwängertes Brummen klang durch den Raum, ein Laut nach entfesselter Wut und ungeheurer Energie.

Gleichzeitig tobte über dem Vulkan ein Sturm. Mächtige Entladungen lösten sich knatternd aus den Wolken, Wasserfluten prasselten herab. Das Wasser vermischte sich mit der tosenden Lava, Rauch- und Dampfsäulen stiegen auf und wurden verweht, alles umgesetzt in beeindruckende Klänge, die dem Beobachter ein Gefühl seiner eigenen Macht vermittelten. Yobilyn schien diese enthemmten Naturgewalten zu genießen.

»Was gibt es?« fragte der Imperator, ohne aufzusehen. Düsterroter Schein von dem Magma wallte durch die Halle, deren Boden heftig vibrierte. Man konnte wirklich glauben, im Inneren dieser tobenden Elemente zu stehen, ja, ihre Gewalt gleichsam in allen Gliedern des eigenen Körpers spüren zu können.

Yobilyn bewegte sich schnell, er schien seine Arthritis völlig vergessen zu haben. Der Rausch der Macht und die Gewalt der Klänge schienen alle anderen Empfindungen zu unterdrücken.

Abrupt hörte das Chaos auf, Yobilyn zog sich zurück. Der Regen verebbte langsam, der Vulkan beruhigte sich wieder.

»Wie hast du das gemacht?« wollte der Imperator wissen. »Wie kommt es, daß deine Anlagen davon nicht beeinträchtigt werden?«

Moraynir lächelte. »Das wird mein Geheimnis bleiben«, sagte er gelassen.

Yobilyn drehte sich, diesmal begleitet von einem Ächzen. Er grinste boshaft.

»Du weißt, daß ich dir dieses Geheimnis entreißen kann, wenn ich es will. Und du selbst hast mir die Instrumente dazu bereitgestellt, erinnerst du dich?«

»Mag sein«, gab Moraynir zurück. »Vorher aber gibt es ein anderes Problem zu lösen. Shahan wird gerade angeflogen.«

Yobilyn kniff mißtrauisch die Augen zusammen. »Von wem?«

Moraynir zeigte ein überlegenes Lächeln.

»Von deinem erhabenen Neffen«, antwortete er. »Adhemar kommt mit bewaffneter Macht, wahrscheinlich, um endlich selbst die Macht ergreifen zu können.«

Yobilyn zog sofort die richtigen Schlußfolgerungen. Selbst ein Schurke ohne Hemmungen, verstand es mühelos, sich in die Gedankengänge anderer Halunken zu versetzen.

Er blickte Moraynir an. »Und du willst ihm dabei helfen?«

»Pah«, machte Moraynir, darauf spekulierend, daß in dieser Situation nichts so wirkungsvoll sein konnte wie die Wahrheit; jede Lüge hätte der Imperator schnell durchschaut. »Was habe ich davon, einen erbarmungslosen Imperator durch einen anderen zu ersetzen? Einen, der noch bluthungriger ist als der alte Herrscher.«

Yobilyn schwieg einige Sekunden lang.

»Du weißt, daß ich ihm diesen Anschlag nicht werde durchgehen lassen«, sagte er nachdenklich. »Damit entstünde das Problem der Nachfolge, nicht wahr? Wer soll nach Adhemar meine Macht in Anspruch nehmen?«

»Niemand«, antwortete Moraynir.

Yobilyn kniff abermals die Augen zusammen. »Was soll das bedeuten?« fragte er lauernd.

»Ich tausche Leben gegen Leben.«

»Eines dieser Leben ist vermutlich deines«, kalkulierte der Imperator. »Und das andere? Meine Tage sind gezählt, das weißt du so gut wie ich. Oh, nicht daß ich innerhalb der nächsten Tage und Wochen abtreten werde, aber für ein Jahrzehnt wird es nicht mehr reichen, dessen bin ich sicher. Was also hast du mir in diesem Augenblick zu bieten?«

Moraynir deutete auf die riesige Orgel.

»Betätige die beiden äußersten Schalter gleichzeitig«, schlug er vor.

Yobilyn zögerte, griff dann aber zu. Grausam wie er war, ein Bündel von Tücke und Niedertracht, bereit jede Schändlichkeit zu begehen, die ihm in den Sinn kam, ausgestattet mit einem vor nichts zurückschreckenden Machtinstinkt, war er dennoch kein Feigling. Er konnte seine Chancen eiskalt kalkulieren und wußte, daß Moraynir es nicht wagen würde, ihn zu attackieren.

Vor der Orgel entfaltete sich der Boden, eine Vertiefung wurde sichtbar. Das Licht ging an und beschien eine technische Anlage, deren Sinn und Zweck Yobilyn auf den ersten Blick ersichtlich wurde.

»Eine Tiefschlafanlage«, stieß er hervor.

»Eine modifizierte Anlage« verbesserte Moraynir.

»In welcher Weise modifiziert?« wollte der Imperator wissen; sein Mißtrauen war deutlich zu spüren.

»Dein Körper wird darin ruhen«, erläuterte Moraynir. »Vielleicht wird er sich darin sogar erholen von Strapazen und Krankheit. Aber dein Geist wird wach bleiben und diese Anlage beherrschen, bis in die letzte Kleinigkeit. Dieser Planet, mit allem, was darauf lebt, wird für immer dir allein gehören. Niemand wird imstande sein, dir diese Macht streitig zu machen.«

Yobilyn spitzte die Lippen.

»Es klingt sehr nach einer niederträchtigen Falle für mich«, stellte er lakonisch fest.

»So dumm bin ich nicht«, widersprach Moraynir, und das entsprach der Wahrheit. »Von Adhemar habe ich nichts Besseres zu erhoffen als von dir. Wenn er versucht, dich auszuschalten, muß er jeden Zeugen dieses Attentats beseitigen, selbst den besten und treuesten Helfer.«

Yobilyn nickte bedächtig. »Was versprichst du dir davon?« fragte er lauernd.

»Laß mich ziehen«, sagte Moraynir. »Gleichgültig wohin. Ich bin es satt, in den Diensten der Mächtigen zu stehen. Eure Intrigen und Ranküne widern mich an. Ich will nichts als meine Ruhe, meinen Frieden. Wenn es dir gefällt, dann laß mich auf diesem Planeten siedeln und den Rest meiner Tage hier verbringen – gewissermaßen unter deiner Aufsicht. Aber laß mich ansonsten ungeschoren. Ich tauge nicht mehr zu deinen Diensten, meine Kraft ist erschöpft, mein Willen gebrochen.« Er lächelte dünn. »In gewisser Weise bin ich dem Tode näher als du …«

Yobilyn bewegte sich schwach und seufzte leise dabei. Was die Machenschaften der galaktischen Politik, was Intrigen und Konspirationen und die Bürde seines Amtes nicht vermocht hatten, das schaffte die Krankheit. Sie hatte ihn seelisch zermürbt.

»Du hast alle Pläne dieser Anlage gesehen und von deinen Spezialisten kontrollieren lassen«, fuhr Moraynir fort. »Jede noch so kleine Positronik, jeder Schalter, jedes Aggregat ist in diesen Plänen und Abrechnungen aufgeführt worden. Ich hatte niemals eine Möglichkeit, in dieses System etwas zu integrieren, das dir hätte schaden können. Und du weißt, daß ich es auch niemals versucht habe.«

Yobilyn lachte verhalten.

»Es wäre dein sicherer Tod gewesen«, sagte er und gab damit zu erkennen, daß er den Fortgang der Arbeiten in der Tat hatte überwachen lassen. »Nur diese Tiefschlafanlage habe ich nicht überprüft ...«

»Dazu ist jetzt Gelegenheit«, unterbrach ihn Moraynir ruhig.

Minutenlang herrschte Schweigen in der großen Halle, dem Kernstück der gewaltigen, planetenumspannenden Anlage. Alle Einrichtungen waren von Moraynir tief im Erdboden versenkt und mit größter Sorgfalt getarnt worden. Niemand, der jemals Shahan besuchte, sollte etwas anderes sehen können als einen Planeten von einzigartigem Reiz und Zauber.

Dabei hatte Moraynir eine völlig neue Technologie entwickelt. Die Naturphänomene zu erfassen und in Klangwelten umzusetzen, war nur der eine Teil des Projektes gewesen, der bei weitem leichtere. Umgekehrt auf den Planeten einzuwirken, hatte sich als viel schwieriger herausgestellt. Es war Moraynir schließlich klargeworden, daß sein Ziel sich mit brachialen Methoden nicht erreichen ließ – wohl aber mit einem auf den ersten Blick abseitigen Verfahren.

Der Planet war ein außerordentlich komplexes System von Kräften und Wirkverhältnissen. Winzige Ursachen, kaum wahrnehmbar in ihrer Unerheblichkeit, waren dabei in der Lage, dem Geschehen völlig neue Impulse zu geben. In einem System des vermeintlichen Chaos konnte der Flügelschlag eines Schmetterlings in letzter Konsequenz zu verheerenden Stürmen führen – auf eben dieser Ebene hatte die Arbeit von Moraynir angesetzt. Mit auf den ersten Blick unscheinbaren Eingriffen in die Abläufe konnte er Wirkungen erzielen, deren Gewalt kaum zu überbieten war.

Es war wie bei einem körperlichen Zweikampf: Man

konnte dem Gegner mit brachialer Gewalt entgegentreten, seine Kraft brechen, ihn hemmen und mit Energie niederzwingen. Aber es war auch möglich, und kundige Kämpfer machten von solchen Verfahren Gebrauch, die Kraft des Gegners selbst aufzunehmen, umzulenken und gegen ihn selbst zu richten. Einen Fausthieb zu kontern oder abzublocken, kostete viel Kraft; den Arm zu packen und den Fauststoß zu verstärken, ihn dann geringfügig abzuwandeln in eine kreisförmige Bewegung, darin bestand die Kunst, den Gegner ins Leere laufen zu lassen und aus dem Gleichgewicht zu bringen, ohne die eigenen Kräfte zu verausgaben.

Nach diesem Verfahren hatte Moraynir die Natur des Planeten Shahan organisiert und seinen Zwecken untergeordnet.

»Was muß ich tun?«

»Streck dich in der Grube aus«, schlug Moraynir vor. »Eine Kontakthaube wird deinen Schädel bedecken und die Impulse unmittelbar in dein Gehirn übertragen. Als Träger der ARK SUMMIA bist du in der Lage, gegen diese Impulse jederzeit einen psychischen Abwehrblock zu bilden und unbehindert selbst agieren zu können.«

»Du scheinst an alles gedacht zu haben«, murmelte Yobilyn.

»Es war meine einzige Chance, deine Zufriedenheit in einem solchen Maß zu bekommen, daß sich dein Mißtrauen und dein Zorn in Wohlwollen und Billigung verwandeln können. Würde ich nur tun, was du mir aufgetragen hast, könnte ich dieses Ziel nicht erreichen. Nur wenn ich imstande bin, selbst deine kühnsten Wünsche und Träume noch zu übertreffen, kann ich hoffen, von dir mit Gnade behandelt zu werden.«

Yobilyn stieß ein Schnauben aus.

»Ich mag es nicht, wenn man Mutmaßungen über

meinen Charakter anstellt. Und wenn man versucht, meinen Willen zu beeinflussen.«

»Hatte ich eine andere Wahl … Erhabener?«

Der Imperator zögerte und lächelte dann mühsam.

»Ich werde es überprüfen«, sagte er dann. »Hilf mir, diesen Sessel zu verlassen!«

Moraynir trat zu ihm, um ihm aufzuhelfen. Daß Yobilyn ihm trotz dieses Angebots keine Chance lassen würde, ihm zu schaden, war selbstverständlich. Selbst wenn Yobilyn splitternackt und gänzlich ohne technische Ausrüstung gewesen wäre und noch kranker und hinfälliger als er es jetzt war, hätte Moraynir keine Chance gehabt. In seinem Körper implantiert trug Yobilyn eine ganze Serie von mikromechanisierten Abwehr- und Verteidigungswaffen. Ein paar winzige Bewegungen würden ausreichen, diese Waffen zu aktivieren und Moraynir bei der ersten falschen Bewegung zu töten.

Es war ein eigentümliches Gefühl für Moraynir, den Imperator direkt anzufassen. Dieser Mann gebot über riesige Flotten kampfstarker Raumschiffe, seine Macht über Leben und Tod war nahezu unbegrenzt; je nach Laune setzte er sich sogar über die alten Gesetze des Imperiums hinweg – seine Macht reichte auch aus, im Nachhinein jede von ihm getroffene Entscheidung gerechtfertigt erscheinen zu lassen.

Moraynir stammte aus einer alten, ehrwürdigen Familie, zu deren Privilegien es gehörte, sich für Übeltaten vor dem Großen Rat allein verantworten zu müssen. Nur dort konnte ein Urteil gesprochen und vollstreckt werden – und doch war Yobilyn mit einem Fingerschnippen imstande, Moraynir das Leben zu nehmen und unbeschadet damit durchzukommen.

»Behutsam …«, sagte Moraynir leise und half dem Imperator, sich auf dem Lager auszustrecken. »Es ist keine Kraftanstrengung nötig!«

Yobilyn dehnte die morschen Knochen und seufzte wieder, als der Schmerz in seinen Gelenken brannte. Dann griff er nach der Haube und zog sie sich über den Kopf.

»Wie schalte ich das Gerät ein?«

»Ihr braucht nur daran zu denken, Erhabenheit«, sagte Moraynir leise. Er kehrte zur respektvollen Anrede zurück. »Von einem Augenblick auf den anderen werdet Ihr mit dem Planeten verschmelzen. Ihr werdet alles sehen, spüren und hören, was sich auf und in Shahan zuträgt.«

»Oh, dann werde ich wirklich allessehend und alleshörend werden …«, bemerkte Yobilyn mit mildem Spott, der an seine zahlreichen Titel erinnerte.

»Nichts, Erhabener«, sagte Moraynir leise, »wird Euch künftig entgehen oder verborgen bleiben …«

9.

»Eine reichlich kühne Hypothese, das gebe ich zu«, faßte ich die Ergebnisse meiner Recherche zusammen. »Beide Opfer haben sich für eine gewisse Zeit auf Ferrol und anderen Planeten im Wegasystem aufgehalten, aber nicht gleichzeitig. Außerdem hat sich unser Verdächtiger ebenfalls dort aufgehalten. Er kann also jedes der beiden Opfer dort getroffen haben. Mehr wissen wir nicht.«

»Immerhin eine Übereinstimmung«, gab Geo Sheremdoc zu bedenken.

»Aber was besagt das schon?« hielt ich ihm entgegen und kratzte mir den drei Tage alten Bart. »Wichtig ist, daß Dyamhehn Mavvion sich nicht nur auf Ferrol aufgehalten hat, sondern auf sehr vielen Welten der bekannten Galaxis zu Besuch gewesen ist.«

»Der Mann ist von Beruf Schriftsteller«, fügte Geo Sheremdoc hinzu. »Er kann seinen Beruf überall ausüben, und das hat er auch getan. Von ihm sind eine ganze Reihe von Romanen, Novellen und Kurzgeschichten erschienen, einige sogar für das Trivideo bearbeitet worden. Er hat gut verdient und konnte sich das Reisen durchaus leisten. Warum also sollte er es nicht tun?«

Ich grinste breit.

»Mag sein«, gab ich zu. »Das allein sagt noch nichts aus. Merkwürdig, aber zu diesem Bild passend ist die Tatsache, daß Mavvion sich vorwiegend auf solchen Welten aufgehalten hat, die für Touristen interessant sind. Er ist beispielsweise nie auf Terra gewesen, auch nicht auf Lepso – und es gibt kaum einen Autor von Rang, der nicht wenigstens einmal einen Blick auf diese spannendste aller Welten geworfen hätte. Mavvion hat sich nie auf Olymp gezeigt, auch nicht auf anderen Zentralwelten der Humanoiden.«

»Ich verstehe nicht ganz, was du daraus folgern willst?« Geo Sheremdocs Euphorie war inzwischen verflogen.

Die weiteren Nachforschungen hatten wenig oder nichts ergeben, was meinen Verdacht hätte untermauern können. Vor allem war ich nicht imstande, Geo Sheremdocs Skeptizismus zu überwinden. Und gänzlich sicher war ich mir meiner Sache auch nicht. Nur mein Instinkt sagte mir, daß ich auf der richtigen Fährte war.

»Ich bin mißtrauisch, das ist alles«, antwortete ich. »Und jetzt vergleiche bitte einmal die Buchungsunterlagen seiner Hotels und Unterkünfte. Ich habe mir von der Syntronik alle Gäste heraussuchen lassen, die zur selben Zeit wie Mavvion in dem fraglichen Hotel untergebracht waren. Und was zeigt sich – jedesmal war jemand dabei, der in irgendeinem sicherheitsbedürftigen Job gearbeitet hat.«

»Das ist mir durchaus nicht entgangen«, dämpfte Sheremdoc meinen Enthusiasmus. »Wenn du die Syntronik entsprechend befragst, wirst du eine ganze Reihe von Leuten finden, auf die das ebenso zutrifft. Bei Millionen von Mitarbeitern in den unterschiedlichsten Schlüsselpositionen in Politik, Wirtschaft, Wissenschaft und Militär wird es immer wieder solche Übereinstimmungen geben.«

»Auch richtig«, räumte ich ein. »Nur: Mavvion ist erst seit knapp dreißig Jahren aktenkundig. Er stammt nach seinen Geburtsunterlagen von einem abgelegenen Sternenystem, das als ziemlich rückständig gilt. Im Klartext: Mavvion kann weiß der Teufel woher gekommen sein, seine Unterlagen sind niemals genau überprüft worden. Er könnte also durchaus ein Agent für eine fremde Macht sein, beispielsweise für die Springer, für die Blues, für die Akonen.«

Geo Sheremdoc hob abwehrend die Hände. »Nicht schon wieder Akon«, bat er.

»Warum nicht?« gab ich zurück. »Akon ist seit vielen Jahrtausenden immer wieder in Agentengeschichten, in Intrigen und Komplotte verwickelt gewesen. Und die Akonen sind als sehr gerissen und clever bekannt. Aber selbst das beweist noch nichts.«

Während wir redeten, war die Syntronik an der Arbeit. Sie war mit einer ganz bestimmten Auswertung befaßt, die ich ihr aufgetragen hatte. Die Zeitverzögerung ergab sich daraus, daß sie sich ihre Daten aus einer immensen Fülle von Speichern zusammenklauben mußte. Die Rechenoperationen einer modernen Syntronik liefen überlichtschnell ab, aber wenn es um Input und Output ging, waren auch diese Anlagen langsamer: Sie stießen auf technische Hindernisse und wurden vor allem durch das extrem langsame Lese- und Begriffsvermögen der menschlichen Benutzer gehandikapt.

Aber nach einigen Minuten lag die Auswertung vor. Sie hatte das Ergebnis, mit dem ich gerechnet hatte.

Ich stieß ein triumphierendes Grunzen aus.

»Na also«, sagte ich. »Ich habe alles erfassen lassen, was Dyamhehn Mavvion jemals in seinem Leben gesagt oder geschrieben hat. Und da siehst du es: Die Wortanalyse und Stilkritik ergibt, daß Mavvion nicht der Verfasser all jener Texte sein kann, die unter seinem Namen erschienen sind.«

Geo Sheremdoc seufzte.

»Das beweist doch gar nichts«, widersprach er mir. »Zwischen dem Niveau, auf dem ein Autor sich schriftlich ausdrückt und dem, was er ganz normal im Alltagsleben sagt, klaffen bekanntlich Welten. Außerdem arbeiten in allen Verlagen Frauen und Männer, die sich die Freiheit nehmen, die abgelieferten Texte nach der Maßgabe ihres Stilgefühls und ihres Geschmacks zu verändern – und mitunter tun sie das ziemlich großzügig.«

»Manchmal, zugegeben. Aber nicht immer. Und in Mavvions Fall ist der Unterschied sehr beträchtlich. Außerdem ergibt die Analyse – du kannst es selbst ablesen –, daß Mavvion unter gar keinen Umständen der alleinige Autor *all seiner Romane* sein kann. Dafür sind die Stilunterschiede zwischen den Werken einfach zu groß. Ich erlaube mir daher die einfache Schlußfolgerung, daß irgendwer, wahrscheinlich ein ganzes Team von Autoren, im Hintergrund die Romane und Drehbücher produziert, die Mavvion dann als selbstverfaßt vorlegt und veröffentlicht. Daran ist nichts ungesetzlich, wenn die Ghostwriter damit einverstanden sind. Aber es bedeutet ebenso, daß Mavvion gar nicht richtig an seinem Roman arbeitet, sondern eigentlich immerzu Freizeit hat – die er nach Belieben für seine Zwecke benutzen kann. Eine perfekte Tarnexistenz, oder etwa nicht?«

Sheremdoc rieb sich den kahlen Schädel.

»Und jetzt fasse alle diese an sich weniger wichtigen Daten zusammen. Die Übereinstimmungen in der Buchung. Die Tatsache, daß er offenbar nicht selbst schreibt. Der Umstand, daß er zur Zeit ausgerechnet auf Shahan lebt und dort einen Süchtigen mimt, der er gar nicht ist – ein bißchen zuviel an Zufällen, oder irre ich mich?«

Sheremdoc seufzte leise. »Verdächtig, zugegeben«, sagte er zögernd. »Aber das beweist doch gar nichts.«

»Als erstes werden wir seine Unterkunft auf Shahan überwachen lassen«, schlug ich vor. »Auch, wohin er geht und mit wem er Kontakt aufnimmt. Er bekommt als Süchtiger ja Medikamente. Würde er die nehmen, müßte er sich völlig anders verhalten und auch anders aussehen als früher. Also nimmt er die Drogen nicht, folglich läßt er sie irgendwo verschwinden. Wenn wir Spuren davon finden, von sehr komplexen und wirkungsvollen medizinischen Drogen, dann haben wir einen ersten konkreten Hinweis darauf, daß er hier auf Shahan irgendwelche unsauberen Geschäfte betreibt.«

»Einverstanden«, gab Sheremdoc zu. »Ist das alles, was du zu bieten hast? Nur diese vagen Vermutungen?«

»Verlasse dich auf meinen Instinkt«, sagte ich. »Das ist es, was den wahren Kriminalisten ausmacht.«

Geo Sheremdoc nickte seufzend. Wahrscheinlich tat es ihm jetzt schon leid, mich gelobt zu haben.

»Dazu hätte ich gern einmal Sinclair Marout Kennon gehört«, murmelte er. Ich grinste nur. Dieser legendäre Kosmo-Kriminalist, Spezialist der ebenfalls längst vergangenen United Stars Organisation USO, war schon seit etlichen Jahrhunderten tot. Nur sein damaliger Partner, der ebenfalls sehr berühmte Ronald Tekener lebte noch – vielleicht. Er war an Bord der BASIS mit Perry Rhodan zur Großen Leere geflogen – eine Reise, bei der eine Strecke schon mehr als drei Jahre dauerte. Wann die BASIS in unsere Milchstraße zurückkehren würde, stand in den Sternen.

»Einstweilen wirst du mit mir vorlieb nehmen müssen«, sagte ich amüsiert. »Mal sehen, ob ich mit ihm nicht gleichziehen kann.«

Sheremdoc zog schnuppernd die Luft ein.

»Seine Leiche würde wahrscheinlich besser riechen als du in diesem Augenblick«, kommentierte er giftig. »Vielleicht solltest du einmal die hiesigen Hygieneeinrichtungen benutzen. Du weißt doch, wie man ein Bad nimmt?«

»Wenn ich meine Aufgabe gelöst habe«, versprach ich zuversichtlich. »In ein paar Tagen, mit etwas Glück.«

»Es ist im Interesse der Allgemeinheit zu hoffen«,

murmelte er und verabschiedete sich. Ich zog eine Schnute.

Eine Theorie hatte ich mir schon gebildet. In meinen Augen war Dyamhehn Mavvion ein akonischer Agent, der wahrscheinlich die genau umrissene Aufgabe hatte, sich an die schwer angeschlagenen Würdenträger und VIPs auf Shahan heranzumachen. Vielleicht fand man bald ein Medikament oder Mittel gegen die Sucht, dann konnten die Shahan-Besucher in ihre alten Dienststellungen zurückkehren. Und dann waren sie als subversive Agenten im Auftrag Akons sicherlich von Interesse. Ein raffinierter Plan mit einer extrem langen Laufzeit – also genau das, was man den ausgekochten Akonen zutrauen konnte.

Es gab leider ein paar Fragen, auf die ich bisher keine Antworten wußte. Hatte Mavvion die beiden Opfer getötet? Wenn ja, wie hatte er das fertiggebracht? Und warum hatte er das getan?

Die Syntronauswertung hatte ergeben, daß er sich zur Tatzeit beider Tötungsfälle nicht in der Nähe aufgehalten hatte – ein Argument, das ganz und gar nicht in mein Konzept paßte. Aber ich war zuversichtlich, auch damit fertig zu werden. Einem Mann meines Kalibers und Selbstvertrauens war letztlich alles möglich, das hatten schon viele Zeitgenossen zu mir gesagt: »Dir ist alles zuzutrauen!« Na also.

Ich machte der Whiskyflasche den Garaus und legte mich dann für einige Stunden aufs Ohr, um den Rausch auszuschlafen. Am nächsten Morgen duschte ich – heimlich –, unterließ es aber, mir den Bart mit einer Enthaarungscreme zu entfernen. Ich wechselte auch meine Kleidung; dieses Mal entschied ich mich für meinen Einsatzanzug, der mit allerlei technischen Finessen gespickt war, vor allem mit sehr leistungsfähigen Speichermodulen für Sprache und Geräusche. Was ich optisch wahrnahm, wurde gleichzeitig auf einem Chip in meinem Schädel registriert, der zu meinen neuen Augen gehörte.

So ausgerüstet begab ich mich mit Valerie in die Halle und frühstückte erst einmal ordentlich – allerdings nicht in unseren Gebäuden, sondern in jenem Klinikbereich, in dem unter anderem Mavvion untergebracht worden war. Ich brauchte nicht lange zu warten – er war ein Spätaufsteher wie ich. Die Syntronik hatte mir verraten, an welchem Tisch er sich morgens üblicherweise niederließ, und so kostete es mich kaum Aufwand, dafür zu sorgen, daß er sich zu uns setzte.

Valerie spielte ihre unfreiwillige Rolle mit gewohnter Präzision. Still und in sich gekehrt löffelte sie irgendeine Pampe, die ekelerregend gesund aussah und vermutlich ebenso schmeckte. Auch Mavvion gehörte zu den gemäßigten Gesundheitsaposteln und warf einen leicht mißbilligenden Blick auf meinen überladenen Teller.

»Nicht gerade förderlich für die Gesundheit«, erlaubte er sich zu bemerken, ohne mich offen anzusehen.

»Aber sehr zuträglich für das Gemüt«, konterte ich.

Mavvion runzelte kurz die Stirn. »Du scheinst mir nicht zu den Patienten dieses Hauses zu gehören«, bemerkte er anzüglich.

Ich zuckte mit den Achseln.

»Ich passe nur auf die Kleine hier auf«, antwortete ich und lächelte Valerie zu. »Iß, Mädchen, damit du zu Kräften kommst.«

»Sie sieht eigentlich ziemlich gesund aus«, schwatzte Mavvion weiter. Ich hatte bereits einen Köder für ihn parat.

»Ist sie leider nicht«, sagte ich im leisen Verschwörerton. »Und ihre Eltern sind irgendwo in den Fernen der Galaxis verschwunden.«

Mavvion warf einen mitfühlenden Blick auf Valerie. Nicht nur mitfühlend, fiel mir auf. Sie schien ihm zudem zu gefallen, was meine Laune nicht eben steigerte. Nach üblichen Maßstäben war Valerie beinahe erwachsen, aber unter diesem Gesichtspunkt hatte ich sie noch nie betrachtet.

Das tat ausgerechnet dieser Dyamhehn Mavvion. Nach üblichen Schönheitsmaßstäben war er ein verdammt gut aussehender Mann. So einer mußte einfach ein Schurke sein.

»Eine Art Waisenkind also«, vermutete Mavvion und strich sich das sorgsam frisierte Haar aus der Stirn. Er hatte einen angenehm bronzefarbenen Teint und dunkle Augen. Plophosischen Ursprungs. Oder akonischen, das konnte man so genau nicht sagen. Die Zeiten, in denen man andere Menschen anhand von Augen- oder Hautfarbe bequem in Vorurteilsschubladen stecken konnte, waren lange vorbei.

»Ich wünschte, ich wäre so eine Waise«, murmelte ich mit vollem Mund. Valerie beteiligte sich gar nicht an dem Gespräch, sie mümmelte still an ihrem Gesundheitsbrei. »Erbe eines riesigen Raumschiffkonzerns ...«

Ich mußte zusehen, daß ich schneller als Mavvion Zugang zu einer Syntronik bekam, um diese dreiste Lüge durch entsprechend gefälschte Daten untermauern zu können.

»Ein bekannter Name?« erkundige sich Mavvion. Zum ersten Mal blickte er erst Valerie und dann mich mit sichtlicher Konzentration an. Den Köder hatte er geschluckt. Garantiert war dieser Bursche nicht sauber, ich spürte das.

Ich schüttelte den Kopf. »Der Öffentlichkeit kaum bekannt«, grummelte ich. »Geheimaufträge und so. Spezialschiffe ...«

Damit war der Köder ausgelegt. Die künftige Erbin eines großen Wirtschaftsunternehmens, das spezielle Raumschiffe herstellte, mußte für einen Agenten ein verlockendes Ziel darstellen. Vielleicht fiel er darauf herein – und spätestens dann hatte ich ihn.

Allerdings wurde mir in diesem Augenblick bewußt, daß ich damit Valerie in einen Köder verwandelte und in Gefahr brachte. Und wie gefährlich ein Kontakt mit Mavvion sein konnte, davon redeten die beiden Leichen eine stille, aber um so deutlichere Sprache.

Dyamhehn Mavvion beendete sein Frühstück eher als wir, stand auf und verabschiedete sich. Sobald er den Raum verlassen hatte, stürzte ich zum nächsten Interkomanschluß und informierte Sheremdoc. Der wiederum hatte nichts Eiligeres zu tun, als eine Syntronik damit zu beauftragen, meine falsche Geschichte mit entsprechenden Daten abzusichern.

Nachdem dies erledigt war, kehrte ich zu Valerie zurück, die geduldig auf mich gewartet hatte.

»Und was unternehmen wir jetzt?« fragte ich sie. Ihre Schultern hoben und senkten sich wieder.

»Ich weiß nicht …« Langsam begann mir diese Aussage auf die Nerven zu gehen. Hatte das Mädchen denn keinen anderen Satz in ihrem Repertoire?

»Gut, dann machen wir einen kleinen Ausflug. Ist dir das recht?«

Abermals Achselzucken. »Ich weiß nicht.« Nun, immerhin war es kein Widerspruch.

Ich besorgte einen Gleiter – und besorgte mir die Daten jener Orte und Plätze, an denen sich Dyamhehn Mavvion zuletzt herumgetrieben hatte. Offenbar hatte er eine kleine Schwäche für Vulkane. Hatte das einen besonderen Grund?

Mit dem Gleiter brauchten wir eine knappe Stunde, bis wir das Ziel erreicht hatten.

Der Vulkan war auf erfreuliche, aber nicht gefährliche Art und Weise aktiv. Er spie Rauch, ließ Lava über seine Abhänge fließen und machte ein gehöriges Getöse dazu, aber wir hielten uns in ausreichender Entfernung dazu auf.

Es war – ich wunderte mich selbst darüber – aufregend, spannend und angenehm, dieses Naturschauspiel zu verfolgen. Erst als Valerie die Augen schloß, wurde mir wieder bewußt, daß auch an dieser Stelle Musik zu hören war.

Nun, inzwischen kannte ich den Grund für diese Klänge. Jener alte Arkon-Imperator, der diese Welt zu seinem bevorzugten Urlaubsziel gemacht hatte, hatte diese Anlage einbauen lassen, die alles und jedes, was es auf dem Planeten gab, in passende Klänge umsetzte – Meeresrauschen, Sonnenuntergänge, Sandstürme und Vulkanausbrüche. Wie man das technisch exakt gemacht hatte, war nie erforscht worden. Man hatte sich damit begnügt, daß es ein solches Phänomen gab, das sich seit etlichen Jahrtausenden als harmlos und angenehm erwiesen hatte, und damit hatten sich Nachfragen erübrigt.

Die Musik war ganz nett – auf mich wirkte sie ein wenig kitschig, sehr gefühlstriefend und naturromantisch, aber es gab genügend Zeitgenossen, die auf diese Klänge ansprachen. Ich gehörte nicht dazu. Die Musik war nicht übel, aber ich war anderes gewohnt.

Valerie wirkte wie verzaubert, sogar ein Lächeln stahl sich auf ihre Züge, und ich gönnte ihr den Genuß. Ein paar Dutzend anderer Klinikinsassen hatten sich ebenfalls dort eingefunden und studierten die Wirkung dieser Klänge. In der Tat entdeckte ich das Phänomen, daß sich die Musik änderte, je nachdem, aus welchem Blickwinkel man das Geschehen betrachtete. Zum Beispiel reagierte die Musik darauf, wenn sich Wolken bildeten, die über den Vulkan drifteten. Und sie änderte Melos und Rhythmus, wenn der Vulkan eine kleine Pause einlegte oder eine kraftvolle Sondervorstellung ab.

Dahinter mußte ein enormer technischer Aufwand stecken. Woher nahm die Anlage die Energie dazu? Und wie wurden die Klänge überhaupt erzeugt? Ich konnte nirgendwo so etwas wie Lautsprecher oder Verstärker sehen.

Ich grinste still in mich hinein.

Alles nur eine Frage der Beobachtung. Ich brauchte nur ein wenig mit meinen ganz besonderen Augen zu experimentieren, um die Luftschwingungen schließlich sehen zu können. Der Schall pflanzte sich in der Luft fort, das konnte ich erkennen, aber die Quelle der Klänge blieb nach wie vor unsichtbar.

Valerie stand auf einem Hügel, knapp einen Kilometer von dem blubbernden Vulkan entfernt, und wiegte sich sanft hin und her. Sie lächelte sogar, und daher brachte ich es nicht über mich, den Ausflug abzubrechen.

Statt dessen überließ ich sie ihrem Vergnügen und wanderte ein wenig umher.

Überall stieß ich auf die geheimnisvollen Klänge. Sie schienen einfach in der Luft zu entstehen, ohne jede technische Apparatur. Sehr eigentümlich.

Wenn ich eine Schwäche habe – neben vielen offenkundigen Charakterfehlern – dann ist es dies: Ich weiß einfach gern, was um mich herum passiert. Ich will kapieren, wie die Welt funktioniert, und wenn darin etwas Geheimnisvolles auftaucht, dann will ich diesem Geheimnis auf den Grund gehen.

Schallwellen sind eine Form von Energie, also mußte diese Energie irgendwo herkommen. Nach einer Stunde der Beobachtung war ich einen Schritt weiter und kannte den Grund.

Irgendwo waren Energieprojektoren versteckt, die in der Lage waren, schwache Energiefelder durch feste Materie abzustrahlen. Diese pulsierenden Energiefelder setzten dann die Luft in Schwingungen, und so entstand der Schall. Eigentlich ganz einfach.

Aber wo waren die Projektoren?

Ich merkte mir präzise die Stellen, an denen ich die Energiefelder hatte orten können. Nicht die eigentlichen Felder, aber die Stellen, an denen sie in Luftschwingungen transformiert wurden. Diese Punkte in der Luft konnte ich mir einprägen.

Ich kehrte zum Gleiter zurück und schaltete eine Verbindung zur Hauptsyntronik von Shahan. Eigentlich hätte ich mich mehr um Dyamhehn Mavvion kümmern sollen, aber dieses Phänomen interessierte mich nun einmal. Ganz abgesehen davon hatte sich hier auch Mavvion herumgetrieben ...

Die Rechenarbeit nahm die Syntronik nur ein paar Sekunden in Anspruch. Sie ermittelte Ort und Richtung der Energiefelder, folgerte auf deren geheime Quelle und berechnete einen Ort, von dem aus die ganze Anlage betrieben wurde.

Der Ort lag tief unter der Oberfläche, vorausgesetzt, die Kalkulationen waren richtig gewesen.

Ich blickte hinüber zu Valerie. Sie hatte sich gesetzt, den Rücken gegen einen bemoosten Felsen gelehnt. Ihre Augen waren geschlossen, und sie wiegte sich sachte im Takt der Musik.

Ich blieb einen Augenblick lang stehen.

Irgend etwas an diesem Anblick irritierte mich, aber ich wußte nicht zu sagen, was genau. Ein paar Minuten dachte ich angestrengt nach, kam aber zu keinem Ergebnis.

Ich suchte nach jenem Punkt auf der Oberfläche, unter dem tief im Erdreich die technische Anlage dieses musikalischen Wunderwerkes verborgen war.

Nach einer halben Stunde hatte ich den Platz gefunden – eine lausige Geröllhalde, in der nichts zu erkennen war. Und ich hatte keine Lust, mir die Hände dreckig zu machen.

Ich wollte mich gerade zum Gehen wenden, als ich eine Idee hatte. Ich stellte meine Augen auf Infrarotoptik um.

Danach brauchte ich nur noch einen halblauten Pfiff auszustoßen.

Endlich hatte ich die richtige Spur gefunden – und einen konkreten Anhaltspunkt. Mein Schnüfflerinstinkt hatte mich einmal mehr richtig beraten.

10.

»Landeanflug«, sagte Yobilyn. »Er wagt es tatsächlich, mich hier zu stören.«

»Bei der Störung wird es nicht bleiben«, versicherte Moraynir. »Er hat andere Pläne …«

»Er will mich umbringen«, vermutete Yobilyn und grinste dazu. Sein Gesicht unter der metallenen Haube war kaum zu erkennen.

Moraynir stand in der Halle. Dorthin wurde übertragen, was der Imperator an Wahrnehmung empfing: Optisches, Akustisches, Bewegungen. Zu hören waren auch die Klänge, die von diesen Vorgängen verursacht wurden.

Das Herannahen des Raumschiffes klang bedrohlich, wühlte in tiefen Bässen und schlug auf die Eingeweide, die sich zu verkrampfen schienen. Gleichzeitig fegten die Vorboten eines Sturmes über die Szenerie, Vorboten der Gefühlsausbrüche, die Yobilyn empfand und in Naturkräfte ebenso umsetzte wie in Klänge. Die Synthese war vollkommen.

Moraynir wußte, daß dies nun die Augenblicke waren, auf die es ankam.

Jetzt entschied sich das Schicksal Arkons, das des herrschenden Imperators und dasjenige des Usurpators, der ihm nach dem Leben trachtete.

Adhemars schwerbewaffneter Raumer setzte gerade auf Shahan auf; sein Landeplatz war der einzige Raumhafen, der eingerichtet worden war, in einer idyllischen Landschaft gelegen. Ausgedehnte Flächen, mit Blumen und Sträuchern bepflanzt, durchzogen von anmutigen Flüssen, Bächen und Seen. Es gab kleine Wasserfälle, deren Plätschern angenehm in den Ohren klang. Es gab Bäume, die sich unter den Druckwellen bäumten und eigentümliche Laute auszustoßen schienen.

Zum ersten Mal war Yobilyn imstande, auch dies zu hören. Die Anspannungen der hölzernen Fasern, das leise Ächzen der unter Druck gesetzten Äste. Er spürte die Verbrennungen, welche die Impulstriebwerke des Raumers auf dem Boden hervorriefen, er hörte das Todesgeschrei der Pflanzen, schmeckte, roch und hörte das Verdampfen eines kleinen Sees, der bei der Landung zerstört wurde.

Es war Yobilyns Welt, die diesen Schaden erlitt, sein Werk, seine Schöpfung, und Moraynir hatte sich ausgerechnet, daß der Imperator diese Verstümmelungen der selbstgezüchteten Natur nicht hinnehmen würde – nicht ohne Empfindungen, nicht ohne Reaktion.

Das war es, worauf Moraynir gesetzt hatte.

Er hatte auch Adhemar richtig eingeschätzt. Der Komponist konnte sehen, wie die Geschütze des Schiffes in Stellung gebracht wurden. Sie wurden auf die Jacht von Yobilyn gerichtet – und dann betätigt.

Die Jacht verging in einem Feuerschlag, der Orkanwellen aus Klängen über das Land und in Yobilyns Gemüt wandern ließ. Moraynir hörte, wie Yobilyn zischend den Atem zwischen den Zähnen einzog. Er sah, wie die restlichen Flüsse und Seen zu schäumen begannen, sich aufbäumten und gegen die Landestützen von Adhemars Schiff brandeten.

»Laßt ihn aussteigen«, schlug Moraynir vor. »Er glaubt, daß er Eure Erhabenheit jetzt in seiner Gewalt hat.«

»Er wird sich täuschen«, knirschte Yobilyn wütend.

Minuten vergingen, dann wurden die Schirmfelder von Adhemars Schiff abgeschaltet. Ein Schott öffnete sich, eine Rampe führte schräg hinunter auf den Boden, und wenig später stapfte eine Kolonne waffenstarrender Roboter herab und schwärmte aus.

Yobilyn reagierte nicht darauf. Er ließ diesen Ausbruch unverhüllter Gewalt erst einmal auf sich wirken, sog Klänge und Geräusche in sich ein, fiebrig vor Erregung, wie es schien.

Dann endlich erschien Adhemar, umgeben von einem weiteren Trupp schwerbewaffneter Roboter. Er trug einen Kampfanzug, auch dessen Energieschirme waren aktiviert. Adhemar ging kein Risiko ein.

Dann klang seine Stimme auf. »Nun, großer Imperator, dein Fluchtweg ist abgeschnitten.«

In der großen Halle wurde seine Häme in Klänge übertragen. Moraynir hatte nicht gelogen und nicht übertrieben. Alles, was es auf dem Planeten an Erscheinungen und Phänomenen gab, wurde von seiner genialen Maschinerie in Klänge übertragen. Aber dieses Mal war es keine angenehme, einschmeichelnde oder aufwühlende Musik. Dieses Mal waren schrille Dissonanzen zu hören, kakophonische Ausbrüche, die unangenehm und erschreckend in den Ohren klangen.

»So also«, murmelte Yobilyn und zögerte einen Augenblick, »klingt unverhüllte Mordgier!«

»So war es von Euch gewünscht, Erhabener!«

Adhemar machte ein weit ausholende Geste.

»Wir wollen miteinander reden, Oheim!« sagte er laut, aber seine Bewegungen straften seine Worte Lügen. Seine Stimme klang wie immer sehr freundlich, aber seine Gestik übertönte sie mit schrillem Mißklang. Die analytische Fähigkeit von Moraynirs Maschine war bestechend, ihr gegenüber war keine Täuschung möglich.

Allerdings wußte Moraynir, daß es nur einer eingehenden, auf die Maschine bezogenen Schulung bedurfte, um auch dieses System zu täuschen. Das hatte er Yobilyn nicht erzählt. Auch nicht, daß er sich diesem Training bereits unterzogen hatte.

»Kann er mich hören?« fragte Yobilyn leise.

»Wie Ihr es wollt, Erhabenheit. Ihr braucht Eure Wünsche nur zu denken, die Maschine wird sie verwirklichen.«

Yobilyn machte ein erstes Experiment.

»Ha, Verruchter!« ließ er seine Stimme über das Land donnern, und Adhemars spontane Reaktion ließ sein schnelles Angstschlottern hörbar werden. Yobilyn lachte halblaut, und auch sein Höhnen wurde akustisch getreu umgesetzt. Moraynir konnte sehen, daß Kristallprinz Adhemar auf diese Konfrontation nicht vorbereitet gewesen war.

»Du wagst es ...«, tobte Yobilyn weiter. Manchmal neigte er zu klischeehaftem Pathos, auch das hatte Moraynir berücksichtigt.

Adhemar reagierte mit einer Verwünschung. In der großen Halle waren Klänge der Wut, der Enttäuschung und der Ratlosigkeit zu hören. Dann aber faßte er sich, seine Intelligenz machte sich bemerkbar. Laute der Zuversicht schallten durch die Halle.

Was Yobilyn nicht sehen konnte, das waren die Hinweise, die Moraynir behutsam in die Landschaft gepflanzt hatte – Pflanzen beispielsweise, deren Konfiguration einen Hinweispfeil ergab. Die Gewässer schienen auf ein ganz bestimmtes Ziel hinzulaufen. Wenn Adhemar diesen Hinweisen folgte, mußte er den Eingang zu Yobilyns Unterwelt leicht finden können. Und wie ein Leuchtfeuer ganz besonderer Art erhob sich in der Nähe dieses Verstecks der glutdurchtoste Kegel eines Vulkans.

Moraynir zog sich leise zurück.

In seiner rechten Hosentasche steckte die Fernbedienung, die er erbaut und programmiert hatte. Jedes einzelne Teil hatte er unter größter Gefahr nach Shahan geschmuggelt, und noch mehr Anstrengung hatte es ihn gekostet, die erforderlichen Programmierungen für die

Positroniken so vorzunehmen, daß sie auch bei genauerem Suchen nicht zu entdecken waren.

Von seinen Robotern umringt, machte sich Adhemar auf den Marsch zu Yobilyns Versteck. Er sah sich immer wieder scheu um – die Klänge dabei amüsierten den Imperator sehr –, aber er ließ sich von seiner Furcht nicht zurückhalten. Er wußte, wie Shahan technisch eingerichtet war. Es gab dort keine waffenstarrenden Forts, keine Roboterarmeen, nichts dergleichen. Mit ernsthaftem Widerstand hatte er nicht zu rechnen.

Allerdings hatte er, wie der Komponist richtig vorausgesehen hatte, als völlig amusischer Mensch die Möglichkeiten unterschätzt, die Moraynirs Maschinerie anzubieten hatte.

Yobilyn ließ einen Gewittersturm losbrechen, der sich tobend und blitzsprühend über Adhemar entlud, ihn aber nicht aufhalten konnte. Unablässig marschierte sein Trupp weiter, eine Senke entlang, auf den Vulkankegel zu.

Moraynir hatte die Station inzwischen verlassen. Er stieg an die Oberfläche und machte die Zündung scharf. Er bewegte sich langsam und ruhig. Noch war sein Spiel nicht gewonnen. Noch konnte ihn sein Plan jederzeit den Kopf kosten. Den Endzweck seines Vorhabens aber würde weder Adhemar noch Yobilyn verhindern können, dafür hatte Moraynir gesorgt.

Er brauchte nur zu warten …

Das Signal, auf das er wartete, würde Yobilyn ihm selbst geben. Der Imperator saß unrettbar gefangen in einer Falle, die auf seinen Wunsch hin ganz speziell für ihn konstruiert worden war und die in letzter Konsequenz das genaue Gegenteil von dem bewirkte, was er geplant hatte.

Moraynirs Maschine funktionierte nicht nur im technischen Sinne. Sie funktionierte auch auf einer anderen Ebene. Die Klänge Shahans sollten nicht nur einfach berauschend, neuartig, spannend und überwältigend in ihrer Fülle aus Ausdruckskraft sein. Sie wirkten, wie jede Musik, unmittelbar auf das Gefühl des Hörers ein.

So intelligent Yobilyn auch war, so scharf sein Mißtrauen in den langen Jahren seiner Schreckensherrschaft auch geworden war – in diesem Augenblick folgte er nicht mehr seiner Intelligenz allein. Er war ebenso seinen Gefühlen ausgeliefert, die, durch die Maschinerie aufgenommen und verstärkt, auf ihn zurückgeworfen wurden.

Die Oberfläche von Shahan war erfüllt von Klängen, die grimmigen Zorn zum Ausdruck brachten, einen unstillbaren Vernichtungswillen über das Land kreischen ließen.

Die Reaktion ließ nicht lange auf sich warten.

Moraynir konnte hören, wie der Boden tief unter ihm zu beben begann. Yobilyn hatte sein Opfer jetzt da, wo er es haben wollte. Adhemar ahnte nicht einmal näherungsweise, wozu Moraynirs Maschinerie fähig war, wenn sie von brodelndem Haß angestachelt wurden.

Der Vulkan explodierte …

Aus sicherer Entfernung sah Moraynir zu, wie Tausende von Tonnen Gestein und Lava in die Höhe geschossen wurden und mit verheerender Wucht auf das Land hinabstürzten.

Noch funktionierte die Maschinerie. Sie nahm Adhemars Reaktionen auf. Sein dumpfes Schaudern, das Nichtbegreifen und dann, von einem auf den anderen Augenblick mit irrwitzigen Kreischen aufflammend, sein Grauen, als er in den Lavaregen hineingeriet, gegen den selbst ein stark gesicherter Raumanzug ihn nicht schützen konnte.

Ein paar Sekunden lang waren die Schirmfelder dieses Anzuges imstande, den tosenden Glutgewalten standzuhalten, und die Klänge, die von Adhemars gräßlichen Ahnungen gespeist wurden, ließen sich mit herkömmlichen Begriffen nicht mehr beschreiben.

Dann verstummten sie – und im gleichen Augenblick betätigte Moraynir seine Fernbedienung.

Es entsprach seinem Charakter, sofort zu handeln, nicht, sich auf lange Diskussionen einzulassen oder sich am Schicksal des überwundenen Gegners zu weiden. Moraynir wußte, was sich jetzt in der Tiefe der Erde abspielte und das genügte ihm vollkommen.

Die Tiefschlafanlage würde Yobilyn einhüllen und für alle Zeiten festhalten. Nichts würde der Imperator tun können, um sich zu befreien. Er würde bei vollem Bewußtsein bleiben, wenn auch ohne die körperlichen Schmerzen, die ihn bisher gepeinigt hatten. Statt dessen würde er feststellen müssen, daß sich seine Rolle in der Inszenierung von Shahan geändert hatte.

Nicht länger würde er dieser unglücklichen, geschundenen Welt, die dazu präpariert worden war, seinen perversen Gelüsten dienstbar zu sein, seinen Willen aufdrücken können. Diesen Teil der Anlage hatte Moraynir mit seiner Fernsteuerung desaktiviert. Und ein weiterer Funkbefehl zündete die verborgenen Sprengkammern, die den Zugang zu der Anlage zum einen versperren, zum anderen für immer verbergen würde – aber nicht zerstören.

Die Anlage würde arbeiten, aber verborgen. Viele Jahrtausende lang. Wie lange genau, das vermochte Moraynir nicht abzuschätzen; geplant war die Anlage für eine kleine Ewigkeit. Während dieser ganzen Zeit würde Yobilyn leben, irgendwo verschüttet in der Erde, bei wachem Verstand, nur noch in der Lage, jenen Klängen zu lauschen, welche die Natur aus freien Stücken zu liefern imstande war. Sanften, beruhigenden Klängen, die auf sein durch und durch bösartiges Gemüt einwirken konnten.

Wenn sich sein Zorn und seine entfesselte Wut erst einmal gelegt haben würde, vermochten diese Klänge vielleicht den Charakter dieses unbarmherzigen Tyrannen zu ändern. Vielleicht fand er selbst, bevor eines Tages die Anlage sanft versagte und an altersbedingter Schwäche zusammenbrach, bis dahin zu seinem seelischen Frieden.

Diese zweischneidige Chance dazu wollte Moraynir dem mächtigen Imperator jedenfalls lassen ...

Unbewacht und ungeschützt stand Adhemars Raumschiff auf der Oberfläche des Planeten. Moraynir wußte, was er damit machen würde. Die Vorbereitungen waren getroffen.

Zurückfliegen nach Arkon und dort nach einiger Zeit die Nachfolge der beiden Tyrannen antreten. Shahan würde im Laufe der nächsten Jahrzehnte in Vergessenheit geraten, ebenso wie Adhemar und Yobilyn.

Eine große Lebensspanne blieb Moraynir von Jehran nicht mehr, aber vielleicht hatte er die Chance, als Jehran I. seinem Volk und den anderen Völkern der bekannten Milchstraße einige Jahrzehnte des Friedens zu bringen.

Wenn ihm das gelang, würde er endlich selbst zufrieden die Augen schließen und sterben können ...

11.

»Er wird kommen, garantiert«, versprach ich Geo Sheremdoc. »Inzwischen begreife ich auch, warum er erst jetzt, nach Jahren und Monaten, auf Shahan zu arbeiten angefangen hat. Er hat soviel Zeit gebraucht, sich zu der Anlage durchzuarbeiten.«

Ich deutete auf die Geröllhalde, die ich mit meinen Infrarotaugen sorgfältig untersucht hatte. Es war nur bei sehr genauem Hinsehen zu erkennen gewesen: Unterhalb des Gerölls gab es eine Zone mit erhöhter Temperatur. Und auf einer gewissen Fläche hatte auch das Geröll selbst eine andere Temperatur als der Steinhaufen in der Umgebung. Inzwischen hatte ich dafür eine Erklärung gefunden. Jemand – nach meiner Vermutung niemand anderer als Dyamhehn Mavvion – hatte diese Ansammlung von kleinen und mittelgroßen Gesteinsbrocken mit einem normaloptisch nicht erkennbaren Kleber miteinander verbunden.

»Und was für eine Anlage soll das sein?« fragte Sheremdoc zurück. Seine logische Sachlichkeit konnte einem mitunter ziemlich auf die Nerven gehen; von Intuition und Spürsinn schien er nicht viel zu halten.

»Ich weiß nicht«, zitierte ich Valerie, die friedlich schlafend in ihrem Bett lag. »Jedenfalls etwas sehr altes, vermutlich einen Teil der Maschinerie, die überall auf dem Planeten diese Gesänge aus der Unterwelt erzeugt, die Musik, die man allenorts hören kann.«

Geo Sheremdoc wölbte steil die Brauen. Es war stockdunkel um uns herum, aber ich konnte ihn klar und deutlich sehen; in Augenblicken wie diesen pries ich mich fast schon glücklich, einen beinahe tödlichen Strahlschuß abbekommen zu haben.

»Wie kann diese Musikmaschine für einen Agenten von Interesse sein?« fragte er skeptisch.

»Musik ist rechtshemisphärisch«, klärte ich ihn selbstsicher auf; vor diesem nächtlichen Ausflug hatte ich mich bei einer syntronischen Auskunft schlau gemacht. »Die linke Hirnhälfte eines Menschen ist für Logik, Sprache, Verstand und dergleichen zuständig. Die rechte Hirnhälfte ist mehr für Gefühlseindrücke zu gebrauchen, für Suggestionen also sehr viel zugänglicher als die linke Hälfte. Hypnotiseure benutzten Klänge, Worte und Assoziationen, die vornehmlich auf die rechte Hirnhemisphäre einwirken, daher erklärt sich ihr Erfolg. Und wenn man die Musik richtig auswählt, kann man Menschen und andere Galaktiker in sehr starkem Maße beeinflussen. Fast alle praktizierten Religionen benutzen beispielsweise sorgfältig komponierte Musik, um auf die jeweiligen Gläubigen in ihrem Sinn einzuwirken – weitaus effektiver, als es das gesprochene oder geschriebene Wort allein könnte.«

»Hm«, machte Sheremdoc nachdenklich. »Klingt logisch und ziemlich überzeugend …«

»Ich habe gestern Valerie beobachtet«, fuhr ich fort. »Sie war wie hypnotisiert von diesen Klängen. Seit sie süchtig geworden ist, habe ich sie nicht mehr so emotional bewegt gesehen. Ich wette, daß diese Shahan-Musik ganz speziell für diesen besonderen Zweck hergestellt worden ist – um auf die menschliche Psyche einzuwirken.«

»Durchaus möglich«, gab Sheremdoc zu.

Nach dieser Einleitung konnte nur noch ein Einwand kommen, und Sheremdoc enttäuschte mich nicht. Er kam auf exakt den Einwand, mit dem ich mich auch schon herumgeschlagen hatte.

»Mag ja sein, daß man mit Klängen und Musik einem Menschen ein Gefühl von Andacht und Ehrfurcht einflößen kann, vielleicht sogar gegen dessen Vernunft und Willen. Aber du willst mir doch nicht erzählen, es wäre möglich, so etwas wie eine Symphonie des Hochverrats zu komponieren oder eine Sonate, die den Hörer zu einem Attentatsversuch gegen eine ganz bestimmte Person anregt? Geschweige denn zwingen kann!«

»Das werden wir herausbekommen, wenn Mavvion diese Anlage aufsucht«, hielt ich dagegen. Es war reine Spekulation, mehr nicht. Insgesamt hatte ich zu diesem Fall erheblich mehr offene Fragen als mögliche Antworten.

»Falls er das tut«, orakelte Sheremdoc leise.

Er sprach gerade laut genug, um die allgegenwärtigen Klangfluten zu übertönen, die wie ein akustischer Teppich über den ganzen Planeten ausgebreitet worden waren. An unserem Standort konnten wir Musik hören, die sich auf den nahen Vulkan bezogen – niederfrequente Klänge, die einen Eindruck von gezügelter Kraft und Energie hervorriefen, durchsetzt von Schwingungen, welche eine sanfte Drohung nach einem Ausbruch enthielten.

Ich hob vorsichtig den Kopf und blickte mich um.

»Kannst du etwas sehen?«

»Er kommt«, murmelte ich. Dank meiner Augen konnte ich nicht nur den Gleiter, sondern auch den Passagier darin erkennen. Es war in der Tat Dyamhehn Mavvion. Also hatte ich richtig getippt, mein Instinkt hatte ich in diesem Fall nicht getrogen.

»Kopf herunter!« zischte ich Sheremdoc ins Ohr. »Kann sein, daß er sehr vorsichtig und mißtrauisch ist.«

In diesem Fall hatte ich mich geirrt. Zu besonderen Sicherheitsvorkehrungen hatte Mavvion nicht gegriffen. Statt dessen hatte er etwas anderes getan. Ich traute meinen Augen nicht, als ich sah, wie er den Gleiter verließ – und einen reglosen Körper auf die Arme nahm. Die lang herunterbaumelnden Zöpfe verrieten mir, um wen es sich handelte.

Ich murmelte eine Verwünschung. »Dieser dreiste Halunke hat Valerie entführt«, stieß ich leise hervor. »Dieser …«

Ich wagte nicht, laut zu fluchen. Aber ich ärgerte mich maßlos, daß mein kleines Täuschungsmanöver von einem derart durchschlagenden Erfolg gewesen war. Mavvion hatte sofort reagiert.

Aber was hatte er mit Valerie vor? Interessant war sie für ihn, weil er über sie an modernste Raumschifftechnologien herankommen konnte, an Konstruktionsdaten, an Auftragseingänge und ähnliches. Ganz bestimmt war das für Mavvion und seine mutmaßlichen Hintermänner von großem Interesse. Aber ich konnte mir ebenfalls ausrechnen, daß akonische Agenten mit größter Rücksichtslosigkeit vorgingen, um ihre Interessen und vor allem ihre Sicherheit zu wahren.

Valeries Leben war in diesem Augenblick wahrscheinlich nicht in Gefahr. Wenn wir aber eingriffen oder er uns entdeckte …

Vor unseren Augen würde er es nicht wagen, Valerie etwas anzutun – hoffentlich.

Ich blieb in Deckung und spähte zu dem keuchenden Mavvion hinüber, der Valerie auf seinen Armen exakt zu jenem verklebten Deckel aus Felstrümmern schleppte, auf den ich gestoßen war. Dort legte er das Mädchen erst einmal ab.

Prüfend blickte er sich um, konnte uns aber nicht sehen – es sei denn, er hatte ähnlich fantastische Augen wie ich. Ein paar Sekunden verharrte er so, dann kniete er nieder.

Ich beugte mich vor und starrte ihm genau auf die Finger, um mitzubekommen, was er dort anstellte. Einige Augenblicke später wurde der Deckel angehoben und drehte sich zur Seite. Eine dunkle Öffnung wurde sichtbar.

Mavvion nahm Valerie wieder auf und begann den Abstieg. Die Prozedur war ziemlich umständlich und dauerte ihre Zeit. Inzwischen schlichen Sheremdoc und ich mit äußerster Behutsamkeit näher. Aus den Augenwinkeln heraus konnte ich sehen, wie Sheremdoc nach seiner Waffe griff und sie schußbereit machte.

»Äußerste Zurückhaltung, wenn ich bitten darf!« zischte ich ihm ins Ohr. »Er hat Valerie!«

»Ich weiß«, antwortete Sheremdoc ebenso leise. »Keine Bange, ich werde schon achtgeben.«

Der Deckel schloß sich wieder.

Nun konnten wir aufrecht gehen und uns dem Einstieg nähern.

Ich legte mich auf den Boden und lauschte. Nichts war zu hören, außer der Musik ringsum, die mich in diesem Augenblick außerordentlich störte. Sie war so laut, daß ich nicht hören konnte, ob etwas unter mir schwache Geräusche machte.

»Wir müssen es wagen«, murmelte Geo Sheremdoc. »Wir haben keine andere Wahl ...«

Ich preßte die Lippen aufeinander und murmelte eine schwache Verwünschung. So hatte ich mir dieses Abenteuer nicht vorgestellt. Daß ich selbst in Gefahr kommen würde, damit mußte man bei den Aufträgen eines Geo Sheremdoc immer rechnen. Allerdings verstand ich mich recht gut auf die Kunst, meinen kostbaren Leib in Sicherheit zu halten. Daß auch Valerie in diese Aktion hineingezogen worden war, paßte mir überhaupt nicht. Wenn ich ihr helfen wollte, würde ich womöglich wirklich etwas riskieren müssen. Für eine junge Frau, die weder mit mir befreundet noch verwandt war. Was für eine elende Zwickmühle – wieder einmal typisch Sheremdoc ...

Ich starrte auf den Boden, stellte meine Optik auf Infrarotbetrieb und stärkste Vergrößerung. Mit diesem technischen Mittel war es nicht schwierig, den Öffnungsmechanismus zu entdecken, den Mavvion benutzt hatte.

Ich wechselte einen raschen Blick mit Geo Sheremdoc. Gern hätte ich ihm die Verantwortung für dies alles zugeschustert, aber Valerie war mein Schützling, nicht der seine.

»Also los!« stieß ich hervor.

Es mußte nur ein winziger, verborgener Schalter betätigt werden, um den Deckel zur Seite gleiten zu lassen. Vor uns wurde eine kreisrunde Öffnung frei, die senkrecht in die Tiefe führte. Von unten her war ein schwacher Lichtschein zu erkennen.

Wir lauschten. Nichts war zu hören. Geo Sheremdoc war der erste, der den Schacht benutzte. Es war ein Antigrav, allerdings ein sehr alter, wie zu sehen war. Und er war offenkundig einmal beschädigt gewesen; die Wände sahen nicht besonders stabil aus.

Offenbar war der Antigravschacht einmal gesprengt, aber von Mavvion wieder freigelegt und benutzbar gemacht worden.

Geräuschlos schwebten Sheremdoc und ich in die Tiefe. Hunderte von Metern, sogar mehrere Kilometer. Ich begann zu ahnen, daß es sich nicht bloß um eine Maschinenhalle für die Planetenmusik handelte, sondern weitaus eher um eine Art Zentrale, von der aus die Musik der Unterwelt für den gesamten Planeten Shahan gesteuert werden konnte.

Dieser Eindruck verstärkte sich noch, als wir das Ende des Schachtes erreichten. Die Luft war muffig, aber gut atembar. Von Mavvion war weder etwas zu sehen noch zu hören. Offenbar hatten wir einen unterirdischen Komplex erreicht, den man auch zu Wohnzwecken hergerichtet hatte – mit beträchtlichem Aufwand, wie zu sehen war. Es gab Schlafräume, Küchen, technische Einrichtungen und jeden erdenklichen Luxus.

»Vermutlich noch aus der Zeit der frühen Arkon-Imperatoren«, murmelte Geo Sheremdoc sehr leise. »Diese Anlage ist Tausende von Jahren alt, vielleicht sogar älter als Atlan.«

Ich nickte knapp. Atlan hätte uns bei der Erkundung dieser Örtlichkeit sicher helfen können, aber er war wie Perry Rhodan seit Jahren mit der BASIS unterwegs. Und wenn es Rhodan und seinem Team gelang, die Gefahren und Probleme an der Großen Leere zu meistern, konnten sie womöglich sogar zur Milchstraße zurückkehren – um sich dann dort mit jenem Problem konfrontiert zu sehen, daß die vermaledeiten Hamamesch von Hirdobaan angerichtet und hinterlassen hatten …

Die Imprint-Sucht von Milliarden von Galaktikern, für die es praktisch keine Chance auf Heilung gab …

Wir bewegten uns weiter, möglichst ohne Geräusche. Ich benutzte meinen Infrarotsinn, um Mavvions Spuren erkennen zu können. Dort, wo er den Boden berührt hatte, war das Material um einige Zehntelgrade wärmer als sonst, für mich gerade noch zu erkennen.

Ich gab Geo Sheremdoc ein Handzeichen, mir zu folgen. Er hielt seine Waffe schußbereit. Daß er damit umgehen konnte – sehr viel besser als ich natürlich –, wußte ich, aber ich hoffte, daß Waffeneinsatz nicht nötig sein würde.

Ich stieß die rechte Hand in die Höhe. Vor uns waren Geräusche zu hören. Unwillkürlich hielt ich den Atem an.

Sehr leise schlichen wir weiter.

Ich legte mich auf den Boden und schob langsam meinen Kopf voran …

Eine große Halle, gespickt mit technischen Geräten aus der Vergangenheit Arkons. In einem Sessel, haltlos und offenbar ohne Bewußtsein, lag Valerie. Mavvion hatte sie dort abgesetzt.

Er selbst stand vor einer Vertiefung im Boden und redete auf jemand ein, der sich offenbar in dieser Grube aufhielt.

»... mal nicht«, hörte ich ihn sagen. Ich sah und hörte, daß er sich eines Translators bediente. Warum nur? Interkosmo sprach seit einigen tausend Jahren praktisch jedermann in der bekannten Milchstraße.

»Also wag es nicht, mich noch einmal hereinlegen zu wollen«, fuhr Mavvion fort. »Du magst dich noch so anstrengen, mich kannst du nicht geistig beeinflussen, Imperator!«

Ich erstarrte und blickte Sheremdoc an. Imperator? Meinte er einen Imperator von Arkon? Einen der Erhabenen aus der Vorzeit des Großen Imperiums?

Mavvion war beschäftigt. Wir nutzten die Chance, standen auf und betraten die große Halle. Sheremdocs Strahler zielte auf den Rücken des Agenten.

Ich machte eine heftige Gebärde: *Los doch, schieß ihn nieder!* Aber Geo Sheremdoc schüttelte den Kopf. Ich an seiner Stelle hätte nicht gezögert; dieser Mavvion war extrem gefährlich, und ich hätte ihm nicht den Schimmer einer Chance gelassen, womöglich mich anzugreifen und zu töten.

Langsam schritten wir näher heran, bis wir einen halben Meter hinter Mavvion standen. Ich wandte mich zur Seite und wollte mich um Valerie kümmern, aber in diesen Sekunden begann es in meinem Kopf fürchterlich zu pochen und zu dröhnen. Ich unterdrückte mit Mühe einen Schmerzenslaut.

Auch Geo Sheremdoc preßte die Lippen aufeinander.

»Versuch es nur, Imperator«, sagte Mavvion höhnisch. »Ich bin durch einen hypnotischen Block geschützt, mir kannst du nichts anhaben!«

Jetzt wußte ich, wem ich die Kopfschmerzen zu verdanken hatte. Der Imperator versuchte mich auf mentalem Wege zu beeinflussen und zu übernehmen. Ich mußte meine ganze Kraft aufbieten, um ihm zu widerstehen.

»Bist du auch immun gegen dies?«

Geo Sheremdocs Stimme klang laut und scharf durch den Raum. Mavvion zuckte nur ganz kurz zusammen und drehte sich dann sehr langsam herum.

Er schien sich zu amüsieren.

»Sieh an«, sagte er. »Der LFT-Kommissar höchstpersönlich. Welche Ehre für mich.«

Ein schneller, abschätzender Blick traf mich. Offenbar hielt Mavvion mich für unerheblich, das jedenfalls drückte seine Miene aus. Er wandte seine Aufmerksamkeit Sheremdoc zu.

»Ich nehme an«, sagte der LFT-Kommissar ruhig, ohne die Waffen zu senken, »ich habe einen der besten Agenten Akons vor mir. Dyamhehn Mavvion ist dann wohl auch nicht dein richtiger Name.«

Mavvion breitete die Hände aus.

»Was sind schon Namen?« sagte er. Er war mutig, das mußte ich ihm lassen. »Ja, ich arbeite für einige Freunde auf Drorah. Und deren Namen werden dir auch nichts besagen. Die Regierung ist leider nicht unserer Ansicht.«

Sheremdoc trat einen halben Schritt zu Seite, dann einen nach vorn. Er blickte in die Grube.

»Wer ist das?« fragte er. »Und wie hast du ihn gefunden?«

»Imperator Yobilyn«, antwortete der Akone gelassen. »Und gefunden habe ich ihn durch einen Zufall. Und mit Geduld.«

»Und mit welcher Absicht?«

Mavvion grinste unverschämt.

»Du weißt es nicht, Sheremdoc?«

»Noch nicht«, antwortete der LFT-Kommissar kalt. »Aber du wirst es mir sagen!«

Ich kümmerte mich unterdessen um Valerie. Sie war betäubt worden, aber es ging ihr gut – soweit man das von einer imprint-süchtigen jungen Frau überhaupt sagen konnte.

»Musik hat eine große Gewalt über Menschen«, plauderte Mavvion. »Hier auf Shahan wirkt sie beruhigend, friedlich und heilend – jedenfalls so, wie sie sich dem Ohr darbietet. Aber irgend etwas mußte diese Klänge erzeugen, das ist ja offenkundig. Und wenn man die Zentrale dieser Klänge findet und sie ein wenig umprogrammiert …«

Jetzt ahnte ich, mit welchem Auftrag er nach Shahan geschickt worden war. Es war ein Plan von satanischer Tücke. Mavvion hatte vorgehabt, die Klänge der Unterwelt in seinem Sinne – oder dem seiner Auftraggeber – zu ändern. Deswegen hatte er so lange nach der zentralen Steuerung gesucht. Wäre er erfolgreich gewesen, hätte er Shahan mit einem musikalischen Alptraum heimsuchen können – mit Klängen, die auf die Süchtigen in ihrem Zustand verheerend gewirkt hätten. Wahnsinn, Aggression bis hin zum Mord – er hätte Shahan in ein Inferno verwandeln können, das Hunderttausende von führenden Galaktikern den Verstand oder das Leben hätte kosten können. Und selbstverständlich hätte die galaktische Öffentlichkeit der Führung der LFT dafür die Verantwortung zugeschoben, schließlich war Shahan auf deren Initiative hin zum Internierungsplaneten für die VIPs geworden.

»Gut geplant!« stieß Geo Sheremdoc grimmig hervor. Seine Gesichtszüge wirkten hart, wie gemeißelt. Ich sah, wie sich seine Handmuskeln anspannten. *Nun schieß doch!*

Mavvion deutete auf die Grube.

»Daß der Erschaffer dieser Anlage noch leben würde, damit hatte ich nicht gerechnet«, fuhr der Akone fort. Er schien sich seiner Sache ganz sicher zu sein. »Auch nicht damit, daß er im Laufe der Jahrtausende im Tiefschlaf – des Körpers, nicht des Geistes – einige Fähigkeiten erworben hatte, seinen Willen anderen aufzuzwingen. Bei geistig gesunden Menschen schafft er das nicht, es kommen nur Kopfschmerzen dabei heraus, aber bei den mental angeschlagenen Süchtigen ist die Wirkung anders.«

»Du hast zwei Süchtige hierher gebracht? Die beiden, die inzwischen tot sind?«

»Richtig geraten, schlauer LFT-Kommissar. Yobilyn hat sie geistig übernommen, aber er hat es nicht in der Weise getan, wie ich es ihm aufgetragen hatte.«

»Und deswegen hast du sie umgebracht?«

Mavvion machte eine heftige Geste der Verneinung.

»Das habe ich nicht«, widersprach er. »Ich habe Agenten angeworben und eingeschleust, aber ich habe niemals jemanden getötet. Sie haben sich selbst umgebracht, sobald sie eine Chance dazu hatten und allein waren.«

»Selbst erdrosselt? Sich selbst mit einer Picke erschlagen?« fragte Sheremdoc ungläubig.

Neben mir erklang ein leises Ächzen. Valerie kam langsam wieder zu sich. Sie war blasser als sonst, ihr Körper zuckte in unkontrollierbaren Krämpfen.

»Ich nehme an, daß dies nicht ihr Wille gewesen ist«, sagte Dyamhehn Mavvion grimmig. »Der Alte wird sie in den Tod getrieben haben. Oder sie haben sich selbst getötet, um seiner Herrschaft über ihr Denken und Fühlen entrinnen zu können. Ich weiß es nicht.«

Jetzt verstand ich, warum die Toten anders ausgesehen hatten als zu ihren Lebzeiten. Der fremde Wille, der sich in ihre Gehirne eingefressen hatte, hatte sich auch körperlich ausgeprägt, zum Beispiel ihre Gesichtszüge verändert.

Valerie stand langsam auf. Ihre Lippen zitterten heftig, ihre Hände waren verkrampft. Sie hatte sie gegen die Schläfen gepreßt. Ich ahnte, was sich abspielte. Yobilyn setzte seine ganze Geisteskraft ein, jetzt ihre Psyche zu übernehmen und zu manipulieren.

»Valerie!« schrie ich auf.

Mavvion grinste siegessicher.

Und im gleichen Augenblick meldete sich Geo Sheremdocs Interkom am Handgelenk.

Mavvion zuckte zusammen, aber Sheremdoc ließ sich nicht so leicht übertölpeln. Seine Waffe blieb auf den Akonen gerichtet, der nicht wagte, den LFT-Kommissar anzugreifen. Während dessen taumelte Valerie auf die Grube zu. Ich versuchte sie aufzuhalten, aber sie entwickelte unglaubliche Kräfte. Wenn ich sie nicht ernstlich verletzten wollte, konnte ich kaum etwas unternehmen.

»Hier Sheremdoc!«

»Eine wichtige Botschaft, Kommissar!« Ich erkannte die Stimme von Krehn Fossert wieder. »Perry Rhodan ist zurück. Er fliegt gerade mit einer Space-Jet Shahan an. Und er hat aus der Galaxis Hirdobaan ein technisches Gerät mitgebracht, daß die verdammte Sucht schnell und wirkungsvoll heilen kann. Damit haben wir es geschafft.«

Ich sah, wie Geo Sheremdoc die Lippen aufeinanderpreßte und tief Atem holte. Ganz so gefühlskalt, wie er sich oft gab, war er also nicht. Ich sah, daß seine Augen feucht zu glänzen begann. Wobei mir zumindest nicht klar war, wie Rhodan es nach Hirdebaan geschafft hatte.

Genau diesen Augenblick hatte sich Mavvion für seinen Angriff ausgesucht. Er stürzte nach vorn, und mit der ersten Bewegung drosch er Sheremdocs Waffenhand zur Seite. Er tat es wirkungsvoll. Der Strahler fiel aus Sheremdocs Hand und schlitterte über den Boden.

Jetzt war ich an der Reihe. Ich setzte mich in Bewegung und stürzte mich auf Mavvion – genau in dem Augenblick, in dem auch Sheremdoc zum Gegenangriff ansetzte.

Das Ergebnis war eine mittlere Katastrophe. Ich prallte mit Sheremdoc zusammen, gleichzeitig versetzte mir Mavvion einen furchtbaren Fausthieb in die Magengrube. Aufschreiend vor Wut und Schmerz stürzte ich mit Sheremdoc zu Boden. Bevor wir uns aufrappeln konnten – zuerst mußte sich Sheremdoc von der Last meines Körpers befreien – hatte Mavvion die Flucht ergriffen. Ich sah ihn gerade noch aus der großen Halle verschwinden.

»Valerie!« schrie ich erschreckt auf. »Tu das nicht!«

Valerie war in die Grube hinabgestiegen und näherte sich einem Schaltpult. Ich wußte nicht, was sie vorhatte – oder was der Imperator, der ihr seinen Willen aufgezwungen hatte, mit ihr geplant hatte. Sie bewegte schnell die rechte Hand. Ein leises Klicken war zu hören.

»Ich kümmere mich um Mavvion«, sagte Geo Sheremdoc schnell und machte sich an die Verfolgung. Er hatte offenbar nicht mitbekommen, daß Valerie die rechte Hand nach seiner Waffe ausgestreckt hatte.

Ich rief ihren Namen und rappelte mich auf. Zu spät …

Der Boden unter uns begann zu vibrieren, sehr heftig, so daß ich Mühe hatte, auf den Beinen zu bleiben.

»Jetzt gehorcht Shahan wieder mir«, hörte ich Valerie mit hohler Stimme sagen. »Und ich werde Rache nehmen.«

Valeries rechte Hand schwang herum. Es war eine schmalgliedrige, kleine Hand, aber sie hielt eine Waffe und brauchte nur einen Finger zu krümmen, um mich über den Haufen schießen zu können.

»Valerie!« schrie ich. »Nicht schießen, bitte!«

Ihr Gesicht verriet, daß Appelle an ihre Menschlichkeit völlig vergebens waren. Wieder erbebte die Erde. Ich ahnte, daß Yobilyn damit begonnen hatte, die ungeheure Maschinerie dieser Unterwelt in seinem Sinne einzusetzen. Valerie hatte diesen Teil der Anlage mit einem Handgriff gerade eingeschaltet, nachdem sie wahrscheinlich Jahrtausende lang teilweise desaktiviert gewesen war.

»Valerie, gib mir die Waffe, bitte! Ich tausche sie gegen einen roten Plonk!«

Etwas Besseres fiel mir in meiner Angst nicht ein. In meiner Erinnerung kochte das Grauen hoch, der Strahltreffer, der mich vor vielen Jahren verletzt hatte. Die Schmerzen von damals hatte ich inzwischen verdrängt, aber jetzt kehrten sie zurück und machten mich vor Grauen und Angst fast wahnsinnig.

»Valerie, der Plonk! Dein roter Plonk!«

Einen Rest eigenen Willens hatte sie noch, und dieser Rest ließ sie in bißchen zögern.

Es hatte nichts mit Mut zu tun, gar nichts, es war die pure Verzweiflung, die mich agieren ließ. Ich stürmte nach vorn, riß Valerie die Waffe aus der Hand. Sie schaffte es trotzdem, noch einen Schuß abzugeben.

Ein Streifschuß nur, der meinen linken Fuß traf und einen irrsinnigen Schmerz in meinem Körper entstehen ließ. Ich bekam trotzdem, kaum mehr bei Verstand, die Waffe zu packen.

Und dann drückte ich ab ...

12.

Ich winselte, wimmerte und stöhnte, aber Geo Sheremdoc ließ sich davon überhaupt nicht beeindrucken. Er zerrte mich weiter.

Mavvion war ihm entwischt, und er war zurückgekehrt, um mich und Valerie zu holen. Rücksicht auf meine Schmerzen konnte er dabei nicht nehmen, und ihn störte auch nicht der widerwärtige Gestank nach verschmortem Fleisch.

»Später«, flehte ich ihn an. »Laß mich liegen. Bring Valerie in Sicherheit, dann kannst du zurückkommen. Und bring ein ultrastarkes Schmerzmittel mit, bitte! Sei ein Mensch, Sheremdoc! Wenigstens einmal!«

»Genau deswegen lasse ich dich nicht zurück, Chambers«, zischte Sheremdoc. Er war kräftig und durchtrainiert, aber er hatte trotzdem Schwierigkeiten, meine Körpermasse zu bewegen. Valerie, noch immer von einem körperlichen und seelischen Schock benommen, folgte uns. »An der Oberfläche ist die Hölle los. Wenn ich dich zurücklasse, wirst du hier umkommen!«

Hinter uns war das Dröhnen und Krachen von Explosionen zu hören. Wie es dazu gekommen war, wußte ich nicht. Ich hatte auf den konservierten Körper des Imperators geschossen, und danach war in seiner Tiefschlafanlage eine Serie von Explosionen losgegangen. Wahrscheinlich hatten die Ladungen irgendwo in seinem Körper gesteckt.

Ich schrie abermals, als Sheremdoc mit mir die Oberfläche erreichte und mich erst einmal auf dem Boden ablegte.

»Was ist los?« ächzte ich.

»Ich weiß nicht!« schrie Geo Sheremdoc. »Zuerst hat Yobilyn den Planeten losgehen lassen, aber nach seinem Tod hat sich alles wieder beruhigt. Doch jetzt ...!«

Valerie stand ein paar Schritte entfernt und blickte hinüber zu dem Vulkan. Ich sah, wie sie zu lächeln begann. Und dann schoß eine Lavasäule kilometerhoch aus dem Vulkan; rotes Glutlicht erhellte die Landschaft und zeigte mir riesige Brocken Felsgestein und Lava, die überall herunterkam.

»Jaaaaa!« stieß Valerie hervor und riß die Hände in die Höhe. Und wieder spie der Vulkan Feuer und Asche.

»Ich hole den Gleiter!« rief Sheremdoc. »Das geht schneller!«

Er rannte los und ließ und zurück. Ich sank zusammen, wimmerte leise vor mich hin. Valerie zeigte sich davon gänzlich unbeeindruckt; sie hatte nur Augen für den Vulkan, der eine Eruption nach der anderen freisetzte.

Zu hören waren nicht nur diese grollenden und tobenden Explosionen; darüber lagen Klänge, die nichts Natürliches mehr an sich hatten. Brüllend laut schallte es über die Oberfläche von Shahan, Töne, die nach Schmerz und Wut und nach entfesseltem Vernichtungswillen klangen. Und es war offenbar Valerie, die dieses Höllenspektakel entfesselte.

Der Imperator konnte es nicht sein, der war tot. Aber noch funktionierte die ungeheure Maschinerie, die einen ganzen Planeten, seine Wälder, seine Berge und seine Ozeane, zum Spielzeug seines Willens gemacht hatten. Wahrhaftig, er hatte sich diese Welt untertan gemacht mit enormem technischem Aufwand.

Aber jetzt gehorchte diese Welt nicht mehr ihm; die Maschinerie, so wurde mir mit einem Schlag klar, war in Wechselwirkung getreten mit allen, die darauf lebten. Es war Valerie, die ihre Einsamkeit, ihren Schmerz und den Wahnsinn ihrer Sucht, mit Hilfe dieses Vulkans austobte und dabei keinerlei Hemmungen mehr kannte.

Und zur gleichen Zeit, das war anzunehmen, würden

Das tödliche Paradies

Baumeister des Kosmos

Hunderte, Tausende, Zehntausende von anderen Süchtigen erwachen, und Shahan würde mit seinen Mitteln auch auf deren Bedürfnisse reagieren. Und dieses Repertoire war gewaltig. Erdbeben, Stürme mit Geschwindigkeiten von mehreren hundert Stundenkilometern, Flutwellen in Gebirgshöhe, Waldbrände, Gewitter und Schneeorkane – alles dies würde über Shahan und seine Bewohner hereinbrechen. Niemand war imstande, diese Vernichtung aufzuhalten – ganz bestimmt nicht die Süchtigen, die nicht mehr Herren ihres Verstandes und ihres Willens waren.

Anstatt die Katastrophe aufzuhalten, hatten wir sie gerade erst zum vollen Ausmaß entfesselt. Der Planet war nun zum Spielzeug seiner Bewohner geworden; er machte, was sie ihm auftrugen. Eine vollständigere Herrschaft des Menschen über eine Welt war nicht vorstellbar. Einen einzelnen Tyrannen wie Yobilyn konnte man vielleicht stoppen, aber wenn die Bevölkerungsmehrheit ihre Sensationsgier auf diese zerstörerische Weise auszutoben beliebte, war rein gar nichts mehr zu machen.

Ich sah, wie die Scheinwerfer des Gleiters rasend schnell herankamen. Sheremdoc stoppte neben mir.

»Mach schnell!« rief er. »Wir haben nicht mehr viel Zeit!«

Er stieg aus, packte mich und beförderte mich auf einen der Sitze. Ich schrie vor Schmerz und Angst, aber das kümmerte ihn nicht. Dann lief er hinüber zu Valerie, wollte auch sie packen und an Bord schaffen.

Aber das Mädchen setzte sich zur Wehr. Ein Erdstoß riß Sheremdoc von den Beinen, er krachte auf den Boden, rappelte sich mühsam wieder hoch. Von den Flanken des Vulkans schob sich ein breiter, weißrot grellender Lavastrom auf uns zu.

»Gib's auf, Sheremdoc!« rief ich ihm zu. »Du wirst

den Untergang nicht mehr aufhalten können. Es ist vorbei. Shahan und alle Bewohner werden untergehen und verrecken. Und wir mit ihm.«

»Ich gebe nie auf«, stieß Geo Sheremdoc hervor .»Niemals!«

Ich spürte, wie der Sturm sich zusammenbraute; die ersten kalten Winde fegten über das Land, rüttelten an dem Gleiter und knickten die ersten Bäume. Und all dies wurde nicht nur von den unvermeidlichen Geräuschen begleitet, sondern auch von den Gesängen des Wahnsinns, ausgespien von der Unterwelt Shahans. Diese Klänge allein waren imstande, einen Menschen in den Wahnsinn zu treiben, und genau das schienen sie nun zu tun.

Sheremdoc stürzte abermals, auch Valerie kippte um, und für ein paar Augenblicke wurde der Vulkan schwächer. Aber immer noch schwankte der Gleiter hin und her. Ich flog von einer Seite zur anderen, mein Schreien mischte sich in das akustische Chaos.

Es konnte jetzt nicht mehr lange dauern …

Vom Blitz erschlagen, von Sturzbächen ersäuft, von der Lava verschmort – es gab viele Möglichkeiten des Sterbens. Ihnen gemeinsam war, daß es nicht mehr lange bis dahin währen konnte.

Und dann merkte ich, wie mir gnädigerweise die Sinne schwanden – wenigstens würde ich es nicht bewußt erleben müssen …

13.

Zuerst glaubte ich, es wäre der Himmel ...

Nichts tat mehr weh, gar nichts. Mir war ruhig und friedlich zumute. Ich lag auf dem Rücken, atmete ruhig und gleichmäßig und hoffte darauf, daß mir ein Engel – am besten ein brünetter Engel, in einem hautengen Kleid – einen fünfstöckigen Drink bringen würde.

»Er wird wach!«

Ich öffnete die Augen – und es war die Hölle.

Ich hätte es wissen müssen. Ein Kerl wie ich hatte die ewige Seligkeit nicht verdient. Dafür hatte ich im Leben zuviel an Dummheiten angestellt, zu viele Lastern gefrönt und mich immer wieder weidlich lustig gemacht über alle denkbaren Religionen. Aber gleich die Hölle ...

Sie waren zu sechst und starrten mich an.

»Das glaub' ich einfach nicht«, murmelte ich schwach. »Dies muß die Hölle sein.«

»Verdient hättest du sie«, bemerkte Geo Sheremdoc grinsend. »Aber darauf wirst du noch ein bißchen warten müssen.«

Ich streckte ihm die Zunge hinaus – und zog sie schnell wieder zurück. Neben Sheremdoc stand ein Arkonide und grinste mich dreist an. Für zwölftausend und mehr Lebensjahre sah er noch ganz manierlich aus, jedenfalls besser als jener Yobilyn, dessen Tötung – ich gebe es zu – mein Gewissen nicht sonderlich belastete.

Neben Atlan stand ein hagerer Terraner, der ein sehr zufriedenes Gesicht machte.

»Falls ihr es noch nicht wißt, der Bursche mag euch nicht!«

Klar, daß das lebende Plüschtier seine Telepathie wieder einmal fürs Petzen einsetzen würde. Ich wußte schon, warum ich mit Gucky nichts zu tun haben wollte, mit seinem Oberboß Perry Rhodan schon gar nicht.

»Ich werde es überleben«, sagte Perry Rhodan lächelnd. Das Lächeln galt mir, ich konnte es kaum glauben.

»Und was kommt jetzt?« fragte ich. »Vorhaltungen, Beschwerden, kluge Kommentare?«

»Was du willst«, antwortete Perry Rhodan. »Eigentlich wollten wir uns nur bei dir bedanken, für die Rettung Shahans.«

Gucky kicherte albern. »Er glaubt wirklich, daß er allein den Planeten gerettet hat«, plauderte er aus. »Orpheus Chambers, der Retter der Galaxis.«

»Den Ruf werde ich dir nicht streitig machen«, sagte ich wütend. »Kann ich jetzt bitte etwas zu trinken bekommen? Keine Milch, klar?«

Jemand drängte sich mit einem gutgefüllten Glas an Geo Sheremdoc vorbei. Auf den ersten Blick erkannte ich sie kaum wieder. Sie hatte eine andere Frisur, sie trug andere Kleidung, aber es war noch unverkennbar Valerie. Vor allem geändert hatte sich ihr Gesicht. Sie sah ausgesprochen fröhlich aus.

Neben ihr stand eine Frau, in der ich sofort Valeries Mutter erkannte. Lange dunkle Haare, dunkelbraune Augen in einem sehr weißen Gesicht, kirschfarbene Lippen, die sanft lächelten. Eine tolle Figur, eingehüllt in ein enges Gewand – natürlich in Schwarz. Ein Satansweib. Vermutlich eine uneheliche Tochter Satans.

»Ich wußte, daß du danach rufen würdest«, sagte Valerie und gab mir das Glas in die Hand. Es war keine Milch. *Es war Kräutertee!* Also doch die Hölle.

»Was ist passiert?« fragte ich nach dem ersten, heruntergewürgten Schluck. »Wieso seid ihr alle hier?«

»Wir haben uns beeilt«, behauptete Perry Rhodan freundlich. »Zum Glück hatten wir Gucky dabei, sonst hätte es sehr kritisch werden können. Gucky hat euch telepathisch angepeilt und sofort begriffen, worum es ging. Er hat sich eine starke Ladung besorgt und ist damit hinunterteleportiert in die Zentrale. Dort hat er die Ladung hochgehen lassen, und damit ist es buchstäblich still geworden auf Shahan. Yobilyns Musikmaschine existiert nicht mehr.«

Ich erinnerte mich an das, was wir dort unten zurückgelassen hatten, und blickte Gucky an. Da noch einmal hinunter zu gehen und eine Bombe abzusetzen, war ein Job, den ich nicht gern übernommen hätte. Das war garantiert extrem gefährlich gewesen, sogar für ein telepathisch, telekinetisch und teleportativ begabtes Wesen aus dem Volk der Ilts.

»Danke«, piepste Gucky, als ich in meinem Gedanken bei dem Begriff Hochachtung angekommen war.

»Und was ist aus Mavvion geworden?«

»Er ist in den Lavastrom geraten«, verriet Geo Sheremdoc.

»Damit war die größte Gefahr für die Patienten auf Shahan erst einmal gebannt«, fuhr Perry Rhodan fort. »Mit den technischen Mitteln, die wir aus Hirdobaan mitgebracht haben, konnten wir uns anschließend dem Problem der Imprint-Sucht widmen. Mit Erfolg, wie du sicherlich schon an Valerie bemerkt hast.«

Technische Mittel, die wir aus Hirdobaan mitgebracht haben …

Ich hätte gern gewußt, was für haarsträubende und gefährliche Abenteuer sich hinter diesen wenigen Worten verbargen. Vermutlich eine dieser typischen Rhodan-Geschichten, die einfach wahr sein müssen, weil kein normaler Mensch so etwas lediglich erfinden kann.

»Wie geht es dir, Valerie?« fragte ich. Erst als ich mich im Bett bewegte, stellte ich fest, daß sich mein linker Fuß anders anfühlte als früher. Aber ich wollte in diesem Augenblick gar nicht so genau wissen, was die Medo-Techniker wieder mit mir angestellt hatten.

Valerie lächelte sanft. »Gut«, sagte sie leise. »Sogar sehr gut.« Sie wandte den Blick und blickte auf Perry Rhodan. »Dank eurer Bemühungen hat es wenigstens meine Mutter geschafft, gesund und wohlbehalten zurückzukehren.«

Perry Rhodan machte eine leise abwehrende Geste. »Wir hatten sehr viel Glück«, sagte er. »Aber nicht grenzenlos viel. Es tut mir leid um deinen Vater, Valerie.«

Der Tee schmeckte im zweiten Anlauf gar nicht einmal übel. Aber ein richtiger Drink wäre mir lieber gewesen. Nun ja, dazu war Zeit, wenn ich meinen Besuch erst herauskomplimentiert hatte.

»Wie lange habe ich hier gelegen?« wollte ich wissen.

»Drei Wochen«, antwortete Atlan grinsend.

Ich hätte gern gewußt, worüber er sich derartig amüsierte. Gucky feixte ebenfalls und zeigte sein Markenzeichen, den Nagezahn. Wie ging noch dieser alte Fluch: *›Alle Zähne sollen dir ausfallen, bis auf einen – für Zahnschmerzen‹*.

»Das hättest du wohl gerne«, meinte Gucky kichernd.

»Drei Wochen, um einen lausigen Streifschuß zu kurieren? Und das bei den Möglichkeiten der heutigen Medizin?«

Perry Rhodan wiegte den Kopf. »Wir haben, dein Einverständnis vorausgesetzt, ein wenig mehr tun lassen, sozusagen als Dankeschön für deinen Einsatz.«

»Mehr?« Mir erstickte beinahe die Stimme. »Was mehr? Was habt ihr mit mir gemacht.«

»Nicht viel«, beteuerte Geo Sheremdoc. »Nur das nötigste.«

Das klang sehr besorgniserregend.

»Was genau?«

»Nun«, begann Sheremdoc gedehnt. »Wir haben dich ein bißchen entfettet. Du wiegst jetzt dreißig Kilo weniger als vorher.«

»Ihr hab mich ausgehungert«, klagte ich. »Schandbuben, elendige!«

»Außerdem haben wir deine frühere Haarpracht wiederhergestellt und die kleinen Narben in deinem Gesicht entfernen lassen. Deine Haut sieht jetzt wieder ganz normal aus. Wir haben deine Arterien durchgespült und daraus sämtliche Ablagerungen entfernen lassen. Herzprobleme und Kurzatmigkeit gehören der Vergangenheit an. Alles in allem wirkst du jetzt mindestens vierzig Jahre jünger als vorher.«

Ich starrte ihn entgeistert an.

»Seid ihr wahnsinnig geworden?« schrie ich auf. »Was soll das? Jetzt bin ich völlig normal! Was soll ich damit? Ihr habt meine Einzigartigkeit, mein Markenzeichen zerstört. Kein Mensch wird mich wiedererkennen, wenn er mich zu sehen bekommt.«

»Wäre das so schlecht?« fragte Valerie. »Du bist jetzt unwiderruflich ein Held, und dann mußt du auch so aussehen. Ich möchte, daß du Eindruck machst, wenn wir zusammen in der Öffentlichkeit zu sehen sind.«

Ich kniff mißtrauisch die Augen zusammen.

Valerie lächelte wieder, sehr sanft und freundlich. Es stand ihr nicht schlecht. Und neben ihr stand ihre Mutter, die verteufelt gut aussah und lächelte – in meine Richtung. Mir brach der Schweiß aus, wenn ich daran dachte ... Lieber nicht! Dann wurde mir klar, daß sie für den Rückflug nach Hirdobaan einige Jahre gebraucht hatte, Zeit genug also, um über einen Trauerfall hinwegzukommen und sich anders zu orientieren.

»Ich bin zwar in den letzten Jahren nicht klar im Kopf gewesen, wegen der Sucht«, sagte Valerie und blickte mich dabei eindringlich an. »Aber ich habe nicht vergessen, was du für mich getan hast. Jetzt brauche ich dich und deine Hilfe zwar nicht mehr, und wenn du willst, kannst mich wegschicken und mich vergessen ...«

»Na, na!« protestierte ich schwach.

»Dann bleiben wir also Freunde?«

Rhodan stand da, Atlan stand da, Geo Sheremdoc starrte mich an, und im Hintergrund grinste Gucky vor sich hin. Und Valeries Mutter, die Schwarze Witwe, lächelte. Da konnte ich doch schlecht ›Nein‹ sagen.

»Selbstverständlich«, würgte ich hervor.

»Wie schön«, meinte Valerie zufrieden. »Außerdem bist du mir ja noch etwas schuldig.«

Ich furchte die Stirn. »Ich dir?« fragte ich verblüfft. »Und was?«

»Du hast es mir versprochen«, behauptete sie. »Unten, in der Anlage. Erinnerst du dich?«

»Kein bißchen«, sagte ich schnell.

»Du hast mir einen roten Plonk versprochen«, erinnerte mich Valerie amüsiert.

»Da hast du mit einer geladenen und entsicherten Waffe auf mich gezielt«, fiel mir gerade noch rechtzeitig ein. »Das zählt nicht.«

»Da bin ich ganz anderer Meinung«, widersprach mir Valerie. »Du hast es versprochen, und ein Ehrenmann hält seine Versprechen, nicht wahr, Gucky?«

»Immer und jederzeit«, stimmte Gucky sofort zu.

»Ich bin kein Ehrenmann«, protestierte ich. »Nie gewesen. Außerdem gibt es meines Wissens überhaupt keinen roten Plonk.«

»Vielleicht doch«, warf Perry Rhodan ein. »Man muß nur danach suchen. Und die Gelegenheit dazu werden wir dir verschaffen. Wenn du willst, kannst du von uns den offiziellen – und natürlich bezahlten – Auftrag bekommen, auf den interessantesten Welten der Galaxis nach einem roten Plonk zu suchen.«

Valerie lächelte wieder sanft. »Na? Einverstanden?«

Mir kam eine sehr gute Idee.

»Meinetwegen«, antwortete ich. Und grinste. »Dann bin ich jedenfalls für ein paar Jahre davor sicher, wieder einen von diesen Aufträgen von Geo Sheremdoc übertragen zu bekommen.«

»Haben dir diese Abenteuer keinen Spaß gemacht?« fragte Sheremdoc heimtückisch. »War es vielleicht nicht spannend und aufregend? Hast du es nicht genossen?«

»Unter Genuß stelle ich mir etwas anderes vor«, konterte ich. »Und was das Erretten von Galaxien angeht, überlasse ich das lieber den Leuten, die sich dafür berufen fühlen.«

Damit wollte ich es genug sein lassen.

Volker Nübel

Der Visionär aus Bünde

Raumschiffe schweben in majestätischer Größe an Planeten und Sonnen vorbei; Gleiter rasen über die Oberfläche von Eisplaneten und Dschungelwelten; Menschen, Roboter oder Außerirdische begegnen sich mal friedlich, mal in actionreichen Kämpfen: Seit mehreren Jahren ist der in Bünde/Westfalen lebende Alfred Kelsner für die Titelbilder der PERRY RHODAN-Taschenbücher tätig, seit Beginn des Jahres 1996 wirkt er darüber hinaus im Team der Titelbildzeichner für die PERRY RHODAN-Heftromane.

Schon früh begann der 1949 in Bünde geborene Alfred Kelsner mit der Malerei; nach eigenen Aussagen »bereits im Vorschulalter, als ich die Tapeten unserer Wohnung vollkritzelte«. Während er sich als Kind vor allem für Ritterzeichnungen begeistern konnte, änderten sich Kelsners Vorlieben als Jugendlicher: Er kaufte sich Astronomie-Bücher und ein Teleskop, wurde begeisterter Hobby-Astronom - und daraus entwickelte sich seine Passion für die Science-Fiction-Malerei.

Nach einer Lehre als Schilder- und Reklamemaler studierte Kelsner an der Fachhochschule Köln und wurde Grafik-Designer. Seit 1978 ist er als freischaffender Grafiker und Illustrator tätig, anfangs vor allem als Reklamemaler für Supermärkte.

Wer Kelsners Bilder anschaut, möchte glauben, einen langjährigen Science-Fiction-Fan in ihm zu erkennen. Weit gefehlt - bis in die 80er Jahre hinein hat der Westfale so gut wie keine SF angerührt. Bis er an ein PERRY RHODAN-Romanheft geriet ... an eines aus der Feder von William Voltz. Kelsner erkannte eine gewisse Seelenverwandtschaft zu dem humanistisch geprägten Schriftsteller und schickte ihm spontan Fotos von seinen Bildern zu.

Voltz reagierte unerwartet schnell. Er schrieb begeistert einige Kurzgeschichten zu den Bildern - und daraus entstand der als Hardcover bei Moewig erschienene Bildband »Zeitsplitter«. Der Band ist natürlich längst vergriffen, und Alfred Kelsner hat sich künstlerisch weitergebildet. Die grundsätzlichen Ausprägungen seiner Kunst zeigen sich aber schon in jenen meist sehr bunten Darstellungen des Universums und fremder Raumschiffe.

Bevor Kelsner mit der Arbeit beginnt, liest er das vorliegende Exposé für den Roman - denn meist gibt es noch gar kein fertiges Manuskript. Häufig muß mit dem Autor telefoniert werden. Da läßt sich der Zeichner auch gerne erzählen, wie's der Autor gerne hätte. Und manchmal sagt der Autor: »Mensch, mach doch mal ein schönes Raumschiff, und ich bau's hinterher in meinen Roman ein.« Eine solche Arbeit dürfte dem Künstler Kelsner, der sich durch zu viele Vorgaben eingeengt fühlt, am ehesten liegen.

Skizzen und Zeichnungen liegen in Kelsners Wohnung in Hülle und Fülle herum; sicher einige tausend. Ideen gibt es genug, doch die Flut der Fantasie muß erst gebändigt werden. So stehen zahlreiche Skizzen am Anfang eines Temperabildes, dem die meisten Romankäufer dann nicht die darinsteckende Arbeit ansehen.

»Vorlagen sind tödlich für meine Fantasie«, sagt der Künstler, also wird das meiste frei gezeichnet. Perspektiven der Raumschiffe und der Planeten stimmen, handwerklich ist die Grafik Kelsners astrein, da paßt alles. »Ich muß doch als Science-Fiction-Maler wissen, wie ein Pferd galoppiert, wie eine Echse aussieht, wie ein muskulöser Körper aufgebaut ist.«

»Eine Szene, die sich in meinen Arbeiten wiederholt, sind scheinbar irgendwo in der Unendlichkeit des Universums verlorene Menschen«, äußerte sich der Künstler in einem Artikel, den er für die ATLAN-Serie schrieb. In der Tat lassen sich in seinen Arbeiten immer wieder sehr ähnliche Motive finden: Sei es das Raumschiff im Anflug auf die Planetenoberfläche, sei es der Mensch, dessen Gesicht stark im Vordergrund vor einer futuristischen Weltraum-Szene steht, oder Menschen, die angesichts der Unendlichkeit fast niedergedrückt wirken.

Häufig tauchen auf seinen Bildern Kinder auf. Mit großen Augen schauen sie offensichtlich in eine Zukunft, die ihnen selbst fremd ist; erblicken sie eine Unendlichkeit, die nicht einmal Erwachsene richtig einkalkulieren können. Auch hier, so scheint es, setzt der Künstler seine Weltsicht um.

Bei den PERRY RHODAN-Titelbildern verwendet Kelsner

allerdings sehr häufig optimistische Motive. Helle, leuchtende Farben zeigen frische Planeten und ein Universum, das fasziniert und zur Besichtigung einlädt. In seinen Bildern, die er außerhalb des PERRY RHODAN-Kosmos produziert, kippt die Betrachtungsweise oft um: Kelsner zeigt sich hier als Mensch, der durchaus pessimistisch denken kann. »Dem Betrachter soll der Verfall der wirklichen Welt vor Augen geführt werden«, gab er in einem Interview mit der Lokalzeitung für Bünde zur Auskunft.

Immer wieder blinzelt in seinen Werken außerhalb der PERRY RHODAN-Serie seine persönliche Weltsicht durch: »Das alltägliche Leben läßt sich in meinen Bildern symbolisch nacherleben« - so Kelsner über seine Illustrationen. Oft haben die von ihm dargestellten Menschen (und Außerirdischen) starre Mienen, oft wirken sie, als seien sie schon an sich und am sie umgebenden Universum verzweifelt. Und oft kann der Leser und Betrachter in den Figuren Kelsners den Künstler selbst wiedererkennen - vor allem bei den Grafiken.

Raumfahrer, Raumschiff und ein bißchen Planet: ein frühes Werk Alfred Kelsners aus dem Jahr 1982.

Fans seiner Werke hat Alfred Kelsner genug. Als er im Jahr 1995 bei den PERRY RHODAN-Tagen in Sinzig einige seiner Originale ausstellte, waren zahlreiche Besucher völlig erstaunt. Im Original wirken seine Bilder häufig wesentlich lebendiger und frischer als in der abgedruckten Version. Kein Wunder bei dem Format: Kelsners Bilder kommen oft in Größen von 50 auf 70 Zentimetern im Verlag an - das ist vergleichsweise groß und wohl nur mit seiner Maltechnik zu schaffen.

Kelsners Talent und Können, Visionen einer möglichen Zukunft in Bilder umzusetzen, die zeitweise fast wie moderne Fotografien wirken, ist hierzulande höchst selten. Daß er nach wie vor außerhalb der Science-Fiction-Szene so gut wie unbekannt ist und auch innerhalb der Szene von manchen angefeindet wird, ist ein ärgerliches Manko. Zu erwarten ist jedoch, daß sich Alfred Kelsner mit weiteren Auftragsarbeiten und weiteren Ausstellungen langfristig eine eigenständige Perspektive auf dem Kunstmarkt sichern kann.

Kelsner im Bild: Auch in seine Schwarzweiß-Illustrationen baut sich der Künstler gerne ein.

Die Farbtafeln

Im »großen PERRY RHODAN-Fanbuch« sind insgesamt zwölf Farbtafeln mit Motiven von Alfred Kelsner enthalten. Alle zwölf Bilder wurden bereits innerhalb der Reihe der PERRY RHODAN-Taschenbücher bei Heyne veröffentlicht.

In der Reihenfolge der Veröffentlichung handelt es sich um folgende Autoren und Romantitel:

1. Clark Darlton: Planet der Mock
In der Gründerzeit des Solaren Imperiums -
tödliches Verhängnis auf Beta Arietis III

4. Clark Darlton: Sturz in die Ewigkeit
Ein Mensch der Erde - er ist
Zeuge bei der Geburt des Universums

7. H. G. Ewers: Die Zeitspringer
Ihre Welt ist dem Tod geweiht -
sie greifen über den Abgrund der Ewigkeit

18. H. G. Ewers: Raumkapitän Nelson
Er ist trinkfest und rauhbeinig -
und sein Raumschiff kaum mehr als ein Wrack

21. Kurt Mahr: Das tödliche Paradies
Menschenhandel auf der Urlaubswelt -
die Abteilung III greift ein

24. Kurt Mahr: Baumeister des Kosmos
Er schafft ein künstliches Universum -
und bringt die Galaxis in Gefahr

368. Robert Feldhoff: Terra in Trance
Der Gott der Simusense -
ein Mann kämpft gegen die Herrscher der Träume

375. Götz Roderer: Halo 1146
In den Dunklen Jahrhunderten -
Widder im Einsatz am Rand der Galaxis

380. Horst Hoffmann: Als die Kröten kamen
Sie haben Raumschiffe wie Korkenzieher -
und sie wollen Terras wichtigste Schätze

388. Hans Kneifel: Galaktische Rache
Ronald Tekener auf geheimer Mission -
die heiße Spur führt nach Lepso

395. Hubert Haensel: Testflug
Menschen unter fremden Sternen -
der Wettlauf gegen die Zeit beginnt

396. Rainer Castor: Für Arkons Ehre
Sie träumen vom alten Imperium -
und wollen Atlan als Imperator

Michael Thiesen

Versuch einer Übersicht

Einfach ist es beim besten Willen nicht, über 1800 Romanhefte und fast 3000 Handlungsjahre – von den Reisen in die Vergangenheit mal ganz zu schweigen – in einen kompakten Artikel zu fassen. Für den unvorbereiteten Leser dürfte der nun folgende Text also harter Tobak sein, durch den er sich nur mühsam durchbeißen kann.

Andererseits werden die engagierten Fans eher enttäuscht sein; auf wenigen Seiten läßt sich die PERRY RHODAN-Serie einfach nicht so umfassend darstellen, wie es die echten Fans gerne hätten. Es war aber wohl die einzige Möglichkeit, die umfangreiche Serie auf wenige Seiten zusammenzufassen und einen Kompromiß zwischen beiden Ansprüchen zu finden.

Der Auserwählte

Seit Äonen arbeiten die *Kosmokraten*, die in den unfaßlichen Regionen jenseits der *Materiequellen* residieren, gegen die Ausbreitung des Chaos im Universum. Sie greifen jedoch selten selbst in das Geschehen ein, sondern rekrutieren vielmehr Helfer, zu denen der Orden der *Ritter der Tiefe* gehört. In ferner Vergangenheit übergeben die Kosmokraten der *Superintelligenz ES* zwei *Zellaktivatoren*, die neuen Rittern der Tiefe das ewige Leben geben sollen. ES, ein Wesen, das aus der Vergeistigung eines ganzen Volkes hervorging, ist für die Lokale Gruppe verantwortlich, die aus der Milchstraße und deren Nachbargalaxien besteht.

Ohne etwas von seiner Bestimmung als zukünftiger Ritter der Tiefe zu ahnen, landet der amerikanische Astronaut *Perry Rhodan* zusammen mit *Reginald Bull* und zwei weiteren Raumfahrern 1971 als erster Mensch auf dem Mond. Er stößt dort auf das notgelandete Raumschiff der *Arkoniden* Thora und Crest, deren Volk in der Milchstraße ein großes Sternenimperium beherrscht.

Rhodan erkennt die Chance, die dieser Fund der Menschheit bietet, gründet die neutrale *Dritte Macht* zwischen den rivalisierenden politischen Blöcken und verhindert durch die überlegene arkonidische Technik den drohenden Atomkrieg.

Als er wenig später ins Wega-System vorstößt, um eine Invasion aus dem All von der Erde abzuwenden, entdeckt Rhodan den Anfang einer Spur, die ES gelegt hat. Sie führt den Terraner schließlich zum Kunstplaneten Wanderer, der Residenz der Superintelligenz. ES gewährt Rhodan und seinen terranischen Gefährten für zwanzigtausend Jahre die Unsterblichkeit, zunächst allerdings nur in Form einer Zelldusche, die alle zweiundsechzig Jahre erneuert werden muß. Während der Suche nach Wanderer lernt Rhodan auch einen seiner treuesten Freunde kennen, den Mausbiber *Gucky*, ein possierliches Wesen mit mächtigen übersinnlichen Fähigkeiten. Als Telepath kann Gucky Gedanken lesen, als Telekinet kann er Gegenstände durch Geisteskraft bewegen, und als Teleporter kann er sich kraft seines Willens an einen anderen Ort versetzen.

Aufstieg und Untergang des Solaren Imperiums

Nachdem es ihm gelungen ist, die Menschheit zu einen, wird Perry Rhodan zum Administrator des neugegründeten *Solaren Imperiums* gewählt, und die Terraner beginnen, fremde Sonnensysteme zu kolonisieren. In Anpassung an die neue Umwelt verändern sich einige der Siedler stark. So entstehen die riesigen *Ertruser* und die zwergenhaft kleinen *Siganesen*. Nicht zuletzt durch die Psi-Kräfte Guckys und der *Mutanten*, einer Gruppe übersinnlich begabter Menschen, kann das anfangs schwache Sternenreich neben seinen mächtigen galaktischen Nachbarn bestehen.

Im Jahre 2040 tritt *Atlan* erstmals in Erscheinung. Der Sproß des arkonidischen Imperatorengeschlechts der Gonozal hat 10 000 Jahre zuvor von ES einen Zellaktivator erhalten, nachdem er auf der Erde gestrandet war. Sein Zellaktivator ist ein kleines, eiförmiges Gerät, das an einer Kette um den Hals getragen wird. Als »Einsamer der Zeit« hat Atlan im Lauf der Jahrtausende die Entwicklung der Menschheit gefördert. Der unsterbliche Arkonide, der Perry Rhodans Freund wird, weiß ebenfalls noch nicht, daß er zum Beauftragten der Kosmokraten berufen ist.

Die Macht des Solaren Imperiums in der Milchstraße wächst, und die Terraner übernehmen allmählich das Erbe des zerbrechenden Sternenreichs der Arkoniden. Im Jahr 2103 erhält auch Perry Rhodan seinen Zellaktivator, und als die Superintelligenz ES sich vorübergehend zurückzieht, läßt sie fünfundzwanzig weitere Aktivatoren zurück. Um drohende Gefahren abzuwehren, müssen die Terraner in den folgenden Jahrhunderten wiederholt fremde Galaxien besuchen.

So weist der *Haluter Icho Tolot*, eine hochintelligente lebende Kampfmaschine, Perry Rhodan und seinen Gefährten 2400 den Weg in die Nachbargalaxis *Andromeda*. Dort findet Atlan die Wasserstoff und Methan atmenden *Maahks* wieder, die einst erbitterte Feinde seines Volkes waren, und Perry Rhodan erfährt im Kampf gegen die *Meister der Insel* vom Ursprung der humanoiden Völker der Milchstraße.

Bereits vor 50 000 Jahren existierte auf der Erde eine raumfahrende Zivilisation. Das Imperium der *Ersten Menschheit*, deren Angehörige sich *Lemurer* nannten, wurde aber von den damals noch wilden und unerbittlichen Halutern zerschlagen. Während die Lemurer auf der Erde in die Primitivität zurückfielen, konnten einige Flüchtlingsgruppen das technische Erbe der Lemurer teilweise retten. In der Milchstraße entwickelten sich aus solchen Überlebenden die *Akonen*, aus denen später die Arkoniden hervorgingen. Andere Lemurer flohen nach Andromeda und wurden zu den *Tefrodern*.

Im Jahr 3458 tauchen überraschend die *Laren* in der Galaxis auf, die zum *Konzil der sieben Galaxien* gehören und deren überlegener Technologie kein Milchstraßenvolk etwas entgegenzusetzen hat. Binnen kurzer Zeit unterwerfen sie die gesamte Milchstraße und beenden damit auch die Existenz des Solaren Imperiums. Die Bedrohung ist so groß, daß Rhodan sich veranlaßt sieht, Erde und Mond mit Hilfe eines Sonnentransmitters in eine weit entfernte Region des Kosmos zu bringen.

Die Befreiung der Milchstraße und die Geheimnisse des Kosmos

Im fernen Mahlstrom der Sterne entwickelt sich auf der Erde die *Aphilie*: Die Menschen mutieren zu gefühllosen Vernunftwesen, und Perry Rhodan und die übrigen Immunen müssen Terra mit dem Fernraumschiff *SOL* verlassen. In der heimatlichen Galaxis kann die Macht der Laren nach mehr als einhundert Jahren schließlich gebrochen werden, und Terra kehrt ins Solsystem zurück. Der Planet ist entvölkert, weil ES die zwanzig Milliarden Aphiliker in sich aufgenommen hat. Die Erde wird nun von den Nachkommen jener Terra-Abkömmlinge besiedelt, die sich in der Dunkelwolke Provcon-Faust vor den Laren verborgen gehalten haben. Der gemeinsame Kampf gegen die Invasoren hat die ehemals rivalisierenden Milchstraßenvölker aufeinander zugeführt und ihnen das Gefühl gegeben, Galaktiker zu sein. Die solare Menschheit gründet einen neuen Staat, die *Liga Freier Terraner* (LFT), verzichtet aber auf den Aufbau eines Imperiums und eine erneute Expansion.

Die *BASIS*, ein mächtiges neues Fernraumschiff, das die Großpositronik *NATHAN* auf dem Mond nach einem Plan von ES gebaut hat, bricht in die ferne Galaxis auf, in der sich Perry Rhodan mit der SOL aufhält. Auf seiner langen Odyssee erfährt Perry Rhodan, daß neben ES weitere Superintelligenzen im Kosmos existieren. Eine von ihnen ist aus Bardioc hervorgegangen, einem der *Sieben Mächtigen*, die einst das All mit riesigen Sporenschiffen durchstreiften, um im Auftrag der Kosmokraten Leben zu säen.

Außerdem veranlaßten sie das Entstehen der Schwärme, wandernder Kleingalaxien, die dem von den Sporen erzeugten Leben Intelligenz verleihen sollten. Einen solchen Schwarm haben Perry Rhodan und seine Gefährten bereits kennengelernt, als er 3441 die Milchstraße durchquerte. Nachdem er die Sporenschiffe und die kosmischen Burgen der Mächtigen entdeckt sowie ES vor der Vernichtung bewahrt hat, kehrt Rhodan im Jahr 3587 mit der Basis in die Milchstraße zurück.

Im Auftrag der Kosmokraten

ES eröffnet Perry Rhodan nun, daß er und Atlan Auserwählte der Kosmokraten sind, und gibt ihm den Auftrag, die *Kosmische Hanse* zu gründen. Das geheime Ziel dieser machtvollen Handelsorganisation soll es sein, die evolutionäre Entwicklung der Völker im Einflußbereich von ES zu fördern und negative Kräfte abzuwehren, die die Mächtigkeitsballung der Superintelligenz bedrohen. Kopf der Hanse, deren Hauptquartier in Terrania, der Hauptstadt der Erde liegt, wird das Finanzgenie *Homer G. Adams*, das seit den Gründertagen des Solaren Imperiums die wirtschaftliche Entwicklung der Menschheit lenkt. Der historische Einschnitt ist so tiefgreifend, daß das Jahr 3588 zum Jahr 1 der *Neuen Galaktischen Zeitrechnung* (NGZ) erklärt wird.

Im Jahre 425 NGZ erhält Perry Rhodan in der weit entfernten Galaxis Norgan-Tur im Dom Kesdschan den psionischen Ritterschlag. Er ist nun einer der Ritter der Tiefe, von denen die Legende berichtet, daß die Sterne verlöschen würden, sobald der letzte von ihnen verschwunden sei. Rhodan erfüllt in den nächsten Jahren eine wichtige Mission für die Kosmokraten, indem er zusammen mit Atlan und seinen übrigen Weggefährten dafür sorgt, daß das vor Jahrmillionen mutierte *Kosmonukleotid* TRIICLE 9, das auch Frostrubin genannt wird, wieder seinen angestammten Platz einnimmt.

TRIICLE 9 ist ein psionisches Feld des *Moralischen Kodes*, das in Form einer gigantischen Doppelhelix den Kosmos durchzieht. Jedes Kosmonukleotid sorgt in seinem Wirkungsbereich für die Aufrechterhaltung der Naturgesetze und verhindert damit, daß der entsprechende Raumsektor zu einer Zone des Chaos, einer Negasphäre wird. Bei der Rückführung von TRIICLE 9 steht Perry Rhodan der Kosmokrat *Taurec* zur Seite, der wegen einer Verfehlung von den übrigen Kosmokraten in die Welt diesseits der Materiequellen verbannt worden ist.

Am Berg der Schöpfung, dem Fundament von TRIICLE 9, wird Perry Rhodan mit der *Dritten Ultimaten Frage* konfrontiert. Sie lautet: »Wer hat das GESETZ initiiert, und was bewirkt es?« Da die Kosmokraten begierig auf die Lösung dieser

Frage sind, die die grundlegende Erkenntnis über die gesamte Schöpfung beinhaltet, versagt Rhodan in ihren Augen, als er vor der Antwort zurückschreckt, die seinen Geist sprengen würde. Perry Rhodan und Atlan wollen nicht länger von den Kosmokraten gegängelt werden und kündigen diesen die Gefolgschaft auf. Taurec spricht daraufhin einen Bann aus, der die Ritter zwingt, die Lokale Gruppe zu verlassen.

ESTARTU, Tarkan und die Rettung Hangays

Zur gleichen Zeit tritt in der Milchstraße Stalker auf, ein Gesandter der Superintelligenz *ESTARTU*, die einen *Dritten* Weg zwischen der starren Ordnung der Kosmokraten und der Destruktivität der Chaosmächte predigt. Wie viele andere Bewohner der Milchstraße fliegen Perry Rhodan, Atlan und ihre Freunde ins Reich der zwölf Galaxien, die fast vierzig Millionen Lichtjahre entfernte Mächtigkeitsballung ESTARTUS. Es stellt sich jedoch heraus, daß die Superintelligenz bereits vor 50 000 Jahren ihren Machtbereich verlassen hat und einem Hilferuf der Völker des schrumpfenden Universums *Tarkan* gefolgt ist. Auch Perry Rhodan wird nach Tarkan verschlagen. Er und eine kleine Flotte von Galaktikern, die nach ihm sucht, helfen den katzenähnlichen *Kartanin* und anderen Völkern Tarkans, die Galaxis Hangay in unser Universum zu transferieren, bevor Tarkan endgültig kollabiert. *Hangay* materialisiert im Jahr 448 NGZ in der Lokalen Gruppe, die nun neben der Milchstraße, dem Andromedanebel und M 33 eine weitere Großgalaxis besitzt.

Unterdessen versucht Taurec durch Manipulation des Kosmonukleotids *DORIFER*, das für die Lokale Gruppe verantwortlich ist, die Superintelligenz ES in eine Materiequelle zu verwandeln. Weil ihm nach der Revolte Perry Rhodans und Atlans die ersehnte Heimkehr trotz der erfolgreichen Reparatur von TRIICLE 9 verwehrt worden ist, hofft Taurec auf diese Weise in das Reich der Kosmokraten zurückkehren zu können. Die schweren Erschütterungen des Raumzeitgefüges, die der Transfer Hangays mit sich bringt, führen jedoch zu einem Kollaps DORIFERS und vereiteln Taurecs Plan.

Die Monos-Ära und die Verwirrung von ES

Durch den DORIFER-Schock wird die kleine Flotte Perry Rhodans, die mit Hangay in das heimatliche Universum zurückgekehrt ist, in einem Stasisfeld gefangen und überspringt fast siebenhundert Jahre. Als die Galaktiker im Jahr 1143 NGZ die Milchstraße erreichen, hat sich die Situation dort grundlegend gewandelt. Taurec hat den Klon *Monos* erzeugt und ihm den Auftrag gegeben, die Milchstraße zu erobern. Er will sich auf diese Weise vor allem an Perry Rhodan rächen, dem er die Verantwortung für seine mißliche Situation gibt.

Da Monos die *Cantaro*, Cyborgs aus der Galaxis NGC 7331, zu seinen Verbündeten gemacht hat, ist es ihm innerhalb kurzer Zeit gelungen, die Milchstraße zu unterwerfen und sie durch einen unüberwindlichen Wall gegenüber dem übrigen Universum abzuschotten. Im Inneren der Milchstraße hat Monos alle politischen und wirtschaftlichen Strukturen zerschlagen und geht nun daran, die galaktischen Völker durch *Klone* zu ersetzen. Perry Rhodan und seine Gefährten können den Chronopuls-Wall jedoch durchqueren und mit Unterstützung der Anoree, der Stammväter der Cantaro, der Haluter und des *Zentralplasmas der Posbis*, eines alten Verbündeten der Menschheit, die Macht des Monos brechen. Taurecs Klon-Sohn wird schließlich getötet.

Perry Rhodan verzichtet darauf, erneut ein politisches Amt zu übernehmen, hilft jedoch mit, das *Galaktikum* wiederherzustellen, die gemeinsame Regierung der Milchstraßenvölker, die ihren Sitz im *Humanidrom*, einer riesigen Raumstation, hat. Während der Aufbauarbeit wird aber deutlich, daß die Manipulation durch Taurec und der Kollaps DORIFERS die Superintelligenz ES in einen Zustand heilloser Verwirrung gestürzt haben. Überzeugt, daß die Zwanzigtausendjahresfrist, die sie der Menschheit gesetzt hat, abgelaufen sei, fordert die Superintelligenz, daß alle Zellaktivatoren zurückgegeben werden müssen, und verurteilt Perry Rhodan, Atlan und die anderen Träger der lebenserhaltenden Geräte zum Tod. ES übergibt die Aktivatoren seinen neuen Auserwählten, Friedensstiftern aus dem Volk der *Linguiden*, die allein durch die Macht der Sprache Konflikte beilegen können.

Da die Linguiden gegenüber fünfdimensionalen Effekten besonders empfindlich sind, verwandelt die Ausstrahlung der Zellaktivatoren die freiheitsliebenden Wesen in machtgierige Monstren. Sie werben die *Überschweren*, ein kämpferisches Zweigvolk der Galaktischen Händler, als Söldner an. Perry Rhodan und seine Gefährten nehmen den Friedensstiftern die unheilbringenden Aktivatoren zwar wieder ab, doch die Verwirrung der Superintelligenz hält an, und ES droht sich in eine Materiesenke zu verwandeln, welche die gesamte Mächtigkeitsballung des Geisteswesens in den Untergang reißen würde. Erst in letzter Sekunde können die schneckenähnlichen *Nakken*, die ESTARTU zu Suchern nach ihrem Bruder ES gemacht hat, die Superintelligenz mit Hilfe der Zellaktivatoren heilen. Die Linguiden ziehen sich in ihr kleines Sternenreich zurück, und die Überschweren werden wegen ihrer Übergriffe für 200 Jahre aus der Milchstraße verbannt.

Unterdessen bricht Taurec zu seiner Reise hinter die Materiequellen auf. Als Geschenk für Perry Rhodan läßt der Kosmokrat den geheimnisvollen schwarzen Kyberklon *Voltago* zurück.

Der Kampf gegen die Abruse

ES übergibt *Perry Rhodan, Atlan, Reginald Bull, Gucky, Icho Tolot, Homer G. Adams*, Perry Rhodans Sohn *Michael*, dem genialen Wissenschaftler *Myles Kantor*, dem Nakken *Paunaro*, den psionisch begabten *Vandemar-Zwillingen* und vier weiteren Weggefährten Rhodans, nämlich *Alaska Saedelaere, Julian Tifflor, Ronald Tekener* und *Dao-Lin-H'ay*, einer Kartanin aus der Galaxis M 33, neue Zellaktivatoren. Diese neuen Aktivatoren sind kleine Chips, die in die Schulter implantiert werden.

Durch einen weiteren Zellaktivatorträger, den *Ennox Philip*, einen skurrilen Humanoiden, führt ES Perry Rhodan an eine neue Aufgabe heran, die mit dem »Größten Kosmischen Rätsel« verknüpft ist.

Erst später stellt sich heraus, daß die Ennox Energiewesen sind, die in unbekanntem Auftrag um ihre Heimatwelt Mystery herum eine Projektion des gesamten Universums erbauen.

Auf Philips Rat bricht Rhodan im Jahr 1202 NGZ mit der BASIS zur 225 Millionen Lichtjahre entfernten *Großen Leere* im Sternbild Coma Berenice auf. Dort erfahren die Galaktiker, daß es eine Minusseite unseres Universums gibt, die im Gegensatz zum *Parresum*, unserer Seite, *Arresum* genannt wird. Im Arresum führen die mächtigen *Ayindi* seit zwei Millionen Jahren einen aussichtslosen Kampf gegen die *Abruse*, ein unüberwindlich erscheinendes Kristallwesen, das sich immer weiter ausbreitet und das ohnehin lebensarme Arresum in eine kristalline Todeszone verwandelt.

Die wenigen Übergänge zwischen Arresum und Parresum haben die Ayindi verschlossen. Damit die Passagen aber immer wieder gangbar gemacht werden können, haben sie auf unserer Seite des Universums 21 Spindeln zurückgelassen, aus denen mit der entsprechenden Technologie machtvolle Geschöpfe, die *Spindelwesen*, erzeugt werden können. Indem sie an der Trennwand zwischen Plus- und Minusseite schmirgelt, stellt die Abruse die Existenz des gesamten Universums in Frage. Perry Rhodan läßt die Spindelwesen erschaffen und auf diese Weise die Übergänge zwischen Arresum und Parresum wiederherstellen. Dabei zeigt sich, daß auch Taurecs Geschöpf Voltago das Produkt einer Spindel der Ayindi ist.

Da sie im Gegensatz zu den Ayindi in der Todeszone der Abruse überleben können, nehmen die Galaktiker den Kampf gegen das Kristallwesen auf. Während dieser Auseinandersetzungen gelangen einige abrusische Kristallsplitter durch einen Übergang ins Solsystem und lösen dort die Kristallisation des *Mars* aus. Die Zellaktivatorträger, die sich als einzige Bewohner des Parresums länger als fünfzig Tage im Arresum aufhalten können, ohne zu sterben, erfüllen den Plan von ES. Sie erreichen das Herz der Abruse, vernichten es und schaffen drei Lebensinseln, auf die die Superintelligenz die 20 Milliarden Aphiliker verteilt, die sie im Jahr 3581 alter Zeitrechnung in sich aufgenommen hat. Sie sollen das Arresum mit neuem Leben erfüllen.

Im Solsystem scheitern unterdessen alle Versuche, die Kristallisation des Mars rückgängig zu machen, bevor die tödliche Strahlung der Abruse-Kristalle die Erde erreicht. Als letzte Rettung tauschen die Ayindi den Mars gegen *Trokan*, einen

Planeten des Arresums, aus. Im Jahre 1218 NGZ tritt die BASIS, deren Altersschwäche immer deutlicher wird, den Rückflug von der Großen Leere zur Milchstraße an.

Das bröckelnde Galaktikum und der Hamamesch-Konflikt

In der Heimatgalaxis treten inzwischen hinter einer dünnen Fassade von Harmonie und Kooperation die Rivalitäten zwischen den einzelnen Sternenvölkern immer deutlicher zutage. Die *Arkoniden*, die ein neues Imperium errichtet haben, träumen von den alten Zeiten ihrer Vorherrschaft. Die *Springer* oder *Galaktischen Händler* erinnern sich daran, daß sie vor dem Aufstieg Terras das Handelsmonopol in der Milchstraße besaßen, und die *Antis* und *Akonen* haben ebenfalls nicht vergessen, welche Niederlagen ihnen vor Jahrhunderten von den Terranern zugefügt worden sind. Kleinere Nationen, wie die echsenartigen *Topsider* oder die rüsseltragenden *Unither* fühlen sich immer wieder von den mächtigeren Nachbarn übervorteilt.

Die *LFT*, die *Haluter*, die in der Ostseite der Milchstraße lebenden *Bluesvölker* und die *Posbis*, die biologisch-positronischen Roboter von der Hundertsonnenwelt, sind allein nicht in der Lage, die völkerverbindende Idee des Galaktikums mit Leben zu erfüllen. Die *Galactic Guardians*, eine aus den nach der Linguiden-Affäre verbannten Überschweren und Söldnern der Monos-Ära hervorgegangene Verbrecherorganisation, nutzen die sich anbahnenden Konflikte für ihre finsteren Geschäfte.

1217 NGZ taucht eine Handelskarawane der *Hamamesch* auf. Sie kommt aus der Kleingalaxis *Hirdobaan*, in deren Nähe die BASIS auf ihrer Reise zur Großen Leere Station gemacht hat. Die Händler errichten Basare und verkaufen Waren, die durch einen *psionischen Imprint* süchtig machen. Als die Waren ihre Wirkung verlieren und der Vorrat der Händler erschöpft ist, fordern die Hamamesch die Galaktiker auf, nach Hirdobaan zu kommen. Rund 40 Millionen Süchtige brechen zu der 118 Millionen Lichtjahre entfernten Kleingalaxis auf.

Sie treffen 1220 NGZ fast gleichzeitig mit der von der Großen Leere zurückkehrenden BASIS dort ein.

Nach anfänglichen Schwierigkeiten stellen Perry Rhodan und seine Begleiter vieles über die Strukturen in Hirdobaan fest, und sie erkennen, daß hinter allem ein Wesen namens *Gomasch Endredde* zu stecken scheint. Die Hamamesch scheinen nicht mehr zu sein als Befehlsempfänger.

Atlan wird ins Zentrum von Hirdobaan verschlagen, findet sich damit gewissermaßen im Innern Gomasch Endreddes wieder. Dorthin wurden auch die dreißig Millionen überlebenden *Imprint-Outlaws* verbannt; die Menschen und Nicht-Humanoiden unterliegen dort merkwürdigen Psychobefehlen, die sie ständig dazu zwingen, irgendwelche herumliegenden Geräte zu manipulieren und zu »reparieren«. Dabei vernachlässigen die Menschen ihre Ernährung und ihr körperliches Wohlergehen – es dürfte also nur eine Frage der Zeit sein, bis sie alle sterben.

Sowohl innerhalb als auch außerhalb des Zentrums stellen die Galaktiker fest, daß im Laufe der letzten tausend Jahre immer wieder Karawanen aus anderen Galaxien nach Hirdobaan gekommen waren. Und jedesmal waren die Besatzungen der fremden Raumschiffe ins Zentrum transportiert worden. Während die Besatzungen sich im Zentrum buchstäblich zu Tode arbeiteten, wurden die Raumschiffe und die fremde Technik zur Beute der Hamamesch.

Atlan sowie einige andere Galaktiker, die erst in Hirdobaan mit dem Imprint in Kontakt kamen, unterliegen dem *Oszillationseffekt*: In Abständen von exakt 13 Stunden und einer Minute werden sie durch einen unbekannten technischen Vorgang aus dem abgeschotteten Zentrum der Kleingalaxis hinausgeschleudert und materialisieren an exakt den Stellen, wo sie zum ersten Mal verschwanden. Nach einiger Zeit gelingt es Atlans Extrasinn, einen Kontakt zu Perry Rhodan herzustellen – damit ist die Kommunikation zwischen den verschiedenen Gruppen der Galaktiker möglich.

Die Galaktiker finden heraus, daß Gomasch Endredde ein Robotgehirn ist, das schon vor gut 200 000 Jahren entstand. Nachdem es über Jahrzehntausende hinweg seinem Plan gefolgt ist, unterlag es vor 1200 Jahren einer Fehlfunktion. Der

Versuch, sich selbst zu reparieren, brachte das Bedürfnis mit sich, »Reparaturkommandos« von außerhalb anzufordern – so entstanden die Imprint-Karawanen.

Mit Hilfe der *Phasenspringer*, Freiwilligen also, die sich freiwillig der Oszillation unterwerfen, gelingt es, den Schirm um das Zentrum von Hirdobaan abzuschalten. Gomasch Endredde löst sich auf, nachdem nahezu alle Galaktiker von den Planeten des Zentrums flüchten konnten – und das Robotgehirn entpuppt sich als Kernstück eines gigantischen Raumschiffes.

Das wiederum wurde vor 200 000 Jahren von dem Mächtigen *Aachthor* gebaut, konnte aber seine Fracht – Lebenssporen für die negative Seite des Universums – nicht an Bord nehmen, weil die Vorfahren der spinnenartigen Arcoana angriffen. Erst die Flucht Aachthors und des entstandenen Robotgehirns nach Hirdobaan hatte die ganzen Geschehnisse ausgelöst.

Perry Rhodan erkennt gegen Ende des Geschehens, daß auch hier wieder viele Ereignisse eng miteinander verwoben sind. Das Sporenschiff Aachthors fliegt auf die andere Seite des Universums, ins Arresum, dort, wo die »neue Menschheit« bereits mit ihrem Aufbauwerk begonnen hat. Es kommt zu einem letzten Kontakt mit Ernst Ellert, dem Boten der Superintelligenz ES, der Perry Rhodan zum Abschied eine merkwürdige schwarze Box als Geschenk überreicht.

Die Brücke in die Unendlichkeit

Als die Galaktiker mit der altersschwachen BASIS zurück in die Galaxis kommen, hat sich einiges geändert: Die Welt Trokan, die anstelle des Mars die Sonne umkreist, hat sich in ein Zeitrafferfeld gehüllt; auf Trokan vergeht die Zeit millionenmal so schnell wie im Rest des Universums. Und niemand weiß, was der Grund dafür ist.

Im Verlauf der folgenden Jahre wird das Klima in der Milchstraße eisiger. Nationalistische Politiker erringen die Macht in den verschiedenen Staaten, und vor allem das Verhältnis zwischen Arkon und Terra verschlechtert sich rapide. Die Arkoniden gründen das *Kristallimperium*, militaristische

Kräfte gewinnen die Oberhand und steuern das Imperium in einen aggressiven Kurs. Terra reagiert, forciert den Aufbau der Liga Freier Terraner zu einer Militärmacht. Die nicht-humanoiden Völker der Galaxis schließen sich im *Forum Raglund* zu einem lockeren Bündnis zusammen. Das Galaktikum ist nur noch eine Farce.

Angeekelt von all den Querelen ziehen sich Perry Rhodan und seine unsterblichen Freunde von der galaktischen Politik zurück. Es heißt, sie würden sich um ein Projekt namens *Camelot* kümmern, doch niemand erfährt genaueres.

Währenddessen vergehen auf Trokan die Millionen, es entstehen primitive Lebensformen, aus denen sich irgendwann eine Zivilisation entwickelt. Und im Jahr 1288 ist es soweit: Der Planet stoppt die beschleunigte Rotation, auf der Oberfläche Trokans hat sich die Kultur der *Herreach* entwickelt. Es kommt zu ersten Kontakten zwischen den Terranern und den Herreach ... und während diese Kontakte erst entstehen, werden verschiedene Planeten in der Milchstraße von fremden Raumschiffen besetzt und gegen das restliche Universum abgeriegelt.

Soweit die Handlung der PERRY RHODAN-Serie bis etwa zum Band 1808. Natürlich sind viele Themen vor allem der jüngeren Zeit nur angerissen worden, natürlich könnte man noch vieles schreiben. Aber vielleicht machte es neugierig genug.

(Anmerkung des Herausgebers: Michael Thiesen, der Autor dieses Beitrages, hat für den Science-Fiction-Club Universum eine Reihe von Zeitschriften erstellt, in denen er die gesamte PERRY RHODAN-Serie in einzelnen Bandbesprechungen zusammenfaßt. Dieses Kompendium trägt den schönen Namen »Zeitraffer« und ist die derzeit beste Kompaktversion auf dem Markt – um so schöner, daß es sich dabei um eine Fan-Arbeit handelt. Informationen über den Club und die Reihe »Zeitraffer« gibt es gegen Rückporto bei Hans-Dieter Schabacker, Limbacher Straße 24, 66839 Schmelz.)

Peter Terrid

Das PERRY RHODAN-Handbuch

Anmerkung des Herausgebers:

Das PERRY RHODAN-Handbuch ist eigentlich eine rein interne Angelegenheit. In monatelanger Arbeit hat Peter Terrid Fakten über die Welt im PERRY RHODAN-Universum gegen Ende des fünften Jahrtausends unserer Zeitrechnung zusammengetragen. Diese Fakten sind bereits in den Romanen verarbeitet worden, wurden aber hier erstmals in einen Rahmen gepackt.
Hinzu kamen weitere Thesen, die Terrid selbst erarbeitet hat – teilweise in Zusammenarbeit mit anderen Autoren oder auch Fans. Das PERRY RHODAN-Handbuch soll ausschließlich für die Arbeit der Autoren benutzt werden. Im großen PERRY RHODAN-Fanbuch des Heyne-Verlages dürfen allerdings einige Auszüge nicht fehlen. Sie zeigen, wie die Welt von PERRY RHODAN entsteht, und sie zeigen vor allem, mit welcher Liebe zum Detail diese Welt von den Autoren ausgefüllt wird.

Soziales Gefüge auf Terra

Kennzeichnend für die terranische Gesellschaft des dreizehnten Jahrhunderts Neuer Galaktischer Zeitrechnung ist ein stark ausgeprägtes soziales Gewissen der Bürger; viele Dinge brauchen gar nicht erst durch umfangreiche Gesetzgebung und Verordnungen geregelt zu werden, dafür sorgt vielmehr eine stillschweigende, aber wirkungsvolle Übereinkunft der Bürger selbst. Ob man es Tradition, Sitte, Moral oder wie auch immer nennen will – *man* vergeudet keine Energie, *man* betrügt den Staat nicht bei den Steuern, *man* demoliert keine öffentlichen Einrichtungen.

Die Menschen haben begriffen, daß es ein Unding ist, erst ein demokratisches Gemeinwesen zu organisieren – und dann eben dieses Gemeinwesen als Gegner zu begreifen und es wo nur möglich zu sabotieren, auszutricksen und zu hintergehen. Diese Grundeinstellung schließt keineswegs aus, daß es Spinner, Querköpfe, Individualisten und Sonderlinge aller Art gibt; die Gesellschaft Terras ist, was das angeht, tolerant, so lange der erwähnte Grundkonsens erhalten bleibt.

Wem es in dieser Gesellschaftsordnung dennoch zu stickig wird, der hat keine Probleme, sich auf einer anderen, weniger besiedelten Welt niederzulassen, wo er seinen Eigenheiten eher nachgehen kann.

Die Terraner

Nachdem Terra in der PERRY RHODAN-Handlung zweimal weitgehend entvölkert und neu besiedelt worden ist, ist die Bevölkerung des Planeten von der unserer Zeit stark verschieden. »Rassen« im bisher bekannten Sinn gibt es nicht mehr, schon gar nicht klar abgegrenzte ethnische Minderheiten konzentriert auf kleinere Regionen des Planeten. Es gibt zwar Kraushaarige, aber keine Afrikaner; Mandeläugige, aber keine Chinesen.

Der normale (durchschnittliche) Terraner ist von hellbrauner Hautfarbe, aber überall auf Terra sind auch Nachkommen von eher exotischen Kolonisten (Rumaler oder Siganesen) zu finden, die äußerlich zwar nicht dem Durchschnitt entsprechen, aber ebenso als »normal« gelten und auch so behandelt werden. Die Probleme, mit denen wir uns gegenwärtig auf der Erde herumschlagen, finden im dreizehnten Jahrhundert NGZ keinerlei Nährboden mehr, auf dem sie gedeihen könnten.

Dies gilt auch für die Angehörigen anderer galaktischer Völker, die – aus welchem Grund auch immer – ihren zeitweiligen oder dauerhaften Wohnsitz auf Terra haben: Blues, Arkoniden, Topsider, Unither und und und ...

In Zahlen: circa 60 bis 65 Prozent »Standardterraner«, 30 bis 35 Prozent »exotische Terraner«, darunter ein Mausbiber, der Rest Angehörige anderer galaktischer Völker.

Es liegt auf der Hand, daß es in einigen tausend Jahren auf der Erde keine britischen Butler, amerikanischen Cowboys, pickelhaubentragenden Germanen oder französischen Köche geben wird. Nationalitäten und deren Sprache und Eigenheiten sind verschwunden.

Allerdings gibt es auf Terra und den anderen von Terranern besiedelten Welten eine Gruppe von Menschen, die sich gleichsam der Brauchtumspflege verschrieben haben. Das Motiv liegt vor allem darin, die eigene terranische Geschichte nicht in Vergessenheit geraten zu lassen, sich der Wurzeln der eigenen Persönlichkeit zu erinnern. Diese Gruppe wird allgemein als die *Terra-Nostalgiker* bezeichnet.

In der Gruppe dieser Terra-Nostalgiker lassen sich problemlos alle Typen finden, die die Autoren für ihre Handlungen brauchen. (In gewisser Weise sind beispielhaft die *Beausoleils*, und Don Redhorse wäre einer ihrer Vorläufer.) Damit haben wir die Möglichkeit, alle nur denkbaren Menschentypen in die Handlung einzuführen, ebenso überkommene Sitten und Gebräuche sowie alte Sprachen. Es sollte nur bei der Schilderung darauf hingewiesen werden, daß solche Handlungsfiguren eben nicht dem üblichen Standard entsprechen. Übrigens macht es dieser Kunstgriff auch möglich, daß Terra-Nostalgiker auch »historische« Kenntnisse besitzen, über die ein Standard-Terraner längst nicht mehr verfügt.

Bei fast allen Menschen der Jetzt-Erde gelten einige Auffassungen als überholt und menschenverachtend, die in früheren Jahrhunderten als völlig legitim, wenn nicht gar gottgewollt angesehen wurden. Nur äußerste Extremisten würden heute noch den Standpunkt vertreten – und wenn, dann nur hinter vorgehaltener Hand – es sei »in Ordnung«, Menschen als Sklaven zu halten und zu verkaufen, Schwarze seien wie Tiere oder günstigenfalls wie kleine Kinder zu behandeln, und Frauen seien unfähig und Menschen zweiter Klasse.

Man darf annehmen, daß die allgemeine Ethik des dreizehnten Jahrhunderts NGZ auch die These verworfen haben wird, die Tiere unseres – und anderer – Planeten seien uns von Gott zur freien und beliebigen Verfügung überlassen und dürften mit der gleichen Rücksichtslosigkeit behandelt werden wie mineralische Bodenschätze. Vielmehr gilt, daß die Terraner dieser Zeit die Fauna und auch die Flora ihres Planeten als lebende Mitgeschöpfe betrachten, die ein natürliches Recht auf Wahrung ihrer spezifischen Interessen haben. Im 14ten Jahrhundert NGZ wird es also weder Rassismus noch Sexismus geben.

Zur Zeit leben auf Terra rund 15 Milliarden Menschen, davon zwei Drittel in größeren Städten, rund 150 Millionen in der größten Stadt Terrania, im gesamten Sonnensystem rund 20 Milliarden. Diese Zahlen erscheinen mir buchstäblich utopisch, sind aber in die Serie bereits eingefügt und müssen daher so übernommen werden.

Obwohl Terra mehr als einmal gründlich verwüstet worden ist, haben sich viele Traditionen gehalten; so existieren, zumindest dem Namen nach, noch die bedeutenden Städte, die wir auf der Erde kennen: Berlin, Tokio, New York, Paris, Rastatt, Freudenstadt, Porz … Obwohl sich dort im dreizehnten Jahrhundert NGZ sehr viel mehr Menschen drängen als jemals zuvor, steht dem Bürger mehr Wohn- und Nutzraum zur Verfügung, im Schnitt rund 100 Quadratmeter pro Person.

Ohne auf Details einzugehen: Die Bebauung ist locker, es gibt viel Luft, Licht und Grün, durcheinander geschichtet und gestapelt – in etwa vergleichbar mit modernen Einkaufspassagen oder den riesigen amerikanischen Malls. Viele Gebäude in den großen Städten erreichen Bauhöhen von 300 Metern und mehr, sind allerdings um ein Vielfaches breiter ausladend angelegt als unsere Wolkenkratzer. Verschiebbare Wände und schnell zu montierende technische Einrichtungen ma-

Terrasse mit Gartenanlage: Im privaten Lebensbereich der Menschen nimmt die Pflanzenwelt einen großen Raum ein, sei sie nun terranische oder extraterrestrischen Ursprungs. Das Datenblatt zeigt eine Wohnung mit Terrasse; der Wohnraum kann mit einer Sichtplastplatte abgetrennt werden, es gibt keine Wand mit Tür, so daß die Aussicht auf den Garten besser zur Geltung kommt.

Bild: Georg Joergens

chen es möglich, Wohnungen in jeder gewünschten Größe und Komfortklasse einzurichten. Die Wohngebiete sind durchmischt mit Läden, Büros, Werkstätten, Ateliers, Arztpraxen, öffentlichen Einrichtungen, Grünanlagen oder Spielplätzen und haben daher Ähnlichkeit mit der Struktur unserer mittelalterlichen Städte.

Die technischen Mittel des dreizehnten Jahrhunderts NGZ machen es möglich, das Leben so dicht zu packen, ohne daß die Bewohner durch Lärm, Schmutz oder Gerüche belästigt werden. In gewisser Hinsicht kann man die Etagen und Blocks solcher Städte als Wohngemeinschaften auf höchstem technischem Niveau bezeichnen.

Eine architektonische Besonderheit auf Terra – und einigen anderen Welten – stellen die sogenannten Tasei-Städte dar. Benannt sind sie nach der japanischen Baufirma, die diese Konzeption in unseren Tagen entwickelt hat. Städte dieses Typs tragen üblicherweise am Ende ihres Namens die drei Buchstaben »-Tas«, z. B. Rabaul-Tas, erstmalig erwähnt in Band 1743.

Die Tasei-Städte stehen auf dem Meeresgrund, auf dem sogenannten Schelf; sie reichen also rund 200 Meter ins Wasser hinab. In den überfluteten Regionen sind Gezeitenkraftwerke untergebracht, die der Stadt die benötigte Energie liefern. Vom Aussehen her ähneln diese Städte den Kühltürmen, wie wir sie von AKWs her kennen. Die Tasei-Städte reichen bis zu 4000 Meter in die Höhe und bieten in rund tausend Stockwerken Platz für 700 000 Menschen. Mit allem Komfort, versteht sich.

In den unteren Regionen sind größere Geschäfte, Industriebetriebe und ähnliches untergebracht, darüber liegen die Wohnsektoren, dem neuen Städtebaukonzept entsprechend, natürlich durchsetzt mit kleineren Läden, Büros, Firmen, Freizeitanlagen, Parks und dergleichen, ähnlich den Zuständen in einer mittelalterlichen Stadt. Lärmbelästigung der Bewohner gibt es nicht; entstehender Krach wird durch sogenannten Kontraschall – also auf dem Weg der Interferenz – ausgelöscht oder auch gedämpft.

Die Wohnungen in den oberen Etagen sind meist teurer, wegen der besseren Fernsicht. Die Wohnregion reicht, aus

Galerie mit Einkaufspassage: Die Kaufhäuser auf den hochzivilisierten Planeten der Milchstraße sind eigentlich eher geschickt angelegte Freizeitanlagen, in denen es alles gibt, was man für eine optimale Gestaltung eines längeren Zeitraumes braucht. Natürlich kann sich jeder Mensch alles nach Hause liefern lassen; aufgrund des Bedürfnisses nach Kommunikation werden jedoch gerne die Kaufhäuser ausgesucht. Besonders wichtige und teure Kaufhäuser haben im übrigen menschliches Personal, keine Roboter – und es ist für viele Menschen eine interessante Position, in einem solchen Kaufhaus zu arbeiten und so eine sinnvolle, kommunikative Tätigkeit zu haben.

Bild: Georg Joergens

gesundheitlichen Gründen, nur bis zu einer Höhe von 2000 Metern.

Darüber sind robotische Fabriken zu finden, Kraftwerke, Anlagen zum Abfall-Recycling und dergleichen mehr. Und wer Lust hat, kann dort oben – also in beinahe alpiner Höhe – Skifahren oder Eislaufen. Die Tasei-Städte haben vor allem den Vorteil, daß durch diese Bauweise kostbarer Festlandsboden gespart wird.

Dank dieser Packungsdichte in den Städten steht auf Terra genügend Platz zur Verfügung, um auch kleinere Siedlungen in mehr ländlichen Gebieten anzulegen – bewohnt von sehr reichen Leuten, die sich den Luxus großer Anwesen leisten können, Naturfreunden oder Menschenscheuen. Menschen, die gewissen Kulten anhängen oder besondere Formen des Zusammenlebens üben wollen, sind ebenfalls mehr auf dem Land zu finden.

Grundsätzlich ist auf Terra kein privates Eigentum an Grund und Boden oder natürlichen Ressourcen möglich, schon gar kein vererbbares. Möglich ist nur ein befristetes Nutzungsrecht. Da bei der gewaltigen Bevölkerungsdichte Grund und Boden sehr knapp ist, liegen die Preise sehr hoch.

Technologischer Standard

Es liegt auf der Hand, daß das technische Niveau, in dem beispielsweise heutzutage die Besatzung eines AWACS-Flugzeuges ihren Dienst tut, der gleichen Besatzung in ihrem alltäglichen Leben nicht zur Verfügung steht. Und der technische Standard dieses Alltagslebens wird ebenfalls stark unterschiedlich sein, je nachdem, in welchem Winkel der Welt das jeweilige Besatzungsmitglied zu Hause ist. Dies gilt analog auch für den PERRY RHODAN-Kosmos des dreizehnten Jahrhunderts Neuer Galaktischer Zeitrechnung.

Auf herausragend wichtigen Welten wie Terra, Arkon, Drorah, Olymp, Aralon oder Gatas werden wir das höchste technologische Niveau finden; Hinterweltlerplaneten wie Drahans Stern und Fulmith, auf denen Bergbau betrieben wird oder Landwirtschaft überwiegt, werden erheblich schlechter ausgerüstet sein. Die Analogie zu unserer Welt mit ihren Metropolen, Städten und Dörfern sowie unserem Zeitalter ist wohl offenkundig. Die im folgenden gemachten Aussagen über Terra gelten, entsprechend abgewandelt, auch für die anderen, von Terranern besiedelten Planeten und Welten.

Absolute Spitzentechnologie ist zu Hause in den Schaltzentralen der Macht: im HQ-Hanse, auf Mimas oder Tahun; sie bleibt den Mächtigen dieses Zeitalters vorbehalten. Stein- und einflußreiche Bürger auf diesen Welten werden sich bessere technische Hilfsmittel leisten können als der Durchschnitt der Bevölkerung. In Krankenhäusern, Forschungsinstituten und bei Rettungseinrichtungen wird man besser ausgestattet sein als in normalen Wohnungen.

Auch im RHODAN-Kosmos bleiben die Hauptsätze der Thermodynamik in Kraft: Bei jeder Nutzung von Energie gibt es unweigerlich einen Anteil an Abwärme, die gleichsam als energetischer Abfall in die Umwelt entlassen wird. Diese Wärmeenergie kann nicht mehr gewissermaßen gesammelt, gebündelt und dann entsorgt werden; der energetische Aufwand, der dafür getrieben werden müßte, würde den gewünschten Effekt bei weitem übersteigen.

Daraus ergibt sich zwangsläufig ein ganz anderes Bild als das der bisherigen Vorstellung: Daß die Terraner ihre Energie sogar umsonst beziehen, ist – so sozial die Idee auch klingt – völlig unmöglich. Das Problem ist dabei nicht die Erzeugung von Energie – das schaffen die Terraner problemlos –, sondern das Problem ist das Wegschaffen dieser Energie. Was passiert, wenn die Wärme-Aufnahme-/Abstrahlbilanz der Erde aus dem Gleichgewicht gerät, wird gerade in unseren Tagen überaus deutlich – genannt seien die Begriffe »Treibhauseffekt« und »Klimakatastrophe«.

Ein völlig unbegrenztes Hantieren mit Energie, gleichgültig aus welcher Quelle, ist daher nicht einmal auf Terra möglich, wenn wir diese Welt einmal als technologische Spitzenwelt zum Muster nehmen. Terra ist daher nicht gekennzeichnet durch großspuriges Bolzen mit Gigawattstunden, sondern hält seine Spitzenstellung durch besonders pfiffige und trickreiche Ausnutzung der erzeugten Energien.

So ist beispielsweise für eine Megalopole wie Terrania, eine Stadt mit Dutzenden von unter- und oberirdischen Ebenen,

Raumhafenareal: Der Raumhafen von Terrania-City gehört zu den größten der bekannten Milchstraße, und er ist der größte auf der ganzen Erde überhaupt. Hier landen natürlich kaum noch Großraumschiffe, diese werden im All entladen. Vor allem Clipper (für den Flug in der Erdatmosphäre), Gleiter und Space-Jets (für interstellare Reisen) werden hier entladen. Das Datenblatt zeigt den Sektor XII-B im Terrania Space-Port; es handelt sich nur um ein kleines Areal, doch dieses nimmt bereits eine Fläche von 1,14 Quadratkilometern ein. Man erkennt auf dem Bild unter anderem einen Hyperschall-Clipper (3), eine gelandete Space-Jet (7), einen Zweipersonengleiter (8), die Promenadenplattform (10) und Landedeck für Gleiter (12).

Bild: Oliver Johaanndrees

eben nicht typisch, daß jeder Raum mit Klimaanlagen aufgeheizt oder abgekühlt und von Flutlicht bestrahlt wird; vielmehr werden die Etagen durch raffiniert ausgetüftelte Lichtschächte erhellt; die zahlreichen Parks und Grünanlagen sorgen durch Verdunsten für Kühle, die von den Menschen selbst erzeugte Wärme wird, wo nötig, zum Heizen benutzt und so fort.

Die Solartechnik des dreizehnten Jahrhunderts NGZ hat einen Wirkungsgrad von weit über 90 Prozent erreicht und wird offen oder versteckt genutzt, wo immer das möglich ist, in öffentlichen Einrichtungen ebenso wie in Privathaushalten. Hocheffektive Wärmetauscher und dergleichen sorgen dafür, daß jeder Krümel Energie so wirksam genutzt wird wie nur möglich – die erzeugte Energie wird sozusagen in Kaskaden immer wieder genutzt, bis nur noch allgemeine Abwärme übrigbleibt.

Zwar ist die Gewinnung von Energie aus erneuerbaren Quellen (Wasser, Wind, Gezeiten, Solarenergie oder Geothermik) immer noch ein wenig teurer als die Erzeugung in Hochleistungsreaktoren oder durch Hypertrop oder direkte Anzapfung der Sonne, aber der Umweltfaktor wird ebenfalls berücksichtigt.

Hinzu kommt, daß die effektivsten Energieerzeuger Großanlagen sein müssen – Hypertrop-Zapfer und dergleichen –, die daher zur Verwertung ihrer Energieerzeugung auf eine riesige Kundschaft angewiesen sind: Städte, Landschaften, ganze Kontinente. Die Erfahrung hat die Terraner aber gelehrt, daß damit auch eine sehr gefährliche Abhängigkeit erzeugt wird. Fällt solch ein Reaktor aus, warum auch immer, bricht das wirtschaftliche und öffentliche Leben in weiten Bereichen völlig zusammen. Was dabei herauskommt, hat man während der Hyperraum-Parese anno 1200 NGZ erleben dürfen. Energieerzeugung ja, aber klein, dezentralisiert und so sparsam wie möglich – das ist die Devise.

Folgerichtig wird auf den besiedelten Planeten verschwenderischer und leichtfertiger Umgang mit Energie wirkungsvoll bestraft – in Gestalt einer saftigen Energie*verbrauchs*steuer, eine der Haupteinnahmequellen der jeweiligen Regierungen.

Eine Ausnahme von diesem Energiedilemma gibt es allerdings: Im Weltraum kann geheizt werden, was der Reaktor hergibt – und dort ist das auch nötig. Dort geht lediglich die Energie*erzeugung* ins Geld, und dabei macht sich die Ultratechnik des dreizehnten Jahrhunderts positiv bemerkbar. Von den Energiekosten her sind Raumreisen- und transporte jedenfalls außerordentlich billig. (Anders sieht es bei der Herstellung von Schiffen aus – aber das ist ein ganz anderes Thema.)

Regierung und Verwaltung

Auf eines wird man im dreizehnten Jahrhundert NGZ erfreulicherweise verzichten können: einen gewaltig aufgeblähten Verwaltungsapparat. Zahllose Behörden, Beamte, Sachbearbeiter und das gesamte Reich des Sankt Bürokratius sind überflüssig geworden.

Dafür sorgt vor allem das Mondgehirn NATHAN, genauer: die ihm untergeordneten Syntroniken und Positroniken. Es darf vorausgesetzt werden, daß NATHAN nicht nur ein hocheffektiver Rechenknecht ist, sondern auch über umfangreiche und exzellente Kenntnisse in Statistik, Soziologie, Sozialpsychologie und vielen verwandten Wissenschaften verfügt. Wenn es als nötig erachtet wird, ein bestimmtes politisches Ziel zu verfolgen – dieses zu bestimmen ist Sache der Regierung –, wird NATHANS Arbeit darin bestehen, diese Vorgaben möglichst effektiv in die Wirklichkeit umzusetzen, und das auf allen Ebenen und Gebieten der Verwaltung.

Nehmen wir an, die Regierung hielte es für nötig, angesichts einer angespannten politischen Lage den Bau von privaten Schutzbunkern zu fördern. NATHAN würde dann nicht nur die Bau- und Einrichtungspläne für solche Bunker erstellen, angepaßt an Bodenverhältnisse und Häusergröße, NATHAN würde dann auch die Bauvorschriften ändern, die statischen Berechnungen liefern, den Finanzbehörden die steuerlichen Abschreibevorschriften für solche Bunker bereitstellen, Kreditmittel zur Baufinanzierung im Staatshaushalt anweisen, sondern wahrscheinlich auch die einschlägigen Industrien über den zu erwartenden höheren Bedarf an Stahl,

Beton, Verbandkästen und dergleichen informieren. Und selbstverständlich wären alle diese Einzelanweisungen perfekt und widerspruchsfrei aufeinander abgestimmt.

Entsprechend stellt sich auch der Umgang mit »Behörden« und »Ämtern« im dreizehnten Jahrhundert NGZ ganz anders dar als heute. Der Terraner benutzt dazu entweder sein privates oder ein öffentliches syntronisches, teilweise sogar positronisches Terminal und weist sich mit seiner ID-Karte dort aus. Dann bringt er mündlich sein Anliegen oder seinen Antrag vor; NATHAN wird daraufhin, eventuell nach Rückfragen, feststellen, welche seiner Verwaltungsgebiete betroffen sind. Er wird die zur Entscheidung nötigen Daten erfragen oder einlesen und anschließend, praktisch auf der Stelle, eine Entscheidung treffen – sei es ein Bauvorhaben, ein Antrag auf staatliche Beihilfen, ein Wohnungswechsel oder was auch immer (wozu man im Jahr 1996 alter Zeit auf die Ämter rennen muß). Auch dabei wird NATHAN alle für die Entscheidung wesentlichen »Instanzen« repräsentieren und berücksichtigen; Umweltschutz, Landschaftspflege oder Denkmalschutz.

Die Konsequenz aus NATHANS Verwaltungsarbeit ist die, daß es einen »Regierungsapparat« praktisch nicht gibt. Das Ausarbeiten von Erlassen, Gesetzen, Verordnungen und dergleichen, womit heute zahlreiche Ministerien mit Tausenden von Beamten und Angestellten beschäftigt sind, entfällt völlig. Die Parlamente können sich voll und ganz auf ihre wesentliche Aufgabe konzentrieren: in wichtigen Belangen die grundsätzlichen Entscheidungen zu treffen, was jeweils gemacht werden soll. Es genügt, um ein aktuelles Beispiel anzuführen, die grundsätzliche Entscheidung zu treffen, den Privatverkehr zugunsten des Verkehrs mit öffentlichen Mitteln einzuschränken – alles andere würde dann von NATHAN erledigt.

Parlamente gibt es auf Terra und den anderen terranischen Welten in fünf Ebenen: Gemeinde (Stadt), Region, Kontinent, Planet und über allem den Senat der Ersten Bürger, der die oberste demokratische Instanz für die gesamte LFT ist. Die Parlamente sind jeweils 50 (Stadt, Region) oder 100 Köpfe stark (Kontinent, Planet); die Stärke des Senats richtet sich nach der Zahl der angeschlossenen Planeten (ein Erster Bürger oder Sprecher pro Planet).

Wahlberechtigt sind alle Einwohner des jeweiligen Gebietes, die dort amtlich als Einwohner registriert sind – also auch »Gastarbeiter«, wenn sie längerfristig dort leben. (Über Details wollen wir nicht streiten.) Wählen und gewählt werden darf jeder über 16 Jahre alte Bürger. Die Wahl ist frei, gleich und geheim, wie in unseren westlichen Demokratien.

Zur Wahl stellen kann sich jeder; gewählt ist, wer bei der Auswertung der Stimmzahlen einen der ersten 50 oder 100 Plätze einnimmt. Im Zweifelsfall entscheidet eine zusätzliche Stichwahl. Jedes Parlament wählt sich einen Ersten Bürger oder Sprecher, der die Arbeit des Parlaments koordiniert und es nach außen hin repräsentiert. So etwas wie einen »Regierungschef«, der die Richtlinien der Politik bestimmt, gibt es nur in einem sehr eingeschränkten Maß.

Die einzelnen Parlamente amtieren jeweils fünf Jahre lang. Sie können sich aber jederzeit selbst auflösen und Neuwahlen herbeiführen.

NATHANS Programmierung sorgt dafür, daß die Interessen aller Bürger im gleichen Maße bei der Verwaltung berücksichtigt werden. Parteien und Verbände, die jeweils nur die Interessen einer mehr oder weniger präzise bestimmbaren Klientel vertreten, gibt es daher nicht; Lobbyisten haben in der LFT-Demokratie keine oder nur sehr geringe Chancen. Es finden sich aber immer wieder, aus dem einen oder anderen Grund, Parlamentarier zu Gruppierungen zusammen, die ein ganz bestimmtes politisches Ziel verfolgen, aber meist keine lange Lebensdauer haben. Eine politische Partei oder eine *pressure-group* gibt es also immer wieder.

Wichtig: Da der gesamte Verwaltungskram und alles Formaljuristische von NATHAN erledigt wird, sind die Parlamente bei weitem nicht so formalistisch geprägt wie unsere. Ihre Sitzungen und Debatten erinnern mehr an den Senat des antiken Rom; es geht temperamentvoll zu, es wird leidenschaftlich um Grundsätzliches gerungen und debattiert, um zu einer Mehrheitsentscheidung zu kommen – die Ausführung und die rechtliche Korrektheit bleiben NATHAN überlassen. Damit bekommen wir für notwendige demokratische Entscheidungen innerhalb der Handlung den nötigen Spielraum und die Dramatik.

Wie dargestellt, ist das wichtigste Entscheidungsgremium der Liga Freier Terraner der Senat der Ersten Planetensprecher (-bürger). Auch hier gelten Mehrheitsentscheidungen; der Senat tagt in Terrania, sein Vorsitzender ist der Erste Terraner oder die Erste Terranerin. (Hingegen wird der Chef des terranischen Parlaments *Erster Sprecher Terras* genannt.)

Da der LFT – alles in allem – weit über tausend besiedelte Planeten angehören, ist dieses Gremium relativ unbeweglich, zumal die großen, starken Planeten wie Terra, Olymp und andere von der Mehrheit der weniger bekannten Welten – eine Art »dritte Welt« der LFT – überstimmt werden können.

Andere Staaten

Für die von Arkoniden und deren Abkömmlingen bewohnten Planeten, die zum Kristallimperium gehören, gelten im Grunde die gleichen Bedingungen wie für die LFT. Auch hier wird der weitaus größte Teil der klassischen »Regierungsarbeit« von Syntroniken und Positroniken erledigt.

Für Arkon typisch ist allerdings, daß die Entscheidungsgremien überwiegend von Aristokraten im herkömmlichen Sinn besetzt worden sind; ebenfalls per Wahl, aber eben zum größten Teil in der Hand der alt-etablierten Sippen und Familien. Die Ämter der Planetensprecher und das höchste Amt des Imperators von Arkon sind normalerweise erblich (weiblich wie männlich); durch eine Staatsklage und Zweidrittelmehrheit des zugeordneten Parlaments kann allerdings der jeweilige Amtsinhaber samt seiner Sippe abgewählt und neu bestimmt werden. Gegen parlamentarische Entscheidungen kann der erbliche Amtsinhaber ein Veto einlegen, das nur durch Einstimmigkeit überwunden werden kann.

Zur Kennzeichnung des neuen Imperiums von Arkon kann eine Analogie dienen: das britische Empire, wie es sich kurz vor dem Ersten Weltkrieg dargeboten hat, ein bißchen snobistisch, sehr adelsbewußt, kultiviert. Die neuen Nationalisten in Arkon arbeiten eher aus dem Hintergrund.

Während die Sprecher der LFT in der Regel relativ bescheiden, wenn auch würdevoll auftreten, lieben vor allem die Repräsentanten Arkons Pomp und Gepränge, prunkende Titel,

Prachtgewänder, kurz: große Staatsinszenierungen, um das Publikum bei Laune zu halten.

Akonische Machthaber hingegen geben sich äußerlich zurückhaltend, aber deutlich machtbewußt, was sich gelegentlich (!) in kaltem Hochmut und Zynismus niederschlägt. Für Akon und die angeschlossenen Welten gilt sinngemäß das gleiche wie für Arkon; allerdings sind dort die Verhältnisse etwas unüberschaubar. In noch viel stärkerem Maße als auf den Arkon-Welten wird das politische Leben von Sippen-Intrigen und Familienfilz geprägt; die Machtbefugnisse der Entscheidungsgremien sind erheblich weniger durch Gesetz und Kontrolle eingeschränkt. Kennzeichnend für die Politik Akons ist auch, daß es unterhalb der Ebene der offiziellen Regierung, die sich – nicht zuletzt dank der Einwirkung der Linguiden – freundlich, höflich und friedensliebend gibt, eine verkappte Nebenregierung gibt, gebildet aus den Angehörigen vornehmer Familien.

Diese Akonen betreiben in aller Diskretion, aber sehr effizient, die alte Akon-Strategie des »Spalte und Walte«, indem sie durch Intrigen, geheimdienstliche Operationen und Ähnliches versuchen, die anderen galaktischen Machtgruppen gegeneinander auszuspielen und aufzuhetzen. Das Ziel ist die Desinformation und Desintegration der anderen Machtblöcke, um Akon in aller Diskretion wieder eine führende Machtposition über alle bekannten galaktischen Völker zu verschaffen.

Springer und Überschwere und mit ihnen verwandte Völker sind zwar überwiegend offiziell Arkoniden, scheren sich aber herzlich wenig um dieses Staatsgebilde. Die Springer bleiben in patriarchalisch organisierten Sippenverbänden zusammengeschlossen, die ein weitgehendes Eigenleben führen. (In letzter Zeit tauchen aber auch immer öfter Springersippen auf, bei denen der Patriarch weiblich ist!)

Bei besonderen Gelegenheiten schließen sich auch einmal mehrere Sippen zu größeren Verbänden zusammen, in denen es meist recht turbulent zugeht. Einig sind sich sämtliche Springer allerdings darin, jede Bevormundung ihrer Lebensform, durch wen auch immer, abzulehnen und zu bekämpfen.

Das Gesicht Terras

Nach den fürchterlichen Zerstörungen und nachhaltigen Verwüstungen, die sich Terra in den letzten Jahrhunderten hat gefallen lassen müssen, hat sich das Oberflächenbild der Erde stark verändert. Zwar liegen die Kontinente noch da, wo sie waren, auch die Gebirge, Flüsse, Meere sind nach wie vor vorhanden, aber der von Menschen gestaltete Teil der Oberfläche ist sehr von jenem Bild verschieden, das wir kennen.

Nahezu ein Viertel der Planetenoberfläche der Erde wird der Natur überlassen, also sich selbst. Dort gibt es Urwälder, Sümpfe, Dschungel, Wüsten: Biotope ohne jeden Eingriff von Menschenhand – jedenfalls jetzt nicht mehr.

Der Grundgedanke dabei war, den natürlichen Reichtum der Erde am Leben zu erhalten, vor allem die genetische Vielfalt und die Möglichkeit der natürlichen Evolution. Zwar lagern in besonders geschützten *Genetischen Archiven* die sorgsam gesammelten und katalogisierten Erbanlagen von etlichen Millionen irdischer Lebewesen (Pflanzen, große und kleine Tiere, Insekten, Mikro-Lebewesen), aber es erschien doch ratsam, diesem künstlichen Gen-Reservoir einige naturbelassene Sammelbecken an die Seite zu stellen. Im Falle des Falles kann man anhand dieser Reserven den weitaus größten Teil der Fauna und Flora Terras durch Züchtung wieder ins Leben rufen. (Keine Saurier!)

Die Städte Terras sind so angelegt, daß jeder Terraner eine gehörige Portion »Natur« gleichsam vor dem Fenster hat: in Gestalt von Grünanlagen, kleineren und größeren Parks, künstlichen Teichen, Seen und Bächen, Wasserfällen und dergleichen, die in das Stadtgefüge integriert wurden. (Und die die Terraner sehr gerne hegen und pflegen.)

Umgeben sind die Städte Terras von ausgedehnten Parks und Freizeitgeländen, die ebenfalls sorgsam gepflegt werden. Je weiter man sich von einer Stadt entfernt, um so »natürlicher« wird diese Umgebung; die Zahl und die Stärke der Eingriffe von Menschenhand nimmt ab (gleichzeitig aber auch die Möglichkeit, dieses Gelände zu »nutzen«).

Das manifeste, anfaßbare Erbe der menschlichen Kultur auf Terra ist weitgehend zerstört worden. Die Daten – Texte,

Bilder oder Noten – blieben zwar erhalten, in NATHAN gespeichert, aber die Bauwerke wurden dem Erdboden gleichgemacht. Ein großer Teil dieser Monumente ist allerdings in den letzten Jahrhunderten wieder nach alten Unterlagen neu erbaut worden, um den Menschen ihr kulturelles Erbe sichtbar vor Augen zu führen. Ähnliches gilt für Gemälde, Plastiken und andere Kunstwerke. Beendet ist diese Arbeit allerdings noch lange nicht.

(Also: Ein Autor, der den Kölner Dom als Handlungsort benutzen oder gar den Schiefen Turm von Pisa zerblastern möchte, muß das bei der Redaktion beantragen!)

Geblieben ist allerdings die alte Geographie: Es gibt Frankreich, Italien oder China, aber eben nur als Bezeichnungen für bestimmte Teile der terranischen Landmasse.

Die Charakteristik dieser alten Regionen und Staaten hat sich aber trotz aller Ereignisse noch in gewissem Umfang erhalten. Zum einen legen die Bewohner einen gewissen Wert auf die Besonderheit ihrer Region; sie mögen es nicht, in einem terranischen Einheitsbrei zu versinken.

Hinzu kommt die breite Bewegung der *Terra-Nostalgiker*, die sich eifrig darum bemühen, den unterschiedlichen Landschaften Terras wieder ein markantes, eigenständiges und unverwechselbares Gepräge zu geben. Aus diesem Grund auch gibt es in Italien oder China sehr aktive Brauchtumsvereine, die sich intensiv um den Erhalt oder die Wiederbelebung der historischen Tradition bemühen. Allerdings müßten logischerweise dazu auch Traditionen gehören, die erst im Laufe der Rhodan-Handlung entstanden sind.

Medien

Das eindeutig vorherrschende Kommunikations-Medium des dreizehnten Jahrhunderts NGZ ist die Weiterentwicklung unseres Fernsehens. Für gewöhnlich wird es *Trivideo* genannt, auch *Trivid*. Das Wort leitet sich offiziell ab von »tri« für drei (für drei-dimensional) und »Video«, aber böse Zungen behaupten, der eigentliche Stamm sei »trivial«, was der Qualität des Programms am ehesten entspreche. Auch der Ausdruck *Holo-Kino* ist geläufig.

Multimediawand: Terraner haben im dreizehnten Jahrhundert Neuer Galaktischer Zeitrechnung sehr viel Freizeit, die sie zu einem großen Teil in den eigenen vier Wänden verbringen. Dort sind nicht nur der Komfort, sondern auch die Unterhaltungs- und Informationsmöglichkeiten sehr stark gesteigert worden. Das Datenblatt zeigt einen Teil der Wohnung, den man früher als »Wohnzimmer« bezeichnet hätte. Der Hausherr vorne links steuert mit einem »Brain-Master« die Multimediawand, welche die ganze Rückfront einnimmt; die Tochter des Hauses sitzt links in einem Gravosessel, der frei im Raum schwebt; ihr zu Füßen spielt eine Hornpanzerechse, ein Haustier aus dem Vono-System; der junge Mann rechts in dem Schwebesessel spielt mit dem Spielcomputer eine Partie 3-D-Schach.

Bild: Georg Joergens

In der Praxis zeigt sich dieses Medium so: In einem oder mehreren Räumen einer Wohnung ist jeweils eine Wand absichtlich von Bildern und Regalen freigehalten worden. Auf diese Fläche wird das Bild von einem Projektor geworfen, der nicht größer ist als eine Packung Zigaretten. Dieses Bild ist in dem Sinne »dreidimensional«, in dem auch unser Blick aus dem Fenster dreidimensional ist; das Bild hat eine brillante Schärfe und eine sehr große Tiefe.

Einen Gegenstand, der im Vordergrund abgebildet ist, kann man betrachten wie etwa eine Blume auf dem Fensterbrett. Wenn man aber die Finger danach ausstreckt, stößt man sich an der Wand die Knöchel. Es ist also keine echte Holografie, um die man herumwandern könnte.

Zu den meisten Trivid-Sets gehören auch kleine diskret angebrachte Kameras, die das eigene Bild in das Netz einspeisen können.

Die Projektionsgröße kann frei gewählt werden, liegt aber in der Regel bei einer Größe von 240 x 360 Zentimetern, also 6 zu 9; dieser Wert gilt als der natürlichste. Das Bild wirkt absolut natürlich, so als sehe man die fragliche Szene tatsächlich vor seinem Fenster ablaufen.

Äußerst verbreitet ist es, das Trivid tagsüber aus einer Bibliothek von Millionen von Aufnahmen eine Art Fototapete nach eigenem Geschmack darstellen zu lassen; erst wenn ein Programm eingeschaltet wird, ändert sich die Darstellung zu bewegten Bildern. Im Gegensatz zu den Verhältnissen unserer Zeit, wo fast alle digitalisierten Bilder inzwischen Bill Gates gehören und gebührenpflichtig sind, kann man seine Wandtapete im dreizehnten Jahrhundert NGZ gebührenfrei wählen.

Das Programmangebot des dreizehnten Jahrhunderts NGZ übertrifft alles, was wir uns heute als Medienzukunft vorstellen können. In der Regel wird es aus vier unterschiedlichen Quellen gespeist.

Die wichtigste praktische Nutzung des Trivid ist die eines Ein-Ausgabe-Terminals für NATHAN und andere Syntroniken. Über diese Kanäle kann der Bürger seine »Behördengänge« abwickeln, seine Bankgeschäfte tätigen und sich aus einem riesigen Angebot an allgemein zugänglichen Trivideo-

Bibliotheken Lehr- und Unterrichtsmaterial bestellen. Außerdem kann man so die öffentlich-rechtlich organisierten und strikt auf journalistische Sauberkeit überwachten Nachrichtendienste abrufen, die selbstverständlich einer größtmöglichen Objektivität und Neutralität verpflichtet sind. Dem Bürger wird über diese Funktion Zugriff auf alle allgemein und öffentlich zugänglichen Informationen möglich gemacht. Die Kosten dieses Betriebs werden als allgemeine Grundgebühr erhoben, sprich: automatisch abgebucht.

Da das Trivid normalerweise mit dem Haussyntron gekoppelt ist, kann man es auch als Fortentwicklung des Telefons mit Bildverbindung nutzen. Wenn zwei Familien in ihren Wohnzimmern miteinander plaudern wollen, dann entsteht für den Beobachter ein Bild, als säßen sich die beiden Gruppen in zwei aneinandergrenzenden Räumen ohne Trennwand gegenüber. Dabei kann man übrigens, im Hintergrund, gleichzeitig die anderen Dienste des Trivid ebenfalls nutzen: Während die Männer schwatzen, können sich die Frauen gemeinsam einen Film ansehen, während die Tochter ein Unterrichtsprogramm laufen hat und der Sohn ein Videospiel unterhält.

Die Hauptnutzung des Trivids ist allerdings die, auf vorgefertigte Programme zuzugreifen, die von einer riesigen Zahl von Anbietern eingespeist werden, vergleichbar unserem Kabelfernsehen. Dabei gilt der Grundsatz des *pay per view*: Jeder kann sich aus jedem Programm das aussuchen, was ihm Spaß macht, und zahlt für die Sendungen, die er sich ansieht – und nur für sie. Bei einigen hundert Anbietern ist für jeden etwas dabei; die Sendeorganisationen oder Networks gleichen unseren Verlagen: Es gibt Großverlage und unzählige kleinere mit einem sehr speziellen Angebot. Es gibt Spielfilme, Unterhaltung in jeder nur denkbaren Form, Nachrichtenkanäle, Kunstkanäle, Sportberichte, reine Sender für Kochkunst und Ikebana und dergleichen mehr. Sehr viele Sender sind klein, reine Bürgerveranstaltungen, in der Größenordnung von gut organisierten Regionalsendern bis hinunter zum Vereinsfernsehen.

Bezahlt wird dieser ungeheuere Medienrummel auf unterschiedliche Arten. Die Grundversorgung, die in öffentlichrechtlicher Hand liegt, wird über eine monatliche Gebühr abgerechnet. Die privaten Anbieter finanzieren sich, je nach Struktur, entweder über eine *pay per view*-Gebührenabrechnung oder über eingeblendete Werbung oder eine Mischung von beidem.

Viele Trivid-Anlagen sind mit einem zusätzlichen Printer versehen, der Texte, zusätzliche Dokumente, Grafiken, Bildausschnitte, Standbilder – kurz: nahezu alles, was auch zu sehen ist – in exzellenter Qualität ausdrucken kann. So kann sich jeder Bürger nach Belieben aus unterschiedlichen Quellen seine eigene Illustrierte, Tageszeitung, sein Buch, seine Fotodokumentation oder seinen Kunstbildband zusammenstellen.

Es liegt auf der Hand, daß diese Versorgung der Bürger mit Medien ein ungeheures Geschäft ist, ein riesiger Betrieb, in dem Millionen von Menschen arbeiten: als Texter, Techniker, Autor, Schauspieler und so weiter. Das Trivid faßt im Grunde nahezu alles, was wir heute an Medien erleben, in einer einzigen technischen Einrichtung zusammen.

Es liegt nahe, daß clevere Frauen und Männer versuchen werden, diesen gigantischen Unterhaltungsapparat für ihre persönlichen und politischen Zwecke auszunutzen. Dies ist in weitaus größerem Maßstab möglich als heutzutage – allerdings ist die Wirkung vergleichsweise gering.

»Was ist Wahrheit?« fragt Pontius Pilatus in der Bibel, und das gleiche Problem stellt sich auch beim Trivid. Es geht dabei nicht um bewußte Fälschungen, dreiste Lügen und dergleichen mehr. Problematisch ist vielmehr, daß allein durch Wortwahl und durch Veränderung von Wortbedeutung Wirklichkeit verändern kann. Erinnert sei hier an die Unterschiede zwischen »Atommüll-Lager« und »Entsorgungspark«, an den Streit um die Baader-Meinhof-»Gruppe« oder »-Bande« und andere Phänomene dieser Art; was dem einen seine »Mauer« war, geriet dem anderen zum »antifaschistischen Schutzwall«. Bei diesen sehr groben Beispielen ist das Problem offenkundig, in anderen Fällen nicht.

Zu bedenken ist auch, daß bereits heute – siehe »Forrest Gump« – Bildmanipulationen möglich sind, die man sich vor fünfzig Jahren noch nicht vorstellen konnte. Für Tricktechniker und Fälscher jeder Art bietet sich eine Fülle von Möglichkeiten, die so perfekt sind, daß nicht einmal Fachleute in der Lage sind, diese Manipulationen zu erkennen.

So gibt es zum Beispiel Video-Editionen, die nichts anderes zeigen als die Intimitäten lebender oder toter Prominenter: Rhodan, Atlan und andere, in den heißesten Situationen (besonders beliebt: Atlan und Mirona Thetin). Daß es sich dabei um Fälschungen handelt, ist nahezu jedem Konsumenten klar, vor allem dann, wenn es sich um rein syntron-erzeugte Protagonisten handelt. Für die Trividtechnik ist es kein Problem, Julius Caesar im Bett mit Cleopatra zu zeigen.

Das mag eher nach einem Problem für den Jugendschutz klingen, hat aber größere Dimensionen. Wie ist es zum Beispiel mit einem Dokumentarfilm über Hitler, bei dem der »Führer« als Menschenfreund gezeigt wird, der Witze macht und in breitem Geschwafel seine Unschuld zur Schau stellt? Schon heute ist man in der Bilddigitalisierung fast so weit, daß man ein solches Projekt realisieren könnte. »Wir Heutigen« wissen sofort, daß dies eine grobe Geschichtsfälschung wäre, aber wie wäre die Wirkung solcher »Dokumentionen« in fünfzig oder hundert Jahren?

Diverse Pop-Gruppen haben uns schon gezeigt, was heutzutage in der Musikbranche möglich ist. In der Zukunft können Produzenten Schauspieler und Musiker auf den Markt bringen, die es nie gegeben hat: vollkommen lebensecht wirkende, nur im Syntron existierende Gestalten und Charaktere, maßgeschneidert nach den Geschmäckern und Bedürfnissen des Publikums – dem man natürlich nicht erzählen wird, daß eine Gruppe jederzeit gelöscht und nicht-existent gemacht werden kann.

Was die Medien – und damit auch die Politik – des 13ten Jahrhunderts NGZ angeht, werden die Konsumenten vor allem mit einem Problem zu tun haben: Was von dem Gesehenen und Gehörten ist echt und wirklich, was ist künstlicher Natur oder gar willentlich verfälscht?

Eine – kleine – Problemlösung: Bei allen Sendungen erscheint in der rechten unteren Ecke des Bildes ein Signet, das dem Zuschauer klarmacht und garantiert: »Das hier gibt es wirklich, hier ist nichts verändert.« Fehlt dieses Signet, ist das Material in irgendeiner Form bearbeitet, künstlich oder manipuliert. Das Signet dürfte also nur dann auftauchen, wenn eine Rede der Ersten Terranerin in voller Länge gezeigt wird. Denn diese Original-Rede kann in einer geschnittenen Kurzfassung sehr unterschiedliche Standpunkte und Ansichten enthalten.

Eine nicht näher zu schildernde Kontrollkommission wacht unerbittlich über den Gebrauch des Signets; Mißbrauch wird schwer geahndet, bis hin zum ruinösen Entzug der Sendelizenz.

Rüdiger Schäfer

Der kosmische Hintergrund

1. Allgemeines

Eines der größten Hindernisse für jene, die zum ersten Mal einen PERRY RHODAN-Roman in die Hand nehmen, stellt das mit dem Begriff »kosmischer Hintergrund« beschriebene Datenfundament der Serie dar. Begriffe wie Superintelligenz, Kosmokrat, Moralischer Kode oder Materiequelle lassen den Einsteiger meist ratlos zurück. Dabei sind es gerade diese komplexen Fakten und Zusammenhänge, die einen Großteil der Faszination des Phänomens PERRY RHODAN (PR) ausmachen.

Der nachfolgende Text beschäftigt sich deshalb mit dem grundlegenden Aufbau des PR-Kosmos und versucht in möglichst strukturierter und einfacher Form einen groben Überblick zu vermitteln. Daß dieser Überblick trotzdem komplex bleiben muß, läßt sich kaum vermeiden.

2. Das »Zwiebelschalenmodell«

Ausgangspunkt unserer Expedition in die Tiefen eines aufregenden literarischen Universums ist eine Zwiebel. Jenes Liliengewächs hat man in den Reihen des PR-Teams nämlich einst ausgewählt, um die Evolution intelligenten Lebens im Kosmos in ein anschauliches Modell zu pressen. Der Begriff Evolution bezeichnet ganz allgemein den Prozeß einer mehr oder weniger stetig fortschreitenden Entwicklung. In bezug auf die hier interessierende biologische Evolution sei nur ihr wohl prominentester Vertreter erwähnt: der weltberühmte Naturforscher Charles Darwin (1809–1882).

Im Modell wird nun jeder Schale unserer imaginären Zwiebel eine ganz bestimmte Evolutionsstufe zugeordnet, wobei die Evolution von innen nach außen verläuft. Je näher eine Schale der Zwiebeloberfläche ist, als desto entwickelter gilt folglich die durch sie repräsentierte Evolutionsstufe. Bei sehr großzügiger Auslegung könnte man den Zwiebelkern beispielsweise mit den für jedes Leben unabdingbaren Bausteinen, den chemischen Elementen, gleichsetzen.

Auf einer der äußeren Schalen würden sich dann jene Völker befinden, die ihre Ursprungswelt noch nicht verlassen haben. Die folgende Schale stünde für die Völker, die bereits eine interplanetare Raumfahrt betreiben, und so weiter.

3. Superintelligenzen

Die Superintelligenzen (SIs) besetzen die nächsthöhere Zwiebelschale nach den raumfahrenden Völkern. Ihre Entstehung zieht sich oft über Millionen von Jahren hin und ist nicht in ein einheitliches Schema zu pressen. Nach der gängigsten Vorstellung im PERRY RHODAN-Kosmos erreicht jedes Volk, das lange genug auf der kosmischen Bühne besteht, irgendwann einen Punkt, an dem das gesammelte Wissen um die komplexen Zusammenhänge im Kosmos an die natürliche Aufnahmekapazität biologischer Individuen stößt.

Die logische Konsequenz dieser Beschränkung ist schließlich die Aufgabe der körperlichen Existenz, ein Schritt, den man auch vergeistigen nennt. Erwähntes Volk schließt sich in einem nicht näher definierten Vorgang zu einer Kollektivintelligenz zusammen. Die Bewußtseine seiner Vertreter verlassen ihre Körper für immer und bilden eine Gemeinschaft auf rein mentaler Basis, deren durch die gebündelte Geisteskraft von Millionen Einzelwesen erreichte Fähigkeiten für den normalen Menschen nicht mehr erklärbar sind.

Für viele Superintelligenzen verliert die Zeit ihre Bedeutung. Vergangenheit, Gegenwart und Zukunft erscheinen als ein fortlaufendes Band, auf dem sie sich nach Belieben bewegen können. Dennoch sind auch ihnen Grenzen gesetzt und ihre Kräfte keineswegs unerschöpflich.

Hinsichtlich ihrer moralisch-philosophischen Ausrichtung kann in diesem Modell zwischen positiven und negativen Superintelligenzen unterschieden werden. Als positiv wird eine SI dann bezeichnet, wenn ihre Aktivitäten auf den Erhalt und die Förderung der universellen Ordnung ausgerichtet sind. Zielen die Handlungen dagegen auf eine Störung respektive

Zerstörung dieser Ordnung, so spricht man von einer negativen SI.

Dabei ist diese Klassifizierung keineswegs wertend, also im Sinne von Gut oder Böse zu verstehen. Die moderne PR-Kosmologie definiert die Pole Ordnung und Chaos heute als gleichberechtigt nebeneinander existierende Endpunkte universeller Ideologien, die sich gegenseitig bedingen. Ohne die Ordnung gäbe es kein Chaos; ohne das Chaos wäre die Ordnung nicht determiniert.

Superintelligenzen haben üblicherweise ein geistiges Zentrum, also einen festen Ort, an dem sich der Großteil ihres mentalen Potentials konzentriert. Von dort aus verwalten sie ihre *Mächtigkeitsballung (MB)*. Unter einer MB versteht man gewissermaßen den Herrschafts- bzw. Machtbereich einer SI. Er umfaßt oft mehrere Galaxien, also ein räumlich sehr großes Gebiet. Dabei hat man sich das diesbezügliche Wirken der Superintelligenz keineswegs als permanente und massive Einflußnahme vorzustellen. Die meisten Völker einer MB wissen nicht einmal, daß es so etwas wie Superintelligenzen überhaupt gibt. Die Überwesen treten erst dann offen auf, wenn es sich nicht mehr vermeiden läßt, beispielsweise wenn ihr Gebiet oder ihre Existenz bedroht wird oder sie entsprechende Anweisungen von höheren Mächten wie den Kosmokraten (siehe dort) erhalten.

Unter den besonders hoch entwickelten Spezies ihrer Einflußsphäre sucht sich die SI gemeinhin Hilfsvölker, die sie in ihren Plänen unterstützen. Diese Völker sind sich in den meisten Fällen ihrer Aufgabe bewußt, ohne allerdings in alle Einzelheiten eingeweiht zu sein. Finales Ziel aller Superintelligenzen ist das Erreichen der nächsten Zwiebelschale (Evolutionsstufe), die Entwicklung zur Materiequelle.

4. Materiequellen und Materiesenken

Eine Superintelligenz beginnt irgendwann damit, die Galaxien ihrer Mächtigkeitsballung zusammenzuziehen und zu verdichten, was bedeutet, daß sich im Verlauf dieses Prozesses immer mehr Masse auf ein immer geringeres Volumen konzentriert. Es entsteht schließlich eine *Materiequelle*. Im Innern der Quelle werden permanent eine Anzahl kleiner Schwarzer Löcher (Block Holes) miteinander verschmolzen, was unvorstellbare Mengen an Energie und Materie freisetzt.

Diese Vorgänge sind jedoch auch im PERRY-RHODAN-Kosmos weitgehend unerforscht. Man geht davon aus, daß die Materiequellen einen wichtigen Beitrag zum Fortbestand des Universums leisten, da die von ihnen abgegebenen Energie- und Materiemengen zum Aufbau neuer Sterne und Galaxien genutzt werden können. Materiequellen gelten als die niveauhöchste Zustandsform einer Intelligenz, die im uns bekannten Universum (auch als Normaluniversum oder *Einsteinraum* bezeichnet) erfaßbar sind. Bei ihrer Evolution zum Kosmokraten (siehe dort) verlassen sie den Einsteinraum und treten in eine andere Dimension über.

Materiequellen gehen ausschließlich aus positiven Superintelligenzen hervor. Eine negative Superintelligenz dagegen verwandelt sich in eine *Materiesenke*, wobei sich das grundlegende Verfahren ähnlich präsentiert. Allerdings produzieren Materiesenken weder Energie noch Materie. Im Gegenteil: In der Art eines monströsen Staubsaugers ziehen sie aufgrund ihrer gigantischen Gravitationskräfte alles und jeden in ihrem Umkreis in ihr Inneres. Auch über Materiesenken gibt es kaum belegte wissenschaftliche Erkenntnisse.

5. Kosmokraten – Chaotarchen

Jetzt nähern wir uns der äußersten bisher bekannten Schale unserer kosmischen Zwiebel – und begeben uns gleichzeitig auf ein höchst unsicheres Terrain. Waren schon die Informationen über Sinn und Funktion von Materiequellen und -senken überaus kärglich, so sind die bekannten Daten zu *Kosmokraten* und *Chaotarchen* weitaus dünner gesät. Diese Entitäten stehen in ihrer Entwicklung so weit über dem menschlichen Begriffsvermögen, daß man ihr Wesen und vor allem ihre Ziele nur erahnen kann. Die Evolution einer Materiequelle führt irgendwann einmal zu der Entstehung eines Kosmokraten (wie und warum das geschieht, weiß niemand). Dieser kann jedoch im Einsteinraum nur unter extremen Einschränkungen existieren, weshalb er die Dimension wechselt und in ein anderes Kontinuum eintritt. Mangels besseren Wissens bezeichnet man dieses Kontinuum, also den Lebensbereich der Kosmokraten, als »hinter den Materiequellen«.

Es ist nicht bekannt, wie viele Kosmokraten (auch Kräfte der Ordnung oder *Hohe Mächte* genannt) es gibt. Grundsätzlich geht man davon aus, daß sie um den Erhalt der kosmischen Ordnung bemüht sind, wobei sich dieses Bild jedoch im Verlauf der Zeit gewandelt hat. Die Hohen Mächte greifen nur höchst selten direkt in das universelle Geschehen ein. Dafür besitzen sie eine Vielzahl von Hilfsvölkern und Organisationen, die in ihrem Sinne wirken. Auch die positiven Superintelligenzen ordnen sich ihrem Willen in der Regel unter.

Um Anweisungen weiterzugeben, setzen sie Beauftragte oder Gesandte ein, bei denen es sich meistens um mit überlegener Technik ausgestattete Individuen diverser Spezies handelt. Kosmokraten sind zwar in der Lage, den Bereich hinter den Materiequellen zu verlassen und als Inkarnationen (vierdimensionale Projektionen) im Normaluniversum zu agieren, doch dabei verlieren sie einen Großteil ihrer fast gottgleichen Fähigkeiten.

Materiesenken erfahren eine ähnliche Metamorphose wie die Materiequellen. Das Endprodukt ist jedoch nicht ein Kosmokrat, sondern ein Chaotarch. Die Chaotarchen (auch *Mächte des Chaos*) verstehen sich als Gegenspieler der Hohen Mächte. Ihr Ziel sind die Zerstörung der universellen Ordnung und die Vergrößerung des bestehenden Chaos. Über die Chaotarchen ist noch weitaus weniger bekannt als über die Kosmokraten. In der PR-Serie ist mit dem *Herrn der Elemente* strenggenommen erst ein einziger Chaotarch in Erscheinung getreten.

6. Der Dritte Weg

Die weiter oben geschilderten Bestrebungen der Kosmokraten und Chaotarchen stehen sich konträr gegenüber. Perry Rhodan, der gemeinsam mit seinen Weggefährten lange Zeit im Sinn der Kräfte der Ordnung tätig war, mußte schließlich erkennen, daß sich die Methoden, mit denen die Kosmokraten ihre Ziele zu erreichen suchten, nur geringfügig von denen der Chaotarchen unterschieden. Beide Parteien waren immer wieder bereit, Menschen und Material in jeder notwendigen Menge zu opfern, sofern dies dem angestrebten Zweck zuträglich war. Dies führte letztlich zum Bruch mit den Hohen Mächten. Der Terraner weigerte sich, weiterhin für die in seinen Augen skrupellosen Kosmokraten zu arbeiten.

Mit dem *Dritten Weg* wird eine philosophische Ausrichtung bezeichnet, die zwischen den beiden Extremen Ordnung und Chaos hindurchführt. Im Vordergrund steht dabei die Selbstbestimmung der Völker, die die kosmischen Zusammenhänge kennengelernt haben und nun in der Lage sind, zwischen den Prinzipien der Kosmokraten und der Chaotarchen abzuwägen. Perry Rhodan und die Menschheit entscheiden sich letztlich, diesen Weg zu beschreiten, den sie bis heute zu gehen versuchen.

7. Die drei ultimaten Fragen

Mit dem Wissen um das Zwiebelschalenmodell des Universums und seine vorgestellten wichtigsten Vertreter besitzen wir die Voraussetzungen, um den Blick ein wenig intensiver auf die kosmische Bühne der PR-Serie zu richten. Zieht man einen gewagten Vergleich, so sind uns bisher nur die Akteure, die Schauspieler, bekannt. Um in die Drehbücher, also die Heftromane, einsteigen zu können, müssen wir uns zuvor noch um die Regieanweisungen kümmern. Während seiner abenteuerlichen Reisen durch das All wird Perry Rhodan von den Kosmokraten mit der Beantwortung von drei Fragen beauftragt, die von überragender kosmischer Bedeutung sind. Diese sogenannten ultimaten Fragen lauten:

Was ist der Frostrubin?

Wo beginnt und wo endet die Endlose Armada?

Wer hat DAS GESETZ initiiert, und was bewirkt es?

Im Laufe der folgenden Jahre gelingt es dem Terraner, die ersten beiden Antworten zu finden und dadurch weitere Einblicke in die Geheimnisse der Schöpfung zu erlangen. Als er dann die Chance hat, auch das Rätsel um die dritte Frage zu lösen, zögert er jedoch und weigert sich, diesen finalen Schritt zu tun. Instinktiv spürt er, daß er die Antwort nicht verkraften kann, daß sie an den Grundfesten des Seins rüttelt und den menschlichen Geist überfordert.

8. Der Moralische Kode

Die ersten beiden ultimaten Fragen beschäftigen sich mit einem Gebilde, dem man den Namen *Moralischer Kode* gegeben hat. Für seine Darstellung greift die PR-Kosmologie auf die Erkenntnis der Genetik zurück. Der Moralische Kode zieht sich als eine Doppelhelix (eine zweifach umeinander gewundene Struktur) von psionischen Feldern, den sogenannten Kosmonukleotiden, durch das gesamte Universum. Der *Frostrubin* (auch TRIICLE-9 genannt), also die Essenz der ersten ultimaten Frage, ist ein solches Nukleotid.

Jedes Kosmonukleotid ist für einen bestimmten Bereich des Universums zuständig. In seinem Innern kommt es durch die Umgruppierung von *psionischen Informationsquanten,* den Psiqs, zu einer permanenten Generierung potentieller Zukünfte, also möglicher Entwicklungen, die auf Basis der tatsächlichen Verhältnisse hochgerechnet sind.

Über ein Messenger-System (also ein System von »Boten«) werden die wahrscheinlichsten Daten nach außen vermittelt und dort realisiert. Die genauen Wirkungsmechanismen sind hoch komplex und auch in der PERRY RHODAN-Serie noch kaum erforscht. Fest steht, daß nur der ständige Informationsfluß zwischen Kode und eigentlichem Universum die bestehenden Verhältnisse (Naturgesetze) garantiert.

Ein *Kosmonukleotid* existiert nur zu einem geringen Teil im Einsteinraum. Dort kann es mit spezieller Technik als schwach leuchtender Ring sichtbar gemacht werden. Die Gesamtheit aller Nukleotide bildet den Moralischen Kode, der auch als Endlose Armada bezeichnet wird und somit – hinsichtlich der zweiten ultimaten Frage – weder Anfang noch Ende hat. Das u.a. für die Milchstraße verantwortliche Kosmonukleotid heißt DORIFER.

In den letzten Jahren seines Wirkens für die Kosmokraten wächst in Perry Rhodan der Verdacht, daß in Wahrheit nur eine einzige (die dritte) ultimate Frage existiert. Die beiden anderen wurden lediglich von den Hohen Mächten hinzugefügt, um ihre Hilfsvölker (in diesem Fall die Terraner) an die komplexe Materie heranzuführen.

9. Das Möbius-Modell

Mit dem Möbius-Modell stoßen wir in die aktuellsten Bereiche der PR-Kosmologie vor. Es versucht ein Problem zu lösen, das auch in der realen Astronomie besteht: Die Materie ist im All ungleich verteilt. Geht man von der Urknall-Theorie und einem expandierenden Universum aus, dann müßten sich Galaxien, Staubnebel und ähnliche Objekte in etwa gleichmäßig über den vorhandenen Weltraum verteilen. Das tun sie jedoch nicht. Neben auf der einen Seite teilweise gigantischen Leerräumen gibt es auf der anderen Seite riesige Galaxiencluster, also Ballungen aus Tausenden von Sterneninseln.

Perry Rhodan findet nun heraus, daß das Universum zwei Seiten hat, die jedoch in Anlehnung an das von dem deutschen Mathematiker und Astronomen August Ferdinand Möbius (1790–1868) entwickelte Möbiusband zusammengehören. Dieses scheinbare Paradoxon ist durch ein einfaches Experiment aufzulösen. Dreht man einen Papierstreifen in sich um 180 Grad und klebt die Enden zusammen, erhält man besagtes Möbiusband. Auf den ersten Blick hat das Objekt zwei einander gegenüberliegende Seiten. Fährt man jedoch mit einem Finger auf seiner Oberfläche entlang, erreicht man, ohne einmal abzusetzen (also die Seite zu wechseln), wieder den Ausgangspunkt.

Natürlich ist das Möbiusband nur das anschauliche Modell für die weit komplizierteren physikalischen Sachverhalte, da die Struktur des Möbiusbandes vier- bis fünfdimensional angesiedelt ist, also die Raumzeit-Verhältnisse berührt.

Die uns bekannte Seite des Universums nennt man Plusseite oder Parresum, die Gegenseite wird als Minusseite oder Arresum bezeichnet. Die eigentliche Pointe ist jedoch eine andere: Dort, wo im Parresum Materie zu finden ist, herrscht im Arresum Vakuum und umgekehrt. Da beide Seiten hyperphysikalisch miteinander korrespondieren, wird damit der nötige Masseausgleich geschaffen, der die Astronomen so beschäftigt hat. Mit diesem Trick »erklärt« die PERRY RHO-

DAN-Serie letztlich, was die gravitatorische Stabilität des Kosmos bewirkt.

Ein Überwechseln von der Plus- auf die Minusseite (und ebenso natürlich von der Minus- auf die Plusseite) ist möglich, allerdings mit immensem technischen Aufwand und hohen Risiken verbunden.

10. Das Multiversum

Zum Abschluß sei hier noch der Begriff des Multiversums genannt. In der PR-Serie ist es längst erwiesen, daß neben dem Normaluniversum Myriaden anderer Universen, sogenannter Paralleluniversen, existieren. Diese werden meßtechnisch durch die Strangeness unterscheidbar und klassifizierbar gemacht. Dabei hat man dem Einsteinraum willkürlich eine Strangeness von null zugewiesen und ist damit in der Lage, für jedes andere Universum die entsprechende (positive) Strangeness-Abweichung zu bestimmen.

Die Summe aller Einzeluniversen faßt man unter dem Begriff *Multiversum* zusammen. Der Moralische Kode übt seine Funktion offensichtlich für das komplette Multiversum aus, ist also nur einmal vorhanden.

Rüdiger Schäfer

Die Zyklen im Überblick

Die folgende Übersicht soll einen möglichst schnellen Einblick in den PERRY RHODAN-Kosmos geben. Die PERRY RHODAN-Serie ist in sogenannte Zyklen eingeteilt, das sind im Schnitt fünfzig oder hundert Bände umfassende Handlungsabschnitte.

Jeder Zyklus bekommt einen eigenständigen Namen zugeordnet; die folgende Liste nennt darüber hinaus die Handlungszeit, die PERRY RHODAN-Bände, die der Zyklus umfaßt, und die Zeit der Erstveröffentlichung. Der abschließende Hinweis sagt aus, wie lange der Zeitsprung nach dem angegebenen Zyklus ist.

1. Die Dritte Macht
PR Nr. 1–49
Erstveröffentlichung: 1961–1962
Handlungszeit: 1971–1984
Zeitsprung über 56 Jahre

2. Atlan und Arkon
PR Nr. 50–99
Erstveröffentlichung: 1962–1963
Handlungszeit: 2040–2045
Zeitsprung über 57 Jahre

3. Die Posbis
PR Nr. 100–149
Erstveröffentlichung: 1963–1964
Handlungszeit: 2102–2114
Zeitsprung über 212 Jahre

4. Das Zweite Imperium
PR Nr. 150–199
Erstveröffentlichung: 1964–1965
Handlungszeit: 2326–2329
Zeitsprung über 71 Jahre

5. Die Meister der Insel
PR Nr. 200–299
Erstveröffentlichung: 1965–1967
Handlungszeit: 2400–2406
Zeitsprung über 29 Jahre

6. M 87
PR Nr. 300–399
Erstveröffentlichung: 1967–1969
Handlungszeit: 2435–2437
Zeitsprung über 993 Jahre

7. Die Cappins
PR Nr. 400–499
Erstveröffentlichung: 1969–1971
Handlungszeit: 3430–3438
Zeitsprung über drei Jahre:
Dieser Zeitsprung ist ein indirekter Zeitsprung. Auf dem Rückflug von der Galaxis Gruelfin in die Milchstraße verliert die MARCO POLO mit Perry Rhodan an Bord drei Jahre durch Zeitdilatation.

8. Der Schwarm
PR Nr. 500–569
Erstveröffentlichung: 1971–1972
Handlungszeit: 3438–3443
Zeitsprung über acht Monate

9. Die Altmutanten
PR NR. 570–599
Erstveröffentlichung: 1972–1973
Handlungszeit: 3444
Zeitsprung über zwölf Jahre

10. ES
PR Nr. 600–649
Erstveröffentlichung: 1973–1974
Handlungszeit: 3456–3458
Zeitsprung über acht Monate

11. Das Konzil
PR Nr. 650–699
Erstveröffentlichung: 1974–1975
Handlungszeit: 3459–3460
Zeitsprung über 120 Jahre

12. Aphilie
PR Nr. 700–799
Erstveröffentlichung: 1975–1976
Handlungszeit: 3580–3583
kein Zeitsprung

13. BARDIOC
PR Nr. 800–867
Erstveröffentlichung: 1976–1978
Handlungszeit: 3583–3586
kein Zeitsprung

14. PAN-THAU-RA
PR Nr. 868–899
Erstveröffentlichung: 1978
Handlungszeit: 3586
kein Zeitsprung

15. Die Kosmischen Burgen
PR NR. 900–999
Erstveröffentlichung: 1978–1980
Handlungszeit: 3586–3587
Zeitsprung über 424 Jahre

16. Die Kosmische Hanse
PR Nr. 1000–1099
Erstveröffentlichung: 1980–1982
Handlungszeit: 424–426 NGZ
(4011–4013)
kein Zeitsprung
Wichtig: Im Handlungsjahr 3588 wurde in der Milchstraße die Neue Galaktische Zeitrechnung (NGZ) eingeführt. Das Jahr 3588 entspricht dem Jahr 1 NGZ.

17. Die Endlose Armada
PR Nr. 1100–1199
Erstveröffentlichung: 1982–1984
Handlungszeit:
426–427 (NGZ)
(4013–4014)
kein Zeitsprung

18. Chronofossilien/Vironauten
PR Nr. 1200–1299
Erstveröffentlichung: 1984–1986
Handlungszeit: 427–430 NGZ
(4014–4017)
Zeitsprung über 15 Jahre

19. Die Gänger des Netzes
PR Nr. 1300–1349
Erstveröffentlichung: 1986–1987
Handlungszeit: 445–447 NGZ
(4032–4034)
kein Zeitsprung

20. Tarkan
PR Nr. 1350–1399
Erstveröffentlichung: 1987–1988
Handlungszeit: 447–448 NGZ
(4034–4035)
Zeitsprung über 695 Jahre

21. Die Cantaro
PR Nr. 1400–1499
Erstveröffentlichung: 1988–1990
Handlungszeit: 1143–1147 NGZ
(4730–4734)
Zeitsprung über 22 Jahre

22. Die Linguiden
PR Nr. 1500–1599
Erstveröffentlichung: 1990–1992
Handlungszeit: 1169–1174 NGZ (4756–4761)
Zeitsprung über 26 Jahre

23. Die Ennox
PR Nr. 1600–1649
Erstveröffentlichung: 1992–1993
Handlungszeit: 1200–1202 NGZ
(4787–4789)
kein Zeitsprung
Der Flug zur Großen Leere (1202–1206 NGZ)
wird im Roman Band 1650 abgehandelt.

24. Die Große Leere (GL)
PR Nr. 1650–1699
Erstveröffentlichung: 1993–1994
Handlungszeit: 1202–1216 NGZ
(4789–4803)
kein Zeitsprung

25. Die Ayindi
PR Nr. 1700–1749
Erstveröffentlichung: 1994–1995
Handlungszeit: 1216–1218 NGZ
(4803–4805)
kein Zeitsprung

26. Die Hamamesch
PR NR. 1750–1799
Erstveröffentlichung: 1995–1996
Handlungszeit: 1218–1220 NGZ
(4805–4807)
Zeitsprung über 68 Jahre
(Die Zyklen Nr. 23–26 bilden die vier Teilstücke
des 200bändigen Großzyklus *Das große kosmische Rätsel.)*

27. Die Brücke in die Unendlichkeit
PR Nr. 1800 ff.
Erstveröffentlichung: 1996 ff.
(4875 ff.)

Sabine Bretzinger:

Die Macher der Serie

Daß die Heftserie PERRY RHODAN, die seit September 1961 erscheint, bis heute so erfolgreich ist, verdanken die Leser der Leistung aller Autoren, die jemals an der Heftserie mitgeschrieben haben. Unterschieden wird dabei gerne zwischen der Gründergeneration und dem heutigen Autorenteam.

Die Gründergeneration

Heute spricht man nicht ganz zu Unrecht von einem historischen Augenblick, als das Autoren-Duo Karl-Herbert Scheer und Walter Ernsting sowie der damalige Cheflektor Kurt Bernhardt Anfang 1961 die PERRY RHODAN-Serie ins Leben riefen. In kurzen Abständen kamen die Autoren Kurt Mahr, Kurt Brand, W.W. Shols, Willi Voltz, H. G. Ewers und Hans Kneifel dazu.

Ein Toast auf Perry: Karl-Herbert Scheer (links) und Walter Ernsting stoßen auf den Start der PERRY RHODAN-Serie an.

Karl-Herbert Scheer

Der Gründervater von PERRY RHODAN wurde 1928 in Hessen geboren; er absolvierte nach der Schule eine Ausbildung bei der Marine. Sein starkes Interesse an Technik und die Faszination von Zukunftsromanen bestärkten ihn bei seiner Idee, Schriftsteller zu werden. Anfangs war das nicht einfach, da die Zeit für Science-Fiction-Romane in der Nachkriegszeit noch nicht reif schien. Mit Romanen wie »Stern A funkt Hilfe« machte sich Scheer aber bald als SF-Autor einen Namen; der Erfolg stellte sich ein - Scheer wurde 1959 mit dem deutschen HUGO ausgezeichnet. Zwei Jahre später entwickelte er mit Clark Darlton die PERRY RHODAN-Serie.

In den 60er Jahren erarbeitete der Liebhaber alter Waffen die Konzeption für die Schwesternserie ATLAN. Gewissermaßen parallel zu den Romanen anderer Serien und PERRY RHODAN schrieb er mit anderen Autoren die erfolgreiche ZBV-Serie. Die Nachfrage nach der 50 Bände umfassenden

SF-Agentenserie ist auch heute noch ungebrochen. Weitere SF-Romane veröffentlichte Scheer unter dem Pseudonym Alexej Turbojew.

Bei PERRY RHODAN war K. H. Scheer von Anfang an für die Exposé-Gestaltung verantwortlich; er lieferte die technischen Details für Raumschiffe und Gerätschaften. Seine Jubiläumsromane wie Band 50, »Atlan«, oder Band 200, »Straße nach Andromeda«, gelten heute noch als Meilensteine der PERRY RHODAN-Serie. Durch eine schwere Krankheit war Scheer gezwungen, ab Band 500 eine schriftstellerische Pause bei PERRY RHODAN einzulegen; in den 80er Jahren feierte er aber ein glanzvolles Comeback. Karl-Herbert Scheer verstarb 1991 im Taunus.

Clark Darlton

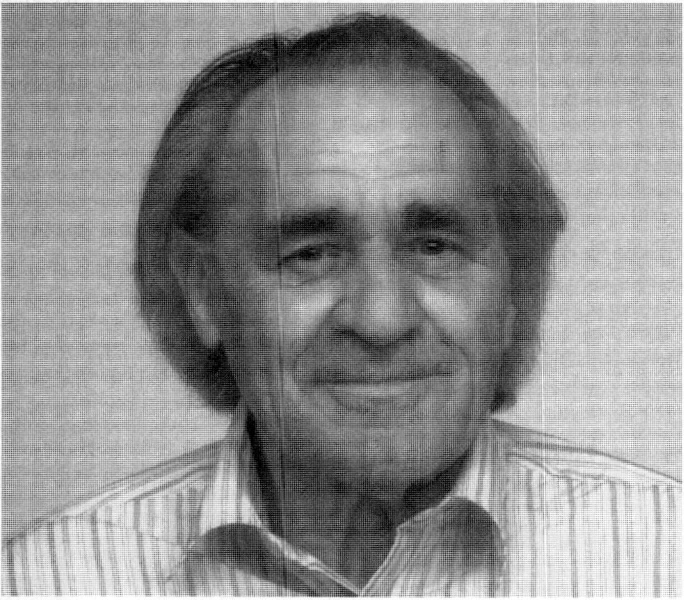

Der Mitbegründer der PERRY RHODAN-Serie wurde 1920 in Koblenz unter dem bürgerlichen Namen Walter Ernsting geboren. Im Verlauf des Zweiten Weltkriegs geriet er in Gefangenschaft; schwerkrank kehrte er nach fünf Jahren in die Heimat zurück. Dort arbeitete er nach seiner Genesung als Dolmetscher für die britischen Besatzungsbehörden. Während dieser Zeit begeisterte er sich für die dort erhältlichen amerikanischen und britischen SF-Magazine. Der Dolmetscher wurde zum Verlagslektor ...

In den folgenden Jahren wurde Clark Darlton zum Herausgeber der Reihe »Utopia-Großband«, redigierte diese Romane auch und fertigte eine Reihe von Übersetzungen an. Angeregt durch diese Tätigkeiten, reifte in ihm die Idee, sich selbst als Schriftsteller zu versuchen. Seinen Romanerstling »Ufo am Nachthimmel« (1955) wurde zunächst vom damaligen Verleger abgelehnt, da in dieser Zeit so gut wie kein Interesse an deutschen SF-Autoren bestand. Kurzerhand bot Ernsting seinen Roman als deutsche Übersetzung eines Clark-Darlton-Romans an, was zum Erfolg führte. Der Roman erschien als Band 19 der Reihe »Utopia Großband«.

Parallel zu seiner Tätigkeit als Lektor, Übersetzer und Autor engagierte sich Clark Darlton sehr im Fandom – 1955 gründete er den Science Fiction Club Deutschland. 1961 war er einer der zwei Gründerautoren von PERRY RHODAN. Besonders beliebt bei seinen Romanen ist die Figur des possierlichen und frechen Mausbibers Gucky, den viele der Leser liebgewonnen haben. Es folgten mehrere PERRY RHODAN-Taschenbücher sowie Romane der Schwesterserie ATLAN. Clark Darlton, der nicht mehr in Irland, sondern seit Anfang 1996 in Österreich lebt, ist bis heute Mitglied des PERRY RHODAN-Teams, auch wenn er sich aus der aktiven Schriftstellerei zurückgezogen hat.

Kurt Mahr

Klaus Mahn alias Kurt Mahr galt als »der Physiker« des PERRY RHODAN-Teams. 1934 in Frankfurt geboren, begann er nach seinem Abitur zunächst ein Bauingenieurstudium, wechselte jedoch ab dem Sommersemester 1956 zu Physik über. Mit dem akademischen Grad des Diplom-Physikers in der Tasche siedelte Kurt Mahr in die USA über, um dort einen Job bei der Firma Pratt & Whitney anzutreten. Seine schriftstellerische Laufbahn begann Ende der 50er Jahre mit Liebes- und Westernromanen, allerdings ohne großen Erfolg. Der stellte sich erst ein, als er zur Science Fiction wechselte. 1960 erschien sein Roman »Zeit wie Sand« in der Heftserie »Terra«, 1961 der PERRY RHODAN-Roman »Atom-Alarm« (Band 5). Seine Physikkenntnisse prägten die Serie, seine Romane zeichneten sich durch exakte technisch-wissenschaftliche Extrapolation aus.

Der Autor lebte bis 1972 in den USA und kehrte dann mit

seiner Familie nach Deutschland zurück. Im selben Jahr begann seine Mitarbeit bei ATLAN, der Schwesterserie von PERRY RHODAN. In der Folge publizierte er fast ausschließlich PERRY RHODAN-Romane für die Heft- und Taschenbuchreihe sowie ATLAN-Romane. Ab 1985 schrieb Kurt Mahr, der im Jahr 1977 wieder nach Amerika zurückgegangen war, zusammen mit Ernst Vlcek die Exposés für PERRY RHODAN. Über eineinhalb Jahrzehnte lang verfaßte er die PERRY RHODAN-Computer. Kurt Mahr starb 1993 in Florida an den Folgen eines Unfalls.

Kurt Brand

Kurt Brand, der 1917 in Wuppertal geboren wurde, war bereits vor dem Zweiten Weltkrieg als Autor tätig. Nach dem Kriegsende baute er sich in Köln eine der größten privaten Leihbüchereien auf. Nebenher schrieb er den SF-Roman »Türme in der Sahara« und die Fortsetzung »Außenstation VII explodiert«; weitere SF-Romane folgten.

Kurt Brand zählte in den 50er Jahren neben K. H. Scheer, Clark Darlton und W. D. Rohr zu den Pionieren der deutschen Science Fiction. 1961 stieß er zum PERRY RHODAN-Team und veröffentlichte seinen ersten Roman, Band 34, unter dem Titel »Levtan, der Verräter«. Er schied bereits 1966 nach Unstimmigkeiten aus und bot dem Konkurrenz-Verlag Kelter seine SF-Serie »Ren Dhark« an. Brand schrieb für die wenig erfolgreiche Serie alle Exposés und einen großen Teil der Romane.

Der Autor, der in Kaltern/Italien lebte, versöhnte sich mit dem PERRY RHODAN-Team und nahm 1991 am PERRY RHODAN-Worldcon teil, was die Fans damals mit viel Beifall goutierten. Im November 1991 starb Kurt Brand nach schwerer Krankheit in seiner Heimat.

Willi Voltz

William »Willi« Voltz wurde 1938 in Offenbach geboren. Wie viele seiner SF-Kollegen interessierte er sich schon seit frühester Kindheit für Science Fiction. Seiner ersten SF-Roman-Veröffentlichung »Sternenkämpfer«, die im Herbst 1958 als Utopia-Taschenbuch erschien, gingen zahlreiche Fandom-Aktivitäten und das Schreiben vieler Kurzgeschichten voraus. 1961 wurde er zum besten Fan-Autor gewählt. Über den Science Fiction Club Deutschland (SFCD) lernte Voltz K. H. Scheer kennen, der ihm 1962 die Mitarbeit im PERRY RHODAN-Team anbot. Der Autor, der mit Band 74 »Das Grauen« debütierte, etablierte sich recht schnell als Stammautor. Als 1969 die Schwesterserie ATLAN entstand, war Willi Voltz auch mit dabei. Zunächst schrieb er parallel zu PERRY RHODAN seine

ATLAN-Romane, später zeichnete er für die ATLAN-Exposés verantwortlich. 1973 startete auch die Fantasy-Serie »Dragon« mit Voltz-Romanen. Ab 1974 war der Hesse Exposé-Autor der PERRY RHODAN-Serie. Sein Tod im Frühjahr 1984 hinterließ eine große Lücke.

H. G. Ewers

Der deutsche SF- und Fantasy-Autor Horst Gehrmann wurde 1930 in Weißenfeld/Saale geboren. Nach dem Abschluß eines Lehrerstudiums unterrichtete er Deutsch, Biologie, Physik und Astronomie an einer Polytechnischen Oberschule. 1962 flüchtete er aus der DDR; ein Jahr später schrieb er seinen ersten SF-Roman, »Intrige auf Chibbu«, für die Heftserie »Terra«.

1964 debütierte er mit dem PERRY RHODAN-Taschenbuchroman »Die verhängnisvolle Expedition«, im darauffolgenden Jahr stieg Ewers mit dem Heftroman Band 198 »Die letzte Bastion« in die Serie ein. Als die Schwesterserie ATLAN 1969 begann, war Ewers von Anfang an mit dabei.

In der Folge blieb dem Autor durch die intensive Mitarbeit bei PERRY RHODAN und ATLAN wenig Zeit, andere SF-Abenteuer zu schreiben. Dennoch setzte er Mitte der 70er Jahre die von Hans Kneifel ins Leben gerufene Taschenbuch-Reihe »Orion« fort und erarbeitete ein neues Konzept für die Serie.

H. G. Ewers hat mit die meisten PERRY RHODAN-Romane geschrieben und war bei den Lesern vor allem wegen seiner schillernden Figuren wie Omar Hawk, Dalaimov Rorvic und Tatcher a Hainu bekannt. Seit zwei Jahren pausiert der in Weil wohnende Autor bei PERRY RHODAN, widmet sich intensiv seinen Hobbys und steckt mitten in einer Ausbildung zum Heilpraktiker, die er in Basel absolviert.

Hans Kneifel

Hans Kneifel wurde 1936 in Gleiwitz/Oberschlesien als Hanns Kneifel geboren. Der gelernte Konditormeister schloß 1965 sein Studium der Pädagogik mit dem Staatsexamen ab. Schon mit 18 Jahren schrieb Hans Kneifel seinen ersten von drei SF-Romanen - »Uns riefen die Sterne« -, die im Münchner AWA Verlag erschienen.

Es folgten zahlreiche Romanveröffentlichungen, unter anderem 1965 sein erstes PERRY RHODAN-Taschenbuch, »Am Rande des blauen Nebels«. Drei Jahre später wurde der Autor in das Team der Heftserie berufen; sein Einstieg war mit Band 352, »Das strahlende Netz«. Wie H. G. Ewers war auch Hans Kneifel bei der Schwesterserie ATLAN von Beginn an dabei. Zur gleichen Zeit schrieb er die Bücher zu den sieben Folgen der TV-Serie »Raumpatrouille Orion«, danach weitere ORION-Romane.

Hans Kneifel stieg 1981 aus der PR-Heftserie aus. Seit 1992

erscheinen die Atlan-Taschenbuchromane in überarbeiteter Fassung als Hardcover bei Moewig. Bei Schneekluth publizierte Kneifel bereits einige prähistorische Romanbiographien wie »Babylon - Das Siegel des Hammurabi«, »Der Bronzehändler« oder »Hatschepsut« sowie den SF-Klassiker »Serum des Gehorsams« im Hardcover-Format.

Das Exposé-Team

Eine Romanserie mit Fortsetzungscharakter bedarf einer konkreten Ideenplanung, um die ganzen Handlungsstränge Woche für Woche zu erstellen; Widersprüche zwischen den Romanen dürfen nicht auftauchen. Diese Aufgabe wird seit Oktober 1993 von den Autoren Ernst Vlcek und Robert Feldhoff wahrgenommen. Exposé-Autoren und -Mitarbeiter waren in der Vergangenheit K. H. Scheer, Willi Voltz, Thomas Ziegler, Kurt Mahr und Arndt Ellmer.

Ernst Vlcek

Nach der Schulausbildung und Absolvierung einer kaufmännischen Lehre war der 1941 in Wien geborene Vlcek in verschiedenen Berufen tätig. Schon in jungen Jahren begeisterte er sich für Science Fiction. Für Ernst Vlcek bot sich zunächst die Möglichkeit, seine Werke innerhalb der Fan-Szene zu veröffentlichen; er machte sich einen guten Namen als Kurzgeschichten-Autor.

1966 erschien sein erster Roman »Der kosmische Vagabund«, weitere Veröffentlichungen folgten. Zwei Jahre später ergab es sich für den Österreicher, bei den PERRY RHODAN-Taschenbüchern mitzuschreiben. Vlceks erster PR-Heftroman war Band 509 »Die Banditen von Terrania«. 1970 folgte der Einstieg bei ATLAN, parallel dazu konzipierte er mit seinem Landsmann Kurt Luif die Horrorserie »Dämonenkiller«. In den folgenden Jahren seines Schaffens entwickelte Vlcek den

SF-Zyklus »Sternensaga«. 1980 wurde ihm die Exposéarbeit der Fantasyserie »Mythor« anvertraut.

Seit Band 1211 ist Vlcek für die PERRY RHODAN-Exposés verantwortlich, zeitweise mit Thomas Ziegler, Kurt Mahr und Arndt Ellmer zusammen. Ernst Vlcek lebt heute bei Wien, doch zum Schreiben und Ski fahren zieht es ihn in die Abgeschiedenheit der Berge.

Robert Feldhoff

Feldhoff, der gelegentlich von seinen Kollegen als »der große Stille aus dem Norden« charakterisiert wird, ist 1962 in Schorndorf geboren. Nach Beendigung des Gymnasiums begann er ein Studium der Wirtschaftswissenschaften. Mit 22 Jahren faßte Robert Feldhoff den Entschluß zum Schreiben, er hatte nach eigenen Angaben keine Lust mehr zum Studieren. Im Frühjahr 1987 wurde sein PERRY RHODAN-Taschenbuch »Der Alpha-Asteroid« veröffentlicht, kurz darauf holte ihn der damalige Redakteur Horst Hoffmann ins PERRY RHODAN-Team. Sein erster PERRY RHODAN-Heftroman »Die Harmonie des Todes« (Band 1328) kam sehr gut an.

Seit Anfang der 90er Jahre beschäftigt sich Robert Feldhoff zudem mit Comic-Produktionen. Zusammen mit dem Zeichner Dirk Schulz kreierte er die Fantasy-Serie »Indigo«, die im Münchner Splitter-Verlag erscheint und mittlerweile fünf Bände umfaßt. Seit Oktober 1993 entwirft er mit dem Wiener Ernst Vlcek gemeinsam die Hintergründe der PERRY RHODAN-Serie.

Das Autorenteam

H. G. Francis

Hans Gerhard Franciskowsky, geboren 1936 in Itzehoe, besuchte nach dem Abitur die Universität Hamburg, wo er Wirtschafts- und Sozialwissenschaften studierte. Bevor er 1972 - von Poul Anderson und Isaac Asimov inspiriert -hauptberuflich Schriftsteller wurde, war er 13 Jahre lang Gebietsleiter eines Pharmaunternehmens. Schon 1962 veröffentlichte er seinen ersten Roman »Die fünf Oligos«. Ein Jahr später erschien bei »Mark Powers«, einer Konkurrenzserie zu PERRY RHODAN, sein Roman »Die schlafende Gefahr« unter dem Verlagspseudonym Ted Scott. Es folgten weitere »Mark Powers«-Romane und »Utopia«-Romane, ebenso eine Mitarbeit bei »Ren Dhark«. Parallel dazu entwickelte der Autor eine eigene Serie: »Rex Corda«. Die Serie wurde jedoch nach 38 Bänden eingestellt. In der Folgezeit schrieb H. G. Francis zwei SF-Romane für den Zauberkreis-Verlag. Ab 1970 schrieb der Autor zunächst für die Schwesterserie ATLAN und kam dann 1971 zum PERRY RHODAN-Team, mit dem Roman »Sturmlauf in den Tod«, Band 518. H. G. Francis verfaßte Krimis, Horror-Romane, Drehbücher für die PERRY RHODAN-Hörspielcassetten sowie Drehbücher für Funk und Fernsehen. In den letzten Jahren publizierte er zudem Kinder- und Tierbücher.

Peter Terrid

Wolfpeter Ritter alias Peter Terrid wurde 1949 in Krefeld geboren und studierte nach dem Abitur Geschichte, Soziologie und Wirtschaftswissenschaften, da er politischer Journalist werden wollte. Seine schriftstellerische Laufbahn begann 1970 mit einem Roman für »Terra Nova«: »Das Pendel der Zeit«. Es folgten weitere Romane und 1973 der Einstieg bei der Fantasy-Serie »Dragon«. Zwei Jahre später kam der Einstieg bei ATLAN. In der PERRY RHODAN-Heftserie begann Terrid 1976 mit Band 775, unter dem Titel »Die Herren von Sh'Donth«. Daß er nach Band 1217 bei PERRY RHODAN aussteigen mußte, lag nicht an seiner schriftstellerischen Leistung, sondern an seinen Problemen mit den Terminen. Science Fiction und Fantasy waren nicht seine einzigen Genres. Terrid schrieb Kriminalromane für »Jerry Cotton« und »Kommissar-X« unter dem Pseudonym Patrick Wynes sowie Grusel-Frauenromane »Gaslicht« unter dem Pseudonym Patricia Wynes, dazu Seeräubergeschichten und Horror. Seit 1991 gehört der in Köln lebende Autor wieder zum PERRY RHODAN-Autorenteam.

Peter Griese

Der zuletzt in Bad Ems wohnhafte SF-Autor wurde 1938 in Frankfurt/Main geboren. Während seiner Bundeswehrzeit studierte er Elektrotechnik bei der Fachhochschule Neubiberg. Zunächst begeisterte er sich in seiner Jugend für Wildwestromane wie »Billy Jenkins« und »Tom Prox«, später dann für »Sun Koh - Der Erbe von Atlantis«. Nach einem Aufruf des damaligen Autors Willi Voltz debütierte er mit seiner ersten veröffentlichten Story auf der Leserkontaktseite von PERRY RHODAN. Kurze Zeit danach erschien Grieses erster Roman in der Reihe »Terra Astra«. Weitere Romane folgten, bis er 1979 Stammautor bei PERRY RHODAN wurde. Zwei Jahre später übernahm er die Exposé-Redaktion der ATLAN-Serie; bis zur Einstellung. Gleichzeitig war Griese für die Koordination der Leserbriefe und Rißzeichnungen verantwortlich. Bis Heftnummer 1828 schrieb er den PERRY RHODAN-Computer, er war für die Einplanung der Rißzeichnungen und Datenblätter zuständig. Peter Griese starb plötzlich und unerwartet im April 1996.

Horst Hoffmann

Der ehemalige PERRY RHODAN-Redakteur wurde 1950 in Bergheim geboren, wo er heute auch lebt. Nach dem Abitur begann er zunächst ein Studium der Kunstgeschichte, dann der Volkswirtschaft. Das Studium brach er ab, da er Profiautor werden wollte.

Seine erste Begegnung mit der SF hatte Horst Hoffmann mit Comics wie »Nick der Weltraumfahrer« und im Kino. Er schloß sich SF-interessierten Lesern an, die eine eigene Zeitschrift publizierten. Dort veröffentlichte Hoffmann mehrere Kurzgeschichten, die jedoch im Gegensatz zu seinen Zeichnungen und Grafiken nicht so gut bei den Lesern ankamen.

Horst Hoffmann kannte die SF-Serien PERRY RHODAN und ATLAN und kam der Aufforderung des damaligen Redakteurs Willi Voltz nach, Kurzgeschichten für die Leserkontaktseiten einzusenden; diese wurden dann auch veröffentlicht. 1974 startete er das satirische Fan-Magazin »Watchtower«. Sein richtiger Durchbruch als Schriftsteller erfolgte 1976 mit seiner ersten Roman-Veröffentlichung bei »Gemini«, »Sie kamen von jenseits der Sterne«. In diesem Jahr erhielt er die Chance, bei »Terra Astra« mitzuschreiben. Nach »Entscheidung auf Hades« folgten weitere Romane, dann kam für den SF- und Fantasy-Autor der Einstieg in die Serien ATLAN und »Orion«.

Vier Jahre später schrieb er dann bei der PERRY RHODAN-Serie mit. Nach dem Tod von Willi Voltz übernahm Horst Hoffmann in der Zeit von 1984 bis 1987 die PERRY RHODAN-Redaktion. Horst Hoffmann schreibt heute regelmäßig PERRY RHODAN-Heftromane und bearbeitet seit seiner Zeit als Redakteur die PERRY RHODAN-Silberbände.

Arndt Ellmer

Ellmer wurde 1954 unter seinem bürgerlichen Namen Wolfgang Kehl geboren und wuchs in Grenzach auf, einer Stadt am Südrand des Schwarzwaldes. Seine Begeisterung für Science Fiction begann bei ihm schon in frühester Kindheit. Von 1970 bis 1972 gab Arndt Ellmer eine astronomische Zeitschrift heraus: »AN - Astronomische Nachrichten«. Die Astronomie ist neben der Science Fiction auch heute eines seiner großen Hobbys.

In den folgenden Jahren schrieb der Autor viele Kurzgeschichten, unter anderem »Das Spiel«, die 1976 veröffentlicht wurde. Vom Sommer 1978 bis zum Sommer 1979 schrieb Ellmer mit seinem Freund Klaus Bultmann seinen ersten Roman »Die Welt der Homunkeln«, 1980 unter dem Gemeinschaftspseudonym K. U. Hansen bei Zauberkreis erschienen.

Einige Monate später schaffte er den Einstieg bei »Terra Astra«; 1981 kam ATLAN dazu. Seine Mitarbeit an der

ATLAN-Serie dauerte bis zu deren Einstellung im Januar 1988. Nach gelungenen PERRY RHODAN-Taschenbüchern erhielt Ellmer 1983 die Chance, an der PERRY RHODAN-Heftserie mitzuwirken.

In Fankreisen ist Arndt Ellmer überaus bekannt, da Woche für Woche in den PERRY RHODAN-Romanen die von ihm betreuten Leserkontaktseiten erscheinen. Hier haben Leser die Möglichkeit, miteinander zu diskutieren und zu kommunizieren. Bei dem Autor genießen die Leserbriefe erste Priorität, er beantwortet jedes Schreiben sorgsam. Die Essenz dieser Briefe wird von ihm wöchentlich zur Leserkontaktseite zusammengestellt. Arndt Ellmer lebt heute in einem idyllischen Ort im Schwarzwald.

Susan Schwartz

Die 1961 geborene Autorin, die eine kaufmännische Lehre absolvierte und hauptberuflich im Marketing-Bereich tätig ist, heißt mit bürgerlichem Namen Uschi Zietsch-Jambor. Die waschechte Münchnerin studierte nach dem Abitur Rechtswissenschaften, Theaterwissenschaft, Geschichte und Politik. Ihre Leidenschaft zu Büchern wurde ihr von beiden Eltern in die Wiege gelegt.

Der erste Roman, ein Fantasy-Epos, erschien 1986 unter dem Titel »Sternwolke und Eiszauber«. Nach weiteren Erzählungen in Anthologien und Zeitschriften gründete sie 1988 mit ihrem Ehemann Gerald Jambor den Fabylon-Verlag. Ihr Roman »Der Traum der Wintersonne« entwickelte sich schnell zum bestverkauften Roman des kleinen Verlages. Anfang 1992 reichte die Autorin ihr erstes PERRY RHODAN-Manuskript beim Verlag ein; der Roman wurde als Taschenbuch 359 mit dem Titel »Chandris Welt« veröffentlicht. Ihr erster PERRY RHODAN-Roman 1652 »Im Netz des Quidor« erschien im April 1993. Susan Schwartz schreibt seit Ende 1992 als einzige Autorin bei der PERRY RHODAN-Serie mit.

Terra in Trance

Roderer Hallo 1146

Hubert Haensel

Hubert Haensel wurde 1952 im Fichtelgebirge geboren und ist der »neuste« unter den PERRY RHODAN-Autoren. Den Zugang zur Science Fiction fand er in jungen Jahren über die Comic-Serie »Nick der Weltraumfahrer« und die damaligen Leihbücher. Nach dem Abitur begann Hubert Haensel eine Ausbildung zum Bankkaufmann, träumte aber in all der Zeit immer davon, einmal selbst Romane zu schreiben. Er nahm an einem Storywettbewerb der Heftreihe »Gemini« teil, wo er den zweiten Platz belegte. 1978 erschien Hubert Haensels erster Roman »Das Geisterschiff« in der Heftreihe »Terra Astra«. Ein Jahr später schaffte er den Sprung zu ATLAN, er schrieb insgesamt 39 Romane für die Serie. 1982 erschien sein PR-Taschenbuch »Sechs flammende Sonnen«, zwei Jahre später folgte eine Storysammlung. Parallel dazu verfaßte Hubert Haensel in den 80er Jahren Fantasy-, Horror-, Kriminal- und Abenteuer-Romane. Anfangs der 90er Jahre war er zudem als

Exposé-Autor für die Bastei-Lübbe-Serie »Die Abenteurer« tätig. Im November 1994 begann seine Mitarbeit bei der PERRY RHODAN-Heftserie mit dem Roman 1752, »Als Rebell geboren«. Hubert Haensel betreibt die Schriftstellerei nach wie vor als Nebentätigkeit: Hauptberuflich ist er Bankkaufmann mit dem Fachgebiet Immobilien.

Die anderen

Da dieser Artikel hauptsächlich die derzeit aktiven Autoren behandelt, darf nicht versäumt werden, all die anderen zu erwähnen, die seit Bestehen der PERRY RHODAN-Serie in den 35 Jahren mitgeschrieben haben: Konrad Schaef alias Conrad Shepherd, Hans Peschke alias Harvey Patton, Detlev Horn alias Detlev G. Winter, Rainer Zubeil alias Thomas Ziegler und Marianne Ehrig alias Marianne Sydow. Langjähriger Bearbeiter der PERRY RHODAN-Serie war Günter M. Schelwokat.

Michael Thiesen

Der Mann, der Tolot rennen ließ

Ein vierarmiges Monstrum mit drei glühenden Augen und einer Phalanx furchterregender Zähne galoppiert über eine blaue Ebene. An seinen Nacken klammern sich zwei Raumfahrer, Zwerge nur im Vergleich zu dem Giganten und durch das energetische Gewitter flammender Sonnen sichtlich in Angst versetzt.

Aus der knappen Deckung, die ein Felsvorsprung ihm bietet, blickt ein Mann auf die Küste eines fremden Meeres und die bizarren Formationen der Klippen. Arglos marschieren aufrechtgehende, rote Insektenwesen vor seinen Augen durch den gelben Sand.

Auf den Lohen seiner Impulsdüsen startet ein Kugelraumer und läßt ein Loch zurück in der dichten Wolkendecke des Planeten, auf dessen Oberfläche er vor wenigen Minuten noch geruht hat.

Ein Zentaur, halb Pferd, halb Mensch, bäumt sich auf und feuert mit seinem Energiestrahler auf einen walzenförmigen Roboter, der mit seinen zahlreichen Peitschenarmen nach ihm greift.

Ein Krater, umgeben von schroffen Felsen. Im Halbdunkel steht ein Mensch in einem Raumanzug. Spürt er, daß aus der Finsternis große fledermausartige Geschöpfe auf ihn hinabstoßen?

Ein Mann auf einem Pferd, das Gesicht hinter einer Maske verborgen. Ein magerer Hund ist sein einziger Begleiter. Das steinerne Klotz im Hintergrund wirkt wie das Monument seiner Einsamkeit. Der letzte Mensch der Erde, allein in einer ausgeräumten Landschaft.

Farben, mit Pinsel und Spraypistole auf Karton gebannt, Strich neben Strich, flach, unbeweglich. Und doch wirbelt es in diesen Szenen, wird der Blick des Betrachters in die Tiefe eines nicht existenten Raumes gezogen. Der Mann, der den Bildern ihr Leben eingehaucht hat, ist allen Perry Rhodan-Lesern unvergessen – es war Johnny Bruck.

Herbert Johannes Bruck wurde am 22. Mai 1921 in Hamburg geboren. Sein erstes bis sechstes Lebensjahr verbrachte er allerdings in Großbritannien. Hierauf gründeten sich seine ausgezeichneten Kenntnisse des Englischen, Schottischen und Gälischen. Der Maler konnte sich aber auch auf französisch, russisch, rumänisch, dänisch, indonesisch und chinesisch einigermaßen verständigen. Schon mit sieben Jahren liebte es Johnny Bruck, nach der Schule in Hagenbecks Tierpark Tiere zu porträtieren, eine Neigung, die sein späteres Werk ent-

scheidend prägen sollte. Johnnys Jugendtraum war ein Robinsonleben in der Südsee, wie es der berühmte Maler Paul Gauguin geführt und der Schriftsteller Pierre Loti es im vergangenen Jahrhundert beschrieben hatte.

Mit 14 Jahren riß er dann von zu Hause aus und schmuggelte sich im Hamburger Hafen zusammen mit einem Freund in einen Dampfer, der nach Südamerika gehen sollte. Glücklicherweise wurden die beiden Jungen, die lediglich Wasser und ein par Bananen mitgenommen hatten, nach zwei Tagen in der Bilge, dem untersten Teil des Schiffes, entdeckt und mußten als Konsequenz ihres Leichtsinns lediglich eine Tracht Prügel ertragen. Schon damals zeichnete es sich wohl ab, daß Johnny Bruck keine Persönlichkeit aus der Konfektionsabteilung werden würde.

Von 1936 bis 1938 machte Bruck eine Lehre als Photolithograph. Nebenbei belegte er drei Semester Aktzeichnen, wobei – nach eigener Aussage – die Bekanntschaft mit der Tochter seines Professors für ihn dabei der größte Gewinn war. Ansonsten bezeichnete sich Bruck zu Recht als künstlerischen Autodidakten.

1938 meldete er sich, der Familientradition gemäß, zur Kriegsmarine. 1941 zum Oberbootsmann befördert, wurde er auf Schnellbooten und Minensuchern eingesetzt und erlitt während des Krieges im Ärmelkanal und in der Biskaya dreimal Schiffbruch. Im Lazarett lernte er Hans Liska kennen, damals ein bekannter Kriegsberichtszeichner. Der Krieg verschlug den jungen Johnny Bruck schließlich nach Rußland. Er schickte eigene Kriegsskizzenbücher nach Hause, wo sie allerdings verbrannten. Weil er seinen Heimaturlaub um zehn Tage überzog, wurde Bruck ein Tag vor der Kapitulation wegen Fahnenflucht zum Tode verurteilt. Nur das Kriegsende rettete ihn.

Durch das Soldatenvarieté PIK-AS kam er in britischer Gefangenschaft mit Leuten in Kontakt, durch die er später auch Hans Albers kennenlernte. Mit Unterstützung seines Freundes Felix Graf Luckner, des berühmten »Seeteufels«, wurde Bruck vorzeitig entlassen und entnazifiziert. Luckner ließ Bruck dann auch die Bertelsmann-Neuauflage seines bekannten Buches illustrieren.

In der Nachkriegszeit arbeitete Bruck, der schon 1938 für »Die Welt« tätig gewesen war, als Journalist für die »Hannoversche Presse«, die »Braunschweigsche« und die »Goslarsche Zeitung«. Bereits hier kam ihm sein Faible für Collagen zugute, als er einem Pressephotographen den fehlenden Adenauer mitsamt Heinemann ins Bild zauberte. Daneben malte er Titelbilder für die klassischen Heftserien »Rolf Torring's Abenteuer« und »Jörn Farrow's U-Boot-Abenteuer«.

Ein Freund, der die Titelbilder von »Billy Jenkins« gestaltete, einer in den fünfziger Jahren populären deutschen Western-Heftserie, die damals im Uta-Verlag erschien, bat Johnny, in den Ferien für ihn einzuspringen, und der Schritt zum Cover-Profi war getan. Der Schriftsteller C.V. Rock alias Kurt Röcken brachte den talentierten Zeichner dann zu Pabel, wo Bruck zunächst Titelbilder für Röckens Kriminalromane anfertigte. Bald arbeitete er auch für die heute legendäre Utopia-Reihe. Schaut man sich die Titelbilder der frühen Utopia-Kleinbände der Reihe nach an, so kann man leicht erkennen, wie Johnny Bruck seine Technik innerhalb kurzer Zeit immer weiter perfektionierte.

Schließlich wechselte er zu Pabels damaligem Konkurrenten über, dem Münchner Arthur Moewig-Verlag. Johnny Bruck war später stolz darauf, das Titelbild von »Nichts rettet die Erde mehr«, dem ersten Band der Reihe »Terra – Utopische Romane – Science Fiction«, geschaffen zu haben. Diese wohl renommierteste deutsche SF-Heftreihe wurde 1957 gestartet. Abwechselnd mit seinem Münchner Kollegen Karl Stephan produzierte Bruck elf Jahre lang Terra-Titelbilder. Auch die Cover der Nachdruckreihe »Terra extra« und der für damalige Verhältnisse ambitionierten Digest-Format-Reihe »Terra Sonderband«, aus der später die »Terra Taschenbücher« hervorgingen, stammten zum überwiegenden Teil von ihm. Parallel dazu war er aber auch an anderen Moewig-Produkten beteiligt, wie »Der Moewig-Kriminalroman«, »Soldatengeschichten« und »Tombstone – Die Brüder Kane«, einer Western-Serie.

Außerdem arbeitet Bruck gelegentlich für den damals mit Moewig verschwisterten Heyne-Taschenbuch-Verlag. Wegen seiner Begabung, Menschen und Tiere in dramatischen Situationen darzustellen, durfte er dort die Cover für die deutsche Ausgabe von »Tarzan« und die ersten Bände der »Conan«-Sage malen. Kein Wunder, daß Johnny Bruck 1959 nach München, zum Sitz seines Arbeitgebers, umsiedelte. Aus dem Hamburger wurde ein Wahlbayer.

Einen Teil seiner spärlichen Freizeit verbrachte Bruck aber in den schottischen Highlands bei seinem Freund Lord Robert Euan McPherson, dem Chef des McPherson-Clans, mit dem er seine Begeisterung für die Jagd teilte. An Schottland band Bruck jedoch auch seine Liebe zum Whisky, und Glenfiddich spielte in Johnnys Leben eine große Rolle. Zwei »Zigarren« hat Horst Hoffmann bei seiner vierjährigen Tätigkeit als

PERRY RHODAN-Redakteur bei Pabel vom damaligen Verlagschef Winfried Blach einstecken müssen. Eine davon, weil er Johnny Bruck die falsche Whiskysorte als Weihnachtspräsent geschickt hatte, worauf sich der Maler bitter bei der Geschäftsleitung beschwerte. Eine Anekdote berichtet, daß Johnny bei der Beerdigung von Karl Herbert Scheer klammheimlich einen kleinen Flachmann in das offene Grab geworfen habe – damit »der Herbert da oben nicht verdurstet!«.

Als K. H. Scheer, Clark Darlton und Kurt Bernhardt 1961 PERRY RHODAN aus der Taufe hoben, engagierte man mit sicherem Instinkt Johnny Bruck für die Titelbilder und Innenillustrationen. Keiner konnte damals ahnen, daß er fünfunddreißig Jahre lang alle Cover dieser Serie malen würde, bis der plötzliche Tod ihn schließlich am weiteren Schaffen hinderte. Bisweilen wurden die aufmerksamen Betrachter der PERRY RHODAN-Titelbilder allerdings durch ungewohnte Namenszüge irritiert. In früheren Jahren pflegte Johnny nämlich Bilder, die ihm besonders gelungen erschienen, mit »Willis« zu signieren. Als er sich 1987 bei einem Vespa-Unfall die rechte Hand brach und im Krankenhaus weitermalte, zeichnete er seine Werke mit »J. Plasterer« und spielte damit ironisch auf seinen Gipsarm an. *Plaster* heißt im Englischen *Gips*. Auch nachdem bei einem Jagdunglück im Jahr 1989 eine Kugel seinen Fuß durchschlagen hatte, arbeitete der nun fast Siebzigjährige tapfer weiter. Eine Zeichnung dieser Zeit unterschrieb er konsequenterweise mit »Jo Shot«. 1994/95 machte ein neuer Unfall aus Johnny Bruck schließlich für neunzehn Hefte »Johnny Crash«.

Obwohl die PERRY RHODAN-Titelbilder lange Zeit ohne Namenszug veröffentlicht wurden, war Johnny Bruck populärer als mancher Autor der Serie. Ein Beispiel aus der Anekdoten-Kiste: Auf der Fahrt zu einer Autorenkonferenz saß er 1983 mit dem Entertainer Thomas Gottschalk im Eisenbahnabteil. Bruck bat Gottschalk um ein Autogramm für seine Tochter und erwähnte dabei, daß auch er gelegentlich auf SF-Cons Autogramme geben müsse. Nachdem er sein Gegenüber eine Zeitlang gemustert hatte, schlug Gottschalk die flache Hand vor die Stirn und rief seiner Frau zu: »Thea – das isser! Das isser!« Irritiert fragte sie: »Wer?« »Na, der Johnny

Bruck, der die Titelbilder für Perry Rhodan macht – deswegen lasse ich mir doch immer ein Heft zurücklegen ...«

Bei allem Lob erntete Bruck auch manche Kritik. Leser bemängelten, daß die Geschöpfe auf den Titelbildern nicht den Beschreibungen in den Heften entsprächen, daß manche Kugelraumer keine Ringwülste hätten, daß man immer wieder das gleiche zu sehen bekäme. Das ist sicher richtig. Aber wird man Johnny Bruck auf diese Weise gerecht?

Bruck malte ja in den zurückliegenden fünfunddreißig Jahren nicht nur die annähernd 1800 PERRY RHODAN- Titelbilder, sondern auch die Cover von 217 PERRY RHODAN-Taschenbüchern und mehr als 790 ATLAN-Romanen. Hinzu kommen eigene Umschlagbilder für die zwischen 1962 und 1968 erschienenen PERRY RHODAN-Leihbücher, die Front- und Backcover der PERRY RHODAN-Comics aus den Jahren 1967 bis 1973 und schließlich die Titelbilder der Silberbände und der Jubiläums-Taschenbücher. Einige PERRY RHODAN-Cover mußte Bruck für die Nachauflagen sogar ein zweites oder drittes Mal zeichnen, weil die Originale auf mysteriöse Weise aus dem Verlagsarchiv verschwunden waren. Damit ist allerdings erst der PERRY RHODAN- Komplex erfaßt. Daneben arbeitete Johnny Bruck aber auch noch für die Terra-Reihen und produzierte später die Titelbilder der monatlich erscheinenden ZBV-Taschenbücher Karl Herbert Scheers.

Mike Ashleys »Illustrated Book of Science Fiction-Lists« nennt als fruchtbarsten Cover-Künstler der amerikanischen Magazine-Szene Brucks erklärtes Vorbild Ed Emshwiller mit 275 Titelbildern. Wieviel Farbbilder Bruck allein in den Jahren produzierte, in denen er für PERRY RHODAN gearbeitet hat, kann nur geschätzt werden. Es müssen mehr als dreieinhalbtausend Stück gewesen sein. Das bedeutet, daß Bruck pro Jahr im Durchschnitt etwa 100 Bilder malen mußte. Und dabei ist noch keine seiner unzähligen Innenillustrationen berücksichtigt.

Neben der Sprühpistole benutzte Bruck die relativ schnelle Technik der Acrylmalerei. Mit Acrylfarben lassen sich ähnliche Effekte erzielen wie mit den herkömmlichen Ölfarben, sie trocken jedoch weitaus rascher und ermöglichen somit eine besonders zügige Arbeitsweise. Trotzdem kann es niemanden

wundern, daß Bruck immer wieder unter Druck geriet und nicht die Zeit hatte, jedes Bild bis zur Perfektion auszugestalten. »Ich muß oft klitschen, damit der Laden läuft«, äußerte sich Bruck selbst einmal zu diesem Thema. Ein anderes Mal meinte Johnny, der sich selbst als guter Handwerker mit künstlerischen Ambitionen betrachtete, dem es aber schmeichelte, daß andere mehr in ihm sahen: »Ich selbst bin nur selten zufrieden, weil ich Superbilder malen könnte, wenn ich a) die Zeit und b) das Honorar amerikanischer Zeichner hätte.« Auch dies sollte man bedenken, bevor man naserümpfend ein PERRY RHODAN-Heft neben den hochglanzkaschierten Bildband eines Chris Foss, Jim Burns oder Michael Whelan legt. Bruck erhielt in der Anfangszeit der PERRY RHODAN-Serie für fünf Innenillustrationen gerade mal fünfzehn Mark, wie er oft erzählte.

Als Anhaltspunkt für die Gestaltung der Titel- und Innenillustrationen erhielt Johnny Bruck regelmäßig die Manuskripte der Autoren, und die las er offenbar recht genau, denn er half der Redaktion manch groben Schnitzer auszumerzen, den sonst keiner bemerkt hatte. Aus der Sicht eines bestimmten Autors mag Johnny die Manuskripte sogar zu genau gelesen haben. Durch sein Veto sorgte er nämlich, wie Horst Hoffmann berichtet, dafür, daß ein Roman teilweise neu geschrieben werden mußte, weil der Autor seinen »Liebling« Franz-Josef Strauß durch den Kakao gezogen hatte.

Je nachdem, wie pünktlich ein Autor seinen Text abgeliefert hatte, blieben Johnny Bruck vier bis acht Wochen Zeit, die entsprechenden Bilder zu konzipieren und auszuführen. Wem dieser Zeitraum auf den ersten Blick lang erscheinen mag, der sollte bedenken, daß Johnny Bruck selbst im hohen Alter *jede Woche* ein farbiges Titelbild und die zugehörigen Innenillustrationen fertigstellen mußte. Früher waren es, wie bereits gesagt, weitaus mehr gewesen. Da die Heft-Cover jeweils als Viererstaffel auf einen Großbogen gedruckt wurden, reichte Bruck auch immer vier Bilder auf einmal an den Verlag ein.

Der Not gehorchend, mußte sich Johnny Bruck seine Motive suchen, wo er sie bekommen konnte. Schon in der Frühzeit tauchten bekannte Gesichter auf den Heften auf. Auf Band 19 steckte Bruck Richard Burtons Kopf in Perry Rhodans berühmten Raumhelm, zwei Jahre später war es auf Heft 120 John Wayne. In jüngster Vergangenheit tauchten auf den Heften 1746 und 1761 Sean Connery und Arnold Schwarzenegger auf. Bedeutende PERRY RHODAN-Autoren erschienen in der Regel erst auf Heften, nachdem sie gestorben waren. Auf dem Jubiläumsband 1200 verewigte Johnny Bruck William Voltz, auf Band 1600 K. H. Scheer und auf Band 1700 schließlich Kurt Mahr. Die einzige Ausnahme bildete Clark Darlton alias Walter Ernsting, der Bruck gelegentlich in seinem bayrischen Domizil besuchte und mit dem den Maler auch die Liebe zum Whisky verband. Ernsting ließ sich immer wieder mal in oder auf einem PERRY RHODAN-Heft entdecken. Eines der schönsten Porträts zeigt ihn auf Band 1007 als stolzen Vater Guckys, eines der bösesten auf Band 1333 als vierbeinigen Eingeborenen des Planeten Pinnafor. Ein kleines und skurriles Autorenpotpourri, bei dem Clark Darlton natürlich nicht fehlen durfte, offerierte Johnny Bruck auf einer Innenseite des Taschenbuches 295.

Angesichts der gewaltigen Schaffenskraft, die man ihm abverlangte, hätte Bruck unablässig, Tag für Tag neue Ideen, neue Entwürfe und neue Konzepte hevorbringen müssen. Wenn man die Gesamtzahl seiner Werke bedenkt, fällt es wohl kam ins Gewicht, daß Johnny für die Titelbilder und Innenillustrationen bisweilen Elemente oder ganze Szenen kopierte, die er in den Werken namhafter amerikanischer Kollegen wie Frank Kelly Freas, John Schoenherr, Angus McKie oder dem schon erwähnten Ed Emshwiller entdeckt hatte. Man sollte es ihm auch nicht verargen, daß er hin und wieder alte Terra-Titelbilder hevorkramte und mit einigen Pinselstrichen für PERRY RHODAN und ATLAN aktualisierte. Einige der interessantesten Covergemälde beider Serien kamen auf diese Weise zustande. Selbst das berühmt gewordene Titelbild des Jubiläumsbandes 1000 hat in der Nummer 141 der Terra-Reihe einen Vorläufer, der allerdings deutlich umgestaltet wurde.

Nicht nur typische Science-Fiction-Künstler lieferten die Vorlagen für Johnnys Bilder. Schon früh verwendete er auch Motive des tschechischen Paläontologie-Malers Zdenek Burian. Dessen Dinosaurier und Mammute tummelten sich auch immer wieder auf den Vorder- und Innenseiten der PR-Hefte. Bei anderen bekannten Malern fand Bruck geeignete Hintergründe für seine eigenen Bilder. Auf PR 1569 ließ er Space Jets durch das phantastische Gemälde »Montsalvat« von Ludwig Angerer dem Älteren fliegen, dessen »Ikarus« ihm später als Idee für das Titelbild von PR 1688 diente. Auf den AT-

LAN-Heften 396 und 584 finden sich Raumschifftrümmer in den ansonsten so friedlichen Landschaften von Caspar David Friedrich.

Wenn es auch nicht schwerfällt, in seinen Bildern Elemente aus dem Werk anderer Künstler zu finden, wird man Johnny Bruck doch nicht gerecht, indem man ihn einfach als Kopisten oder gar Plagiator abtut. Zum einen ist schon die harmonische Kombination unterschiedlicher Bildsegmente ein äußerst kreativer Akt, zum anderen verstand er, der Perry Rhodan-Maler auch, den Motiven seiner Kollegen neue Variationen abzugewinnen. Eines der letzten Beispiele dafür war das Heft 1782, dessen Titelbild eindeutig auf Don Maitz' »Catchworld« zurückzuführen ist und dennoch ein eigenständiges Werk darstellt.

Johnny Bruck war aber auch selbst »Opfer« von Nachahmern. Zeitweilig war auf deutschen Jahrmärkten jede dritte Berg- und Talbahn und jede zweite Menschenzentrifuge mit Motiven geschmückt, die man Brucks Titelbildern entnommen hatte. Auch auf den Covers der SF-Reihe aus Pabel-Moewigs Konkurrenzverlag Zauberkreis erschienen Bruck-Imitationen, und selbst die POINT OF, der berühmte Ringraumer, den H. J. Lührs ab 1966 über die Titelbilder der »Ren Dhark«-Serie fliegen ließ, stammt ursprünglich von Johnny Bruck. Er hatte ihn schon 1958 auf dem Terra-Band 43 verewigt und verwendete ihn später selbst noch einmal für das PERRY RHODAN-Leihbuch »Der Fall Kolumbus« und für das ATLAN-Heft 157.

Vergessen darf man aber auch nicht die Legion derjenigen Leser, die sich durch Brucks Bilder zu eigenen Werken ermutigen ließen und die nun ihrerseits Raumschiffe, Roboter und Haluter zeichneten. Um hinter die Tricks und Kniffe des Meisters zu kommen, studierten sie die Cover Woche für Woche mit besonderer Aufmerksamkeit. So lernten sie, wie ein geschickt positioniertes Glanzlicht, ein kleiner Reflex, aus einer stumpfen Fläche spiegelndes Metall werden läßt. Sie stellten fest, daß wenige Pinselstriche genügen können, um Steine kantig und Gebirge schroff zu machen. Und sie begriffen, wodurch gemaltes Feuer wirklich zu lodern beginnt. Und jedes Mal waren sie von neuem eingeschüchtert, denn in der Verkleinerung des Heftformates oder des Taschenbuches wirken alle Bilder viel meisterhafter als im Original.

Wer aber einmal PERRY RHODAN-Titelbilder in Originalgröße – meistens war es das DIN-Format A2 – zu sehen bekam, konnte feststellen, mit welcher Perfektion Johnny Bruck in der Tat zu malen vermochte, wenn er genügend Zeit und Muße hatte. Die meisten der heimlichen Bruck-Schüler blieben Amateure, aber einige wechselten auch ins Profilager über. Zu letzteren gehörte Themistokles Kanellakis, der zeitweise auch für PERRY RHODAN, ATLAN und »Terra Astra« arbeitete. Ein anderer der begabten »Schüler« Brucks, Swen Papenbrock, wurde sogar einer seiner Nachfolger in der Gestaltung der Titelbilder.

Es läßt sich kaum abschätzen, wie sich die PR-Serie ohne die Mitarbeit von Johnny Bruck entwickelt hätte. Weit mehr als viele noch so sorgfältige und anschauliche Beschreibungen im Text der Romane haben Johnny Brucks Bilder die Vorstellung der Leser von den Helden und den Fremdwesen des RHODAN-Universums geprägt.

Noch bevor die Leser im Jahre 1964 das erste Wort von K. H. Scheers Roman »Die Spezialisten der USO« auch nur wahrnahmen, hatte sich ihnen bereits das Bild des ertrusischen Riesen Melbar Kasom eingeprägt, auf dessen Hand gestikulierend der zwergenhafte, grünhäutige Siganese Lemy Danger saß. Die heutigen Leser der Silberbände mögen eine sprachlich akzeptablere und inhaltlich kompaktere Version des PR-Epos bekommen, ohne die Titelbilder von einst müssen sie aber auf etwas verzichten, das mit dem rational kaum faßbaren Flair der alten Hefte zu tun hat.

Das erste Bild eines tellerköpfigen Blues, das Johnny Bruck für das PERRY RHODAN-Heft 166 malte, begeisterte noch nach Jahrzehnten den damaligen Perry Rhodan-Redakteur Dr. Florian Marzin so, daß er als Bühnendekoration für den Worldcon 1991 in Karlsruhe zwei großformatige und sündhaft teure Kopien davon anfertigen ließ.

Immer wieder stellte Bruck auf der Titelseite in eindrucksvoller Weise die neuen oder altbekannten Aliens vor, die jene Galaxien bevölkerten, in denen Perry Rhodan, Atlan und all ihre Freunde Woche für Woche ihre Abenteuer zu bestehen hatten. Auf Heft 63 hört ein Mensch geduldig einer Gruppe ulkiger Gurkenwesen vom Planeten Swoofon zu, auf Heft 313 gestikulieren zwei löwenköpfige Gurrads, auf Heft 375 gibt ein wasserstoffatmender Maahk im Schutzanzug eine Pressekonferenz, und auf Heft 407 reicht ein kugeliger, roter Accalaurie aus Antimaterie einem Terraner freundlich die Hand. Der Greiko auf Heft 696 scheint nicht zu wissen, wo er seine langen Stelzenbeine hintun soll, und der Cygride auf Heft 1105 sieht aus wie ein halbvermoderter violetter Baumstamm mit Stielaugen. Mit der Kartanin auf Heft 1282 hat Johnny Bruck all das Katzenartige ihrer Spezies in wenigen Pinselstrichen eingefangen. Der Cryper auf Heft 1753 denkt mit hochgerecktem Kopf an die Zeiten zurück, als er noch als »Creature from the Black Lagoon« in alten Hollywood-Schinken agierte … Die Reihe ließe sich beliebig fortsetzen.

Nach all den Jahren unübertroffen ist aber wohl das Bild, mit dem Johnny Bruck 1965 auf Band 200 das erste Auftreten des Haluters Icho Tolot illustrierte. Treffender ist der Riese von Halut wohl nie mehr dargestellt worden. Auch die neue Version dieses Motivs, die Bruck selbst 1984/85 für den Hardcover-Silberband 21 anfertigte, konnte die Dynamik des Originals nicht mehr einfangen.

Als Science-Fiction-Künstler malte Johnny Bruck natürlich auch technische Artefakte und insbesondere Raumschiffe. Dem Inhalt der Serie gemäß, waren dies ursprünglich vorwiegend Kugelraumer, zum Leidwesen der auf Korrektheit bedachten Fans oft ohne den typischen Ringwulst. Ein besonders schönes Exemplar gelang Bruck für Heft 65. Als nach Karl Herbert Scheers Rückzug aus der Exposé-Redaktion die Typenvielfalt größer wurde, orientierte Bruck sich mehr an Chris Foss, aber das Arbeitstempo, zu dem er gezwungen war, machte es ihm unmöglich, die Brillanz des Amerikaners und dessen Sorgfalt im Detail nur annähernd zu erreichen.

Obwohl Johnny sicherlich kein technologisch orientierter SF-Maler war, findet man das Design seiner Raumflugkörper und Roboter zuweilen in den Rißzeichnungen wieder. Insbesondere Rudolf Zengerle, der PERRY RHODAN-Rißzeichner, ließ sich wiederholt von Brucks Werken inspirieren. So haben die Illustrationen auf den ersten Seiten der Hefte 29 und 32

unverkennbar dessen ursprünglich in PR 340 veröffentlichte Zeichnung eines »Walzenschiffs der Springer« geprägt. Eine aberwitzige Konstruktion im Inneren von Heft 88 wurde ohne irgendeine Änderung Zengerles nicht minder wunderlicher erster »Flottentender«, erstmals zu sehen in PR 224, und Johnnys ulkiger Mechanica-Roboter aus Band 119 kehrte in PR-Heft 667 als Rißzeichnung eines »Analysator-POSBI« wieder. Bis in die Anordnung der Landestützen gleicht das

»Großkampfschiff der Gurrads«, dessen Rißzeichnung ursprünglich in Heft 365 erschien, in seinem Äußeren den überwachsenen Birnenkörpern auf dem Titelbild von PR 309. In dem modifizierten Schikorski-Hubschrauber, der über das Cover von Heft 443 flog, sah Zengerle die terranische Neukonstruktion eines Shift. Die Rißzeichnung wurde zum ersten Mal in Band 535 veröffentlicht. In Zengerles eigenwilliger Rißzeichnung eines »Großkampfschiffs der Neuarkoniden (Tschirmayner)« (PR 731) findet man schließlich das gesamte Titelbild von Heft 604 wieder. Die Reihe ließe sich mühelos fortsetzen.

Auch Bernard Stoessel stützte sich gelegentlich auf Brucks Entwürfe. Sein »Kampfraumschiff der Topsider« (PR 479) hat sein Vorbild in einer bruckschen Raumschlacht auf den Innenseiten von Heft 10, und die in Perry Rhodan-Band 763 veröffentlichte Rißzeichnung einer »Raumfähre der Cappins« ähnelt täuschend dem Weltraumschlauchboot vom Titelbild des Heftes 722, das Johnny Bruck seinerseits einer fünfzehn Jahre älteren »Terra«-Titelillustration von Karl Stephan nachempfunden hatte.

Geht man von einer Innenillustration des PERRY RHODAN-Bandes 78 aus, die einen unterirdischen arkonidischen Stützpunkt im Anschnitt zeigt, könnte man übrigens Bruck selbst als den Vater der Perry Rhodan-Rißzeichnung bezeichnen.

Alte PR-Titelbilder und -Innenillustrationen muten bisweilen etwas merkwürdig an, aber wenig ist eben komischer als das utopisch-futuristische Design früherer Epochen. Ein herrliches Beispiel für solchen altmodisch gewordenen Futurismus ist die Weißbandreifenlimousine auf PR 237, die aus dem Jahr 1966 stammt.

Wie jeder war Johnny Bruck Kind seiner Zeit. Seine künstlerische Prägung erhielt er in den fünfziger und frühen sechziger Jahren, und trotz aller Modernisierungen atmen seine späteren Titelbild-Entwürfe noch immer den Geist jener Jahrzehnte. Das verlieh den PERRY RHODAN-Titelbildern in der Zeit von »Star Trek – The Next Generation« und anderen Hightech-Spektakeln ab und zu ein etwas anachronistisches Aussehen, gab der Serie zugleich aber auch eine ungeheure optische Kontinuität. Brucks unverkennbarer Stil machte es möglich, daß ein Leser auch nach mehrjähriger Lesepause »seinen« PERRY RHODAN auf den ersten Blick wiedererkannte.

Schon früh entwickelte Bruck eine Vorliebe für Fotomontagen. Indem er seine Figuren und Raumschiffe in sorgfältig ausgesuchte Fotos phantastisch anmutender irdischer Landschaften setzte, erreichte er für die Titelbilder ein Höchstmaß an Authentizität, setzte sich aber gleichzeitig der Kritik aus, es sich allzu leicht zu machen. Johnny Bruck selbst beharrte allerdings stets darauf, daß seine Collagen aufwendiger seien als ein gemaltes Bild. Was auch immer zutreffen mag, bei den meisten Lesern erfreuten sich die Collagen jedenfalls großer Beliebtheit.

Wenn er auch oft flammende Sonnen, bizarre Kraterlandschaften und zerberstende Raumschiffe auf seine Leinwand bannte, blieb Johnny Bruck im Grunde seines Herzens doch ein Tiermaler. Wer sich ein wirkliches Bild von Brucks Talent machen will, sollte sich seine Tierbilder anschauen. Darin lag seine wahre Meisterschaft: Lebende Wesen in Bewegung darzustellen, Menschen wie Tiere, laufend, springend, taumelnd, ängstlich geduckt, stolz gereckt. Es kam Bruck entgegen, daß auch die PR- und ATLAN-Autoren sich beim Entwurf ihrer Fremdwesen immer wieder die Tierwelt der Erde zum Vorbild nahmen. Und so geisterten über die Titelbilder der PERRY RHODAN- und ATLAN-Serie Geschöpfe mit Bärentatzen, Entenschnäbeln, Elefantenrüsseln, Echsenschuppen und Katzenaugen.

Immer wieder war Gucky zu sehen, der es dem Künstler offenbar besonders angetan hatte. Das vielleicht schönste Porträt des Mausbibers schuf Johnny Bruck für ein kleines Poster-Set, das Moewig in der zweiten Hälfte der sechziger Jahre herausbrachte. 1970 wurde es auch auf der Rückseite des PERRY RHODAN-Bandes 32 veröffentlicht. Für die Rückseiten der frühen PERRY RHODAN-Comic-Hefte fertigte Bruck eine ganze Reihe gelungener Porträts wichtiger Perry Rhodan-Hauptpersonen an. Sie dienten später Themistokles Kanellakis als Vorlagen für seine Schwarzweiß-Zeichnungen und fanden so indirekt Eingang in das »Perry Rhodan Lexikon«. Die farbigen Originale von Bruck waren aber für Jahrzehnte nur noch Sammlern zugänglich. Durch die PERRY RHODAN-Reprint-Reihe, die der Hansjoachim-Bernt-Verlag seit einigen Jahren herausbringt, kann aber heute wieder jeder sehen, wie sich Johnny Bruck seinerzeit Perry Rhodan, Atlan, Reginald Bull, Julian Tifflor, John Marshall, Iwan-Iwanowitsch Goratschin, Don Redhorse und andere Helden vorstellte.

PERRY RHODAN ist eine Unterhaltungsserie, die nicht zuletzt von der Abenteuerlichkeit und der Spannung ihrer Handlung lebt. Genau diese Merkmale müssen ihre Titelbilder dem potentiellen Käufer suggerieren. So war es Johnny Brucks Aufgabe, Action und Kampf, Suspense und Gefahr in seine Bilder zu packen. Aber nicht alle Titelbilder sind so gestrickt. Bruck verstand es ebenso gut, in ruhigen Szenen das Mysterium der Einsamkeit und der Zeitlosigkeit zu verdeutlichen, das vielen Romanen von William Voltz eigen war. Schöne Beispiele für solche fast beschaulichen und doch faszinierenden Bilder sind die Hefte 746, 757, 850 und 860 der Serie.

Seit 1966 lebte Johnny Bruck vor den Toren Münchens in Andechs am Ammersee. Neben seinen professionellen Arbeiten im SF-Bereich nahm er für regionale Zeitungen immer wieder die bayrische Lokalprominenz in bissigen Karikaturen aufs Korn. Aber auch das Umfeld der PR-Serie blieb von seinem spitzen Tuschestift nicht verschont. Abgesehen von dem bereits erwähnten Clark Darlton war Kurt Bernhardt sein bevorzugtes Opfer. Kein Wunder! »... nachdem ich den damaligen Cheflektor Bernhardt durch die Chefetage im Heyne-Verlag jagte und ohrfeigte (weil er meine zweite Frau beleidigt hatte), wurde mein Honorar (entgegen dem steigenden der Autoren) eingefroren«, erzählte Bruck vor Jahren. Und so porträtierte er den allgewaltigen PERRY RHODAN-Redakteur der ersten Stunde nicht nur als vielarmiges und -beiniges Quallenwesen, sondern setzte ihn zudem als stieläugigen Alien in das Titelbild von PERRY RHODAN-Heft 1013. Ansonsten hatte Johnny Bruck in der sich meist ernsthaft gebärdenden PERRY RHODAN-Serie wenig Gelegenheit, sein Talent für Komik zu zeigen.

Hin und wieder kreierten die Autoren aber auch skurrile Gestalten, die Bruck dann flugs ins Bild setzte. Stutzerhaft läßt er Roi Danton über die Vorderseite von Heft 300 stolzieren.

Der diensteifrig salutierende Sergeant im Hintergrund erinnert übrigens wieder auffällig an Kurt Bernhardt. Schon zwei Bände später präsentiert Gucky voll Stolz seinen einfältig strahlenden Sohn Jumpy – ein Mausbiberbube mit Krawatte. Die bizarren Figuren finden sich jedoch meistens im Innern der Hefte. Als Beispiel sei nur an das herrliche Bild erinnert, mit dem Bruck in Band 404 die Weltraumhexe Tipa Riordan vorstellte. Bösartige Menschen könnten da natürlich wieder an Clark Darlton denken …

1973 wurde Johnny Bruck mit dem Deutschen HUGO ausgezeichnet. Wenn dieser Preis, der sich von dem wohl bekanntesten im amerikanischen Sprachraum vergebenen SF-Award ableitet, wegen des Modus seiner Verleihung auch zurecht umstritten war, so steht doch außer Frage, daß Bruck eine solche Ehrung verdient hatte. Zwar zentrierte sich sein Schaffen auf den Komplex PERRY RHODAN, seine Wirkung ging jedoch weit darüber hinaus. Es ist kaum abzuschätzen, wie viele Leser gerade durch ihn zur Science Fiction gelockt worden sind. Während heute die meisten Menschen durch »Star

Trek« oder »Krieg der Sterne« mit dem phantastischen Genre in Berührung kommen, war in früheren Jahren PERRY RHODAN die typische Einstiegsdroge. Und der erste Kontakt kam im Tabakladen oder am Bahnhofskiosk nicht selten eben durch ein Bild von Johnny Bruck zustande, das ein Heft unter den vielen im Ständer hervorstechen ließ.

Der »Starnberger Merkur«, das Lokalblatt seiner Wahlheimat, überschrieb die Nachricht von Johnny Brucks Tod mit der Schlagzeile »Der alte Herr mit der Vespa ist tot«. Zumindest als Kauz war der Mann mit dem weißen Bart und den weißen Haaren, den man nie ohne die unvermeidliche Schottenmütze zu sehen bekam, allen im Umkreis von Andechs bekannt. Ein wunderlicher Mensch, der sich die Inspiration für seine phantastischen Bilder schlafend auf dem Hochsitz im Wald holte.

Eine stromlinienförmige Persönlichkeit war Johnny Bruck nie. Horst Hoffmann, der ihn in seiner Funktion als Perry Rhodan-Redakteur besonders gut kennenlernte, beschreibt ihn halb liebevoll, halb genervt als »Poltergeist« und als einen »Mann, der kein Blatt vor den Mund nimmt und jedem und überall sagt, was er von diesem und jenem hält«. Er fährt jedoch fort: »Im Gegensatz zu leider viel zu vielen in unserem Geschäft, hat Johnny Bruck noch nie ›mit den Wölfen geheult‹. Er ist geradeheraus, sagt, was er denkt, und macht aus seiner Seele keine Mördergrube, auch wenn er genau weiß, daß er damit aneckt.«

In den letzten Jahren schien Johnny Brucks Schaffenskraft nachzulassen. Immer mehr wiederholte er sich. Trotzdem tauchten immer wieder Bilder auf, die über das wöchentliche Einerlei hinwegtrösteten. Solche kleinen Perlen der letzten Periode waren beispielsweise die Titelbilder der Hefte 1672, 1673, 1703, 1733, 1749, 1753, 1754, 1772, 1777 und 1782.

Johnny Bruck war überzeugter Anhänger der Parapsychologie und behauptete, seine Frau Bonnie und er verfügten über telepathische Fähigkeiten. Weil ihn eine Wahrsagerin im Kaukasus während des Zweiten Weltkriegs beschworen hatte, sich nie an das Steuer eines Autos zu setzen, fuhr Bruck bis ins hohe Alter mit seiner Vespa umher. Die Voraussage der hellsichtigen Frau, daß er dreiundachtzig Jahre alt werden würde, erfüllte sich jedoch leider nicht. Im Alter von vierundsiebzig Jahren fiel Johnny Bruck nach einem Verkehrsunfall ins Koma. Am 6. Oktober 1995 starb er an den Folgen seiner schweren Verletzungen. In Herrsching am Ammersee wurde er am 11. Oktober beerdigt.

»Johnny war ein Fels in der Brandung und eine Mimose«, sagt Horst Hoffmann, »Feuer und Wasser, eben immer von beiden Extremen etwas – aber immer ein Extrem.«

Heiko Langhans

Rhodan kompakt, Atlan antik und vieles mehr

Der Anfang der PERRY RHODAN-Taschenbücher liegt, wie man meinen könnte, im Dunkel der Vorzeit vergraben; Hanns Kneifel, den Taschenbüchern aufs engste verbunden, meinte sich 1986 daran erinnern zu können, daß der legendäre Chefredakteur Kurt Bernhardt die Reihe um 1962/1963 erdacht hat. Dieser Zeitpunkt liegt vielleicht etwas früh, denn Silberband-Redakteur Horst Hoffmann 1986 im »Werkstattband« (aus dem auch die Kneifel-Erinnerung entnommen wurde) etwas mißverständlich formulierte: »Am 15. Februar 1964 debütierte die heute der Nummer 300 zustrebende Reihe mit dem Roman ›Planet der Mock‹, Autor Clark Darlton. Seitdem sind viele Romane geschrieben worden, die stets den Hauch einer gewissen ›Exklusivität‹ ausstrahlten ...«

Mag sein, daß der heutige Nestor der Serie, Walter Ernsting alias Clark Darlton, das Manuskript des genannten Taschenbuchs tatsächlich im Frühjahr eingereicht hat: Erschienen sind die Taschenbücher in schöner vierwöchiger Regelmäßigkeit jedoch erst ab September 1964. Mittlerweile sind mehr als vierhundert Bände erschienen, von Sonderpublikationen wie den sieben Jubiläumsbänden und dem PERRY-RHODAN-Jahrbuch 1976 ganz zu schweigen.

Weitgehend ungebunden an Exposé-Vorgaben konnten die Autoren eigene Geschichten ausarbeiten und eigene Figuren entwickeln, die nicht selten den Weg in die Heftserie(n) fanden. Auch konnten die »übersprungenen« Zeitabschnitte zumindest streiflichtartig beleuchtet werden. Natürlich sollte eine Einbindung in das PR-Universum immer gegeben sein, und wichtige Handlungsträger der Serie durften nicht zu Tode gebracht werden – jedenfalls nicht ohne die Möglichkeit sofortiger Regenerierung ...

Aber im Laufe der Reihe kristallisierten sich gewissermaßen Privatserien der Autoren heraus: Liebgewonnene Figuren aus der Serie, die einen Zeitsprung nicht geschafft hatten, wurden reaktiviert; aber auch neue Charaktere, die in den Taschenbüchern debütierten, erfuhren mehr oder weniger ausgiebige Behandlung und Fortsetzungen.

1964: Das erste PERRY RHODAN-Taschenbuch.

Clark Darlton schrieb beispielsweise besonders gerne über »seinen« Gucky, den Mausbiber vom vernichteten Planeten Tramp, jenes parapsychologische Multitalent, das Telepathie, Telekinese und Teleportation beherrschte und unter dessen Späßen besonders Reginald »Bully« Bull zu leiden hatte. Bei allem Humor haftete gerade dieser Gestalt jedoch auch immer die Tragik des einzigen Überlebenden an, und so ließ Darlton Gucky zumindest in den Taschenbüchern seine Ilts wiederfinden: Auf dem Planeten Mystery, der eine achtförmige Bahn zwischen zwei Sonnen beschreibt, lebten sie bis vor kurzem in fröhlicher Isolation (siehe unter anderem Band 77, »Gucky und seine Urenkel«). In den 1600er Heften der Serie mußte Gucky allerdings wieder einmal nach ihnen suchen.

Auch die Figur des körperlosen Zeitreisenden Ernst Ellert hatte es Walter Ernsting angetan. In den Bänden »Sturz in die Ewigkeit« (Band 4), »Die Zeitmauer« (Band 94) und »Am Rand des Universums« (Band 137) löste Ellert viele Geheimnisse um Zeit, Raum und Menschheitsherkunft. Im letzten Band löste er sogar ein Rätsel, das die Serienleser bereits seit Heft 19, »Der Unsterbliche« beschäftigte …

Mit der chronologisch sehr frühen Einführung der sogenannten Explorerflotte (über zehntausend Forschungs- und Vermessungsschiffe – man stelle sich vor: Raumschiff Enterprise mal 10 000 …) ergab sich auch der Nährboden für sogenannte »Planetenabenteuer«, die den Hintergrund für zahlreiche Bände lieferten, zu denen Darlton etliche beisteuerte. Für die Taschenbücher setzte sich (möglicherweise abgeleitet von eben diesen Explorer-Abenteuern) mehr und mehr der Begriff »Planetenromane« durch.

Klaus Mahn alias *Kurt Mahr* (1936 bis 1993) demonstrierte mit Band 2, »Der Große Denker von Gol«, sofort und überzeugend seine Neigung zu technisch-wissenschaftlichen Themen. Als »Physiker vom Dienst« widmete sich Mahr in seinen Heften und eben auch seinen Taschenbüchern den normalen Durchschnittsmenschen, gerne auch *all-american boys,* die »anormalen« Phänomenen gegenüberstanden und diese eher durch Grips als durch Psi-Kräfte lösten.

Er hatte gleich mehrere Lieblingsfiguren, darunter die von ihm nahezu in Alleinverantwortung betreute Abteilung III, der er die Taschenbücher 6 und 21 widmete, immer wieder Julian Tifflor und Fellmer Lloyd, die in der Heftserie lange Zeit eher blaß wirkten, die Geheimagenten Stoke Derringer (drei Bände) und Mark Richter (sechs Bände), der eine etwa zur Zeit des MdI-Zyklus tätig, der andere tausend Jahre später im verdeckten Einsatz gegen fremde Mächte aktiv, die Abteilung Psi (in den Bänden 131 und 139), die dem von Mahr verschmähten Phänomen wissenschaftlich zu Leibe rückte, dann den Androiden Sanssouq, der eine Trilogie lang den Laren das Leben schwermachte, sowie den Geheimdienst SOLEFT, der fünf Bände lang den Aufbau der Kosmischen Hanse unterstützte.

Aber der Autor widmete sich auch Einzelabenteuern und lieferte gelegentlich kosmische Abenteuer im Großformat, Berichte über Jahrtausende und Jahrmillionen umfassende Ereignisse, die in der Heftserie nur angerissen wurden. Als Paradebeispiel sei »Der Herr des Siebten Tages« (Band 358) erwähnt.

Kurt Brand (1917 bis 1991) lieferte nur ein einziges Taschenbuch (Band 3, »Schatzkammer der Sterne«). Damit stand er nicht alleine: Auch Detlev Horn, der unter dem Namen *Detlev G. Winter* schreibt und anfangs der achtziger Jahre für die Heftserie tätig war, sowie Peter Spiess alias *Martin Schlesinger* waren nur jeweils mit einem Werk, nämlich den Taschenbüchern 203 und 325, vertreten. Der Serie in anderer Funktion als Leserseiten-Cartoonzeichner verbunden war *H. J. Frey*, der ebenso wie *Klaus Fischer* nur zwei Taschenbücher beisteuerte. Fischer war zudem eine Zeitlang für die ATLAN-Serie tätig.

Mit Band 5, »Die verhängnisvolle Expedition«, betrat mit Horst Gehrmann alias *H. G. Ewers* der Autor die Bühne, der die meisten romanlangen Texte zum über dreitausend offizielle »bibliographische Einheiten« umfassenden PERRY RHODAN-Komplex beigetragen hat: 249 PERRY RHODAN-Hefte, 93 ATLAN-Hefte und 61 Taschenbücher sind bis März 1996 aus seiner Feder erschienen. Das obengenannte Taschenbuch war 1965 sein Einstieg in die Serie, vier Monate später erschien sein erstes Heft.

Ewers, der Kants *Grundlage zur Metaphysik der Sitten* als Richtschnur für seine Arbeiten anführt, aber auch gerne fernöstliche Mythologie zitiert, verleiht dem obengenannten Begriff »Privatserie« eine ganz eigene Bedeutung. Sein Roman »Der Geisteragent aus dem All« (Band 22) lieferte den Zündfunken für K. H. Scheer, sich den M-87-Zyklus (PR-Hefte 300 bis 399) auszudenken. In den Taschenbüchern 34 und 36 stellte Ewers die Oxtorner vor, allen voran Omar Hawk; Figuren aus der Heftserie wie Baar Lun oder den von William Voltz im PR-Heft 515 erstmals verwendeten Marsianer der a-Klasse, Tatcher an Hainu, und dessen »Gegenspieler« Dalaimoc Rorvic verhalf er zu Höhenflügen. Seiner Figur Computer-Kid (vier Bände) verschaffte er sogar per Rückblende kurze Auftritte in der Heftserie.

Ganz besonders am Herzen lagen Ewers jedoch wohl zwei Hauptschöpfungen. Zum einen ist da der trinkfeste Raumkapitän Nelson zu nennen, der gemeinsam mit seiner tugendhaften Schwester Mabel, dem aus Schrotteilen zusammengebastelten Roboter George und nicht zuletzt mit dem Tramp-Frachter HER BRITANNIC MAJESTY (dieses Schiff wurde zunehmend ebenso Protagonist wie die drei Zuvorgenannten) haarsträubende Abenteuer erlebt, sich letztlich aber durchsetzt und (ohne Zellaktivator) die Jahrtausende bis zur Zeit der Cantaro und darüber hinaus überlebt hat; seine Abenteuer sind in über einem Dutzend Taschenbüchern und in gelegentlichen Heftauftritten nachzulesen.

Zum zweiten ist das Intergalactic Peace Corps zu erwähnen, ein Zusammenschluß verschiedener Wesen, die sich von den Prinzipien des Hüters des Lichts Tengri Lethos beeindruckt zeigen und den Frieden im Universum verbreiten wollen. Deren Abenteuer in einem wenig friedfertigen Universum füllen ebenfalls ein Dutzend Taschenbücher; die IPC-Bände gehören mit ihrer Mischung aus Philosophie und Romantik zu den interessantesten Schöpfungen des Autoren.

Zu bemerken ist auch, daß H. G. Ewers von Lesern, Kritikern und Redaktion der Serie wegen vom Exposé abweichenden Romanausführungen geliebt und gefürchtet wird. Kein anderer hat so viele »ungeplante« Völker, galaktische Zusammenhänge und Fremduniversen in seinen Werken untergebracht wie eben H. G. Ewers. Derzeit pausiert er, weil er eine Weiterbildung zum Heilpraktiker vollzieht, schließt aber weitere Beiträge im Heft nicht aus. Etliche Vorschläge für die laufende Hefthandlung wurden bereits gemacht.

Drei Jahre, bevor er bei der Heftserie mitschrieb, debütierte *Hans Kneifel* 1965 mit Band 8, »Am Rand des blauen Nebels«, als Taschenbuchautor. Mit H. G. Ewers teilt er sich eine gewisse Spitzenreiterfunktion, obgleich die Werke der beiden Autoren stilistisch und wohl auch inhaltlich höchst unterschiedlich sind: Kneifel, ebenso bekannt für zahlreiche Taschenbücher und Hefte zur Serie *Raumpatrouille Orion* sowie für historische Romane (etwa »Babylon« und »Hatschepsut«) hat bis März 1996 mit 84 Taschenbüchern die meisten Beiträge zu der Reihe geliefert und mit 133 Heften die meisten ATLAN-Romane geschrieben. Zwischen 1964 und 1976 verfaßten Ewers und Kneifel mehr als die Hälfte der bis dahin erschienenen Taschenbücher: immerhin 78 von 150! Wer PERRY RHODAN in dieser Zeit über die Taschenbücher kennenlernte, kam an den beiden Autoren nicht vorbei.

Kneifels frühe Bände zeichnen ein stimmiges Porträt des 24. und 25. Jahrhunderts und gehen auf Aspekte wie Musik, Literatur, Kunst ein, mit denen er den Hintergrund des PR-Kosmos bereichert. Seine Lieblingsfigur ist unbestritten der Arkonide Atlan, dessen Abenteuer auf der Erde der Frühzeit in zunächst fünfzehn Bänden berichtet wurden, die mit Ausnahme von »Söldner für Rom« (Band 116) chronologisch von der Steinzeit (7888 v. Chr.) bis zum französischen Absolutismus (1710 n. Chr.) reichten. Initiiert wurde diese »Reihe innerhalb der Reihe« auf Anregung von Lektor Günter M. Schelwokat (1929 bis 1992). Knapp drei Jahre später erschien mit »Flucht der Androiden« (Band 147) der erste von knapp drei Dutzend weiteren Romanen, in denen weitere Lücken im Leben Atlans ausgefüllt wurden. Die Reihe war immerhin so erfolgreich, daß Ende 1992 der erste von geplanten zwölf Hardcover-Bänden erschien, in der die Serie historisch überarbeitet und durch verbindendes Material ergänzt chronologisch nachgedruckt wird.

Ab 1992 legte Kneifel innerhalb der Taschenbuchreihe einen neuen Atlan-Sechsteiler vor, der zwischen 2400 und 2444 spielt, also auch die zuvor in der Heftserie nur knapp angerissene Zeit nach dem M-87-Zyklus beschreibt. Bei den Arbeiten an diesem Kurzzyklus wie auch bei den ATLAN-Hardcovern und -Taschenbüchern ließ er sich von Rainer Castor und Wolfram Winkler unterstützen. Derzeit konzentriert sich Kneifel auf die ATLAN-Bücher.

William Voltz (1938 bis 1984) hat die Heftserie neben den beiden Gründervätern K. H. Scheer und Clark Darlton sicherlich am nachhaltigsten geprägt. Durch die Exposéarbeit ab 1974 vermehrt in Anspruch genommen, steuerte er nur zwölf Taschenbücher bei; die meisten davon handelten von den weiteren Abenteuern seiner Raumschiffkommandanten Nome Tschato und Don Redhorse (jeweils drei Bände), deren Debüts während des Blues- bzw. des MdI-Zyklus stattfanden. Der eine ein hünenhafter Afrikaner, der andere der »Letzte der Cheyennes«, brachten die beiden Figuren willkommene Exotik in eine in den frühen Jahren doch stark durch weiße Amerikaner geprägte Zukunftsvision.

Voltz lieferte auch den ersten der relativ seltenen Story-Bände der Reihe. Sein Band »Die tödliche Erfindung« (Band 99) handelt von den Auswirkungen einer Art Super-Handy mit Dauerkontakt zu einem umfassenden Computernetz ... »Die Söhne Sols« (Band 113) befaßt sich streiflichtartig mit parapsychisch begabten Kindern des 29. Jahrhunderts, darunter Purpose DeStaglaav und Schlappohr »Fallensteller« Bennary, die kurze Auftritte in der ATLAN-Serie hatten. Und »Die Seelenlosen« (Band 144) beleuchteten – ein wenig an Isaac Asimovs »Ich, der Robot« erinnernd – die Geschichte der Whistler-Roboter, die Voltz immer wieder in seinen Romanen und Stories auftreten ließ.

Weitere Storybände wurden unter anderem von Kurt Mahr (»Unser Mann im All«, Band 117) und Ernst Vlcek (»Die dunklen Jahrhunderte«, Band 318) beigesteuert. Zwei weitere Bände erschienen aus der Feder von Arndt Ellmer (»Weg in die Unendlichkeit«, Band 213, und »Streiflichter der Ewigkeit«, Band 244). Vier Anthologien, davon zwei mit den Ergebnissen der abgehaltenen Story-Wettbewerbe, wurden von Peter Griese (Band 175), Ernst Vlcek (Band 280), Horst Hoffmann (Band 300, worin der achte Jubiläumsband verarbeitet wurde; dazu später mehr) und dem damaligen Chefredakteur *Florian Marzin* (Band 333) zusammengestellt.

EIN MOEWIG-BUCH
Perry Rhodan
PLANETEN ROMANE
DER TÖDLICHE AKTIVATOR
Terranischer Staatsbesuch auf Conomera – dem Planeten der Maskenträger
Ein Perry-Rhodan-Abenteuer
von H. G. FRANCIS

Ernst Vlcek debütierte mit Band 46, »Planet unter Quarantäne«, in dem er die nicht spezialisierte Wissenschaftsauffassung des Ezialismus vorstellte, dessen Vertreter in seinen Romanen immer wieder zu Ehren kommen sollten. Aus den Heften 1600 bis 1800 erinnert man sich beispielsweise noch gerne an den struwwelköpfigen Marsianer Boris Siankow. (Die ähnliche Erfindung des Nexialismus von H. G. Ewers geht vermutlich ebenso wie Vlceks Ezialisten auf eine Gestalt aus A. E. von Vogts Roman »Die Weltraumexpedition der Space Beagle« zurück, dessen erster Teil 1939 erschien.)

Vlcek hat sich aber ganz besonders zweier beliebter Figuren aus der PR- und der ATLAN-Serie angenommen. Zum einen erschienen acht Romane um Michael Rhodan, Perrys Sohn, der bekanntlich sechs Jahre lang untertaucht, um sich in dieser Zeit als Oberhaupt der Kosmischen Freihändler einen eigenen Namen zu machen. (Und welch ein Name das wird: Noch heute ziehen viele Leser die Maske des Roi Danton mit Dreispitz, Kniehosen und Lorgnette mit eingebautem Paralysator dem sehr viel gesetzteren Michael Rhodan vor!) Eine Figur, die nur ein einziges Mal in Heft 26 der ATLAN-Serie als »der schreckliche Korporal« auftaucht, brachte es sogar auf zwölf Taschenbücher, in denen der USO-Spezialist und Para-Teleschizomat Walty Klackton selbst den Kosmokraten die Meinung geigt. (Die verschiedenen Psi-Fähigkeiten, die im Rhodan-Kosmos auftauchen, wären im übrigen schon einen eigenen Artikel wert …)

Nach den bereits erwähnten Beiträgern H. J. Frey (Bände 87 und 102) und Klaus Fischer (Debüt mit Band 106, dem über zehn Jahre später Band 261 folgte) gesellte sich fast exakt zehn Jahre nach Erscheinen des ersten Taschenbuchs *H. G. Francis* (alias Hans Gerhard Franciskowsky) mit Band 127, »Der tödliche Aktivator«, in den Reigen der Buchautoren. Sein Dreiergespann, Frank Pamo, Frank Eigk und Simo San (bekannt aus Heft 665, »Die Vulkan-Diebe«), kämpfte vier Bände lang gegen Laren und Überschwere, die zwischen 3459 und 3584 die Milchstraße besetzt halten. Seinem Beinahe-Posbi und Erotomanen Galto Quohlfahrt widmete er zwei Bände, bis er schließlich die Vorgeschichte des aus der ATLAN-Serie bekannten Psychoteams Ronald Tekener und Sinclair Marout

Kennon in acht Bänden schilderte. (Tekener ist bekanntlich auch jetzt noch als Aktivatorträger aktiv. Was Kennons wechselhaftes Schicksal betrifft, das ihn bis ins alte Arkon und sogar bis zum neuen Atlantis verschlug, empfiehlt der Verfasser die ersten fünfhundert Hefte der ATLAN-Serie.)

Hans Peschke alias *Harvey Patton* (1923 bis 1994) schrieb nur sechs Bände; in zweien davon widmet er sich Roi Danton und dessen Freundin Kaiserin Fiona von Childonga. Patton gehörte (trotz seines Pseudonyms) zu den leiseren Autoren, der in seinen Heften und Büchern gerne friedliche Lösungen entwickelte. Neben einem einzigen PR-Heft (Nummer 747, »Die Körperlosen von Grosocht«, in dem er einen überlebenden Mausbiber auftreten ließ) trat er auch durch 30 ATLAN-Hefte hervor.

Peter Griese ist der ATLAN-Serie, die er lange Zeit als Exposé-Redakteur betreute, ebenfalls stark verpflichtet. In seinem Debütband »Das Erbe der Pehrtus« (Band 171) greift er ein Thema aus dem kurzen Naupaum-Zyklus (PR 622 bis 649) auf, der jahrelang starke Faszination ausübte; Forderungen nach einer Rückkehr auf diesen Schauplatz waren häufig auf den Leserkontaktseiten zu finden. Griese schreibt gerne über Atlan (wer nicht?) und nahm die Gelegenheit wahr, nach Einstellung der Heftserie in einigen Taschenbüchern dessen Reisen mit der SOL weiter zu beleuchten. In neuerer Zeit lieferte er mit den Bänden 378, 384 und 398 Geschichten um ein Detektivpaar, das sich aus einem Humanoiden unbestimmter Herkunft und einem Roboter zusammensetzt und auch bereits in der Heftserie auftrat.

Der zweite Peter, Wolfpeter Ritter alias *Peter Terrid*, betrat mit Band 179, »Unsterblichkeit X 20«, die Taschenbuchbühne. Zunächst griff er gerne Themen aus der Frühzeit der Heftserie auf (was ihm den Spitznahmen »Posbi« einbrachte). Spätere Bände waren SF-Krimis mit wechselnden Protagonisten. Seine jüngste Kreation, der in der Heftserie vorgestellte Privatdetektiv Orpheus Chambers, ist auch »Held« des Jubiläums-Taschenbuchs 400.

Eine gewisse Kontroverse löste sein Roman »Schmied der Unsterblichkeit« (Band 288) aus, in der er die Entstehungsgeschichte des Tyrannenkaders der Meister der Insel und ihrer

Zellaktivatoren behandelt – eine Version, die allerdings durch die Ereignisse innerhalb der (maßgeblichen) Heftserie zumindest teilweise negiert worden ist. Eine ähnliche Kontroverse entfachte sich übrigens um Kneifels Roman »Palast der Legenden« (Band 337), in dem der Autor den Frevel beging, Neil Armstrong auf dem Mond landen zu lassen – und Rhodan als atomgetriebenen Nachzügler darzustellen.

Es schien, als ob die beiden Peters eine Flut neuer Autoren auf den Plan gerufen hätten (neu zumindest, was die Taschenbuchreihe betraf). *Horst Hoffmann* stellte sich mit Band 186, »Rückkehr der Toten«, vor und griff auf Protagonisten zurück, die bereits in vier Kneifel-Romanen aufgetreten waren: die »Goldenen Menschen«, die an eine Extremwelt angepaßt worden waren und sich zum Beispiel »optisch« anhand von Radiowellen orientierten. Hoffmann, der eine Zeitlang Chefredakteur der Serie gewesen ist und nach dem Tod von William Voltz die Redaktion der Silberbände übernommen hat, erwählt sich immer wieder gerne »historische« Themen, was er auf seine Arbeit an den Hardcovern und seine Arbeit am fünfbändigen Lexikon zurückführt. Sein Roman »Wächter der Unsterblichkeit« (Band 351) greift die Ereignisse auf dem Planeten History auf, dessen Geschichte in engem Zusammenhang mit den Meistern der Insel, aber auch mit der UFO-Hysterie der fünfziger Jahre steht ...

Zudem lieferte Hoffmann einige Romane um den im 40. Jahrhundert lebenden »Diplom-Mutanten« Torsten D. Bull, einen indirekten Nachfahren von Bully. Mit seinem Roman »Als die Kröten kamen« (Band 380) lieferte er ein haarsträubendes »traumhaftes« Abenteuer.

Werner-Kurt Giesa, derzeit Alleinautor der Serie »Professor Zamorra«, debütierte mit Band 197, »Lenkzentrale CONDOS VASAC«, in dem einmal mehr Melbar Kasom und Lemy Danger in den Einsatz gehen. Dieser erste Band orientierte sich stilistisch noch an K. H. Scheer, aber in drei weiteren Romanen ließ W. K. Giesa den exzentrischen Wissenschaftler Tyll Leyden auftreten, eine Kurt-Brand-Figur aus dem Blues-Zyklus, wobei Brand auch das eingestandene Vorbild des Autoren ist. Kasom trat auch mehr oder weniger gemeinsam mit den aus dem MdI-Zyklus bekannten Weltraumdetektiven Jean-Pierre Marat und Roger McKay in Band 226, »Krisensektor Dreigestirn« auf, der in – allerdings inoffizieller – Zusammenarbeit mit Manfred Weinland entstanden ist.

Nach dem bereits erwähnten Kurzauftritt von Detlev G. Winter debütierte Wolfgang Kehl alias *Arndt Ellmer* mit Band 213, einer Storysammlung mit dem Titel »Weg in die Unendlichkeit«. Ellmer schildert gerne die Randereignisse um die großen Zusammenhänge. So legte er zum Beispiel mit der Auris-Trilogie (Bände 293, 295 und 297) die Geschichte um die aus der Synthese der Kaiserin von Therm und dem Gehirn des Mächtigen Bardioc entstandene Superintelligenz THERMIOC vor, der mit »Vlission der Roboter« (Band 312) eine Coda folgte. Zwei Bände (nebst einer Kurzgeschichte) berichten von der Reise des Jen Salik in die Galaxis Norgan-Tur. Mit Romanen wie »Ein Befehl für Hamiller« (Ban 326) und »Die Erben der Machraban« (Band 332) schloß er auch »Lücken« aus dem Cantaro-Zyklus, der gelegentlich zu viele Handlungselemente aufwies, die nicht gebührend berücksichtigt wurden.

Mit Band 219 kam es in der äußeren Aufmachung der Taschenbücher zu einer einschneidenden Veränderung. *Johnny Bruck* (1921 bis 1995), der bis dahin sämtliche Titelbilder gezeichnet hatte, gab diese Aufgabe nun an Alfred Kelsner weiter, der diese mit einigen Ausnahmen bis zum heutigen Tag wahrgenommen hat. Brucks letztes Tb-Titelbild erschien auf Band 325 (»Das Buch der Kriege« von Hans Kneifel).

Mit dem 1983 erschienenen Band 235 lieferte Atlan-Autor *Falk-Ingo Klee* das erste von nur zwei Taschenbüchern, die beide im Jahr 3449 spielen und – im Rahmen der Reihe eher selten – Perry Rhodan himself zum Protagonisten hatten. Klee war zeitweilig ein Stammautor der ATLAN-Serie, für die er 31 Hefte schrieb.

Band 236, »Die Stadt der Zukunft«, entstammte der Feder von Rainer Zubeil alias *Thomas Ziegler*, der gemeinsam mit Ernst Vlcek Exposé-Redakteur der Bände 1200 bis 1299 war. Weniger humoristisch als vielmehr satirisch angelegt (Unterschiede verschwimmen bei näherer Betrachtung) deutete der Roman an, daß sein Verfasser eine eigenwillige Auffassung über die Serie hatte, an der er mitarbeitete, und sie im Gegensatz zu den meisten Kollegen nicht so bierernst nahm. Sein zweiter Band »Expedition ins Totenreich« (Nr. 246) zeigte ihn von der poetischen Seite, und »Der Narrenturm« (Band 265) ebenso wie die Lukas-Lorrimer-Stories »Star Amore« und »Terra Terror Tours« aus den Jubiläumsbänden 5 und 6 setzten die Richtung von Zieglers Debüt fort und zogen alle Elemente der Serie und der Science Fiction überhaupt durch den Kakao. Die drei Bände spielen übrigens im 27. und 28. Jahrhundert, einer Zeitsprunglücke, in der nach dem Willen der Autoren buchstäblich alles passieren kann/konnte, weil die Eckdaten recht kärglich waren/sind.

Hubert Haensel, der sich rund zehn Jahre später auch in der Heftserie profilieren durfte, ließ in seinem Debütroman »Sechs flammende Sonnen« (Band 237) Abwehrchef Allan D. Mercant während der Cardif-Krise 2103 auf die Maahks treffen. Rückgriffe auf die Frühzeit der Serie nahm er recht häufig vor. Haensel greift sich gerne Nebenfiguren heraus, die vielleicht nur in einem Satz der Heftserie erwähnt werden, und macht sie zu den Hauptpersonen seiner Geschichten. Ein gutes Beispiel dafür ist »Schach den Cantaro« (Band 389).

Ein leises anschwellendes Raunen erhob sich im Blätterwald des Fandoms, als mit *Robert Feldhoff* mehr als vier Jahre nach Haensel wieder ein »Neuer« die Bühne betrat. Feldhoff gelang es mit dem Band 289, »Der Alpha-Asteroid«, durch differenzierte Darstellung des Verhältnisses zwischen dem unsterblichen Mutanten Fellmer Lloyd und der Triebwerkskonstrukteurin Sonja Conchal einen Ton einzubringen, den es lange nicht mehr gegeben hatte. Feldhoff läßt seine Romane in den allermeisten Fällen in den »handlungsfreien« Abschnitten der Zeitsprünge spielen. Zwei Romane um Scitt, den Zwerg, der den Sturz des Diktators Dabrifa beschreibt, erregten Aufsehen; mit Band 368, »Terra in Trance«, gelang ihm ein kleines Meisterstück. Derzeit bildet er gemeinsam mit Ernst Vlcek das Exposé-Team.

Nach dem bereits erwähnten Martin Schlesinger und dem Herausgeber Dr. Florian F. Marzin, der 22 eher lustige Kurzgeschichten der Teamautoren im Band 333 zusammenstellte, dauerte es bis 1990, bis wieder ein neuer Name auftauchte,

Perry Rhodan
PLANETEN ROMANE
KLACKTONS PLANET
Das Genie und der schreckliche Korporal in Aktion – eine Welt steht kopf
Eine SF-Humoreske von
ERNST VLCEK
PABEL

mit dem allerdings nur wenige etwas anfangen konnten. *Susan Schwartz,* die Autorin von »Chandris Welt« (Band 357), schien völlig unbekannt zu sein.

Mittlerweile weiß man längst, daß es sich um die Münchner Autorin und Verlegerin Uschi Zietsch handelt, die mit der beinahe gleichnamigen Gelegenheitsautorin aus Marion Zimmer Bradleys Darkover-Zirkel allerdings nichts zu tun hat. In ihren Taschenbüchern beschreibt Schwartz gerne wurzellose Einzelgänger, die sich kaum in der Welt zurechtfinden und sich zwecks Überleben ihre eigenen Regeln aufstellen müssen – wie ihr Protagonist Khuatar Tosh aus »Welt der Prospektoren« (Band 370).

1992 ergab sich für die Taschenbücher ein radikaler Einschnitt. Die Verlagsunion Pabel Moewig stellte sämtliche Taschenbuchreihen ein. Über die Ursache ließe sich einiges sagen; letztlich lief es jedoch darauf hinaus, daß mit der zukünftigen Distribution durch den Wilhelm Heyne Verlag und einen strikt monatlichen Erscheinungsrhythmus sowie durch eine markt- und publikationsangepaßte Auflagenhöhe eine stetigere Präsenz in den Buchhandlungen über die stark remittierenden Bahnhöfe hinaus erzielt werden sollte.

Die äußere Gestaltung wurde leicht modernisiert, und mit dem Auftaktband 368 wurde ein modernes cyberpunk-orientiertes Thema aufgegriffen. Es gab allerdings einige unglückliche Entscheidungen. Eine zeitliche Orientierungshilfe, die mit wenigen Worten auf dem Umschlag oder auf der inneren Titelseite möglich wäre, wurde so nicht immer gewährt, was es Neueinsteigern schwermacht. Und als sich die Nachauflage der Taschenbücher zunächst gut verkaufte, wurden die Bände 13 bis 24 gleich auf einmal nachgedruckt und im Paket ausgeliefert, wodurch Buchhandel und Käuferschaft überfordert waren.

Als positiv einzustufen ist allerdings die wachsende Zahl neuer Autoren, die ihr Debüt seit der Verlagerung zu Heyne in der Reihe gegeben haben.

Mit seinem Einstieg »Halo 1146« (Band 375) lieferte *Götz Roderer* einen angenehm lesbaren Band um Michael Rhodan zur Zeit der Cantaro-Herrschaft. Ihm folgte *Uwe Anton* (bislang) mit den Bänden 385 und 392, deren Lektüre kleine Verwirrspiele darstellen, bis sich zum Schluß alles logisch zusammenfügt.

Der »Neueinsteiger« *Konrad Schaef* war gar keiner: Unter dem Pseudonym Conrad Sheperd war er 1967 und 1974/1975 bereits mit jeweils drei Heften für die PERRY RHODAN- und die ATLAN-Serie tätig. Mit »Hölle Hoch Vier« (Band 387) und »Duell in Terrania« (Band 397) mit den Hanse-Spezialisten Pet Yulal und Vernon Almod lieferte er SF-Thriller mit wirtschaftlich-politischem Hintergrund.

Manfred Weinland, »der Neue, der so neu nicht ist«, wie Michael Thiesen ihn im Perry-Rhodan-Jahrbuch 1995 des SFCU nannte, gab sein PR-Debüt mit Band 394, »Der Moloch«. Weinland sieht den Roman, der gelegentlich stark unheimliche Töne anschlägt, nicht unbedingt als »Durchbruch ins Rhodanversum« – wohl eine Definitionsfrage.

Rainer Castor, der weiter oben bereits als Zulieferer für Hans Kneifel benannt worden ist, hat mit »Für Arkons Ehre« (Band 396) einen Atlan-Roman geliefert, in dem auch Professor Arno Kalup, der geniale Polterer Scheerscher Herkunft, auftritt. Ein weiterer Atlan-Roman erschien unter dem Titel »Die Macht des Goldenen«; einmal mehr wird auf den Zyklus um die Meister der Insel zurückgegriffen.

Soviel zu den Taschenbüchern. Nicht unerwähnt bleiben dürfen allerdings das Jahrbuch 1976 sowie die sieben Jubiläumsbände, die zwischen 1980 und 1986 erschienen (ein geplanter achter Band wurde als Nummer 300, »Unter fremden Sternen«, in der regulären Taschenbuchreihe veröffentlicht). Das Jahrbuch 1976 stellte neben mehreren Artikeln mehrere anonyme Roboterstories vor, deren Verfasser von den Lesern erraten werden mußten.

Für die Jubiläumsbände, die beispielsweise anläßlich des 1000. Bandes, des 20- und 25jährigen Serienbestehens oder der Gesamtauflage von einer Milliarde erschienen, lieferten unter anderem die ansonsten nicht in der Taschenbuchreihe präsenten Autoren K. H. Scheer (drei Stories) und *Marianne Sydow* (acht Stories) Beiträge; die Bände verfaßten die jeweilig aktuellen Teams der Heftserie.

Zusammenfassend läßt sich sagen, daß die Taschenbücher ein Forum waren und sind, innerhalb dessen gewisse Experimente in stilistischer und inhaltlicher Hinsicht vorgenommen werden konnten, die in der Heftserie aus verschiedenen Gründen als nicht möglich erachtet werden. In vielen Fällen wurden diese Möglichkeiten verschenkt, wenn die Romane allzu routiniert daherkamen oder Ermüdungserscheinungen bemerkbar wurden – was sich auch über die Heftserie sagen ließe. In den letzten Jahren hatte sich eine Akzentverlagerung zu Themen wie Wirtschaft, Medien, Politik, Genetik und anderen Aktualitäten im zukünftigen Gewand ergeben, die die Romane frisch lesbar werden ließen.

In gewisser Hinsicht spiegelte die Reihe immer die Zeit wider, in der ihre Bände erschienen. Der Prozeß des Erwachsenwerdens und seine Registrierung durch die Kritik finden sich wohl nicht von ungefähr in der Tatsache reflektiert, daß ein Taschenbuch des letzten Jahres (»Welt über den Wolken«, Band 386 von Peter Terrid) für den Kurd-Laßwitz-Preis nominiert wurde.

Die Überproduktion an PERRY RHODAN-Taschenbüchern im Jahr 1995 mag ein Grund dafür gewesen sein, daß die Auflage der Taschenbuch-Reihe – sowohl der neuen Originalausgaben als auch der »Klassiker« – im Verlauf des Jahres rapide zurückging. Von diesem Auflagenschwund erholte sich die Reihe zwar im Frühjahr langsam, aber in den Augen der Verantwortlichen wohl zu langsam.

Im Frühjahr 1996 entschloß sich die Redaktion des Wilhelm Heyne Verlages, den Lizenzvertrag mit der Verlagsunion Pabel Moewig in Rastatt nicht zu verlängern. Das bedeutete den Todesstoß für die PERRY RHODAN-Taschenbücher. Vielleicht nur den vorläufigen, das kann zum aktuellen Zeitpunkt niemand exakt sagen. Tatsache ist, daß eine an sich erfolgreiche Geschichte, die im Jahr 1964 mit »Planet der Mock« begann, im Jahr 1996 mit »Tariga sehen und sterben« zu Ende gehen wird.

Ob es weitergeht, weiß derzeit niemand. Als sicher gilt eine Information aus Insider-Kreisen: In der PERRY RHODAN-Redaktion in Rastatt wird etwas Neues ausgebrütet. An eine Verlängerung der Taschenbuch-Reihe denkt im Mutterverlag im badischen Rastatt nämlich niemand.

Peter Griese

Die Rißzeichnungen in der PERRY RHODAN-Serie

Zu der Aufgabe, die Rißzeichnungen zu betreuen, kam ich eigentlich wie die Jungfrau zum Kind. Klaus N. Frick übergab mir die Aufgabe, den PERRY RHODAN-Report zu übernehmen, eine Geschichte, die ich gern annahm.

Als ich »ja« gesagt hatte, hörte ich dies: »Ach ja, übrigens, es ist damit obligatorisch, daß du auch die Rißzeichnungen machst.«

Ich fragte etwas dümmlich: »Machst?«

»Natürlich nicht selbst. Das machen die RZler.« (Das ist die Abkürzung für »Rißzeichner«). »Du sollst nur koordinieren, planen, korrigieren und so. Damals bei ATLAN hast du das doch auch gemacht. Ein Extra-Honorar gibt es dafür nicht.«

Na gut, was tut man nicht alles für den geliebten PR. (Das heißt nicht »public relations«, sondern »PERRY RHODAN«.)

Ehrlich gesagt, mich haben RZs (das ist die Abkürzung für »Rißzeichnungen«, obwohl man nach Duden eigentlich RZS schreiben müßte) früher nie sonderlich interessiert. Sie erschienen nur in Ausnahmefällen aktuell zur Handlung. Das hat mich immer gestört. Damit wußte ich aber, welches oberste Ziel ich mir neben Qualität zu setzen hatte, nämlich Aktualität. Daß ich dieses Ziel nie erreichen würde, wußte ich von Anfang an. RZler sind wie Autoren, nämlich nur in Ausnahmefällen pünktlich und außerdem grundsätzlich faul und voller Ausreden. Aber mit Menschen zusammenarbeiten, das macht Spaß.

Meine erste Arbeit war die Sichtung des vorhandenen Materials. Ergebnis: dürftig. Meine zweite Arbeit war die Reaktivierung von Georg Joergens, der damals zu den ATLAN-Zeiten meine rechte (und manchmal auch linke) Hand bei der RZ-Arbeit gewesen war. Georg kennt alle RZler x-mal besser als ich. Er fabriziert das RZJ (das ist die Abkürzung für »Rißzeichner-Journal«) und hat von der Materie mehr Ahnung, als ich je haben werde.

Zu meinem Glück sagte Georg sofort zu. Es entwickelte sich eine äußerst angenehme Zusammenarbeit. Deshalb sei

Georg Joergens an dieser Stelle ein dickes und ehrliches Lob gesagt.

Damit zur Sache. Was ist eine Rißzeichnung überhaupt? Die Antwort ist einfach: Eine RZ ist eine Zeichnung eines Objekts aus der PERRY RHODAN-Serie, das aufgeschnitten wurde, so daß man auch die Innereien sieht. Wesentliche Details sind mit Zahlen in Kreisen versehen und in einer Legende oder Zeichenerklärung näher erläutert. Dazu kommt ein mehr oder weniger langer allgemeiner Text. Neu eingeführt habe ich, daß auch der Bezugsband genannt wird, also der Roman, in dem das Objekt erstmals ausführlich »auftritt«. Am besten schaut man sich das an einem Beispiel an.

Beispielsweise die Rißzeichnung »Grenzländerstation SCHERMOTT« aus Band 1751.

Man sieht, es muß sich durchaus nicht nur um ein Raumschiff oder etwas Ähnliches handeln, wenngleich solche RZs natürlich am häufigsten sind. In diesem Beispiel ist es aber gelungen, die RZ genau aktuell im zutreffenden Roman zu bringen.

Häufig wählen die RZler einen anderen Weg. Sie zeichnen die Zahlen nicht in die Hauptzeichnung, sondern fertigen eine einfache Bezeichnung, die die Erklärungen enthält. Als Beispiel dafür die *Rißzeichnung »20-Meter-Space-Jet GRIBBON« aus Band 1767* (Abbildung Seite 299).

Die GRIBBON tauchte erstmals in Band 1763 auf, also vier Bände davor. Sie war in 1767 noch aktuell, aber ursprünglich war sie für Band 1763 vorgesehen. Aus Gründen, an die ich mich nicht mehr erinnere, kam sie vier Wochen später. Der erfahrene Leser weiß, daß in jedem vierten Roman ganz regelmäßig eine RZ erscheint.

Wie läuft meine Arbeit ab? Ich sichte nach Eingang der Exposés, was die Expo-Factory an lohnenswerten Objekten eingebracht hat. Danach stelle ich die Daten zusammen, entscheide, was eine RZ (oder ein Datenblatt für den PR-Report) werden soll und schicke die Unterlagen an Georg Joergens.

Georg telefoniert sich die Finger heiß, um zu jedem Auftrag den passenden und willigen RZler zu finden. Das geht manchmal schnell, manchmal langsam und manchmal gar nicht. Er teilt mir dann mit, wer was (voraussichtlich) zeichnet.

Ich führe bis zu diesem Zeitpunkt nur eine Übersicht, und die sieht zum Beispiel so aus:

PERRY RHODAN-RISSZEICHNUNGEN

Stand: 20. April 1996

Band	RZler-Termin	Zeichner	Thema	
1803	04.01.	O. Johanndrees	HALUTA II	erledigt
1807	01.02.	D. Schwarz	LEPSO	erledigt
1811	29.02.	Lars Bublitz	Igelschiff	erledigt
1815	28.03.	M. Oberhofer	SPATAKUS	erledigt
1819	25.04.	C. Anczykowski	PROTOS	vorhanden
1823	23.05.	O. Johanndrees	Quad-Diskus RAGLUND	vorhanden
1827	20.06.	H. Haßfeld	Balkenspindel des vierten Boten von Thoregon	Auftrag
1831	18.07.			
1835	15.08.			
Neue Aufträge				
		Johanndrees	Raumschiff der Galornen	Auftrag
		L. Bublitz	Zentrifaal-Raumschiff	Auftrag
		T. Renz	TRONTTER	Auftrag
Reserve-Rißzeichnungen				
		Anczykowski	PAVO-KOGGE	noch nicht ganz fertig

Die weitere Arbeit besteht darin, die RZ nach Eingang zu prüfen und vor allem darin, den Begleittext und die Zeichenerklärung (Legende) zu korrigieren, zu prüfen oder neu zu schreiben (kommt alles vor). Und dann schicke ich die Geschichte an den Verlag (ohne den Termin zu überschreiten).

Das ist eigentlich ein einfacher Arbeitsablauf. Daß es dennoch immer wieder zu Störungen oder Mißverständnissen kommt, liegt in der Natur der Sache und manchmal auch an der Phantasie der RZler, die etwas in eine Sache hineininterpretieren, das gar nicht hineinpaßt. Aber wir sind alle Menschen, und dann kann man damit leben.

Und wie unterschreibt ein RZler seinen persönlichen Begleitbrief? So: »Reißen wir's raus!«

Dabei müßte es doch eigentlich heißen: »Reißen wir's auf!«

20-Meter-Space-Jet GRIBBON

Die Klasse der 20-Meter-Space-Jets paßt mit ihren Abmessungen genau in die Lücke zwischen den acht Meter durchmessenden Kleinst- und den 30 bis 35 Meter durchmessenden Groß-Space-Jets. Ihre Entwicklung ist eine Folge der seit den Hauri-Kriegen anhaltenden Tendenz zu kleineren Einheiten innerhalb der terranischen Raumfahrt. Die neuen 20-Meter-Space-Jets erfüllen sowohl größen- als auch leistungsmäßig alle Anforderungen. Im Jahr 1220 NGZ bilden sie bereits die dritte große Gruppe unter den zahlreichen Varianten dieses bekannten Beiboot-Typs.

Gegenüber den Groß-Modellen sind die Flugleistungen der kleineren Modelle nur unwesentlich eingeschränkt. Dies konnte jedoch nicht nur allein durch Kompaktbauweise der Aggregate erreicht werden. Der herrschende Platzmangel bedeutet vor allen Dingen Komforteinbußen für die Besatzung. Auf die sonst üblichen Mannschaftskabinen mußte verzichtet werden. Es existiert unterhalb der Zentrale nur noch ein Briefing- und Aufenthaltsraum, der gleichzeitig auch als Schiffsmesse und Medo-Lab genutzt wird.

Zum Schlafen begeben sich die Besatzungsmitglieder in ihre individuellen »Lifepods«, von denen regulär acht Stück

mitgeführt werden. Diese neuartigen Schlafkammern verfügen in ihrem Inneren neben einem Auto-Doc-System auch über syntronische Holosysteme, die die räumliche Beengtheit ausgleichen sollen. Ferner fungieren sie als Miniatur-Rettungsboote, die im Katastrophenfall ausgestoßen werden können. Mit eigenem Fusionsmeiler, Hyperfunk und Nahrungsmittelvorräten ausgestattet, können sie einen Menschen bis zu 36 Monaten am Leben erhalten, während er durch den Auto-Doc medikamentös in einem künstlichen Koma gehalten wird.

Als Besonderheit verfügen die Space-Jets über ein Doppel-Cockpit mit Arbeitsplätzen für insgesamt sechs (erweiterbar auf acht) Piloten bzw. Missions-Spezialisten. Dies prädestiniert sie für Aufklärungs- und Forschungseinsätze.

Im oberen Heckbereich befindet sich ein walzenförmiger Aufsatz mit den Paratron-Schirmfeldgeneratoren, die im Schiffsrumpf keinen Platz mehr fanden. Die Bugfinnen müssen einen Großteil des Metagravtriebwerks aufnehmen und verfügen daher nur noch über eine beschränkte Lastenkapazität. Die Bewaffnung besteht neben den Schirmfeldgeneratoren wahlweise aus einem Transform- oder MHV-Geschütz auf der Rumpfoberseite.

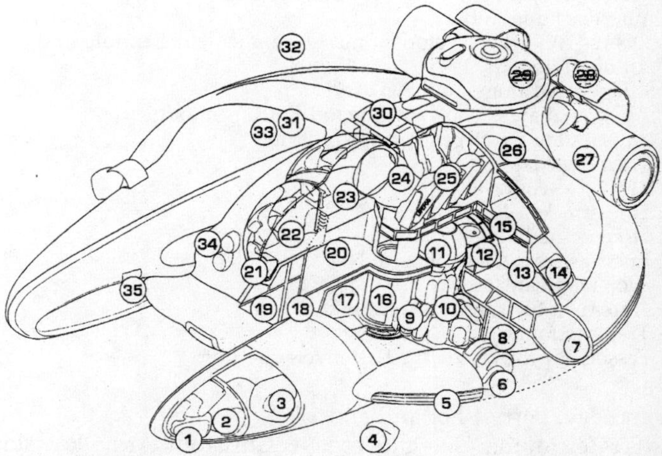

Zeichenerklärung:

1. Metagrav-Triebwerksemitter
2. Virtueller G-Punkt oder Hamiller-Felderzeuger
3. Grigoroff-Schirmfeldprojektor
4. Arbeitsroboter
5. Gravopuls-Triebwerksring
6. Zwillings-Prallfeldprojektor
7. Gravopuls-Triebwerk
8. Antigrav-Landefeldprojektoren
9. Gravitrav-Speicherblock
10. Ringkonverter
11. Hypertrop-Zapfanlage
12. Hypertrop-Systemabschirmung
13. Energiekonverter mit separatem Kontrollpult
14. Notschleuse
15. Zwischendeck mit Lebenserhaltungs- und Bordgravitationssystemen
16. Zentraler AG-Schacht mit Zwischendeckschotten und direktem Unterbodenzugang
17. Schleuse mit Raumanzügen und Zugang zu 12.
18. Schiffssyntron
19. kleiner Frachtraum mit zwei Gravobikes
20. Gemeinschaftsraum, der sowohl als Besprechungs- und Aufenthaltsraum wie auch als Medoabteilung oder Schiffsmesse dient
21. Holoprojektor für Kommandositz
22. Untere Kommandoeinheit mit Schiffsleitsystemen
23. Höher gelegte Kontrolleinheit mit Ortungsüberwachung und …
24. Oberes AG-Schachtsegment mit Öffnungen zur Zentrale und zu den Lifepods
25. Lifepod-Rettungs- und Schlafsystem
26. Absprengbares Schott für Lifepod-Rettungsmodul
27. Aufsatz mit Paratronschirmprojektoren
28. Wartungsklappen
29. MHV-Geschütz
30. Langstrecken-Raumtaster
31. Notenergie-Ladepol
32. Energie-Transfersonde zum Nachladen der Notenergieanlage
33. Antennen für Kurzstreckenfunk
34. Traktorstrahler
35. Fesselfeldprojektoren für Lastenverankerung

Grundlage: Perry Rhodan Band 1763
Text & Zeichnung: Georg Joergens & Christoph Anczykowski

(Nachtrag der Redaktion: Es waren noch buchstäblich die letzten Handgriffe am Manuskript des »Großen PERRY RHODAN-Fanbuches« zu tun, als die Nachricht eintraf. Der PERRY RHODAN-Autor Peter Griese, zugleich zuständig für die Betreuung des PERRY RHODAN-Computers, des PERRY RHODAN-Reports und der PERRY RHODAN-Rißzeichnungen, war plötzlich gestorben. Damit war eigentlich sein Artikel über die Rißzeichnungen überholt. Die Redaktion hat sich entschieden, den Artikel im Fanbuch zu lassen – als letztes schriftliches Werk Peter Grieses.)

Rüdiger Schäfer

Atlan – Der Einsame der Zeit

Zehntausend Jahre unter dem Meer

In einem seiner letzten Interviews sagte der 1991 verstorbene Karl-Herbert Scheer, einer der PR-Gründerväter: »Als wir bei Band 50 angelangt waren, wurde vom Verlag ein Clou verlangt. Im damaligen Stadium der PERRY RHODAN-Serie gab es an Neuheiten eigentlich keine Dinge, die irgendwie epochal waren. Wir hatten schon überlichtschnelle Raumschiffe, und das Robotgehirn von Arkon zeichnete sich ab. Und so erfand ich Atlan.« Damit kam der unsterbliche Arkonide im Jahr 1962 zu seinem ersten literarischen Auftritt. Unter dem Titel *Der Einsame der Zeit* führte oben genannter Karl-Herbert Scheer die neue Figur mit Band 50 in die Serie ein – und schrieb sie auf Anhieb in die Herzen der Leser.

Atlan kommt rund 8000 Jahre vor Christi Geburt auf dem im Kugelsternhaufen M 13 (Milchstraße) gelegenen Planeten Arkon zur Welt. Er ist der Sohn des zu dieser Zeit über das Große Imperium herrschenden Imperators Gonozal VII und dessen Frau Yagthara; die Eltern taufen den Jungen Mascaren.

Gut vier Jahre später wird das Herrscherpaar durch den Halbbruder Gonozals, Mascarens Onkel Orbanaschol, getötet. Dieser läßt sich als neuer Imperator ausrufen; die geplante Beseitigung des rechtmäßigen Thronfolgers wird jedoch durch Fartuloon, den Leibarzt der Ermordeten, verhindert. Er nimmt sich des jungen Mascarens an, gibt ihm den Tarnnamen Atlan und zieht ihn auf. Bis zu dessen siebzehnten Lebensjahr ist Fartuloon verständnisvoller Vater und strenger Lehrer zugleich und unterrichtet Atlan vor allem in der hohen Kunst des Dagor, einer uralten arkonidischen Kampfphilosophie.

Dann aber erscheinen die Häscher Orbanaschols, die im Auftrag von Atlans brutalem und intriganten Onkel all die Jahre nach dem verschwundenen Imperatorsohn gesucht haben. Der junge Arkonide flieht und unterzieht sich kurz darauf der sogenannten ARK SUMMIA, einer speziellen Prüfung seines Volkes, deren Bestehen die Aktivierung des *Extrasinns* nach sich zieht. Bei dem Extrasinn (auch Logiksektor) handelt es sich um einen damals bei vielen Arkoniden latent vorhandenen Bereich des Gehirns mit recht erstaunlichen Fähigkeiten. Dieser von Emotionen unbeeinflußte und streng analytisch arbeitende Teil des Intellekts ist in der Lage, telepathisch mit seinem Träger zu kommunizieren und ihn so in bestimmten Situationen bei der Entscheidungsfindung zu unterstützen oder vor Fehlern zu warnen. Im Falle Atlans hat der Extrasinn im Lauf der Jahrtausende sogar eine Art von eigener Persönlichkeit entwickelt, und die amüsanten mentalen Zwiegespräche dienten vor allem in den ATLAN-Heften als gern eingesetzte Stilmittel.

Nach langen Jahren des Kampfes im Untergrund wird Orbanaschol schließlich gestürzt. Um die durch die internen Machtkämpfe drohenden Unruhen unter der Bevölkerung und damit eine Schwächung des sich im Krieg mit den methanatmenden Maahks befindlichen Großen Imperiums zu verhindern, verzichtet Atlan auf sein rechtmäßiges Erbe und tritt statt dessen als Admiral in die Arkonidische Flotte ein. In verschiedenen Einsätzen gegen die Maahks (die am Ende den imperialen Streitkräften unterliegen und aus der Milchstraße in Richtung Andromeda emigrieren) beweist er großen Mut und erstaunliches strategisches Geschick.

Atlan ist nach irdischen Maßstäben 35 Jahre alt, als er mit einer kleinen Flotte den arkonidischen Stützpunktplaneten Larsaf III gegen die aus einem anderen Universum stammenden Druuf verteidigt. Die Superintelligenz ES schickt in diesen Tagen einen Kundschafter, der dem weißhaarigen Mann mit den leicht rötlich schimmernden Augen einen *Zellaktivator* übergibt. Mittels dieses eiförmigen, wie ein Schmuckstück um den Hals getragenen Geräts erlangt Atlan die relative Unsterblichkeit. Der Aktivator verhindert die natürliche Alterung und schützt vor den meisten Krankheiten. Durch seine permanenten Impulse benötigt der Arkonide weit weniger Schlaf als andere und erholt sich wesentlich schneller von erlittenen Verletzungen.

Gegen einen gewaltsamen Tod, beispielsweise durch eine Schußwaffe, kann freilich auch dieses kleine technische Wunder nichts ausrichten. Außerdem bleibt bei einem eventuellen

Verlust oder Defekt des Aktivators lediglich eine 62-Stundenfrist, nach deren Verstreichen der Körper innerhalb weniger Minuten die Zeit nachholt, die ihm bis dahin gestohlen wurde. Da Atlan in der aktuellen Serienhandlung rund 13 000 Jahre alt ist, würde das im Ernstfall seinen Tod durch rapide Vergreisung bedeuten; der Körper würde zu Staub zerfallen. Erst viel später erfährt der Arkonide, daß er als einer der Auserwählten der hinter den Materiequellen residierenden Kosmokraten für höhere Aufgaben vorgesehen ist und deshalb (wie auch Perry Rhodan) das Geschenk des ewigen Lebens erhalten hat.

Auf dem Planeten Larsaf III, der mit der zukünftigen Erde identisch ist, begründet der Arkonide eine kleine Kolonie. Diese siedelt sich auf dem nach ihm benannten Kontinent Atlantis an, geht jedoch während der Entscheidungsschlacht gegen die Druuf aufgrund von auf die Erde treffenden Schockwellen im Meer unter. Atlans Flotte kann die Fremden aus einem anderen Universum zwar zurückschlagen, wird dabei jedoch vollständig aufgerieben.

Ohne Möglichkeit, in die Heimat zurückzukehren, verbringt der Unsterbliche die folgenden zehn Jahrtausende in einer auf dem Grund des Atlantischen Ozeans errichteten Tiefseekuppel im biologischen Kälteschlaf. Ab und an läßt er sich von Rico, einem hochentwickelten Roboter, der die Anlagen der Kuppel überwacht und wartet, aufwecken, um die Entwicklung der Menschheit zu beobachten und bei Bedarf steuernd einzugreifen (wobei Atlan natürlich niemals in seiner wahren Gestalt, sondern stets gut getarnt agiert). Eines Tages, so hofft der Gestrandete, werden die Erdbewohner in der Lage sein, Raumschiffe zu bauen, so daß er endlich nach Arkon fliegen kann.

Die Abenteuer Atlans während seiner unfreiwilligen Gefangenschaft auf Terra sind später das Thema von mehr als 50 PR-Taschenbüchern. Dort beschreibt der Autor Hans Kneifel die Streifzüge des Arkoniden durch die Menschheitsgeschichte, läßt ihn mit den Großen der Welt wie Napoleon, Leonardo da Vinci oder Christopher Kolumbus zusammentreffen, aber auch Invasionen von Außerirdischen meistern oder (unbewußt) Aufträge der Superintelligenz ES ausführen.

Im Jahr 1971 zieht Atlan sich schließlich aus Furcht vor einem drohenden Atomkrieg zum letzten Mal in seine Kuppel zurück. Er sieht seine Bemühungen, die Evolution der Menschen in eine positive Richtung zu lenken, als gescheitert an und programmiert sein nächstes Erwachen für das Jahr 2040, um dann die Reste der terranischen Kultur zu begutachten.

Die USO und der Held von Arkon

Hier setzt nun die Hefthandlung ein. PR-Band 50, der in eben jenem Jahr 2040 spielt, in dem Atlan wieder erwacht, kümmert sich ausführlich um die neue Figur, die auf Anhieb die Herzen der Leser erobert. Überrascht muß der Arkonide feststellen, daß sich die Erdbevölkerung keineswegs selbst vernichtet, sondern im Gegenteil ein junges und blühendes Sternenreich, das Solare Imperium, geschaffen hat. Unter der Führung Perry Rhodans, der die Welt geeint und die überlegene Technik der einst auf dem Mond gestrandeten Arkoniden Crest und Thora zum Wohle aller Menschen eingesetzt hat, ist im Solsystem ein aufstrebender Machtfaktor entstanden, der sich anschickt, im Konzert der galaktischen Völker eine wichtige Rolle zu spielen.

Doch noch ist es nicht soweit. Rhodan, der im Jahr 1984 die Vernichtung Terras vortäuschen mußte, um sein noch schwaches Imperium vor den zudringlichen Springern zu schützen, betreibt eine Politik der freiwilligen Isolation (die aus heutiger Sicht zeitliche Diskrepanz ergibt sich durch die Tatsache, daß der erste PR-Roman 1961 erschien und die dortige Handlung in der Zukunft des Jahres 1971 spielt). Erst wenn die Menschheit stark genug ist, um sich gegen die übrigen politischen Blöcke in der Milchstraße behaupten zu können, will der Terraner wieder an die galaktische Öffentlichkeit treten.

Als Atlan versucht, die Erde zu verlassen, kommt es fast zwangsläufig zum Konflikt zwischen den beiden Männern. Der Unsterbliche will unter allen Umständen nach Arkon zurück, Perry Rhodan will ihn nicht ziehen lassen, um die Position Terras weiterhin geheimhalten zu können. Erst auf der Wüstenwelt Hellgate gelingt es dem Terraner, den erfahrenen und listenreichen Arkoniden zu stellen und in einem packenden Psychoduell zu besiegen.

Atlan gibt nicht auf. Wenig später kann er erneut fliehen und wird von Rhodan diesmal im Historischen Museum auf dem Planeten Venus gestellt. Es kommt zu dem in Fankreisen legendär gewordenen Schwertkampf der beiden Kontrahenten, den der unsterbliche Arkonide für sich entscheidet. Die Klinge an der Kehle des Terraners, Atlan zum tödlichen Stoß bereit, messen sich die beiden Männer in diesen schicksalhaften Sekunden mit ihren Blicken. Dann senkt der Arkonide die Waffe und reicht dem Gegner die Hand. Es soll der Beginn einer tiefen Freundschaft sein, die sich bis in die aktuelle Handlung der PR-Romane zieht.

Für damalige Verhältnisse war die Niederlage eines Serienhelden wie Perry Rhodan und die sich anschließende Geste der Versöhnung zwischen zwei sich zuvor geradezu leidenschaftlich bekriegenden Figuren bemerkenswert. Sie dokumentiert vor allem, daß das Phänomen PR schon zu Beginn seiner beeindruckenden Geschichte neben den bekannten Elementen der Abenteuer-SF auch Raum für echte Beziehungen zwischen den einzelnen Protagonisten bot.

Rhodan und Atlan entpuppten sich in den folgenden Jahrhunderten oft genug als gegensätzliche, sich in diesem Kontrast jedoch ergänzende Charaktere. Der Arkonide als unnachgiebiger, oft zynischer Spötter mit allen Attributen des in zahllosen Schlachten gereiften Feldherrn. Der Terraner als von der Vision einer vereinten Milchstraße getragener Moralist, dessen nach außen demonstrierte Härte nur noch von seiner inneren Melancholie übertroffen wurde. Während sich Atlan stets an der Philosophie des Machbaren orientierte, den Standpunkt eines manchmal brutalen Pessimisten vertrat, spielte Perry Rhodan die Rolle des Träumenden, der seine Ziele mit der Pfiffigkeit des auf sich vertrauenden Optimisten zu erreichen suchte.

Im Jahr 2044 übernimmt der Arkonide das Amt des neuen Imperators und löst damit das bis dahin über das Große Imperium herrschende Robotgehirn ab. Seine Artgenossen haben sich längst in ein Volk degenerierter Phlegmatiker verwandelt; das ehemalige Reich ist in zahlreiche Fragmente zer-

brochen und wird nur noch durch die Kompromißlosigkeit der Maschine zusammengehalten. Bis zum Jahr 2115 behält Atlan den Thron, dann wird er der ständigen Intrigen und Machtkämpfe müde und dankt zugunsten Perry Rhodans ab.

Ab 1. Juli desselben Jahres gründet er die United Stars Organisation (USO), eine dem Solaren Imperium nahestehende milchstraßenweit operierende Schutztruppe mit umfangreichen Vollmachten und einem Stab speziell ausgebildeter Agenten, USO-Spezialisten genannt. Dieser Institution steht Atlan als Regierender Lordadmiral bis zum Jahr 3459 vor. Dann geht er unter dem Druck der Laren-Invasion in den Untergrund, die USO zerfällt.

Die stetig wachsende Beliebtheit der Figur des Arkoniden unter den Lesern veranlaßte den Verlag 1969, acht Jahre nach dem Start der PR-Serie, schließlich dazu, eine eigene Romanreihe mit Atlan-Geschichten zu starten. Die Hefte wurden zunächst monatlich publiziert, aufgrund der positiven Resonanz stellte man jedoch schon bald auf vierzehntägiges, dann auch wöchentliches Erscheinen um. Unter dem Titel *Im Auftrag der Menschheit* wurden dort die Erlebnisse des USO-Agententeams Sinclair Marout Kennon und Ronald Tekener erzählt (letzter fand später als fester Protagonist auch Einzug in die PR-Serie).

Die als SF-Krimis angelegten Stories fanden bei den Fans Gefallen, doch die Tatsache, daß Atlan selbst eher im Hintergrund stand und nur dann in das Geschehen eingriff, wenn es um wirklich wichtige und für den Fortbestand des galaktischen Friedens elementare Dinge ging, gefiel dem Publikum auf Dauer nicht. Die faszinierende Vergangenheit des unsterblichen Arkoniden ließ die Leserschaft nicht zur Ruhe kommen.

Die Verantwortlichen trugen diesem Interesse Rechnung, indem sie ab Band 88 alle vier Wochen einen sogenannten *Atlan exclusiv-Roman* einschoben und hier unter dem Titel *Der Held von Arkon* die Abenteuer des jungen Arkoniden während seines Kampfes gegen seinen Onkel Orbanaschol, den Mörder seiner Eltern, schilderten. Mit Band 120 kamen die *Atlan exclusiv*-Hefte vierzehntägig heraus und ab Band 176 wurde dann auf wöchentliches Erscheinen umgestellt. Bis Band 299, dem Ende des Zyklus *Der Held von Arkon*, wurden so insgesamt 160 Hefte veröffentlicht, die sich mit der Vergangenheit Atlans beschäftigten (8003 bis 7997 v. Chr.), und 139 Romane, die zu USO-Zeiten spielten (2406 bis 2407 und 2840 bis 2842).

200
Perry Rhodan Sonderreihe
ATLAN
exclusiv
Der Held von Arkon
DM 1,50
Österreich S 12,–
Schweiz Fr. 2,00
Herrscher im Mikrokosmos
Sie sind Wanderer zwischen den Universen – Atlan ist in ihrer Gewalt

Der König von Atlantis

Auch in den folgenden Jahren sollte sich die ATLAN-Serie mit ihren Zyklen immer wieder auf Handlungsabschnitte konzentrieren, die in der PR-Serie ausgelassen worden oder zu kurz gekommen waren. 1977 erreichte man den Jubiläumsband 300. Zu dieser Zeit lagen Fantasy-Romane und artverwandte Themen, so z. B. Berichte um die Geheimnisse des versunkenen Kontinents Atlantis (das bekanntlich im Hinblick auf die Person Atlans ohnehin eine wichtige Rolle gespielt hatte), voll im Trend.

Unter diesen Voraussetzungen begann das Team um den damaligen Exposéchef William Voltz (unter einem Exposé versteht man eine Handlungsvorgabe, nach der die einzelnen Autoren schreiben und die bei einer Fortsetzungsserie Kontinuität und inhaltliche Geschlossenheit garantiert) mit einem Zyklus, der sich über 200 Romane erstreckte. Unter der Titelzeile *König von Atlantis* starteten Atlans Abenteuer auf jenem geheimnisvollen untergegangenen Erdteil, der die Phantasie der Menschen bis heute beschäftigt.

Zwischen den Bänden 399 und 400 der PERRY RHODAN-Serie lagen damals 993 Jahre Handlungszeit (2437 bis 3430), die in den Heften nicht behandelt, sondern aus dramaturgischen Gründen übersprungen wurde. In diese Periode fällt auch der *Atlantis*-Zyklus der ATLAN-Reihe. Das Problem, daß der Arkonide in der späteren PR-Handlung niemals über die in den 200 Romanen beschriebenen Erlebnisse berichtet hat (schließlich erschienen die PR-Hefte 399/400 im Jahr 1969, die Bände des Atlantis-Zyklus der ATLAN-Serie aber erst acht Jahre später), löste man dadurch, daß Atlan nach seiner Rückkehr auf die Erde in Band 499 sämtliche Erinnerungen an die zweijährige Atlantis-Odyssee verlor.

Auf der Erde schreibt man das Jahr 2648, als sich der versunkene Kontinent (auch als *Pthor* bezeichnet) urplötzlich aus den Fluten des Atlantischen Ozeans erhebt. Aus Sicherheitsgründen wird die Insel sofort mittels eines Paratron-Schutzschirms isoliert. Der Arkonide dringt nach Atlantis vor und unternimmt dort erste Nachforschungen. Es stellt sich heraus, daß Pthor ein sogenannter Dimensionsfahrstuhl ist, der sich

durch die Aktivitäten des Unsterblichen in Bewegung setzt, die Erde verläßt und Kurs auf die Schwarze Galaxis nimmt.

Nach zahllosen Gefahren und Zwischenfällen trifft Atlan dort auf den Dunklen Oheim, den negativen Teil einer Superintelligenz, der als Psychovampir von jenen Energien zehrt, die Lebewesen in Streß- und Angstsituationen ausströmen. Die Dimensionsfahrstühle wurden ursprünglich durch einen Beauftragten der Kosmokraten (aus der PR-Serie als Mächtige bekannt) geschaffen und waren dazu gedacht, jene Völker zu unterstützen, die nicht auf das durch die Schwärme repräsentierte Intelligenzprogramm ansprachen (diese komplexen Zusammenhänge wurden in den PR-Romanen ab Band 800 geschildert). Der Dunkle Oheim pervertierte diese Technik und nutzte sie fortan dazu, um seinen Herrschaftsbereich zu vergrößern. Mit Hilfe Atlans wird die negative Superintelligenz schließlich vernichtet und der Arkonide kehrt im Jahr 2650 wieder auf die Erde zurück. Wie bereits erwähnt, verliert er kurz darauf alle Erinnerungen an die Ereignisse auf Pthor und in der Schwarzen Galaxis.

Die zu Beginn des Zyklus angeschlagene Fantasy-Thematik kam bei den Lesern nicht besonders gut an, und trotz der späteren Rückbesinnung auf SF-Elemente gelten die 200 Atlantis-Romane heute als Flop (was allerdings nichts über ihre zweifellos vorhandene Qualität aussagt). Die Relevanz der durchaus spannenden Verwicklungen um Pthor und die Schwarze Galaxis wurde dabei natürlich auch durch besagten Erinnerungsverlust gemindert. Die Autoren konnten später nicht mehr auf diese Erlebnisse zurückgreifen; der Atlantis-Zyklus blieb gewissermaßen eine abgeschlossene Episode ohne größere Bedeutung.

In den Jahren 3460 bis 3581 ist Atlan als »Statthalter« des Neuen Einsteinschen Imperiums aktiv. Während die Milchstraße von den Laren beherrscht wird, sammelt der Arkonide die überall versprengten freien Menschen in der Dunkelwolke Provcon-Faust und arbeitet von dort aus an der Vertreibung der Invasoren.

Der Auserwählte und die SOL

Die nächste Handlungslücke, die die ATLAN-Serie dankbar nutzte, gründete sich auf den Umstand, daß die Kosmokraten, also jene unbegreiflichen, auch als Kräfte der Ordnung bezeichneten Entitäten, die in der PR-Kosmologie lange als Hüter universeller Moral und Sittlichkeit galten, einen *Auserwählten* zu sich holten, um diesen angeblich mit besonders wichtigen Aufgaben zu betrauen. Perry Rhodans Gewißheit, daß nur er selbst dieser vom Schicksal Begünstigte sein konnte, erfüllte sich zu seiner und zur Überraschung der Leser nicht. Im Jahr 3588 verläßt nicht der Terraner, sondern der Arkonide Atlan das terranische Fernraumschiff BASIS (PR-Band 982) und tritt zusammen mit dem Kosmokratenroboter Laire die Reise hinter die Materiequellen, dem Lebensbereich der gottähnlichen Überwesen an. Dort soll er direkten Kontakt zu den Kosmokraten (auch Hohe Mächte genannt) aufnehmen.

Atlan bleibt mehr als 400 Jahre verschollen. Erst 425 NGZ (= Neue Galaktische Zeitrechnung; im Jahr 3588 führt Perry Rhodan die NGZ in der Milchstraße ein; das Jahr 425 NGZ entspricht also nach alter Schreibweise dem Jahr 4012) kehrt er wieder in die Milchstraße – und damit in die PERRY RHODAN-Serie zurück (PR-Band 1048). Seine Erinnerung an die Zeit hinter den Materiequellen (die immerhin knapp die Hälfte der genannten vier Jahrhunderte umfaßt) hat er allerdings verloren. Offenbar sind die Kosmokraten nicht daran interessiert, daß ihr Auserwählter das Wissen um seinen mysteriösen Auftrag behält. Lediglich einige Ereignisse aus den Jahren 3588 bis 3601 kehren später bruchstückhaft in Atlans Gedächtnis zurück.

Danach hat der Unsterbliche sein Ziel keineswegs auf direktem Weg erreicht, sondern wurde während des Transports von Laire getrennt und in die Namenlose Zone verschlagen, eine Dimension zwischen dem Normaluniversum und der Existenzebene der Kosmokraten. Dort trifft er auf die wegen eines Regelverstoßes im Kosmischen Schachspiel (ein Thema, das die PR-Romane 600 bis 649 behandeln) für zehn Relativeinheiten verbannte negative Superintelligenz Anti-ES.

Für den Unsterblichen beginnt eine beispiellose Odyssee. Vierzehn zermürbende Jahre lang führt er einen schier aussichtslosen Kampf ums Überleben. Anti-ES versucht des Unsterblichen habhaft zu werden, um mit ihm als Geisel die Hohen Mächte zur Aufhebung der Verbannung zu zwingen, doch immer wieder kann sich Atlan seinem Gegner entziehen.

Auf einem einsamen atmosphärelosen Asteroiden kommt es schließlich zur entscheidenden Auseinandersetzung. In ihrem durch den langen Kampf gewachsenen Zorn will die negative Superintelligenz den Arkoniden längst nicht mehr gefangennehmen. Bereits den sicheren Tod vor Augen, wird Atlan jedoch im letzten Moment von einem unbekannten Humanoiden gerettet. In dem mysteriösen Fremden erkennt der Unsterbliche beim Näherkommen einen perfekten Doppelgänger seiner selbst; dann läßt ihn die Erinnerung im Stich, und es wird dunkel. Das, was in den folgenden rund 190 Jahren geschah, ist bis heute nicht geklärt.

Mit Band 500 (erschienen 1981) begann in der ATLAN-Serie ein Zyklus, der nach Ansicht vieler Fans der mit Abstand beste der Serie war. Unter dem Titel *Die Abenteuer der SOL* schildert er in 175 Romanen die zwanzigjährige Suche des Arkoniden (durch zwei Zeitsprünge vergehen tatsächlich allerdings nur rund vier Jahre) nach einem Raumsektor namens Varnhagher-Ghynnst (dazu weiter unten mehr) und seine Erlebnisse an Bord des Generationsraumers SOL. Dieses aus zwei 2500 Meter durchmessenden Kugeln und einem zylindrischen 1500 Meter langen Verbindungselement bestehende Schiff wurde zu Zeiten der Aphilie (ab PR-Band 700) gebaut und verkörpert gleichsam einen eigenen, autarken Lebensraum. Die Solaner (also die an Bord der SOL geborenen und das Leben auf Planeten ablehnenden Menschen) betrachten sich als eine eigenständige Spezies und fordern schließlich die Übergabe des Schiffes. Im Jahr 3586 muß Perry Rhodan diesem Drängen nachgeben, und die SOL bricht in eine ungewisse Zukunft auf.

In den folgenden gut 200 Jahren (die weder in der PR-, noch in der ATLAN-Serie explizit behandelt werden) wird das Schiff und seine Besatzung von heftigen Krisen geschüttelt. Die nachfolgenden Machtkämpfe und Interessenkonflikte münden in die Entstehung eines von Willkür und Gewalt dominierten Systems. Im Jahr 3791 steht der High Sideryt (ein Synonym für Kommandant) Chart Deccon an der Spitze des Ehernen Ordens, einer Organisation, die diktatorisch über die SOL herrscht. Die Besatzung besteht aus einem wirren Durcheinander von Individuen und Gruppen, wie beispielsweise den Terra-Idealisten, die zur Erde zurückkehren wollen, den Extras (Fremdwesen, die während der Reisen der SOL an Bord gelangten) oder den Buhrlos (Menschen, die für begrenzte Zeit ohne Schutzanzug im Vakuum leben können). Als das Generationsschiff schließlich in die Gewalt einer fremden Macht gerät, von einem Traktorstrahl eingefangen und gemeinsam mit Unmengen von Trümmerteilen und Metallschrott in ein fremdes Sonnensystem gezogen wird, scheint die Situation aussichtslos.

Es sind die Buhrlos, die während einer ihrer Spaziergänge im Weltraum inmitten des treibenden Altmetalls eine bewußtlose Gestalt im Raumanzug finden: Atlan. Offenbar haben ihn die Kosmokraten nach fast 200 Jahren aus ihrer Obhut entlassen und dafür gesorgt, daß er auf die SOL und ihre Besatzung trifft. In seinem Gedächtnis sind die Koordinaten des schon erwähnten Raumsektors Varnhagher-Ghynnst gespeichert. Dorthin - so lautet der diffuse Auftrag der Hohen Mächte - muß er mit dem Hantelraumer fliegen, um seine Bestimmung zu erfüllen.

In den folgenden Monaten ist der Arkonide zunächst einmal vollauf damit beschäftigt, die chaotischen Zustände an Bord der SOL zu beseitigen und wieder geordnete Verhältnisse herzustellen. Er bewahrt das Schiff vor der Zerstörung durch ein fehlprogrammiertes Robotgehirn, schaltet den Traktorstrahl ab und nimmt schließlich Kurs auf sein neues Ziel.

Doch bis er dieses wirklich erreicht, vergeht viel Zeit. Immer wieder werden Atlan und seine Mitstreiter aufgehalten, so beispielsweise durch HIDDEN-X, eine Spiegelung der negativen Superintelligenz Seth-Apophis (der Kampf gegen diesen mächtigen Gegner wird ab Band 1000 in der PR-Serie geschildert), die neue Raumgebiete erobern und für die Aufnahme in die Mächtigkeitsballung ihres Originals vorbereiten soll. Auch Anti-ES, die inzwischen einen Weg gefunden hat, aus der Namenlosen Zone heraus Einfluß auf das Normaluniversum zu nehmen, taucht wieder auf und versucht ihre Flucht aus dem Dimensionsgefängnis voranzutreiben. Nach vielen Verwicklungen und Abenteuern werden sowohl HIDDEN-X als auch Anti-ES vernichtet, und die SOL erreicht endlich im Jahr 3811 Varnhagher-Ghynnst.

Jetzt erst erkennt der Unsterbliche, was die Kosmokraten von ihm verlangen. Er soll zwischen den beiden Mächtigkeitsballungen der positiven Superintelligenz ES und der negativen Superintelligenz Seth-Apophis eine art Pufferzone schaffen. Da Seth-Apophis kurz davor steht, sich in eine Materiesenke zu verwandeln und dieses mit allen Mitteln verhindern will, trachtet sie danach, sich die von ES beherrschten Raumgebiete (also auch die Milchstraße) anzueignen, zu unterjochen und die dort gesammelten positiven Energien aufzunehmen. Die von den Hohen Mächten angestrebte Pufferzone soll den bevorstehenden Konflikt der beiden Überwesen zugunsten von ES beeinflussen.

Atlan trifft auf die Spoodies, kleine, virenähnliche Symbionten, die in der Lage sind, die Intelligenz und Konzentration ihrer Träger extrem zu steigern. Die SOL nimmt eine Ladung dieser Objekte an Bord, stellt sie dem Volk der Kranen in der Galaxis Vayquost zur Verfügung und fördert so deren Aufstieg zum beherrschenden Machtfaktor in diesem Sektor des Universums. Der Arkonide selbst zeigt sich nicht offen, sondern übernimmt die Rolle des sogenannten Orakels von Krandhor. Verbunden mit einer ganzen Wolke von Spoodies lenkt er die Zivilisation der Kranen in den nächsten 200 Jahren behutsam in die gewünschte Richtung und baut so eine riesige Friedenszelle auf.

Vom Orakel zu EVOLO

Allerdings erfährt Atlans Orakeldasein schon bald eine kleine Unterbrechung. Bereits nach sieben Jahren als Berater der Kranen, also im Jahr 3818, wird der Arkonide jäh aus seiner Mission herausgerissen; wieder sind es die Kosmokraten, die mit einem Auftrag an ihn herantreten. Die neue Mission führt ab ATLAN-Band 675 (erschienen Ende 1984) in die Galaxis Alkordoom. Dort herrschen der Erleuchtete und seine sogenannten Facetten, unter deren diktatorischer Regentschaft eine Gefahr namens EVOLO im Entstehen begriffen ist. Diese, so die Kosmokraten, stellt eine Bedrohung dar, die sogar für die Mächte hinter den Materiequellen das Ende bedeuten könnte. Ausgerechnet Atlan soll den Erleuchteten stoppen

und EVOLO unschädlich machen. Mit diesem Minimum an Informationen im Gepäck erwacht der verblüffte Unsterbliche in Alkordoom auf dem Planeten Puurk.

In den letzten Romanen des SOL-Zyklus, der eigentlich auf

150 Hefte angelegt gewesen, dann aber aufgrund des Erfolgs um 25 Bände verlängert worden war, hatte man auf seiten der Verantwortlichen dem Gigantismus allzusehr gefrönt. Denkende Galaxien, kosmische Superwesen im Dutzend billiger sowie scharenweise Zeit- und Dimensionssprünge hatten die Leser offenbar ausgelaugt, und der Ruf nach einer eher bodenständigen SF wurde lauter.

Mit Alkordoom und dem neuen Zyklus *Im Auftrag der Kosmokraten* griff man deshalb auf das geradezu klassische Abenteuermotiv des Fremden in fremder Umgebung zurück. Auf sich allein gestellt, ausgesetzt in einem vollkommen unbekannten Szenario und mit einer schier unlösbaren Mission ausgestattet, mußte der Arkonide nach Informationen suchen und sich Stück für Stück das Mosaik der bestehenden Verhältnisse zusammensetzen – und das funktionierte bis Band 699 ganz ausgezeichnet.

Mit dem Jubiläumsroman 700 wurde aufgrund der Aufstockung des Exposé-Teams die Galaxis gewechselt und das reichlich unmotiviert. Obwohl die Ereignisse im Alkordoom keineswegs abgeschlossen und die dort zurückgelassenen Themen genügend Stoff für fünfzig oder auch hundert Romane geboten hätten, läßt man den Erleuchteten vor dem sich nähernden Atlan nach Manam-Turu, einer weit entfernten Galaxis, fliehen; der Leser, der sich gerade erst an den frischen Hintergrund gewöhnt hat, mußte innerhalb kürzester Zeit umdenken. Auch sein Raumschiff ANIMA, ein höchst interessantes Gefährt, verlor Atlan und hatte von nun an mit der STERNSCHNUPPE, einem aus den Werkstätten der Kosmokraten stammenden Fahrzeug, vorliebzunehmen.

Die neue Erscheinung der sich scheinbar nicht mehr besonders gut verkaufenden Serie wurde sehr schnell deutlich. Um auch die Fans, die bisher nur PERRY RHODAN gelesen hatten, für ATLAN zu begeistern, baute man mit den Paddlern, den Hyptons, Don Redhorse, M 87 oder den Hütern des Lichts bekannte Motive aus der PR-Handlung ein. Diese sicher nicht ungeschickte Vorgehensweise wurde allerdings durch einen Wust an zusätzlichen Fakten und Querverbindungen verwässert. Mit der Einführung des Ordens der Zeitchirurgen und dessen oft kaum mehr nachvollziehbaren Aktivitäten ging

Als die Kröten kamen

Galaktische Rache

nach und nach der rote Faden verloren; die Serie wurde unübersichtlich, unlogisch und die Ereignisse für den Leser schwer bis gar nicht mehr verständlich. Die Gigantomanie mutierte in ungeahnte Dimensionen, so zum Beispiel in ATLAN 800, ein Roman, in dem mit der Zeitfestung ein technisches Objekt auftauchte, dessen Inneres einen eigenen künstlichen Kosmos beherbergte. Die wichtigsten Entwicklungen des Zyklus seien dennoch kurz zusammengefaßt:

EVOLO, ein Konglomerat aus Milliarden sogenannter Psi-Potentiale (parapsychisch begabte körperlose Bewußtseine) wird in Manam-Turu vollendet, rebelliert jedoch gegen seinen Herren und tötet den aus einem Kollektivwesen namens Vergalo hervorgegangenen Erleuchteten. Da EVOLO von Beginn seiner Existenz an Probleme hat, seine riesige geistige Masse zu stabilisieren, spalten sich drei Wolken aus Psi-Potentialen ab. Eines davon wird später vernichtet, die zwei übrigen mutieren zu den Schwarzen Sternenbrüdern, Entitäten, die aufgrund der durch den Erleuchteten vorgenommenen Programmierung das Ziel verfolgen, die Herren hinter den Materiequellen auszuschalten und damit den Weg für die Expansionspolitik ihres einstigen Schöpfers freizumachen. Selbst als der Erleuchtete und dann auch EVOLO selbst eliminiert werden können, ist die Gefahr für die Kosmokraten nicht beseitigt.

Die Schwarzen Sternenbrüder wollen über die Manipulation eines aus dem Zentrum Alkordooms entspringenden galaktischen Jetstrahls (eine Art hyperdimensionaler Springbrunnen) die Verbindung zum Lebensbereich der Kosmokraten herstellen und durch die Überhitzung dieses Phänomens sechsdimensionale entartete Materie und Energie hinter die Materiequellen leiten. Dies würde den Kollaps einzelner Materiequellen und somit nicht nur eine unvorstellbare und kosmische Katastrophe, sondern auch den Tod der Hohen Mächte bedeuten. Atlan kann diesen Plan vereiteln, die beiden Fragmente EVOLOS unschädlich machen und schließlich im Jahr 3821, drei Jahre nach seiner Abberufung, in seine Orakelrolle zurückkehren. Mit Band 850 wird die ATLAN-Serie im Januar 1988 eingestellt.

Obige Zeilen mögen die tatsächliche Komplexität (besser wäre hier natürlich Kompliziertheit) insbesondere der letzten

50 Romane nicht einmal ansatzweise vermitteln. Aufgrund der diversen Wechsel der Zeitebenen schreckte man auch nicht davor zurück, das bestehende Modell des kosmischen Hintergrundes zu erweitern und durch allerlei mitunter überaus krause Theorien anzureichern. Für den Leser wurde es dabei immer schwieriger, zwischen tatsächlich existierender Handlung und den immer wieder beschworenen Pseudorealitäten zu unterscheiden. Dennoch ist es Peter Griese, seit Band 533 für die Exposés verantwortlich und zeitweise von zwei Kollegen unterstützt, hoch anzurechnen, daß er sich für einen echten Abschluß der ATLAN-Serie einsetzte und somit die geplante frühere und abrupte Einstellung verhindern konnte. Auch der Zyklus *Im Auftrag der Kosmokraten* hatte zahlreiche Höhepunkte und überzeugte insgesamt trotz seines schwachen letzten Drittels.

Von den Dunklen Jahrhunderten zur Gegenwart

Ab dem Jahr 425 NGZ, in dem Atlan seine Rolle als Orakel von Krandhor aufgibt und mit der SOL in die Milchstraße zurückfliegt, spielen seine Abenteuer wieder ausschließlich in der PERRY RHODAN-Serie. Mit der Galaktischen Flotte stößt der Arkonide zum Frostrubin vor und hat maßgeblich Anteil an den weiteren Geschehnissen um die Endlose Armada. Zusammen mit Jen Salik erreicht er die Tiefe und bereitet dort den Boden für die Rückkehr des Frostrubins in das Gefüge des Moralischen Kodes. Schließlich kommt es zum Bruch mit den Kosmokraten, deren Methoden sich nach Ansicht von Atlan, Perry Rhodan und den anderen Unsterblichen nicht wesentlich von denen der Chaosmächte unterscheiden. Wie seine Freunde ist auch der Arkonide nicht länger bereit, sich von den Hohen Mächten gängeln und benutzen zu lassen. Doch diese sind nicht willens, ihre wertvollen Helfer einfach gehen zu lassen und belegen sie mit einem Bann, der ihnen eine Rückkehr in die Milchstraße verwehrt.

Atlan und Perry Rhodan finden auf dem Planeten Sabhal in der Mächtigkeitsballung der Superintelligenz ESTARTU eine vorübergehende neue Heimat; dort bringt auch Rhodans vierte Ehefrau Gesil die gemeinsame Tochter Eirene zu Welt.

Als Mitglieder der Gänger des Netzes wirken die Freunde an der Zerschlagung des Kults der Ewigen Krieger mit, gelangen in das sterbende Universum Tarkan und sind am Transfer der Galaxis Hangay ins Normaluniversum beteiligt.

Als die Kosmokraten schließlich einsehen, daß sie Atlan und Rhodan nicht mehr zurückgewinnen können, lösen sie den Bann, doch bei der Heimkehr aus Tarkan wird die Flotte mit den beiden Männern an Bord von einem Stasisfeld erfaßt. Während außerhalb des Feldes rund 695 Jahre vergehen, stehen die Uhren für die Unsterblichen praktisch still, und als sie das durch den Hangay-Transfer verursachte Phänomen endlich wieder freigibt, finden sie die Milchstraße in einen unüberwindlichen Schutzschirm, den Chronopuls-Wall, gehüllt. Gemeinsam befreien Atlan und Perry Rhodan die Galaxis vom Joch der Cantaro, stürzen den Diktator Monos und stehen am Ende dennoch vor den Trümmern ihres Lebenswerks. Die Dunklen Jahrhunderte der Monos-Herrschaft haben die Milchstraße in unbeschreibliches Elend gestürzt; es beginnt die entbehrungsreiche Zeit des Wiederaufbaus.

Nach Bewältigung der Linguiden-Krise folgen die Begegnung mit den Ennox und die beiden Expeditionen zur Großen Leere. Man entdeckt, daß das Universum neben dem bekannten Normalraum (Parresum oder Plusseite genannt) auch eine Minusseite, das Arresum, besitzt. Das sich dort ausbreitende Anti-Leben, Produkt des fehlgeschlagenen Experiments eines größenwahnsinnigen Mächtigen, wird beseitigt, und nach den turbulenten Ereignissen in der Kleingalaxis Hirdobaan und der evolutorischen Grundsteinlegung im Arresum durch ein neues Sporenschiff erreicht man im Jahr 1222 NGZ endlich wieder die Milchstraße.

Die genannten Fixpunkte können natürlich nicht mehr als einen groben Überblick bieten; immerhin erstreckt sich die damit umrissene Handlung über mehr als 700 Romane (ausführlichere Übersichten finden sich im fünfbändigen PR-Lexikon oder in der bei der Verlagsunion Pabel Moewig KG erhältlichen Einstiegshilfe *PR – Die Basis*). Die Auftritte Atlans in den PR-Romanen gestalten sich mehr oder weniger regelmäßig. Zu jenen Zeiten beispielsweise, da der Arkonide in der Tiefe unterwegs war, er also eine eigene Handlungsebene für sich allein beanspruchen durfte, erschienen immer vier bis fünf Hefte mit den entsprechenden Abenteuern hintereinander, bevor dann wieder zu Perry Rhodan oder anderen Protagonisten umgeblendet wurde. Die ersten sieben PR-Bände, in denen Atlan eine Rolle spielte, wurden sogar auf dem Titelbild speziell gekennzeichnet (diese von Karl-Herbert Scheer verfaßten Hefte waren zudem in der Ich-Perspektive geschrieben und hoben sich schon allein deshalb von den anderen Stories ab).

Heute ist der Arkonide zwar nach wie vor eine wichtige, nicht aus der PR-Serie wegzudenkende Figur, besitzt allerdings nicht mehr die Bedeutung, die er einmal hatte. Große Teile seiner Vergangenheit sind inzwischen bekannt (die Taschenbücher mit den Erlebnissen während des Exils auf Terra haben es sogar bis zu einer eigenen Nachdruckreihe in Hardcoverform gebracht). Dennoch strahlt der Unsterbliche noch immer eine große Faszination aus, die sich zum Teil darin begründet, daß er seine komplexe Historie bereits bei seinem ersten Auftauchen in PR-Band 50 mitbrachte, während Perry Rhodan sich seinen persönlichen Hintergrund erst erarbeiten mußte. Hinzu kommen die 190 Jahre hinter den Materiequellen, über die bis heute Unklarkeit herrscht. Vielleicht wäre diese bei einem Weiterbestehen der ATLAN-Serie inzwischen beseitigt worden.

Atlan ist – weit mehr als Perry Rhodan – der Prototyp des klassischen Helden, eine Art »Lone Ranger« des Universums, ein Mann, der es gewohnt ist, einsame Entscheidungen zu treffen und mit deren Konsequenzen zu leben. In den nun knapp 35 Jahren seiner literarischen Existenz hat sich die Figur jedoch gewandelt. War der Arkonide unter der Regie von Karl-Herbert Scheer noch jener *Zyniker, wohlmeinender Spötter* und *unerbittliche Antreiber*, als den ihn das PR-Lexikon beschreibt, so formte ihn William Voltz (vor allem in der ATLAN-Serie, die er von Band 81 bis 447 und 500 bis 509 betreute) zu einem vielschichtigen Charakter mit all seinen Stärken und Schwächen. Als eine beeindruckende Mischung aus Weisheit, Autorität und Einfühlsamkeit wurde er zum liebgewonnenen Mittelpunkt zahlloser kurzweiliger Lesestunden – und so habe auch ich ihn bis zum heutigen Tag in Erinnerung behalten.

Klaus N. Frick

PERRY RHODAN all over

Das Phänomen PERRY RHODAN beschränkt sich schon lange nicht mehr nur auf den deutschen Markt und auf das Format des Heftromans allein. Nahezu unzählbar sind beispielsweise die verschiedenen Versuche des Verlages und diverser - auch nicht autorisierter - Händler in den 60er und 70er Jahren, die Serie und ihre Figuren zu vermarkten; den meisten daraus entstandenen Produkten war kein langes Leben beschieden.

Merchandising

Mit die ersten Produkte rund um die PERRY RHODAN-Serie waren Sammelmappen und Abzeichen, die es bereits 1965 gab; Zielgruppe waren vor allem jüngere Fans, die sich zu dieser Zeit in ersten Fanclubs zusammenfanden. PERRY RHODAN-Comics (siehe entsprechender Artikel in diesem Fanbuch) und ein legendär schlechter Film, der immer wieder im Privatfernsehen zu bewundern ist (als Satire unerreicht, leider aber ernstgemeint), kamen schon in den 60er Jahren hinzu.

Ende der 60er Jahre entwickelte sich der sogenannte PERRY RHODAN-Service, zuerst in Berlin, dann in München, später wieder in Berlin, der unzählige verschiedene Produkte anbot. Unter anderem gab es Quartettspiele, einen Gucky als Plüschfigur und andere Objekte. In den 70er Jahren kamen Poster, Briefmarken, Sonderstempel, Wimpel und eine Vielzahl anderer Fan-Artikel hinzu.

Das ab 1972 laufende PERRY RHODAN-Clubmagazin wurde 1975 als PERRY RHODAN-Report in die Hefte überführt. Es bildete aber zusammen mit der Comic-Reihe, die als PERRY RHODAN-Magazin firmierte, gegen Ende der 70er Jahre die Grundlagen für das offizielle PERRY RHODAN-Magazin. Das ambitionierte Projekt, das sich innerhalb kürzester Zeit weg von der eigentlichen Serie entwickelte, etablierte sich zeitweise als größte SF-Zeitschrift Europas, wurde aber anfangs der 80er Jahre eingestellt.

PERRY RHODAN-Schallplatten gab es zwei: 1971 der Titel »Countdown« von einem unbekannten Sänger namens Sherman Space, in dem einige Fans Udo Jürgens wiedererkannt haben wollten, und 1986 mit »Two Million Lightyears from Home« von der holländischen Gruppe Sensus. Beide Singles floppten, erfreuen sich aber unter den Fans bis heute größter Beliebtheit.

In den 80er Jahren erlebte das PERRY RHODAN-Merchandising einen kurzzeitigen Höhenflug: Es gab Wimpel und eine Schulmappe, einen Alu-Koffer und eine Blouson-Jacke, sogar eine »Space-Watch« und ein teurer Kugelschreiber, ganz zu schweigen von Videospielen und Hörspiel-Kassetten. Das war offenbar zuviel, die Verkaufserfolge waren zu gering; danach hatten sowohl die Leser als auch der Verlag kein großes Interesse mehr.

In letzter Zeit gab es verstärkt Bemühungen, PERRY RHODAN-Merchandising anzubieten. Es gibt derzeit T-Shirts und Baseballkappen, Comics und Spiele sowie eine Gucky-Büste aus Kunstharz in Lizenzausgaben. Kugelschreiber, Feuerzeuge, Aufkleber und andere Materialien werden als »Gimmicks« über die PERRY RHODAN-Fanzentrale verbreitet.

Lizenzen

Die ersten Lizenzausgaben kamen übrigens schon in den 60er Jahren heraus: In Frankreich – wo es PERRY RHODAN mit allerlei Unterbrechungen und Umstellungen bis heute gibt – startete Fleuve Noir mit der Umsetzung der Heftserie im Taschenbuch, in Belgien begann der Verlag Marabout mit einer Ausgabe in wallonisch.

1969 startete Ace Books mit einer amerikanischen Taschenbuch-Ausgabe, die aber in den 70er Jahren wieder eingestellt wurde. Ein zweiter Versuch, PERRY RHODAN auf dem amerikanischen Markt zu etablieren, diesmal in Heftform, scheiterte ebenfalls.

Dagegen war PERRY RHODAN in den Niederlanden erfolgreich: Nach dem Taschenbuch-Start im Jahr 1971 wurde die Serie sehr schnell auf Heftformat umgestellt und läuft bis heute gut. In den Niederlanden entwickelte sich sogar eine eigenständige Fan-Szene, die Zeitschriften publizierte und Cons veranstaltete.

Ähnliches gilt für Japan: Ende 1971 stieg der Verlag Hayakawa Shobo ins Geschäft mit den deutschen Weltraumabenteuern ein; bis heute laufen dort die Heftromane im Taschenbuch-Format. Fanclubs haben sich ebenfalls gegründet, die japanischen Fans pflegen unregelmäßigen Kontakt zu deutschen Clubs und Einzelpersonen.

Im Verlauf der 70er und 80er Jahre gab es immer wieder Versuche, PERRY RHODAN in Lizenz im Ausland zu publizieren. In Großbritannien und Finnland, in Italien und Griechenland erschienen Reihen, die nie eine lange Lebenszeit hatten. Die brasilianische Ausgabe »verabschiedete sich« 1994 im Zuge der großen Wirtschaftskrise in dem südamerikanischen Land spurlos. Gewissermaßen als Ausgleich wurde 1995 eine Lizenzausgabe in Tschechien gestartet.

Michael Thiesen

Auf dem Weg zum Zentrum aller Universen – Perry Rhodan im Comic

Mitte der sechziger Jahre, als in der Bundesrepublik der Begriff »Merchandising« noch nicht zum allgemeinen Sprachgebrauch gehörte, entschloß sich der Moewig-Verlag, den Erfolg seiner PERRY RHODAN-Serie, die mit dem Zyklus um die »Meister der Insel« einen ersten Höhepunkt erreicht hatte, auf andere Medien auszuweiten: Im September 1967 erschien das erste Heft der Serie *»Perry Rhodan im Bild«*. In einer Zeit, in der Comics fast ausschließlich von Kindern und Jugendlichen konsumiert wurden, war dies nicht nur eine Möglichkeit, unmittelbar Profit zu machen, sondern auch ein probater Weg, jüngste Leserschichten an die Perry Rhodan-Serie heranzuführen. Einen deutlichen Hinweis auf diese Orientierung zu Zehnjährigen hin gab das Vorwort der redaktionellen Seite, der sogenannten »Galaktischen Zeitung«. Es wurde jeweils von dem Mausbiber Gucky unterzeichnet, einer gerade bei jüngeren Lesern beliebten Figur.

Zweifellos versprach man sich einen besonderen Anschub für das Comic-Projekt von dem Spielfilm »Perry Rhodan – SOS aus dem Weltraum«, der gleichzeitig in den Kinos anlief. Der Streifen erwies sich jedoch als Flop, da er dramaturgisch und tricktechnisch nicht einmal bescheidensten Ansprüchen genügte und zudem inhaltlich so stark von den Heftromanen abwich, daß er von den Lesern nicht angenommen wurde. Auf den Rückseiten der ersten acht Comic-Hefte veröffentlichte man als Lockmittel Standfotos aus dem Film, und Karl Herbert Scheers eher nüchterne arkonidische Raumschiffkonstruktionen aus den Heftromanen wurden in den ersten Bänden der neuen Comic-Serie durch die phantastisch anmutenden Modelle des Films ersetzt, um eine optische Übereinstimmung zu gewährleisten. Später erhielten die Kugelraumer dann wieder einen ordentlichen Ringwulst und vernünftige Landestützen. Auch die STARDUST wurde modernisiert. Statt der 1961 von Scheer konzipierten Mondrakete tauchen in den frühen Comics die Raketen, Raumkapseln und Mondlandefahrzeuge des damals aktuellen Apollo-Programms der NASA auf.

Die 32 Seiten umfassenden Hefte enthielten anfangs jeweils eine sechzehnseitige Perry Rhodan-, eine sechsseitige Gucky- und eine ebenfalls sechsseitige Atlan-Geschichte.

Bereits der fade *Perry Rhodan im Bild* deutet an, daß sich die Handlung dieser ersten Perry Rhodan-Comics sehr eng an den Inhalt der Romanhefte anlehnte. Von wenigen Ausnahmen abgesehen, war selbst der Hefttitel des Comics mit dem Titel des Romans mit der gleichen Nummer identisch. Kein Wunder, denn die Comics wurden von K. H. Scheer, dem damaligen Chefautor der Heftserie, getextet.

Perry Rhodan traf auf dem Mond die Arkoniden, gründete die Dritte Macht, scharte das Mutantenkorps um sich und wehrte die Individualverformer ab. Der Vorstoß ins Wega-System und das Zusammentreffen mit den Ferronen und Topsidern stellt durch die exotischen Außerirdischen und ihre unterschiedlichen Raumschifftypen vielleicht die optisch reizvollste Sequenz der frühen Perry Rhodan-Comics dar. Anschließend wurde das galaktische Rätsel gelöst, und Rhodan entdeckte Wanderer, den Planeten der Unsterblichkeit. Auf die Auseinandersetzung mit dem Overhead, einem Supermutanten, folgte der Konflikt mit den Springern.

War schon das Handlungsgerüst der ersten PR-Romane vergleichsweise einfach gestrickt, so galt das in besonderem Maße für ihre komprimierte Darstellung in Comic-Form. Die Schwarzweiß-Charakterisierungen, die damals in der PR-Serie vor allem bei Außerirdischen typisch waren, wurden durch die zwangsläufigen inhaltlichen Vereinfachungen noch verstärkt. Damit taten die Comics das ihre, populäre Vorurteile über den angeblich rassistisch-faschistoiden Gehalt der Serie weiter zu vertiefen.

Die Zeichner blieben, wie damals bei vielen Comic-Heften üblich, anonym. Bekannt wurde nur der in Lothringen geborene Kurt Caesar (1906 bis 1974), der während der Mussolini-Ära in seiner Wahlheimat Italien durch die faschistoide Fliegerserie »Romani il legionario« Berühmtheit erlangt hatte und mehr als die Hälfte der »Perry Rhodan im Bild«-Comics zeichnete. Die einzelnen Zeichner waren stilistisch so uneinheitlich, daß man des öfteren die Protagonisten der vorangehenden Ausgabe im Folgeband nur mit Mühe wiedererkennen konnte. Mit ihrer einfachen, für schnell produzierte Massenwaren typischen Bildgestaltung und ihren plakativen Farben liegen die Zeichnungen ohnehin weit unter heutigen Standards. Sie fielen aber auch schon in ihrer Entstehungszeit gegen viele zeitgenössische Produkte ab.

Die Gucky-Comics, die Jugenderlebnisse des beliebten Mausbibers auf seinem Heimatplaneten Tramp schilderten, wandten sich mit ihren funnyhaften Bildern an die allerjüngsten Leser. Ihre Geschichten waren so naiv erzählt, daß sich ein »Fix und Foxi«-Heft dagegen wie ein philosophisches Traktat liest. Titel wie »Die Gurkendiebe« oder »Gucky und die Tellerbeine« sprechen für sich. Mit dem Auftauchen der Mausbiber in der PR-Handlung (»Perry Rhodan im Bild« 17) entfiel »Gucky« dann zum Glück zugunsten einer Erweiterung der PR-Episoden.

Ein reizvolleres Szenario liegt den Atlan-Comics zugrunde. Da beabsichtigt wurde, die PERRY RHODAN-Romane chronologisch in Comic-Form umzusetzen, und Atlan erst relativ spät in den Heften auftaucht, war man zu einem Kunstgriff gezwungen, wollte man nicht zu lange auf einen der faszinierendsten Charaktere der Serie verzichten. Man schilderte die Erlebnisse des auf der Erde gestrandeten unsterblichen Arkoniden, der, von seiner Unterwasserkuppel aus operierend, die menschlichen Frühkulturen in ihrer Entwicklung fördert und sie vor allerlei Gefahren beschützt. Hier wurde ein Thema aufgegriffen, das von der Romanheftserie bis dahin weitgehend ausgespart worden war und das erst Jahre später von Hans Kneifel in der PR-Taschenbuchreihe ausführlich und mit großem Erfolg behandelt werden sollte. Allerdings erzwang allein die geringe Seitenzahl eine recht einfache Handlungsführung der in Fortsetzungen erzählten Abenteuer. In den einzelnen Episoden begegnete Atlan unter anderem Aristoteles, Alexander dem Großen, Julius Caesar und Cleopatra. Die graphische Umsetzung ähnelte anfangs derjenigen der PR-Comics. In den letzten Ausgaben wurde der Atlan-Part jedoch von einem Zeichner dominiert, dessen Bilder so steif waren, daß das lange Haupthaar des Arkoniden sogar in den heißesten Action-Szenen meist völlig unbewegt blieb.

Ab Band 13 wurde auf den letzten beiden Seiten der »Perry Rhodan im Bild«-Hefte zusätzlich die Fortsetzungsserie »UFO-Agent« publiziert, die nicht im PR-Kosmos angesiedelt ist. In winzigen Bildern kämpfen zwei junge Männer im Auftrag der außerirdischen Zeta-Intelligenzen gegen die schrecklich bösartige Macht Antitrust. Mit deren Zerschlagung endete im Band 26 die Serie »UFO-Agent«.

Warum der Comicserie »Perry Rhodan im Bild« letztlich kein Erfolg beschieden war, sei dahingestellt. Die enge Bindung an die Romanvorlage, das Fortsetzungskonzept, der unbeholfene Titel und die antiquiert wirkende Titelbildgestaltung dürften ihren Teil dazu beigetragen haben.

»Perry Rhodan im Bild« wurde im Oktober 1968 mit Band 27 eingestellt und durch die moderner aufgemachte Nachfolgeserie *»Perry – unser Mann im All«* ersetzt, die unmittelbar im Anschluß erschien und die Handlung zunächst mehr oder weniger nahtlos weiterführte. Die farbigen Großbände erschienen ursprünglich vierzehntägig mit einer Auflage von 90 000 Exemplaren, später sank die Auflage jedoch beträchtlich. PERRY war 1972 mit einer regelmäßigen Druckseite in der Zeitschrift BRAVO vertreten und erlebte Lizenzausgaben in Frankreich und Italien.

In den zweiunddreißigseitigen Heften waren ursprünglich zwanzig Seiten »Perry Rhodan« und acht Seiten »Atlan« enthalten. Von den Fortsetzungen der Vorläuferserie ging die Redaktion zu abgeschlossenen Abenteuern über, die von den PR-Autoren William Voltz und Hans Kneifel konzipiert wurden. Zunächst blieben die Perry Rhodan-Geschichten noch eng an den Romanvorlagen, aber schon mit Heft 7 wurde die chronologische Reihung aufgegeben, und auch die Inhalte entfernten sich immer mehr von denen der entsprechenden Heftromane. Mit dem Indianer Don Redhorse wurde mit Band 15 eine beliebte Figur aus dem gerade zu Ende gegangenen Handlungsabschnitt der Romanserie in die Comics »hinübergerettet«, die allerdings in einem völlig anderen Zeitraum der PR-Historie spielten. Zwischen einer anderen neuen Figur, Perry Rhodans Gefährtin Auris von La-Thor, und der entsprechenden Person der Heftromane bestand nur mehr eine Namensähnlichkeit. Die Behandlung des Schreckwurm-Themas in Band 26 war geeignet, einem Fan die Tränen in die Augen zu treiben. Mit ihren grotesken Zipfelmützen erschienen die Schreckwürmer eher als Witzfiguren denn als furchterregende Monstren. Auch der Moby, den Perry in Band 28 betrat, hatte nichts mehr von dem Mysterium der riesigen Weltraumwesen aus dem legendären MdI-Zyklus der Heftserie. Mit dem Dumfries und dem Skoarto in Band 29 oder der Paddlerplattform in Band 35 verhielt es sich nicht viel anders. In »Invasion der Puppen« (Bd. 17) und »Tunnel in die Unendlichkeit« (Bd. 21) wurden Motive aus der Taschenbuchreihe in Comic-Form umgearbeitet. Andere PERRY-Abenteuer hatten keinerlei Vorbild in den PR-Texten.

In der überwiegend von de Simone und Badesa gestalteten Zusatzserie »Atlan« erreichten die Erlebnisse des Arkoniden in der irdischen Geschichte mit Band 4 die aktuelle Handlung der PERRY RHODAN-Stories und wurden folgerichtig durch Abenteuer ersetzt, die Atlan als Chef der USO, einer galaktischen Polizeitruppe, erlebte und die gewissermaßen die wenig später gestartete neue Romanheft-Serie »Atlan – im Auftrag der Menschheit« vorbereiteten, in der ähnliche Themen behandelt wurden, wenn auch in weitaus komplexerer Weise.

Graphisch bot PERRY gegenüber seiner Vorgängerserie keine Qualitätssteigerung. Das Niveau sank eher. Caesar, dessen Zeichnungen sich insbesondere durch die differenziertere Darstellung von Gesichtern positiv von denen seiner Kollegen abgehoben hatten, steuerte nur noch wenige Hefte bei.

Schon nach etwa fünfundzwanzig Bänden machten die Verkaufszahlen deutlich, daß das Konzept nicht wie erwartet aufging, und der Moewig-Verlag stellte die Reihe von vierzehntägigem auf vierwöchentliches Erscheinen um. 1970 startete die Chefredaktion unter Lutz Kurowski dann einen neuen Anlauf. Man setzte auf eine jüngere Generation und engagierte als Texter den 1947 geborenen Bernt Kling, der bereits in der verlagseigenen SF-Reihe »Terra-Nova« publiziert hatte.

Nach zehn Heften übernahm auf Vermittlung von William Voltz schließlich der zwei Jahre ältere Dirk Hess die Ausarbeitung der Szenarien. Hess hatte in dieser Zeit bereits ein paar ATLAN-Romane geschrieben, besaß aber vor allem durch seine Tätigkeit für die Comic-Reihen des Bastei-Verlages umfassende Erfahrungen mit dem Genre und seiner typischen Erzählweise. Hess bewährte sich und blieb bis zur Einstellung der Serie alleiniger Texter der PERRY-Comics. Es waren aber nicht so sehr die Geschichten selbst, die das Erscheinen des 37. Bandes der PERRY-Serie zu einem tieferen Einschnitt machten, als es der Übergang von »Perry Rhodan im Bild« zu »PERRY – Unser Mann im All« gewesen war. Es waren die Zeichnungen, die dem Betrachter durch ihre Farbenpracht und vor allem durch ihre Dynamik ins Auge sprangen. Sie entstammten dem Atelier des damals sechsundvierzigjährigen Italieners Arberto Giolitti, der in Buenos Aires und New York gearbeitet und 1960 sein Studio in Rom gegründet hatte. Die jungen Zeichner des Studio Giolitti orientierten sich deutlich an den amerikanischen Superhelden-Comics und zwangen die verdutzten PERRY-Käufer zu neuen Seherfahrungen.

Den fast vierzigjährigen Rhodan der Heftromane ließ das Team um den Starzeichner Giorgio Gambiotti innerhalb weniger Ausgaben zu dem athletischen, modisch frisierten Jüngling Perry mutieren, der mit einer Anzahl ähnlich dargestellter Gefährten phantastische Abenteuer erlebte. In Band 38 wurde Perrys Crew durch Shira komplettiert, das mit übersinnlichen Fähigkeiten und unübersehbaren körperlichen Vorzügen ausgestattete »Mädchen aus dem All«, dessen entscheidende Aufgabe es in den meisten Heften war, mehr oder minder unbekleidet durch die Panels zu hüpfen, um so die dem Comic-Konsumenten der siebziger Jahre unterstellten voyeuristischen Bedürfnisse zu befriedigen.

Während Perry und seine männlichen Begleiter bezeichnenderweise weiterhin mit hochgeschlossenen Raumkombinationen umherliefen, wimmelten zunehmend Scharen nackter oder halbnackter Frauen durch die Heftseiten, ohne daß allerdings erotische Inhalte Eingang in die Handlung gefunden hätten. Interessanterweise erregte gerade die Nacktheit den Widerstand der eingefleischten und vor allem der jüngeren Perry Rhodan-Leser, die zu dieser Zeit noch auf eine militärisch orientierte Raumfahrt scheerscher Prägung fixiert waren und um die Moral an Bord der Schiffe bangten, so daß sich die Redaktion bereits mit Band 42 zu einer beschwichtigenden Erklärung genötigt sah. Die Proteste rissen jedoch offensichtlich nicht ab, denn schließlich ging man wieder zu konventionellerer Bekleidung der Helden über, und selbst Shira erhielt etwas wärmendes um die Schenkel.

Der erfolgreiche Pop-Art-Stil des Studio Giolitti, der der Serie ab Band 72 wieder zu zweiwöchentlichem Erscheinen verhalf, wurde jedoch beibehalten. An die Stelle der traditionellen, nüchternen Zeichnungen der frühen PERRY-Ausgaben war ein grellbuntes Farben- und Formenmeer mit bizarren Lebensformen getreten. Selbst der ehemals finstere Weltraum wurde von farbenprächtigen Wirbeln, kolorierten Schlieren, knalligen Protuberanzen und verspielt aus den Raumschifftriebwerken züngelnden Flammen erfüllt. Das konservative Panel-Layout lockerte sich mehr und mehr, wurde in einigen Heften sogar vollständig aufgegeben. Zeichnungselemente durchbrachen den starren Bildrahmen, und einzelne Bilder verschmolzen zu komplexen Einheiten. Den neuen Inhalten gemäß, enthielten die Zeichnungen zunehmend Elemente der

Fantasy- und Horror-Comics. Schon PERRY-Heft 38 zeigte, daß hier unbekümmerte Italiener am Werk waren, die noch keine schlechten Erfahrungen mit einer Bundesprüfstelle für jugendgefährdende Schriften gemacht hatten: Mit bluttriefenden Schnäbeln schwenken Invasoren aus einem anderen Universum, die vogelköpfigen Millies, abgerissene Menschenköpfe herum. Obwohl im Studio Giolitti eine arbeitsteilige Gestaltung der Hefte möglich war, lassen sich in Farbgebung, Bildaufteilung und Darstellung der Personen qualitative Unterschiede erkennen. Insgesamt wirken die Hefte jedoch einheitlicher als die PERRYs der frühen Phase.

Unter den in Deutschland über den Zeitschriftenhandel vertriebenen Comics stellte dies alles eine Revolution dar und schien ein originäres Novum zu sein. Doch schon bei flüchtigem Hinsehen wird deutlich, daß Gambiottis Truppe aus vielen Quellen geschöpft hat. Figuren und ganze Bildmotive wurden Arbeiten des amerikanischen Illustrators Frank Franzetta ebenso entlehnt wie Sydney Jordans Uraltserie »Jeff Hawke« oder Paul Cuveliers antikisierendem Epos »Epoxy«. Die beiden Köpfe des Mutanten Iwan-Iwanowitsch Goratschin erinnern fatal an Jack Kirbys Silver Surver, und selbst der unglaubliche Hulk wurde in PERRY nebenberuflich tätig. Da wollten Dr. Doom und sein Fantastic-Four-Gegner, das Ding, natürlich nicht zurückstehen. Die italienischen Zeichner griffen auf Figuren ihres Landsmannes Hugo Pratt genauso zurück wie auf Motive des Spaniers Esteban Maroto, der in seinen phantastisch-romantischen Comics die klassische Paneltrennung ebenfalls aufgehoben hatte. Selbst bei dem französischen Erotik-Spezialisten George Pichard bediente man sich. Die Liste ließe sich beliebig fortsetzen.

Die ersten Comics des neuen Stils waren, wie ihre Vorgänger, auf reine Einzelepisoden ausgelegt, doch nach einigen Heften wurden die irgendwo im vierten Jahrtausend angesiedelten Abenteuer Perrys und seiner Freunde einem übergreifenden Thema unterstellt: der Suche der »neuen CREST« nach dem Zentrum aller Universen. Möglich gemacht wurde dies insbesondere durch den Übergang von der vierwöchentlichen zu einer vierzehntägigen Publikationsweise, die nun einen engeren inhaltlichen Zusammenhang zwischen den einzelnen

Heften erlaubte. Diese blieben zwar in sich abgeschlossen, waren aber klar als Teile einer Fortsetzungsgeschichte gekennzeichnet, ein sicherer Weg, die Bindung der Leser an das Produkt zu erhöhen. Dies wurde dadurch unterstützt, daß die Zahl der Handlungsträger reduziert wurde: Es agierten Perry, Auris, Shira, Don Redhorse, der Doppelkopfmutant Iwan-Iwanowitsch Goratschin, Gucky und Reginald Bull, der sich aus unerfindlichen Gründen inmitten der jugendlichen Truppe wie ein alter Mann ausnahm. Inhaltlich handelte es sich bei den einzelnen Episoden meist um Varianten konventioneller SF-Plots mit Roboterzivilisationen, Parallelerden, Zeitreisen, fremdartigen Außerirdischen und Genmonstren, die aufgrund des Giolitti-Stils freilich phantastischer wirkten, als sie es eigentlich waren. Hinzu kamen allerdings Motive aus den Horror-, Fantasy- und Rittercomics, so daß auch Vampire, Hexen und Ghule ihr Unwesen treiben konnten. Die blutrünstigen Exzesse der Anfangszeit blieben jedoch eine Ausnahme, was PERRY intimere Erfahrungen mit der Bundesprüfstelle ersparte.

Ähnlich wie in der Romanheftserie wandelte sich auch in den Comics die Leserkontaktseite und präsentierte nun vorzugsweise äußerst kritische Zuschriften, die neben den nackten Mädchen und den »unordentlichen« und »unübersichtlichen« Zeichnungen vor allem die inhaltlichen Abweichungen zu den Romanen monierten. So war es nur konsequent, daß ES, der Unsterbliche von Wanderer, die Suche nach dem Zentrum der Universen ausgerechnet durch die aus den Romanheften bestens bekannte und unverwüstliche Energiekugel Harno unterbrechen ließ, um Perrys Augenmerk wieder auf Probleme in heimatlichen Gefilden zu richten. Dort wartete dann auch die dem PERRY RHODAN-Leser wohlvertraute Garde der Gegner, und Perry hatte es bald mit Individualverformern, Akonen der Condos Vasac, einer lemurischen Zeitmaschine und sogar mit den Meistern der Insel zu tun, was deren Faktor I, der legendären Mirona Thetin, endlich die Gelegenheit gab, Perry Rhodan einmal barbusig gegenüberzutreten. In PERRY 63 »Jagd auf die Unsterblichkeit« wurde sogar ein altes Perry Rhodan-Taschenbuch von Clark Darlton in Comicform umgesetzt. Daß der Befehl des Unsterblichen, die Suche nach dem Zentrum des Universums fortzusetzen, in PERRY 67 ausgerechnet von Ernst Ellert überbracht wurde, der sich nach dem Ende seiner Äonen dauernden körperlosen Reise erst mal genüßlich eine Zigarette ansteckte, stellte sowohl einen weiteren Rückbezug auf die Heftserie als auch auf die Anfänge der PR-Comics dar. Neben einigen anderen neuen Figuren führte Dirk Hess als zusätzliches Handlungselement die übermächtige Rasse der Goldenen ein, die anfangs danach trachteten, Perrys Expedition zu verhindern.

Nach vielen Abenteuern wird die CREST um eine Million Jahre in die Zukunft versetzt und erreicht in einer von den Goldenen beherrschten Milchstraße die verwüstete Erde. Perry muß sich mit den neuen Herrschern auseinandersetzen und gelangt in einer Irrfahrt durch die Zeit schließlich in die Gegenwart zurück, wo er in Band 99 den unsterblichen Goldenen Lethos trifft. Nachdem Perrys Geist allein in das Zentrum der Universen eingedrungen und dort den Seelen des positiven Teils der Goldenen begegnet ist, droht der Körper des Helden zu sterben, doch Lethos opfert sich. Perrys Bewußtsein kehrt zurück, und die Heimkehr nach Terra beginnt.

Mit dieser Zuwendung zum Phantastischen nahm Dirk Hess, wenn auch – den Möglichkeiten des Comics entsprechend – auf deutlich einfacherem Niveau, bereits 1973 die kosmologisch-mythologische Orientierung vorweg, die in den folgenden Jahren für die Heftserie unter der Federführung von William Voltz charakteristisch werden sollte. Gleichzeitig kehrte PERRY in den 90er Bänden aber zu einer konventionelleren Bildeinteilung zurück, und auch Auris und Shira wurden, dem ständigen Leserdruck gemäß, wieder »ordentlicher« angezogen. Mit der Rückkehr Perrys auf die Erde glichen sich die Comics inhaltlich mehr an die frühen PERRYs an. Um auch den eingefleischten Heftlesern gerecht zu werden, wurden nun eifrig bekannte außerirdische Völker, wie die Maahks, die Blues und die Topsider, in die Handlung integriert. Auf der redaktionellen Seite mußten kritische Zuschriften zunehmend der Beantwortung sachlicher Fragen und umfangreichen Informationstexten über Raumfahrt und ähnliche Themen aus dem Umfeld des Perry Rhodan-Komplexes weichen.

Von Anfang an hatte die PERRY-Redaktion sich bemüht, die durch andere Serien verwöhnten Leser durch diverse Extras zu ködern. Mehreren PERRY-Ausgaben wurde eine Comic-Version der damals aktuellen britischen Fernsehserie UFO beigeheftet. Auf große Resonanz stießen die Veröffentlichungen eines Stadtplanes von Terrania-City in sechzehn Teilen und die anschließende Einführung der PERRY-Star-Galerie mit farbigen Porträts der Hauptfiguren, außerirdischer Rassen und mit Darstellungen von Raumschiffen, deren Höhepunkt das sechsteilige Bild der CREST bildete. Später präsentierte die Star-Galerie (teilweise modifizierte) Titelbilder von Perry-Rhodan-Heften und -Taschenbüchern und von Romanen der »Terra«-Reihe, die, wie auch die Cover der PERRY-Hefte selbst, von Johnny Bruck stammten. Ab Band 84 erschienen dann aber mehr und mehr Bilder anderer Künstler auf den Vorder- und Rückseiten der PERRY-Comics, darunter solche von Gray Morrow, der auch Titelbilder für die US-Ausgabe von PERRY Rhodan gemalt hat. Ein Poster mit Perry und seinen Freunden, das die Jubiläumszugabe zum Band 100 darstellte, hat heute Seltenheitswert und ist begehrtes Objekt der Sammlerbegierde.

Im Juni 1974 erfuhr PERRY seine letzte Wandlung und wurde zum »Deutschen SF-Magazin«. Möglicherweise sollte es dem übrigens auch von Dirk Hess betreuten Pabelprodukt Vampirella nacheifern – der Heinrich Bauer-Verlag hatte einige Zeit zuvor den Moewig-Verlag übernommen und mit Pabel fusioniert – oder auch erfolgreicheren Comic-Magazinen der Konkurrenz. Der Umfang erweiterte sich von 32 auf 48 Seiten, und der Preis kletterte von einer Mark zwanzig auf eins fünfzig. Auf der Mittelseite wurde fortan die Rißzeichnung eines Raumschiffs oder eines anderen technischen Gerätes abgedruckt. Mit Ausnahme einer einzelnen Amateurzeichnung handelte es sich aber durchweg um Arbeiten, die zuvor bereits in den Perry Rhodan-Heften und dem 1971 erschienenen, großformatigen Rißzeichnungssammelband veröffentlicht worden waren. Eine weitere Serie berichtete über UFO-Sichtungen, das Philadelphia-Experiment, die Arche Noah des Howard Hughes und ähnliche, ungemein aufregende Dinge. Im PERRY-Forum, einer Art Leserseite, erschienen nur noch sporadisch kritische Zuschriften. Vielmehr dominierten mehr oder weniger lesbare Fan-Geschichten.

Auch die PERRY-Galerie, die in letzter Zeit bezugslose Bilder diverser SF-Illustrationen gebracht hatte und vorübergehend in eine Art bebilderte Lexikon-Seite umgewandelt worden war, degenerierte zusehends und präsentierte meist technisch äußerst stümperhafte Zeichnungen der PERRY-Leser. Leserzeichnungen hatten bei PERRY allerdings Tradition: Bereits 1970 war ein Zeichenwettbewerb ausgelobt worden, den kurioserweise das offenkundige Plagiat eines PR-Titelbildes gewann. Unter den Einsendungen befanden sich auch vier Zeichnungen des damals fünfzehnjährigen Themistokles Kanellakis, der in diesem Zusammenhang den Wunsch äußerte, einmal PR-Illustrator zu werden. Knapp zehn Jahre später war er es.

Im PERRY-Magazin traten zu dem zweiundzwanzigseitigen Perry Rhodan-Comic zwölf Seiten »Atlan« und sechs Seiten mit einem PR-unabhängigen Comic hinzu. Hier setzte

Hess zunächst Kurzgeschichten seines Freundes William Voltz in Comic-Form um. Die Normierung auf sechs Comic-Seiten taten den Erzählungen des gefeierten Perry Rhodan-Autors jedoch ebensowenig gut wie der Verlust der Voltz-typischen Erzählperspektive. Den einzelnen Geschichten schloß sich ein Zyklus um den kosmischen Beobachter Eero Maarn an, der aufgrund der abrupten Einstellung der Comicserie offen endete.

Den PERRY RHODAN-Comics der PERRY-Magazine fehlte der märchenhaft-phantastische Touch, der die Serie über mehr als fünfzig Bände ausgezeichnet hatte. Die Geschichten, die mit einem stets gleichen und gnadenlos aus der Fernsehserie »Raumpatrouille« abgekupferten Einführungstext begannen, erzählten konventionelle und oft fade SF-Geschichten, deren Zusammenhang zum PR-Hintergrund sich oftmals auf Namen des Helden beschränkte. Im allgemeinen waren die Episoden völlig abgeschlossen. Zu den wenigen Ausnahmen zählte die zweibändige Geschichte um Voltz' Positronik-Boy Purpose de Staglaav, die auch direkte Bezüge zur ATLAN-Serie und den PR-Taschenbüchern herstellte. Ein Rest der alten Phantastik leuchtete in Band 123 auf, in dem die Erlebnisse Ernst Ellerts geschildert wurden. Obwohl nach wie vor im Studio Giolitti angefertigt, sank die durchschnittliche Qualität der Zeichnungen. Die traditionelle Trennung der einzelnen Bilder trug dazu bei, daß der unverwechselbare Charakter der PERRY-Comics bald völlig verlorenging.

Den attraktivsten Teil des »Deutschen SF-Magazins« stellte der Atlan-Comic dar, obwohl er aus Ersparnisgründen in schlichtem Schwarz-Weiß-Blau gedruckt wurde. Massimo Bellardini zeichnete jedoch weitaus sorgfältiger und origineller als seine Giolitti-Kollegen, die an den PR-Comics arbeiteten. Aber sogar die Atlan-Geschichten, die erneut die Abenteuer des Arkoniden in der Frühzeit der Menschheit erzählten, konnten PERRY nicht retten.

Kommentarlos wurde die Comic-Serie PERRY im Mai 1975 mit Band 129 abgebrochen. Die treuen Leser, die fleißig dabei waren, Wertmarken auszuschneiden, um sie einmal gegen Briefmarken des Solaren Imperiums, eine Perry Rhodan-Weltraumkarte oder gar den teuren Rißzeichnungsband einzutauschen, konnten ihre gesammelten Schnipsel wegwerfen. Im Perry Rhodan-Teil blieb der in den Magellanschen Wolken spielende Zyklus um den geheimnisvollen Gral-Mutanten, der recht vielversprechend begonnen hatte, ohne Abschluß.

Mit PERRY-Band 129 endete eine Comic-Serie, die von den meisten eingefleischten PR-Fans eigentlich nie akzeptiert worden war, weil sie zu viele Abweichungen und Widersprüche zu der von ihnen verehrten Romanserie aufwies, die sich gerade anschickte, unter der Leitung von William Voltz neuen Höhepunkten entgegenzugehen. Auf der anderen Seite hatte PERRY – vor allem in seiner Spätphase – zu wenig eigenes Profil, um genügend »Außenstehende« anzuziehen, und mußte schließlich vor der mächtigen Konkurrenz der Marvel-Helden kapitulieren. Dabei war PERRY keineswegs erfolglos gewesen, und seine Verkaufszahlen lagen auch nicht unter denen vergleichbarer Produkte anderer Verlage. PERRY fiel vielmehr der Programmbegradigung einer Verlagsgruppe zum Opfer, die auf Romanhefte spezialisiert war und mit diesen bei geringeren Produktionskosten höhere Gewinne erwirtschaften konnte.

Damit schien das Thema »Perry Rhodan im Comic« ein für alle Mal abgeschlossen zu sein, und kaum jemand war wirklich traurig darüber. In der Tat geschah in den nächsten Jahren auf diesem Sektor nichts, wenn man von amateurhaften Publikationen auf den Leserkontaktseiten der PR- und ATLAN-Hefte absieht. Mitte der achtziger Jahre erwachte allerdings das Interesse der Sammler an den alten Heften. Comics, die bereits wenige Monate nach ihrem Erscheinen bei Woolworth für Pfennig-Beträge verramscht worden waren, erzielten auf Börsen und in Antiquariaten plötzlich Höchstpreise.

Trotzdem waren viele Comic-Experten überzeugt, eine Totgeburt zu erleben, als der Neuwieder Comic-Fan Hansjoachim Bernt im April 1992 im Alleingang einen *Reprint* der alten PR-Comics startete. Um das verlegerische Risiko eingrenzen zu können, ging Bernt nicht chronologisch vor, sondern ließ »Perry Rhodan im Bild« zunächst außer acht und druckte die auf dem Sammlermarkt höher dotierten PERRYs nach. Da bei der Verlagsunion Pabel-Moewig keinerlei Originalvorlagen mehr aufzutreiben waren, mußte der Kleinverle-

ger bei der Reproduktion von den alten Comic-Heften ausgehen, die von ihren ursprünglichen 17 x 25 Zentimetern auf das heute gängige Albenformat vergrößert wurden. Jedes der Alben, die in einer preiswerten Softcover- und einer auf jeweils tausend Exemplare limitierten, repräsentativen Hardcover-Ausgabe erscheinen, enthält die Perry Rhodan-Geschichten zweier PERRY-Hefte. Auf die unattraktiven Atlan-Stories verzichtete Bernt klugerweise.

Allen Menetekeln zum Trotz gab der Erfolg dem mutigen Kleinverleger recht, der seine Reprint-Reihe am Markt fest etablieren konnte. 1995 erreicht der PERRY-Reprint mit seinem 18. Album das Ende der konventionell gezeichneten PERRYs. Die tiefe inhaltliche und vor allem stilistische Zäsur zwischen den PERRY-Heften 36 und 37 nahm Hansjoachim Bernt zum Anlaß, der ersten Reprint-Staffel einen äußerlich gleichartig aufgemachten zweiten Zyklus mit eigener Numerierung folgen zu lassen. Nach mehr als zwanzig Jahren sind die berühmten Pop-Art-PERRYs nun wieder einer breiteren Öffentlichkeit zugänglich.

Der Erfolg seiner Reprint-Reihe nährte in Hansjoachim Bernt die Hoffnung, daß auch für neue Perry Rhodan-Comics eine Marktchance gegeben sein könnte. So veröffentlichte sein Verlag noch 1992 als ersten Band der neuen Reihe *Utopia-Comics* »Das Lügenparadies«, einen vierunddreißigseitigen Schwarzweiß-Comic, den der 1967 geborene Olaf Schwarz 1987 noch während seiner Schulzeit nach einer Kurzgeschichte von Ernst Vlcek (in PR-Jubiläumsband 3) gezeichnet hatte. Die 34 Bildseiten, auf denen die Ereignisse auf einem Planeten geschildert werden, der die Wertvorstellungen seiner Bewohner allmählich zu verändern scheint, waren zuvor bereits in Fortsetzungen auf der Leserkontaktseite der PERRY RHODAN-Nachauflagen publiziert worden. Wenn auch deutlich zu sehen ist, daß die Arbeit nicht von einem professionellen Zeichner stammt, haben die Bilder doch einen eigenen Reiz, zu dem die graphisch attraktiven Tellerköpfe der Blues nicht unbeträchtlich beitragen. Schon 1990 hatte das Magazin *Algier* einen Comic von Schwarz veröffentlicht, das 1988 nach einer Story von Robert Feldhoff (in PR-Taschenbuch 300) entstandene, technisch ausgefeiltere und in melancholischen Grautönen gehaltene Werk »Unter dem Regenbogen«, das vom Schicksal einer auf dem Planeten Neu-Milano gestrandeten Siedlergruppe erzählt.

Hansjoachim Bernt war jedoch entschlossen, wirklich neue und vor allem zeitgemäße Comics aus dem Perry Rhodan-Milieu herauszubringen. Als Szenaristen für *»Perry Rhodan –*

Neue Comicabenteuer« verpflichtete er schließlich den bekannten PR-Autor Wolfgang Kehl alias Arndt Ellmer und als Zeichner den 1959 in Stuttgart geborenen Martin Pfaender, der 1991 mit seiner graphischen Erzählung »Cyclobertrand« die von Ehapa veranstalteten German Comic Open gewonnen hatte. Nach langwierigen Geburtswehen erschien im April 1995 endlich das 48 Seiten starke Album »Das Konzil der Sieben«, das die Handlung der Perry Rhodan-Heftromane 650 bis 653 in Comicform umsetzte: Überraschend erscheint ein Energieschiff der technisch weit überlegenen Laren im Solsystem. Die Fremden, die das Konzil der Sieben Galaxien repräsentieren, erklären ihren Anspruch auf die Milchstraße und ernennen den widerstrebenden Perry Rhodan zu ihrem Sprecher. Während Rhodan notgedrungen die Heimatwelt der Laren besucht, operieren deren Agenten auf der Erde ...

Bewußt war von den Machern des neuen Comics der Beginn der Laren-Invasion als Themenschwerpunkt gewählt worden, um einen weiteren Handlungsrahmen für mögliche Fortsetzungen abzustecken. Das ambitionierte Werk, das sich auf den ersten Seiten durchaus als ein gelungenes und modernes Stück Comic-Kunst präsentierte, rief aber eine sehr geteilte Resonanz hervor. Auch wenn es Pfaender gelang, die Erde des Jahres 3458 in origineller Weise darzustellen, zeigten sich doch schnell die Schwächen des mit der Materie unvertrauten Zeichners, der Schwierigkeiten hatte, die Gesichter der Helden Bild für Bild in gleichbleibender Qualität wiederzugeben und dem offensichtlich mit zunehmender Seitenzahl die Lust an seiner Arbeit ausging. Arndt Ellmer blieb auf der anderen Seite zu sehr den gewohnten Erzählstrukturen des Romans verhaftet und nutzte die Möglichkeiten des eher filmischen Mediums Comic nur in begrenztem Umfang. Insgesamt ergab sich ein Album, das den Vergleich mit den alten PERRY-Comics zwar in keiner Weise zu scheuen braucht, das aber doch nicht überzeugend genug ist, um in der gegenwärtigen Marktsituation die sichere Ausgangsbasis einer neuen Comic-Serie bilden zu können.

Somit dürften PERRY RHODAN-Freunde, die ihre Helden nicht nur in Prosaform erleben wollen, weiterhin allein auf den PERRY-Reprint angewiesen bleiben.

Klaus N. Frick

Die PERRY RHODAN-Szene

Schuld an allem war Walter Ernsting: Der Autor, Redakteur und Übersetzer legte mit den Leserbriefseiten im »Utopia«-Magazin schon in den fünfziger Jahren das Fundament für die Entstehung einer eigenständigen deutschen Science-Fiction-Fan-Szene. Orientiert hatte sich Ernsting dabei an der amerikanischen Szene, dem Fandom, in dem seit den dreißiger Jahren Autoren und Zeichner in Fanzeitschriften, den sogenannten Fanzines, ihre ersten Tests absolvieren konnten, bevor sie in den professionellen Zeitschriften veröffentlichten.

Aus den Leserbriefseiten entwickelten sich im Jahr 1955 der Science-Fiction-Club Deutschland e.V., dessen Zeitschrift »Andromeda« und in der Folge eine schier unzählbare Schar an Clubs und Fanzines.

Kein Wunder, daß die PERRY RHODAN-Leser in den 60er Jahren nachzogen: Fanclubs sprossen überall aus dem Boden, innerhalb kürzester Zeit entstanden Hunderte; die meisten lösten sich nach wenigen Monaten oder Jahren wieder auf. Auch in den 70er Jahren gründeten sich Clubs, viele Autoren der heutigen Zeit sammelten ihre ersten Erfahrungen in Fanzines. In den 80er Jahren litt die Fan-Szene zeitweise unter dem Schrumpfen des Science-Fiction-Marktes, in den letzten fünf Jahren hingegen hat sich das PERRY RHODAN-Fandom als eigenständige Spielart etabliert.

Es soll nicht Aufgabe dieser kurzen Übersicht sein, allerlei Entwicklungen auf dem Fan-Markt aufzuzeigen. Das Science-Fiction-Fandom präsentiert sich derzeit zersplitterter als je zuvor: Neben PERRY RHODAN-Fans tummeln sich auch »fannische« Fans, »Star Wars«-Fans, Trekkies, Fantasy- und Horror-Fans in der Szene oder an ihrem Rand, von der Vielzahl an Rollenspielern, Trading-Card-Spielern oder Live-Rollenspielern einmal ganz zu schweigen.

Wer sich über die Entwicklungen im allgemeinen Fan-Geschehen informieren will, ist auf jeden Fall beim »Fandom Observer« bestens unterhalten und bedient: Das Heft erscheint jeden Monat und umfaßt im Schnitt 30 Seiten im A4-

ANDROMEDA Nachrichten

158

Format; eine Probenummer gibt es für drei Mark bei Martin Kempf, Märkerstraße 27, 63755 Alzenau.

Über die Entwicklungen innerhalb der PERRY RHODAN-Szene informiert die Romanreihe selbst durch die PERRY RHODAN-Clubnachrichten. Diese werden alle vier Wochen in den Heften der Erstauflage veröffentlicht und bieten ständig neues Adressenmaterial. Clubs wie der PERRY RHODAN-Briefclub Bullys Schreibtisch oder der Terranische Club Eden sind hier ebenso mit ihren neuesten Veröffentlichungen vertreten wie der Phantastik-Stammtisch Köln oder Einzelpersonen; informiert wird auch über lokale Veranstaltungen wie die PERRY RHODAN-Tage in Sinzig oder den ColoniaCon in Köln.

Stets gut über alle Hintergründe zur PERRY RHODAN-Serie informiert sind die Mitglieder der PERRY RHODAN-Fanzentrale, die über die Redaktion in Rastatt (Postfach 2352, 76413 Rastatt) zu erreichen ist, oder des SFC Universum (Hans-Dieter Schabacker, Limbacher Straße 24, 66839 Schmelz).

Beim SFC Universum gibt es unter anderem die Reihe »Zeitraffer«, in der Handlungszusammenfassungen erscheinen: Jeder PERRY RHODAN-Roman wird dort aufgelistet, mit Inhaltsangabe und allen anderen dafür benötigten Angaben. Alljährlich erscheint darüber hinaus ein Jahrbuch, das alle weiteren Aspekte der Serie auflistet. Wer sich dafür interessiert, sollte drei Mark an Hans-Dieter Schabacker schicken und das komplette Info anfordern.

Volker Nübel

Eine kurze Chronik

PERRY RHODAN war im Prinzip die Idee des Cheflektors Kurt Bernhardt. Seit den fünfziger Jahren beim Moewig-Verlag in München tätig, beobachtete Bernhardt den Erfolg der Science-Fiction-Heftromane in Deutschland und stellte fest, wie das Genre in den Vereinigten Staaten geradezu boomte. Er wollte an diesen Erfolg anschließen und dennoch etwas völlig Neues probieren, eine Weltraumreihe, die sowohl kommerziell erfolgreich als auch inhaltlich interessant sein sollte.

Heftserien, die in Deutschland ohnehin schon eine gute Tradition aus Vorkriegszeiten hatten, gab es zuhauf; auch solche mit feststehenden Helden. Western- und Krimi-Serien beherrschten die Auslagen der Zeitschriftenläden und Kioske, lieferten den Bundesbürgern in den Jahren des Wiederaufbaus spannende Unterhaltung. Jeder Roman war aber im allgemeinen in sich abgeschlossen, echte Fortsetzungsgeschichten bildeten die absolute Ausnahme.

Was in Bernhardts Augen fehlte, war eine Science-Fiction-Reihe, die »einen feststehenden Helden mit Fortsetzungs-Charakter« aufwies. Der Leser sollte so an die Serie gebunden werden. Ein Vorbild hatte der Cheflektor: Die Reihe »Sun Koh« hatte in der Zeit zwischen den zwei Weltkriegen schon für Furore gesorgt und die deutschen Leser mit ihren teils fantastischen, teils rein abenteuerlichen Geschichten begeistert. Daß ebendiese Reihe in der Zeit des sogenannten Dritten Reiches von Rassefanatikern »anders« ausgelegt und neu veröffentlicht worden war, konnte man getrost ignorieren.

An »Sun Koh« und an den Erfolg des amerikanischen »Captain Future« (von 1940 bis 1951) sowie anderer Reihen wollte Bernhardt anknüpfen. Bereits 1960 gab es deshalb erste Vorgespräche zwischen dem Lektor und den Autoren Karl-Herbert Scheer und Walter Ernsting, die sich bereits einen sehr guten Namen im Leihbuch- und Heftromangeschäft erkämpft hatten. Im Frühjahr 1961 setzte sich das Autorenduo zusammen und verfaßte die ersten Konzepte und Exposés, der Name PERRY RHODAN war dabei am schnellsten gefunden.

Nicht hundertprozentig festgelegt war am Anfang die Richtung, die von der Serie eingeschlagen werden sollte. Kein Wunder: Man rechnete mit dreißig, maximal fünfzig Bänden; die konnte man locker mit herkömmlichen Weltraumabenteuern füllen.

Nachdem Scheer im Frühjahr 1961 sein Manuskript abgeliefert hatte, brauchten die Verantwortlichen im Verlag noch einige Zeit, bis sie den Startschuß zu dem Unternehmen geben konnten. Scheer wurde mit der eigentlichen Arbeit beauftragt, und im Sommer 1961 entstanden die ersten zehn Romane. Bereits hier waren die Autoren Klaus Mahn alias Kurt Mahr und Winfried Scholz alias W.W. Shols als Mitarbeiter »an Bord«. Von Anfang an übernahm Günter M. Schelwokat die redaktionelle Bearbeitung der Manuskripte; mit den Titelbildern wurde Johnny Bruck beauftragt, der damals zu Recht als einer der beliebtesten deutschen Science-Fiction-Künstler galt.

Ziel bei der Konzeption war, »einen weitgespannten Romanzyklus über einen möglichen Weg der Menschheit in die Zukunft zu schaffen«, mit einem hohen Spannungsgehalt, aber auch dem Anspruch, mehr zu sein als pure Unterhaltung. Es sollte gezeigt werden, wie aktuelle Probleme der Menschheit - etwa Überbevölkerung, Hunger und Kriege – in der Zukunft gemeinsam gelöst werden können.

Am 8. September 1961 erschien »Unternehmen Stardust« von K. H. Scheer, eine Woche später kam »Die dritte Macht« von Clark Darlton, und nur wenige Wochen später mußten beide Bände aufgrund des großen Erfolgs nachgedruckt werden. Die Druckauflagen waren bei gerade mal 35 000 Exemplaren gelegen, was sich im Rahmen üblicher Erfahrungswerte bei Science Fiction im Heftroman bewegte. Die Verkaufszahlen übertrafen jedoch alle Erwartungen ...

Endlich hatten die Science-Fiction-Begeisterten in Deutschland etwas, was sie richtig faszinierte: spannende Abenteuer im Weltraum und auf der Erde, in einer nahegelegenen Zukunft vor nachvollziehbarem Hintergrund. Der drohende Atomkrieg war anfangs der 60er Jahre für Millionen von Menschen nach dem erst zu Ende gegangenen Zweiten Weltkrieg eine ungeheure Bedrohung, der sie nur hilflos entgegensehen konnten.

Perry Rhodans Einigung der Erde, das Lösen von Problemen wie Überbevölkerung und Umweltverschmutzung, der gemeinsame Vorstoß der Menschheit - nun Terraner genannt - in den Weltraum, das alles wirkte auf die Leser geradezu elektrisierend. Sie konnten mitfiebern. Hunderttausende erlebten die Begegnung mit den Außerirdischen, bekamen mit, wie Perry Rhodan sein Mutantenkorps zusammenstellte und die ersten Angriffe aggressiver Außerirdischer abwehrte.

Die PERRY RHODAN-Serie war von vorneherein politisch geprägt. Natürlich mußte es »Bösewichte« auf der Erde geben, das verlangten die Gesetze des Heftromans. Wer bot sich dafür besser an als der zur damaligen Zeit zum Feind stilisierte Ostblock? Schwarzweißmalerei wurde dennoch nicht betrieben: Sogar als im Ostblock der PERRY RHODAN-Handlung russische Generäle die Auseinandersetzung vorantrieben, wurde scharf zwischen der – natürlich bösen – Führung und dem Volk unterschieden, und nach den Kämpfen auf der Venus (damals als Dschungelwelt geschildert) sangen die PERRY RHODAN-Autoren das Loblied auf die russischen Kolonisten, die den Planeten urbar machten.

Die bei vielen Autoren - auch in den USA - erneut vorkommende »gelbe Gefahr« wurde in PERRY RHODAN weitestgehend vermieden, ebenso plumper Rassismus. So war es selbstverständlich, daß Japaner wie Tako Kakuta oder Afrikaner wie Ras Tschubai zu den ersten Wegbegleitern der Dritten Macht gehörten. Die Haupthelden waren allerdings »Weiße«; sowohl Perry Rhodan als auch Reginald Bull oder die Arkoniden wirkten wie weiße Amerikaner oder Europäer.

Seien wir fair mit den Autoren: In den frühen sechziger Jahren war die Zeit in Deutschland noch nicht reif für die glaubwürdige Darstellung einer multinationalen Menschheit, in der andere Hautfarben ihren Bevölkerungsanteilen entsprechend in den Romanen auftauchten. Bei den Amerikanern war das Ganze noch ein Schritt heftiger. Von wenigen Ausnahmen abgesehen, war die Personage in der amerikanischen SF der fünfziger und sechziger Jahre durchgehend »weiß«, als ob es in einer Welt der Zukunft keine Chinesen, keine Inder, keine Afrikaner und keine Südamerikaner geben würde.

Die Ängste vieler Bundesbürger, ihren neu erworbenen Wohlstand in einem Krieg zu verlieren, projizierte die PERRY RHODAN-Serie schlicht ins All: Gierige Händler wie die Springer, aggressive Echsenwesen in Form der Topsider und der kalte Robotregent von Arkon waren die ersten Feinde der jungen Menschheit - Sinnbild für die Bedrohungen, denen sich viele Deutsche damals gegenübersahen. Und gleichzeitig war die Superintelligenz ES mit ihren unglaublichen Machtmitteln und den gleichzeitig vorhandenen friedlichen Absichten eine Art Gottersatz. Ebenso die Arkoniden: Probleme der Vergangenheit konnten im Nu beseitigt werden. Geheimnisvolle Strahlen sorgten dafür, daß die Atombomben nicht funktionierten, viele irdische Probleme wurden einfach ins All verlagert.

So hangelte sich die PERRY RHODAN-Serie sehr schnell durch die nähere Umgebung der Erde, nach einem Jahr war der Band 50 erreicht, die Figur Atlan wurde in die Serie eingeführt und mit großer Begeisterung aufgenommen. Zum Glücksgriff wurde die Entscheidung von K. H. Scheer, einen jungen Mann namens Willi Voltz ins Team aufzunehmen, gegen anfänglichen Widerstand des Redakteurs. Voltz, der seine ersten Verdienste in Amateur-Zeitschriften, den sogenannten Fanzines, erworben hatte, debütierte 1962 – die PERRY RHODAN-Serie vor allem in den 70er Jahren ist ohne sein Wirken kaum vorstellbar.

Im Jahr 1964 kam mit »Planet der Mock« von Clark Darlton das erste PERRY RHODAN-Taschenbuch mit einem abgeschlossenen Planetenroman auf den Markt, 1966 startete die zweite Auflage, und eine Verfilmung der Serie wurde begonnen. Fan-Clubs entstanden überall in der Republik, ein erster Fan-Kongreß wurde in Frankfurt veranstaltet.

Mit Beginn der 70er Jahre änderte sich der Kurs der PERRY RHODAN-Serie erstmals massiv: K. H. Scheer, gesundheitlich stark angeschlagen, zog sich immer mehr von der Exposé-Arbeit zurück; der Beginn des Schwarm-Zyklus im Jahr 1971 wurde fast zu einem Desaster. Aufgrund der Krankheit Scheers zogen sich Willi Voltz und Hans Kneifel für einige Tage in ein Hotelzimmer zurück und produzierten dort gewissermaßen über Nacht die ersten Exposés.

Mit zunehmendem Einfluß Voltz' veränderte sich der Charakter Perry Rhodans. Die bisher gültige Maxime der Serie, »Spannung durch Konfrontation«, wurde durch den Leitspruch »Spannung durch geheimnisvolle Verwicklungen« abgelöst; kosmische Geheimnisse interessierten die Leser nun mehr als die Abwehr immer neuer galaktischer und intergalaktischer Invasoren. Die Wunder des Kosmos, die Entstehung des Lebens im All oder die geistige Entwicklung der Menschheit waren wesentliche Bestandteile dieser Handlungsepoche in den 70er Jahren.

Neben der inhaltlichen Entwicklung waren die 70er Jahre auch sonst durch einen steten Aufwärts-Trend geprägt; selbst hier war PERRY RHODAN ein Spiegelbild seiner Zeit. Neue Auflagen wurden gestartet, im Jahr 1977 kam schon die vierte auf den Markt. Das PERRY RHODAN-Magazin erschien, und eine dritte Auflage der Taschenbücher wird gestartet.

Mehrere Höhepunkte in der PERRY RHODAN-Geschichte markierte das Jahr 1980: Band 1000, »Der Terraner« erschien, ein Roman, in dem Willi Voltz massive Kritik an menschlichen Verhaltensweisen übte und die gegenwärtigen Verhältnisse auf der Erde thematisierte. Zur Feier dieses 1000er Jubiläums veranstaltete der Verlag einen PERRY RHODAN-Weltkongreß (»Weltcon« genannt) in Mannheim, zu dem einige tausend Fans kamen.

Zu Beginn der 80er Jahre war die Zeit des Aufbaus in Deutschland vorbei, die Stagnation kam. Diskussionen über den Rüstungswettlauf zwischen Ost und West, über Atomkraft und Umweltverschmutzung bestimmten das Bild, in manchen Bereichen herrschte »No Future«-Denken vor, in anderen dachte man um so mehr über die Zukunft nach. Bis Mitte der 80er Jahre boomte die Science Fiction ein letztes Mal, dann brach der Markt an allen Fronten ein.

PERRY RHODAN blieb davon in keiner Hinsicht verschont. Die philosophischen Züge in der Handlung nahmen zu. 1983 stieg Rainer Zubeil alias Thomas Ziegler ins Autorenteam ein und wurde in kürzester Zeit zu einem der beliebtesten Schreiber. Als sich abzeichnete, wie krank Willi Voltz war, unterstützte ihn Ziegler bei der Exposé-Arbeit. Voltz' Arbeit in dieser Zeit wird heute von vielen Lesern als eine Art

»schriftliches Nachdenken über den eigenen Tod« betrachtet; der Exposé-Autor führte die Figur PERRY RHODAN tatsächlich an die Grenzen der Schöpfung, ließ ihn an Fragen rütteln, die fast religiöse Züge annahmen.

Der Tod von Willi Voltz im Frühjahr 1984 war ein Schock für die PERRY RHODAN-Serie. Ernst Vlcek und Thomas Ziegler übernahmen die Handlungsführung und setzten das begonnene Werk fort. Im Jahr 1985 stieg Ziegler aus dem Team aus, Kurt Mahr wechselte zur Exposé-Arbeit. Das Jahr 1986 markierte einen weiteren Höhepunkt der Serie: Zur Feier der Weltauflage von einer Milliarde Exemplaren fanden sich rund 3000 Fans in Saarbrücken zum zweiten PERRY RHODAN-Weltcon ein.

In der PERRY RHODAN-Handlung wurde alles immer geheimnisvoller, immer philosophischer, immer komplizierter. Viele Leser lobten die bizarren Ideen des Exposé-Teams und der Autoren, wesentlich mehr konnten den Ideen aber nicht mehr folgen und sprangen ab. Dazu kamen die Schwierigkeiten im allgemeinen Science-Fiction-Markt, die von der Einstellung zahlreicher Heftromanreihen und der Beschränkung der Taschenbuchverlage bestimmt wurden. Die Science Fiction steckte in der zweiten Hälfte der 80er Jahre tief in der Krise.

Ende 1987 wurde Dr. Florian F. Marzin neuer Chefredakteur der PERRY RHODAN-Serie. Bei einer Autorenkonferenz wurde die bisherige Handlungskonzeption komplett umgeworfen; Horst Hoffmann stellte seine seit dem Sommer 1987 im Hinterkopf schmorende Idee, »laß uns doch eine Mauer um die Milchstraße bauen und Perry kommt nicht hinein«, zur Diskussion, die von allen begeistert angenommen wurde. Ab Band 1400 wurde die Handlung zurückgezogen auf nachvollziehbare Geschehnisse; das Abenteuer rückte stärker in den Vordergrund, auch wenn die philosophischen Aspekte im PERRY RHODAN-Kosmos nicht außen vor blieben.

Im August 1991 konnten die Fans das dreißigjährige Bestehen der Serie mit einem großen WorldCon in Karlsruhe feiern, dann aber trafen zahlreiche Schläge die PERRY RHODAN-Serie: K. H. Scheer, einer der zwei Gründer-Autoren, verstarb 1991, ebenso Kurt Brand, ein anderer Pionier; Günter M.

Schelwokat, der die Serie über 30 Jahre hinweg betreut hatte, starb 1992; im Sommer 1993 der Autor Kurt Mahr, als »Physiker vom Dienst« bekannt, und im Herbst 1995 Johnny Bruck, der seit 1961 alle Titelbilder gemalt hatte. Im Frühjahr 1996 starb Peter Griese.

Trotz aller Krisen mußte die Arbeit im Team weitergehen: Seit Mai 1995 arbeiteten das Exposé-Team und die Redaktion an einem neuen Handlungskonzept, das PERRY RHODAN bis zum Band 2000 begleiten sollte. Zu Eckpunkten wurden der »neue Mars«, die »Brücke in die Unendlichkeit«, das geheimnisvolle Gebilde namens Thoregon, eine neue Situation in der Milchstraße und eine neue Aufgabe für Perry Rhodan und seine unsterblichen Freunde.

Mit diesem Konzept eröffnete die aktuelle Führungsriege der Serie – die Exposé-Autoren Ernst Vlcek und Robert Feldhoff sowie Redakteur Klaus N. Frick – im Februar 1996 den Zyklus ab Band 1800, abgestimmt auch auf neue Leser, denen man so die Gelegenheit geben sollte, neu in die PERRY RHODAN-Serie einzusteigen. Die Zukunft wird zeigen, inwieweit dieses Konzept an alte Erfolge anknüpfen kann …

Die Serie " Perry Rhodan - Erbe des Universums"

in zeitgerechter Weiterentwicklung.

-.-.-.-.-.-.-.-.-.-.-

Wie aus dem Exposé Nr. 1 u. 2 inhaltlich hervorgeht, handelt es sich bei der Serie um den Beginn einer kosmischen Menschheitsgeschichte. Die degenerierte Rasse aus dem Weltraum erhält durch die Tatkraft Perry Rhodan's und anderer Erdenmenschen neue Impulse und macht sich daran, ihr zerfallendes Reich erneut aufzubauen. Perry lernt im Verlauf vieler Abenteuer dieses Reich kennen, während er insgeheim sein Mutantencorps aufbaut, um einen Schutz zu besitzen. Trotz seiner Freundschaft zu Crest befürchtet er nämlich, daß dessen Rasse eines Tages auf den Gedanken kommen könnte, auch die Erde als Kolonialplaneten in ihr Sternenreich einzubeziehen. Deshalb ist er von vorneherein bemüht, das gesamte Wissen Crest's und dessen Kommandantin Thora zu übernehmen und die wesentlichen Grundlagen in einer elektronischen Gedächtnisbank zu speichern.

Das Mutantencorps kann jedoch nicht immer im Geheimen operieren, und so wird es von Perry umbenannt und tut somit ganz offiziell Dienst im Auftrag der inzwischen geeinten Erde und des befreundeten Sternenimperiums der Rasse Crest's. Diese Elitegruppe unter dem direkten Befehl Perry's wird an den Brennpunkten der Galaxis eingesetzt, aber auch zu Forschungszwecken auf unbekannten Planeten.

Der Stern der Unsterblichkeit wird gefunden, nachdem fünf Jahre seit Kontaktaufnahme vergangen sind. Perry erhält die Unsterblichkeit, aber es gelingt auch Bully, außerplanmäßig eine geringere Dosis des begehrten Mittels zu erwischen. So wird er zwar nicht unsterblich, hat aber Aussichten, mindestens 500 Jahre alt zu werden, wenn er nicht eines gewaltsamen Todes stirbt.

Perry heiratet Thora, der Ehe entspringen Kinder. Dann altert sie und stirbt. Perry erfährt somit die ersten seelischen Konflikte, die seine Unsterblichkeit mit sich bringt.

Aus der Gründung des Mutantencorps heraus und seiner Tätigkeit entwickelt sich das neue galaktische Imperium, dem er stets aber völlig unbemerkt als Führer und Beschützer zur Seite steht.

Sein Ziel: das neue Imperium erhalten, ausbauen, jedoch stets dafür sorgen, daß sich die Großen für wahrhaft groß, ihn aber für klein halten. Nach der Schaffung des Imperiums und erneuten Krisen übernimmt die Erde endgültig die Macht, aber Perry bleibt in vielfältiger Gestalt über Generationen hinweg im Hintergrund.

KHS-WE

Grundlagen: Eines der Exposé-Papiere, wie sie Karl-Herbert Scheer und Walter Ernsting im Frühjahr und Sommer 1961 entwarfen. Die Anlagen für die PERRY RHODAN-Serie und den späteren Welterfolg wurden hier schon gelegt.

Statistik:
Alle Taschenbücher von 1 bis 403

1 Clark Darlton: Planet der Mock
2 Kurt Mahr: Der große Denker von Gol
3 Kurt Brand: Schatzkammer der Sterne
4 Clark Darlton: Sturz in die Ewigkeit
5 H.G. Ewers: Die verhängnisvolle Expedition
6 Kurt Mahr: Die Tochter des Roboters
7 H.G. Ewers: Die Zeitspringer
8 Hans Kneifel: Am Rand des Blauen Nebels
9 William Voltz: Invasion der Puppen
10 Hans Kneifel: Die Goldenen Menschen
11 Clark Darlton: Im Zentrum der Galaxis
12 H.G. Ewers: Die Para-Sklaven
13 Kurt Mahr: Sternkolonie Troja
14 Hans Kneifel: Die Nacht des violetten Mondes
15 William Voltz: Ich, Rhodans Mörder
16 H.G. Ewers: Phantom-Station
17 Clark Darlton: Der Flug der Millionäre
18 H.G. Ewers: Raumkapitän Nelson
19 William Voltz: Die Zone des Schreckens
20 Hans Kneifel: Das Gesetz der gläsernen Vögel
21 Kurt Mahr: Das tödliche Paradies
22 H.G. Ewers: Der Geister-Agent aus dem All
23 Hans Kneifel: Der Einsame von Terra
24 Kurt Mahr: Baumeister des Kosmos
25 William Voltz: Ins Weltall entführt
26 H.G. Ewers: Die Fischer des Universums
27 H.G. Ewers: Ein Teil der Ewigkeit
28 Clark Darlton: Gucky und die Mordwespen
29 Kurt Mahr: Die Fremden aus dem Mikronebel
30 H.G. Ewers: Der Schlüssel zur anderen Welt
31 Hans Kneifel: Die Spur nach Andromeda
32 Hans Kneifel: Die Schatten des kristallenen Todes
33 Clark Darlton: Gucky und die Geheimagenten
34 H.G. Ewers: Die Festung der Raumfahrer
35 Hans Kneifel: Der stumme Robot
36 H.G. Ewers: Die Katakomben der Besessenen

37 Clark Darlton: Die Macht der Träumer
38 Hans Kneifel: Die Grenze des Imperiums
39 Kurt Mahr: Bomben auf Karson
40 H.G. Ewers: Herr über die Toten
41 William Voltz: Tunnel in die Unendlichkeit
42 Hans Kneifel: Das Erbe der Jahrtausende
43 Hans Kneifel: Die Pflanzen des Todes
44 H.G. Ewers: Mission in Andromeda
45 H.G. Ewers: Die letzte Waffe der Meister
46 Ernst Vlcek: Planet unter Quarantäne
47 Hans Kneifel: Höllentanz der Marionetten
48 H.G. Ewers: Planet der Veteranen
49 Hans Kneifel: Die strahlenden Gletscher von Asgaard
50 H.G. Ewers: Im Bann des roten Mondes
51 Hans Kneifel: Aufruhr in Terrania
52 Ernst Vlcek: Der Untergang des Solaren Imperiums
53 Hans Kneifel: Der Mordplanet
54 Kurt Mahr: Das Monsterhirn
55 H.G. Ewers: Vom Weltraum besessen
56 Hans Kneifel: Bruder der stählernen Wölfe
57 H.G. Ewers: Kreuzfahrt durch die Galaxis
58 Clark Darlton: Das verbotene Sonnensystem
59 H.G. Ewers: Projekt Kosmopolis
60 William Voltz: Kundschafter aus dem All
61 Kurt Mahr: Der Planetenkönig
62 Ernst Vlcek: Das Grab der Raumschiffe
63 Hans Kneifel: Die Tempel des Todes
64 Clark Darlton: Männer für Lacertae
65 H.G. Ewers: Die Welt der Glückseligen
66 Kurt Mahr: Supernova
67 Ernst Vlcek: Der endlose Alptraum
68 Hans Kneifel: Die Säulen der Ewigkeit
69 H.G. Ewers: Menschen aus der Retorte
70 Ernst Vlcek: Die verlorenen des Alls
71 Hans Kneifel: Sturm über Babylon
72 William Voltz: Im Auftrag der MdI
73 H.G. Ewers: Aktion Alpha-1
74 Hans Kneifel: Strafkolonie Erde
75 Ernst Vlcek: Drei Stufen zur Ewigkeit

76 H.G. Ewers: Konstrukteure der Zukunft
77 Clark Darlton: Gucky und seine Urenkel
78 Ernst Vlcek: Irrfahrt in die Vergangenheit
79 H.G. Ewers: Das System der Traumsänger
80 Ernst Vlcek: Die Glücksmaschine
81 H.G. Ewers: Die Kämpfe vom Friedenskorps
82 Ernst Vlcek: Söldner für die Dunkelwolke
83 Hans Kneifel: Die Festung der Dämonen
84 Clark Darlton: Das Meer der Zeit
85 Ernst Vlcek: Satans Universum
86 Hans Kneifel: Feldzug der Mörder
87 H.J. Frey: Asyl auf Planet Vier
88 Ernst Vlcek: Welt im Psycho-Sturm
89 Hans Kneifel: Das goldene Raumschiff
90 H.G. Ewers: Die Kinder des Roboters
91 Ernst Vlcek: Das tödliche Element
92 Hans Kneifel: Der Ritter von Arkon
93 H.G. Ewers: Das Tor zur Überwelt
94 Clark Darlton: Die Zeitmauer
95 Hans Kneifel: Die Spur des Gehetzten
96 Ernst Vlcek: Das Mädchen aus dem Nirgendwo
97 H.G. Ewers: Das Jahr der Zombies
98 Hans Kneifel: Wettfahrt der Entdecker
99 William Voltz: Die tödliche Erfindung
100 Hans Kneifel: Der Kontinent des Krieges
101 Clark Darlton: Die Welt der Accalauries
102 H.J. Frey: Planet der Dschungelbestien
103 H.G. Ewers: Brennpunkt Vergangenheit
104 Hans Kneifel: Samurai von den Sternen
105 Kurt Mahr: Signale auf Kanal Acht
106 KLaus Fischer: Gucky und das Zeitraumschiff
107 Ernst Vlcek: Planet der gefangenen Seelen
108 Hans Kneifel: Der Arkonide und der Sonnenkönig
109 H.G. Ewers: Das unsichtbare Netz
110 Hans Kneifel: Formeln des Todes
111 Hans Kneifel: Der besessene von Capucinu
112 Clark Darlton: Der vergessene Planet
113 William Voltz: Die Söhne Sols
114 Ernst Vlcek: Sternenlotos

115 H.G. Ewers: Antimaterie -Alarm
116 Hans Kneifel: Söldner für Rom
117 Kurt Mahr: Unser Mann im All
118 Clark Darlton: Planet der Kidnapper
119 H.G. Ewers: Die Todesmaschine
120 Ernst Vlcek: Dämon der roten Zwerge
121 Hans Kneifel: Kampf um Exota Alpha
122 Hans Kneifel: Der Herr von Exota Alpha
123 Kurt Mahr: Das Sonnenkraftwerk
124 H.G. Ewers: Die Festung der Marsianer
125 Hans Kneifel: Prophet der Sterne
126 Kurt Mahr: Brennpunkt Wega
127 H.G. Francis: Der tödliche Aktivator
128 H.G. Ewers: Galaxis im Hypnobann
129 Kurt Mahr: Die Invasion findet nicht statt
130 Hans Kneifel: Insel der Bewährung
131 Kurt Mahr: Abteilung PSI
132 Hans Kneifel: Projekt Pandora
133 H.G. Ewers: Die Macht der Schatten
134 Kurt Mahr: Das Parachron-Attentat
135 Ernst Vlcek: Der Schrecken der USO
136 Kurt Mahr: Sklaven des Computers
137 Clark Darlton: Am Rand des Universums
138 H.G. Francis: Die Großen von Agopp
139 Kurt Mahr: Die Sonnengeister
140 H.G. Ewers: Die Monddiebe
141 H.G. Francis: Das Planetenspiel
142 Clark Darlton: Sie kamen von Kendarkos
143 Kurt Mahr: Der Mann mit der Maske
144 William Voltz: Die Seelenlosen
145 Ernst Vlcek: Auf der Barbarenwelt
146 H.G. Francis: Maschine des Bösen
147 Hans Kneifel: Flucht der Androiden
148 H.G. Ewers: Göttin der Galaxis
149 Hans Kneifel: Die große Flut
150 Kurt Mahr: Der letzte Kurier
151 Harvey Patton: Angriff der Phantome
152 Hans Kneifel: Der Städtebauer
153 Clark Darlton: Notlandung auf Virginis II

154 H.G. Francis: Der Zukunftsseher
155 H.G. Ewers: Traumhändler des Universums
156 Hans Kneifel: Der Löwe von Akkad
157 Kurt Mahr: Der Mann aus dem Nichts
158 H.G. Francis: Die Frauen von Avalien
159 Hans Kneifel: Insel der Ungeheuer
160 H.G. Ewers: Die absolute Macht
161 William Voltz: Die einsame Sternenstadt
162 Hans Kneifel: Karawane der Wunder
163 H.G. Francis: Die Macht der Roboter
164 Kurt Mahr: Die Höhlen von Olymp
165 Hans Kneifel: Nomaden des Meeres
166 H.G. Ewers: Chaos im Sternenschwarm
167 Harvey Patton: Nacht über Childonga
168 H.G. Ewers: Hinter dem Zeitschirm
169 Hans Kneifel: Der purpurne Drache
170 Clark Darlton: Das Geheimnis von Wardall
171 Peter Griese: Das Erbe der Pehrtur
172 Ernst Vlcek: Klacktons Planet
173 Hans Kneifel: Im Bann des schwarzen Dämons
174 Harvey Patton: Die verlorene Kolonie
175 Peter Griese: Unternehmen PSI
176 Kurt Mahr: Spion der Sternenmacht
177 Hans Kneifel: Kämpfer für den Pharao
178 H.G. Francis: Der Sonnentöter
179 Peter Terrid: Unsterblichkeit x 20
180 Hans Kneifel: Das Goldland
181 H.G. Ewers: Flammende Welten
182 Ernst Vlcek: Held der Todeswelt
183 Kurt Mahr: Der Fall Oberon
184 Peter Terrid: Aufstand der Posbis
185 H.G. Francis: Die Einmann-Operation
186 Horst Hoffmann: Rückkehr der Toten
187 Peter Terrid: Duell der Unsterblichen
188 H.G. Ewers: Computer-Kid
189 Harvey Patton: Der Wächter von Rukal
190 Ernst Vlcek: Die Kinder von Saint Pidgin
191 Kurt Mahr: Geisterschiff CREST IV
192 Hans Kneifel: Der brennende Arkonide

193 Peter Terrid: Das Ende der Duplos
194 Ernst Vlcek: Das Mädchen von den Asteroiden
195 H.G. Francis: Der galaktische Spieler
196 Hans Kneifel: Invasion der fliegenden Monde
197 W.K. Giesa: Lenzentrale Condos Vasac
198 Peter Griese: Das Tor zur Tiefe
199 Hans Kneifel: Die Parasiten
200 Ernst Vlcek: Raumschiff der Katastrophen
201 Peter Terrid: Der Verräter-Mutant
202 H.G. Ewers: Verschwörung der Computer
203 Detlev G. Winter: Rote Sonne über Rubin
204 Kurt Mahr: Söhne der Liga
205 Ernst Vlcek: Der Schrecken der Freihändler
206 Peter Terrid: Die Energiefalle
207 Kurt Mahr: Das Westrak-Komplott
208 Horst Hoffmann: Welt am Abgrund
209 H.G. Ewers: Saboteure wider Willen
210 H.G. Francis: Das rote Leuchten
211 Kurt Mahr: Der Rauschgiftplanet
212 Peter Terrid: Expedition der Todgeweihten
213 Arndt Ellmer: Weg in die Unendlichkeit
214 Ernst Vlcek: Kosmischer Grenzfall
215 H.G. Ewers: Der genetische Krieg
216 Peter Griese: Welt der Flibustier
217 Hans Kneifel: Das Mitelmeer-Inferno
218 Horst Hoffmann: Tödliche Fracht für Terra
219 Kurt Mahr: Bote des Unsterblichen
220 Harvey Patton: Die Macht des Götzen
221 Peter Griese: Findelkinder der Galaxis
222 Clark Darlton: Die andere Welt
223 H.G. Francis: Der Waffenhändler
224 Arndt Ellmer: Die Verschwundenen von Arkona
225 Kurt Mahr: Eiswelt Cyrglar
226 W.K. Giesa: Krisensektor Dreigestirn
227 Hans Kneifel: Wolken des Todes
228 Peter Griese: Die Weltraummenschen
229 Hans Kneifel: Im tödlichen Schatten
230 Peter Terrid: Die Träumer von Naphoora
231 Ernst Vlcek: Die Dimensionstouristen

232 Horst Hoffmann: Der strahlende Schwarm
233 Clark Darlton: Die Insel der Verbannten
234 Peter Terrid: Tödliche Wahrscheinlichkeit
235 Falk-Ingo Klee: Im Bann des Kometen
236 Thomas Ziegler: Die Stadt der Zukunft
237 Hubert Haensel: Sechs flammende Sonnen
238 Hans Kneifel: Kampf der tausend Schiffe
239 Peter Griese: Paladin
240 Ernst Vlcek: Die größte Schau des Universums
241 W.K. Giesa: Eine Sonne entartet
242 Hans Kneifel: Herr der hundert Schlachten
243 H.G. Ewers: Der Weg der Tigerbande
244 Arndt Ellmer: Streiflichter der Ewigkeit
245 Hans Kneifel: Das Ende eines Herrschers
246 Thomas Ziegler: Expedition ins Totenreich
247 Ernst Vlcek: Albatros
248 Falk-Ingo Klee: Geiseln der Sterne
249 Peter Griese: Ultimatum für Terra
250 Clark Darlton: Die Botschaft der Migarer
251 Horst Hoffmann: Spur der Feuerkugel
252 Hubert Haensel: Weltraumfahrer
253 Peter Terrid: Das Katastrophenschiff
254 Hans Kneifel: Berichte eines Unsterblichen
255 H.G. Ewers: Die Howalgonium-Affäre
256 Peter Griese: Geheimprojekt der Hyptons
257 Kurt Mahr: Sklaven des Orionnebels
258 H.G. Francis: Sohn der Sonne
259 Hans Kneifel: Der Stein der Weisen
260 H.G. Ewers: Siedler für Golcrona
261 Klaus Fischer: Die schwarze Macht
262 W.K. Giesa: Weltraumfalle Sternenland
263 H.G. Ewers: Das galaktische Syndikat
264 Horst Hoffmann: Herr der Träume
265 Thomas Ziegler: Der Narrenturm
266 Hans Kneifel: Hüter des Planeten
267 H.G. Ewers: Ein Nelson kommt selten allein
268 Arndt Ellmer: Galaxis der Raumschiffe
269 Harvey Patton: Welt im Niemandsland
270 W.K. Giesa: Hyperzone Weißer Zwerg

271 Hans Kneifel: Stern der Astarte
272 Clark Darlton: Entscheidung auf Rubin II
273 H.G. Francis: Zwischen den Wirklichkeiten
274 Peter Griese: Der Zeitkäfig
275 H.G. Ewers: König der Hathor
276 Hans Kneifel: Fürsten des Chaos
277 H.G. Ewers: Das Parallaxum
278 H.G. Francis: Coucoulou, der Clown
279 Hans Kneifel: Jahrhunderte des Krieges
280 Ernst Vlcek (Hg.): Die Einhörner von soun Laroun
281 Arndt Ellmer: Die Zeit der Schattenboten
282 Hans Kneifel: Novellen der Sterne und Kämpfe
283 H.G. Ewers: Die Para-Basis
284 Kurt Mahr: Die Sirenen von Dhatabaar
285 H.G. Ewers: Im Zeichen des Löwen
286 Hans Kneifel: Der Arkonide und der Großkhan
287 H.G. Ewers: Heimkehr
288 Peter Terrid: Schmied der Unsterblichkeit
289 Robert Feldhoff: Der Alpha-Asteroid
290 Clark Darlton: Die Suche nach den Ilts
291 Hans Kneifel: Herrscher der Zeiten
292 Kurt Mahr: Der schreckliche Jäger
293 Arndt Ellmer: Das Ende der Duuhrt
294 Peter Griese: Der lange Weg der SOL
295 Arndt Ellmer: Die Symbionten des Limbus
296 H.G. Francis: Zeitschiene Midas
297 Arndt Ellmer: Metamorphose einer Superintelligenz
298 Hans Kneifel: Das Genie und die Weltentdecker
299 Ernst Vlcek: Das Klackton-Syndrom
300 Horst Hoffmann (Hg.): Unter fremden Sternen
301 Hans Kneifel: Die Masken der Erinnerung
302 Kurt Mahr: Die Sternenträumer
303 Robert Feldhoff: Im Zentrum der Macht
304 H.G. Ewers: Unternehmen Tigermond
305 Hans Kneifel: Balladen des Todes
306 Hubert Haensel: Odyssee in M 87
307 Peter Griese: Am Rand des Universums
308 Hans Kneifel: Die unsichtbaren Pforten
309 Kurt Mahr: Das Juwel von Amringhar

310 Peter Terrid: Der Verrat des Orakels
311 H.G. Ewers: Die Genetische Allianz
312 Arndt Ellmer: Vlission, der Roboter
313 Hans Kneifel: Atlan und die Selbstmörder
314 H.G. Francis: Die Kaste der Nukleonen
315 Kurt Mahr: Duell der Querionen
316 Robert Feldhoff: Scitt, der Zwerg
317 Hans Kneifel: Der Bruder des Roboters
318 Ernst Vlcek: Die dunklen Jahrhunderte
319 Peter Griese: Das Schicksal der Zataras
320 Horst Hoffmann: Transformation
321 Hans Kneifel: Die Königsmörder
322 Peter Terrid: Das Paradies und der Tod
323 Clark Darlton: Gestrandet auf Terra II
324 Martin Schlesinger: Der andere Mond
325 Hans Kneifel: Das Buch der Kriege
326 Arndt Ellmer: Ein Befehl für Hamiller
327 Kurt Mahr: Ich, der Cantaro
328 H.G. Ewers: Todesquelle Jungbrunnen
329 Robert Feldhoff: Die Piratin und der Dieb
330 Hans Kneifel: Die Höhlen der Zukunft
331 Horst Hoffmann: Kreuzzug des Bösen
332 Hans Kneifel: Im Zentrum des Feuersturms
333 Dr. Florian F. Marzin (Hg.): 333
334 Peter Griese: Hoffnungsträger Cilada
335 Arndt Ellmer: Die Erben der Machraban
336 Ernst Vlcek: Der Nakk und die Katze
337 Hans Kneifel: Palast der Legenden
338 Robert Feldhoff: Die Blinde von Olymp
339 Peter Terrid: Die andere Seite des Todes
340 Hubert Haensel: Beinahe ein Mensch
341 Arndt Ellmer: Vasall der Galaxis
342 Clark Darlton: Der Schrottplanet
343 Arndt Ellmer: Kometenjäger
344 H.G. Francis: Der Club der Königinnen
345 Peter Griese: Die Geheimarmee des Kriegers
346 Robert Feldhoff: Die Ferrol-Dolche
347 Arndt Ellmer: Der Held von Vaar
348 Kurt Mahr: Der kosmische Bote

349 Peter Terrid: Die Gottes-Maschine
350 Hubert Haensel: Agent für Terra
351 Horst Hoffmann: Wächter der Unsterblichkeit
352 Arndt Ellmer: Der Mann aus der Vergangenheit
353 Hans Kneifel: Die letzte Maske
354 H.G. Francis: LE-pünktlich
355 Hans Kneifel: Die Pflanzenkaiserin
356 Robert Feldhoff: Abstieg in die Tiefe
357 Susan Schwartz: Chandris Welt
358 Kurt Mahr: Der Herr des Siebten Tages
359 H.G. Ewers: Jenseits von Raum und Zeit
360 Peter Griese: Die Kinder von Galagh
361 Kurt Mahr: Muru, der Unbezähmbare
362 Arndt Ellmer: Geschäfte mit der Sehnsucht
363 Hubert Haensel: Der Weltraum-Zoo
364 Robert Feldhoff: Die größte Show im Universum
365 Peter Griese: Gegner unbekannt
366 Peter Terrid: Traumschiff der Sterne
367 Hans Kneifel: Atlans Mörder
368 Robert Feldhoff: Terra in Trance
369 Peter Terrid: Das Aralon-Komplott
370 Susan Schwartz: Welt der Prospektoren
371 Horst Hoffmann: Luminia ruft
372 Kurt Mahr: Das Gremium der Vier
373 Hans Kneifel: Deserteur der USO
374 Peter Terrid: Die Wurzeln des Todes
375 Götz Roderer: Halo 1146
376 Robert Feldhoff: Die Toleranz-Revolution
377 Arndt Ellmer: Tränen vom Himmel
378 Peter Griese: Die Elixiere von Chubbid
379 H.G. Francis: Sturm der neuen Zeit
380 Horst Hoffmann: Als die Kröten kamen
381 Hubert Haensel: Verlorenes Leben
382 Hans Kneifel: Das sterbende Imperium
383 Arndt Ellmer: Elohim II
384 Peter Griese: Das Bermuda-Loch
385 Uwe Anton: Eisige Zukunft
386 Peter Terrid: Welt über den Wolken
387 Konrad Schaef: Hölle Hoch Vier

388 Hans Kneifel: Galaktische Rache
389 Hubert Haensel: Schach den Cantaro
390 Arndt Ellmer: Das hohle Paradies
391 Peter Terrid: Im Nichts gestrandet
392 Uwe Anton: Psychospiel
393 Hans Kneifel: Atlans Todfeinde
394 Manfred Weinland: Der Moloch
395 Hubert Haensel: Testflug
396 Rainer Castor: Für Arkons Ehre
397 Konrad Schaef: Duell in Terrania
398 Peter Griese: Die Nirwana-Teleporter
399 H.G. Francis: Kampf des Jahrtausends
400 Peter Terrid: Gesänge aus der Unterwelt
401 Arndt Ellmer: Herrscher von Sonnenland
402 Rainer Castor: Schatten der Vergangenheit
403 Hubert Haensel: Tariga sehen und sterben

Statistik:
Alle PERRY RHODAN-Hefte von 1 bis 1816

1. Die Dritte Macht

1	K.H. Scheer: Unternehmen Stardust
2	Clark Darlton: Die dritte Macht
3	K.H. Scheer: Die strahlende Kuppel
4	Clark Darlton: Götterdämmerung
5	Kurt Mahr: Atom-Alarm
6	W.W. Shols: Das Mutanten-Korps
7	Clark Darlton: Invasion aus dem All
8	Kurt Mahr: Die Venusbasis
9	W.W. Shols: Hilfe für die Erde
10	K.H. Scheer: Raumschlacht im Wega-Sektor
11	Kurt Mahr: Mutanten im Einsatz
12	Clark Darlton: Das Geheimnis der Zeitgruft
13	K.H. Scheer: Die Festung der sechs Monde
14	Clark Darlton: Das galaktische Rätsel
15	Clark Darlton: Die Spur durch Zeit und Raum
16	Kurt Mahr: Die Geister von Gol
17	Kurt Mahr: Planet der sterbenden Sonne
18	Clark Darlton: Die Rebellen von Tuglan
19	K.H. Scheer: Der Unsterbliche
20	Kurt Mahr: Venus in Gefahr
21	Kurt Mahr: Der Atomkrieg findet nicht statt
22	Clark Darlton: Thoras Flucht
23	W.W. Shols: Geheimschaltung X
24	Kurt Mahr: Im Dschungel der Urwelt
25	Kurt Mahr: Der Overhead
26	Clark Darlton: Duell der Mutanten
27	Clark Darlton: Im Banne des Hypno
28	K.H. Scheer: Der kosmische Lockvogel
29	Kurt Mahr: Die Flotte der Springer
30	Kurt Mahr: Tifflor, der Partisan
31	W.W. Shols: Der Kaiser von New York
32	Clark Darlton: Ausflug in die Unendlichkeit
33	Clark Darlton: Eiswelt in Flammen
34	Kurt Brand: Levtan, der Verräter
35	Kurt Mahr: Im Land der Götter
36	Clark Darlton: Die Seuche des Vergessens
37	Clark Darlton: Ein Planet spielt verrückt
38	Kurt Mahr: Vorstoß nach Arkon
39	K.H. Scheer: Die Welt der drei Planeten
40	Clark Darlton: Aktion gegen Unbekannt
41	Clark Darlton: Der Partner des Giganten
42	Kurt Brand: Raumschiff TITAN funkt SOS
43	Kurt Mahr: Rauschgifthändler der Galaxis
44	K.H. Scheer: Der Mensch und das Monster
45	Clark Darlton: Seuchenherd Aralon
46	Kurt Brand: Geschäfte mit Arkon-Stahl
47	Kurt Mahr: Gom antwortet nicht

48 Clark Darlton: Rotes Auge Beteigeuze
49 Clark Darlton: Die Erde stirbt

2. Atlan und Arkon

50 K.H. Scheer: Der Einsame der Zeit
51 Kurt Brand: Jagd nach dem Leben
52 Clark Darlton: Der falsche Inspekteur
53 Kurt Mahr: Die Verdammten von Isan
54 K.H. Scheer: Der Zweikampf
55 Kurt Brand: Der Schatten des Overhead
56 Clark Darlton: Die Toten leben
57 Kurt Mahr: Der Attentäter
58 Clark Darlton: Attacke aus dem Unsichtbaren
59 Kurt Mahr: Rückkehr aus dem Nichts
60 K.H. Scheer: Festung Atlantis
61 Clark Darlton: Der Robot-Spion
62 Kurt Mahr: Die blauen Zwerge
63 Clark Darlton: Die Mikro-Techniker
64 Clark Darlton: Im Zeitgefängnis
65 Clark Darlton: Ein Hauch Ewigkeit
66 Kurt Mahr: Wächter der Verbannten
67 Kurt Brand: Zwischenspiel auf Siliko V
68 Kurt Mahr: Hetzjagd durch die Dimensionen
69 Kurt Mahr: Im Halbraum lauert der Tod
70 K.H. Scheer: Die letzten Tage von Atlantis
71 Kurt Brand: Fehlsprung der Tigris
72 Kurt Mahr: Die Gesandten von Aurigel
73 Kurt Mahr: Die drei Deserteure
74 William Voltz: Das Grauen
75 K.H. Scheer: Das rote Universum
76 Clark Darlton: Unter den Sternen von Druufon
77 Clark Darlton: In den Fesseln der Ewigkeit
78 Kurt Brand: Thoras Opfergang
79 Kurt Mahr: Die Atomhölle von Gray Beast
80 Kurt Mahr: In den Höhlen der Druuf
81 Clark Darlton: Raumschiff der Ahnen
82 Kurt Mahr: Schach dem Universum
83 Kurt Brand: Hallo Topsid, bitte melden!
84 Clark Darlton: Rekruten für Arkon
85 Clark Darlton: Kampfschule Naator
86 K.H. Scheer: Der Schlüssel zur Macht
87 William Voltz: Die Schläfer der ISC
88 K.H. Scheer: Der Fall Kolumbus
89 Kurt Brand: Guckys große Stunde
90 Kurt Brand: Atlan in Not
91 Clark Darlton: Ernst Ellerts Rückkehr
92 William Voltz: Geheimmission Moluk
93 Kurt Mahr: Der Feind im Dunkel
94 Clark Darlton: Die flammende Sonne
95 Clark Darlton: Himmel ohne Sterne
96 K.H. Scheer: Der Anti

97 Kurt Brand: Preis der Macht
98 Kurt Brand: Entfesselte Gewalten
99 William Voltz: Ein Freund der Menschen

3. Die Posbis

100 K.H. Scheer: Der Zielstern
101 Clark Darlton: Der Weltraum-Tramp
102 Kurt Mahr: Abteilung III greift ein
103 Kurt Brand: Das Plasma-Ungeheuer
104 William Voltz: Nur ein Greenhorn
105 Clark Darlton: Die Geisterflotte
106 Kurt Mahr: Der Götze von Passa
107 K.H. Scheer: Das blaue System
108 Kurt Mahr: Die Wüste des Todes
109 Kurt Brand: Der Blockadering um Lepso
110 William Voltz: Auf den Spuren der Antis
111 Clark Darlton: Unter falscher Flagge
112 Kurt Brand: Der Mann mit den zwei Gesichtern
113 Kurt Mahr: Die Wunderblume von Utik
114 Kurt Brand: Rufer aus der Ewigkeit
115 William Voltz: Der Imperator und das Ungeheuer
116 K.H. Scheer: Duell unter der Doppelsonne
117 Clark Darlton: Die gestohlene Raumflotte
118 Kurt Mahr: Der Robot-Sergeant
119 William Voltz: Staat des Verderbens
120 K.H. Scheer: Der Planet Mechanica
121 Clark Darlton: Das Erbe der Echsen
122 Kurt Mahr: Der Tod des Lordadmirals
123 Kurt Brand: Saboteure in A-1
124 William Voltz: Das Psycho-Duell
125 K.H. Scheer: Retter des Imperiums
126 Clark Darlton: Die Schatten greifen an
127 Kurt Mahr: Zwischen den Milchstraßen
128 William Voltz: Mörder aus dem Hyperraum
129 Clark Darlton: Atombrand auf Mechanica
130 Kurt Brand: Freiwillige für Frago
131 Kurt Mahr: Das Versteck in der Zukunft
132 Kurt Brand: Die Macht der Unheimlichen
133 William Voltz: Roboter, Bomben und Mutanten
134 K.H. Scheer: Die Kanonen von Everblack
135 Clark Darlton: Wächter in der Einsamkeit
136 Kurt Mahr: Bestien der Unterwelt
137 Kurt Brand: Sturm auf die Galaxis
138 Kurt Brand: Risiko unendlich groß
139 William Voltz: Die Laurins kommen!
140 Clark Darlton: Ein Toter soll nicht sterben
141 Kurt Mahr: Station der Unsichtbaren
142 Kurt Brand: Agenten der Vernichtung
143 William Voltz: Für Menschen verboten
144 K.H. Scheer: Roboter lassen bitten...
145 Clark Darlton: Armee der Gespenster
146 Kurt Mahr: Hinter der Zeitmauer

147 William Voltz: Amoklauf der Maschinen
148 Kurt Brand: Sprung in den Interkosmos
149 Kurt Brand: Kampf um die Hundertsonnenwelt

4. Das zweite Imperium

150 K.H. Scheer: Die Spezialisten der USO
151 Clark Darlton: Signale der Ewigkeit
152 Kurt Brand: Größer als die Sonne...
153 William Voltz: Eine Handvoll Leben
154 William Voltz: Der Gehetzte von Aralon
155 Kurt Mahr: Die Sklaven von Nowhere
156 K.H. Scheer: Lemy und der Krötenwolf
157 Clark Darlton: Explorer in Not
158 Clark Darlton: Die Geißel der Galaxis
159 Kurt Brand: Gucky, der Großwildjäger
160 Kurt Mahr: Der Spiegel des Grauens
161 William Voltz: Vier von der USO
162 William Voltz: Der Pakt mit dem Tod
163 Clark Darlton: Das zweite Imperium
164 Kurt Brand: Im Bann des Riesenplaneten
165 Kurt Brand: Kontaktschiff Terrania
166 Kurt Mahr: Das Labyrinth von Eysal
167 Kurt Mahr: Spione von der Erde
168 William Voltz: Die Eisfalle
169 K.H. Scheer: Die kleinen Männer von Siga
170 Kurt Brand: Im Dschungel der Sterne
171 Clark Darlton: Kampf der vier Mächte
172 Kurt Mahr: Das Geheimnis der heiligen Insel
173 K.H. Scheer: Unternehmen Nautilus
174 William Voltz: Die Panzerbrecher
175 Kurt Brand: Wettlauf gegen die Zeit
176 Kurt Brand: In letzter Minute
177 Clark Darlton: Der Untergang des 2. Imperiums
178 Kurt Mahr: Die Todeskandidaten von Akon
179 K.H. Scheer: Notlandung auf Beauly II
180 William Voltz: Der gnadenlose Gegner
181 William Voltz: Gefangen in Zentral-City
182 Kurt Mahr: Drei von der galaktischen Abwehr
183 William Voltz: Die Dschungel-Armee
184 Clark Darlton: Gucky und die Blaue Garde
185 Kurt Brand: Flammen über Badun
186 Kurt Brand: Die Hypno-Kugel
187 Kurt Mahr: Soldaten für Kahalo
188 K.H. Scheer: Die lebenden Toten
189 Clark Darlton: Die Expedition der Mausbiber
190 Clark Darlton: Admiral Gecko
191 William Voltz: Tschato, der Löwe
192 William Voltz: Die Kriegslist des Akonen
193 Kurt Brand: Panik im Sonnensystem
194 Kurt Mahr: Die heimliche Invasion
195 Kurt Mahr: Der Sturz des Sterndiktators
196 K.H. Scheer: Planet der letzten Hoffnung

197 William Voltz: Höllentanz der Riesen
198 H.G. Ewers: Die letzte Bastion
199 Kurt Brand: Arkons Ende

5. Die Meister der Insel

200 K.H. Scheer: Die Straße nach Andromeda
201 Kurt Mahr: Sternstation im Nichts
202 Clark Darlton: Die Retter der CREST
203 William Voltz: Die Stadt der Verfemten
204 Kurt Brand: Das Drung
205 H.G. Ewers: Der Wächter von Andromeda
206 Kurt Mahr: Die Schrecken der Hohlwelt
207 William Voltz: Die 73. Eiszeit
208 Kurt Brand: Die blauen Herrscher
209 Clark Darlton: Im Banne der Scheintöter
210 H.G. Ewers: Auf den Spuren der CREST
211 K.H. Scheer: Geheimwaffe Horror
212 William Voltz: Die Mikro-Festung
213 H.G. Ewers: Giganten am Südpol
214 Kurt Mahr: Der Kampf um die Pyramiden
215 H.G. Ewers: Endstation des Grauens
216 William Voltz: Aufbruch der Oldtimer
217 K.H. Scheer: Gefahr aus der Vergangenheit
218 H.G. Ewers: Brennpunkt Twin
219 Kurt Mahr: Teleporter Achtung!
220 Clark Darlton: Der Tod von den Sternen
221 William Voltz: Verschleppt nach Andro-Alpha
222 K.H. Scheer: Die Doppelgänger von Andromeda
223 H.G. Ewers: Die fünfte Kolonne
224 Clark Darlton: Agenten gegen das Imperium
225 Kurt Mahr: Rendezvous im All
226 K.H. Scheer: Die Parasprinter
227 William Voltz: Der Duplo und sein Schatten
228 William Voltz: Die Rache des Mutanten
229 Clark Darlton: Feind aus fremder Galaxis
230 H.G. Ewers: Finale für Twin
231 Kurt Mahr: Das System der Verlorenen
232 Clark Darlton: Die Zeitfalle
233 K.H. Scheer: Geheimsatellit Troja
234 H.G. Ewers: Wachkommando Andro-Beta
235 William Voltz: Die Kaste der Weißrüssel
236 William Voltz: Im Camp der Gesetzlosen
237 Kurt Mahr: Die drei Sternenbrüder
238 K.H. Scheer: Der Geleitzug ins Ungewisse
239 Clark Darlton: Welt unter heißer Strahlung
240 H.G. Ewers: An der Schwelle der Hölle
241 William Voltz: Fünf von der CREST
242 William Voltz: Das Rätsel des Sumpfplaneten
243 Kurt Mahr: Raumaufklärer 008
244 Clark Darlton: Die Kugel aus Zeit und Raum
245 K.H. Scheer: Notrufe aus dem Nichts
246 H.G. Ewers: Kontrollstation Modul

247 H.G. Ewers: Der Herr der Androiden
248 Clark Darlton: Unter Einsatz seines Lebens...
249 Kurt Mahr: Der Geist der Maschine
250 K.H. Scheer: Die sechste Epoche
251 William Voltz: Die Armee der Biospalter
252 William Voltz: Die Welt der Regenerierten
253 H.G. Ewers: Vorstoß in die Dunkelwelt
254 H.G. Ewers: Die Geistersonne
255 Clark Darlton: Sperrzone Andromeda
256 Clark Darlton: Im Reiche der Zentrumswächter
257 William Voltz: Der Dreitöter
258 H.G. Ewers: Die Mikro-Henker
259 H.G. Ewers: Der unheimliche Roboter
260 Kurt Mahr: Gespenster der Vergangenheit
261 Kurt Mahr: Die Fabrik des Teufels
262 William Voltz: Der Meisterplan
263 William Voltz: Sieben Stunden Angst
264 K.H. Scheer: Die Invasion der Toten
265 H.G. Ewers: Das Zeitauge
266 H.G. Ewers: Die Tempel von Darak
267 Kurt Mahr: Rückkehr in die Gegenwart
268 Clark Darlton: Stoßtrupp in Zeit und Raum
269 Clark Darlton: Jagd auf den Zeitagenten
270 K.H. Scheer: Ultimatum an Unbekannt
271 H.G. Ewers: Die Welt der Körperlosen
272 H.G. Ewers: Flaggschiff in Not
273 William Voltz: Unter den Gletschern von Nevada
274 William Voltz: Zwischen Feuer und Eis
275 Clark Darlton: Der Flug nach Barkon
276 Kurt Mahr: Irrweg durch die Zeit
277 K.H. Scheer: Befehle aus der 5. Dimension
278 William Voltz: In geheimer Mission auf Lemuria
279 William Voltz: Die Bezwinger der Zeit
280 H.G. Ewers: Die Weltraumdetektive greifen ein
281 H.G. Ewers: Kampf in der Tiefsee
282 Clark Darlton: Die Spur zu Jagos Stern
283 Kurt Mahr: Flucht vom Giftplaneten
284 William Voltz: Anfang gegen die Erde
285 William Voltz: Die dritte Waffe
286 H.G. Ewers: Jagd auf die Teleporterkugel
287 H.G. Ewers: Die Halle der Unbesiegbaren
288 K.H. Scheer: Das Sonneninferno
289 Clark Darlton: Das System der blauen Riesen
290 Clark Darlton: Koordinaten ins Jenseits
291 Kurt Mahr: Brücke zwischen den Sternen
292 William Voltz: Der Bahnhof im Weltraum
293 William Voltz: Unternehmen Central-Station
294 Clark Darlton: Die Eroberer
295 Clark Darlton: Der verlorene Planet
296 Kurt Mahr: Die Herrin der Sterne
297 H.G. Ewers: Superfestung Tamanium
298 H.G. Ewers: Amoklauf der Schläfer
299 William Voltz: Am Ende der Macht

6. M 87

300 K.H. Scheer: Alarm im Sektor Morgenrot
301 William Voltz: Die Plattform des Schreckens
302 Clark Darlton: Gestatten, Gucky und Sohn!
303 H.G. Ewers: Im Labyrinth des Todes
304 H.G. Ewers: Überfall auf Old Man
305 Kurt Mahr: Die Stunde der Hypnokristalle
306 Conrad Shepherd: Keine Rettung für Schlachtschiff OMASO
307 K.H. Scheer: Die Macht der Gläsernen
308 William Voltz: Grüner Mond über Jelly-City
309 H.G. Ewers: Die Sklavenwelt von Magellan
310 Clark Darlton: Das Geschenk der Zeitreisenden
311 Kurt Mahr: Tödliche Fracht nach Danger!
312 William Voltz: Das Geheimnis der Regenwelt
313 William Voltz: Im Lager der Löwenmenschen
314 H.G. Ewers: Chaos über Modula
315 H.G. Ewers: Kreuzfahrt durch Magellan
316 Clark Darlton: Der Sprung ins Verderben
317 Kurt Mahr: Terror auf dem Kristallplaneten
318 Conrad Shepherd: Die Zentrale der Freischärler
319 Conrad Shepherd: Der Phantomsender
320 Clark Darlton: Operation Blitz
321 H.G. Ewers: Zwischenfall im Tiger-Sektor
322 William Voltz: Ein Gigant erwacht
323 William Voltz: Die Zeitpolizei
324 Clark Darlton: Im Nichts gestrandet
325 Kurt Mahr: Das Zeitexperiment der Verbannten
326 Clark Darlton: Gucky und der Golem
327 K.H. Scheer: Die vier Unheimlichen
328 William Voltz: Die Flotte der gläsernen Särge
329 H.G. Ewers: Ein Planet läuft Amok
330 William Voltz: Ein Mann wie Rhodan
331 William Voltz: Aufstand der Menschheit
332 H.G. Ewers: Kampf um den Neptunmond
333 Kurt Mahr: Das Meer der Träume
334 William Voltz: Im Arsenal der Giganten
335 H.G. Ewers: Drei gegen OLD MAN
336 Clark Darlton: Gucky und der Vakupath
337 William Voltz: Kontakte mit Unbekannt
338 William Voltz: Die stählerne Zitadelle
339 H.G. Ewers: Die Kammer der tausend Schrecken
340 H.G. Ewers: Kreuzwege im Kosmos
341 Clark Darlton: Der Planetarische Kerker
342 Kurt Mahr: Die Bestien sollen sterben
343 William Voltz: Planet der tausend Freuden
344 Clark Darlton: Die Kidnapper des Auserwählten
345 H.G. Ewers: Verfolgungsjagd im Halbraum
346 H.G. Ewers: Warnung aus dem Jenseits
347 William Voltz: Die Sucher von M-87
348 Clark Darlton: Die kosmische Falle
349 Kurt Mahr: Die Partisanen von der CREST

350 K.H. Scheer: Robot-Patrouille
351 William Voltz: Der versklavte Riese
352 Hans Kneifel: Der Planet des tödlichen Schweigens
353 H.G. Ewers: Brutstation im Pararaum
354 Clark Darlton: Experimente mit der Zeit
355 William Voltz: Der Doppelagent von Rumal
356 William Voltz: Ein Zeitpolizist desertiert
357 H.G. Ewers: Die Arenakämpfer
358 Clark Darlton: Begegnung in M87
359 Kurt Mahr: Die Korvette der Todeskandidaten
360 Hans Kneifel: Im Reich der Teleporter
361 Clark Darlton: Der Turm des ewigen Lebens
362 William Voltz: Der Irre und der Tote
363 H.G. Ewers: Nacht zwischen den Sonnen
364 H.G. Ewers: Die grüne Bestie
365 Hans Kneifel: Das strahlende Netz
366 Clark Darlton: Das Rätsel der Biostation
367 K.H. Scheer: Im Zentrum der Riesensonne
368 Kurt Mahr: Von Galaxis zu Galaxis
369 Hans Kneifel: Auf Dolan-Jagd
370 William Voltz: Verrat auf OLD MAN
371 Clark Darlton: Attentat auf die Sonne
372 Hans Kneifel: Expedition zur verbotenen Welt
373 Hans Kneifel: In der Todeszone
374 H.G. Ewers: Die Macht des Sepulveda
375 H.G. Ewers: Verschwörung in Andromeda
376 Clark Darlton: Stimmen aus der Vergangenheit
377 William Voltz: Wüste der strahlenden Steine
378 William Voltz: Planet der Ungeheuer
379 Kurt Mahr: Das Tor zur Hölle
380 Clark Darlton: Das Zeitkommando
381 Hans Kneifel: Unternehmen Südsee
382 William Voltz: Planet der Ruinen
383 Clark Darlton: Die phantastische Reise der FD-4
384 H.G. Ewers: Die Welt der Unsichtbaren
385 Hans Kneifel: Die Letzten von der FRANCIS DRAKE
386 William Voltz: Hilfe von Sol
387 H.G. Ewers: Spur zwischen den Sternen
388 Clark Darlton: Götter aus dem Kosmos
389 Hans Kneifel: Mond der Rebellen
390 H.G. Ewers: Die CREST im Strahlensturm
391 H.G. Ewers: Tödliche Ernte
392 Clark Darlton: Das Schiff der grünen Geister
393 Hans Kneifel: Die Schwelle zum Nichts
394 William Voltz: Die Bestie erwacht
395 Kurt Mahr: Die Hyperseuche
396 Clark Darlton: Das Versteck in der Zukunft
397 William Voltz: Das System der13 Monde
398 Hans Kneifel: Das Ende der Dolans
399 H.G. Ewers: Alarm für die Galaxis

7. Die Cappins

400 K.H. Scheer: Menschheit im Zwielicht
401 William Voltz: Aufbruch ins All
402 Clark Darlton: Ufos in der Galaxis
403 H.G. Ewers: Die Straße der Container
404 William Voltz: Die Piraten-Lady
405 Hans Kneifel: Die Marionetten von Astera
406 Clark Darlton: Nachricht aus der Zukunft
407 H.G. Ewers: Das neue Element
408 William Voltz: Amoklauf der Mutanten
409 Clark Darlton: Der Mann, der doppelt starb
410 Hans Kneifel: Das Geheimnis von Olymp
411 Hans Kneifel: Brennpunkt Mimas
412 H.G. Ewers: Gefahr von Sol
413 H.G. Ewers: Die Sonnenforscher
414 William Voltz: Der Weltraum-Zirkus
415 Clark Darlton: Freunde aus einem fremden Universum
416 H.G. Ewers: Der Supermutant
417 William Voltz: Attentat auf die INTERSOLAR
418 Hans Kneifel: Kurier der Galaxis
419 William Voltz: Konferenz der Verräter
420 Clark Darlton: Rätsel der Vergangenheit
421 H.G. Ewers: Report eines Neandertalers
422 Hans Kneifel: Die Zeitpendler
423 Clark Darlton: Sonderkommando Atlan
424 William Voltz: Im Zeitstrom verschollen
425 Hans Kneifel: Die Attacke der Zentauren
426 H.G. Ewers: Das Ding auf dem Mond
427 Clark Darlton: Am See der Götter
428 William Voltz: Die Stunde der Thunderbolts
429 Hans Kneifel: Im Land der blauen Türme
430 Clark Darlton: Das Ultimatum der Cappins
431 H.G. Ewers: Energie aus dem Jenseits
432 William Voltz: Die Welt der Mutanten
433 William Voltz: Die Stadt der tausend Fallen
434 H.G. Ewers: Das Erbe des Ertrusers
435 Hans Kneifel: Das Drei-Planeten-Spiel
436 Clark Darlton: Testflug nach Atlantis
437 H.G. Ewers: Schirmherr der Zeit
438 William Voltz: Im Jahr der Cappins
439 Clark Darlton: Schaltzentrale OVARON
440 Hans Kneifel: Der Ring des Verderbens
441 H.G. Ewers: Zwischen Mars und Jupiter
442 William Voltz: Die Bestien von Zeut
443 Clark Darlton: Überfall auf Exilot
444 Hans Kneifel: Welten in Angst
445 H.G. Ewers: Das Kommandogehirn
446 H.G. Ewers: Die Zeitbrüder
447 William Voltz: Der Terraner und der Gläserne
448 Hans Kneifel: Der alte Admiral
449 Clark Darlton: Das Ende des Diktators
450 K.H. Scheer: Aufbruch der MARCO POLO

451 H.G. Ewers: Die falschen Götter
452 William Voltz: Planet der Pazifisten
453 Hans Kneifel: Vorsicht - radioaktiv!
454 Clark Darlton: Plünderer der Sterne
455 William Voltz: Auf der Arenawelt
456 William Voltz: Der Schaukampf
457 H.G. Ewers: Die Operationsbasis
458 H.G. Ewers: Im Arsenal der Androiden
459 Hans Kneifel: Der Archivplanet
460 Hans Kneifel: Zeitpunkt X
461 Clark Darlton: Flucht ins Ungewissen
462 Clark Darlton: Der Wissende
463 William Voltz: Die Spione von Siga
464 William Voltz: Der falsche Ganjo
465 Hans Kneifel: Steckbrief für die MARCO POLO
466 Hans Kneifel: Die Stadt und das Raumschiff
467 Clark Darlton: Der letzte Mann der DOLDA
468 Clark Darlton: Der Telekinet
469 H.G. Ewers: Der Tod fliegt mit
470 H.G. Ewers: Testfall MARCO POLO
471 William Voltz: Der letzte Test
472 Clark Darlton: Das violette Feuer
473 H.G. Ewers: Die verrückten Roboter
474 Hans Kneifel: Das Duell der Mächtigen
475 William Voltz: Der große Vasall
476 Hans Kneifel: Der Schrecken von Takera
477 H.G. Ewers: Invasion der Schatten
478 H.G. Ewers: Die Schlacht um Olymp
479 Clark Darlton: Ganjo-Alarm
480 William Voltz: Der Dieb von Gruelfin
481 William Voltz: Die Clique der Verräter
482 Hans Kneifel: Die Feinde des Ganjos
483 H.G. Ewers: Im Zeichen des Ganjos
484 William Voltz: Das Ende der Odikon
485 H.G. Ewers: Die Mutanten von Erysgan
486 William Voltz: Zwischen Weltraum und Untergrund
487 William Voltz: Ich, der Ganjo
488 Hans Kneifel: Plan der Vernichtung
489 Clark Darlton: Gucky und der Verräter
490 H.G. Ewers: System der tausend Fallen
491 H.G. Ewers: Transmitter nach Takera
492 William Voltz: Das stählerne Gefängnis
493 Hans Kneifel: Panik auf Titan
494 Clark Darlton: Der Mond der Gefahren
495 Hans Kneifel: Der Botschafter von Sol
496 William Voltz: Die Flotte der Clans
497 H.G. Ewers: Die Armee der Kriegsdiener
498 Clark Darlton: Die Rückkehr des Takerers
499 Hans Kneifel: Entscheidung in der Plutobahn

8. Der Schwarm

500 K.H. Scheer: Sie kamen aus dem Nichts
501 William Voltz: In der Betonwüste
502 H.G. Ewers: Der Ritter mit dem Flammenschwert
503 Clark Darlton: Planet der Digger
504 Hans Kneifel: Das Raumschiff der gelben Götzen
505 William Voltz: Im Schwarm gefangen
506 H.G. Ewers: Die Göttin der Symbionten
507 Clark Darlton: Zwischenspiel auf Tahun
508 Hans Kneifel: Treffpunkt zwischen den Sternen
509 Ernst Vlcek: Die Banditen von Terrania
510 William Voltz: Die Ausgestoßenen
511 Hans Kneifel: Das Volk der Sklaven
512 Clark Darlton: Der Flug der GATOS BAY
513 Ernst Vlcek: Ein Platz für Verdammte
514 H.G. Ewers: Der Weltraumkurier
515 William Voltz: Die Wächter der Einsamkeit
516 Hans Kneifel: Sandal, der Rächer
517 Clark Darlton: Notruf des Unsterblichen
518 H.G. Francis: Sturmlauf in den Tod
519 William Voltz: Das heimliche Imperium
520 H.G. Ewers: Unter Parazwang
521 Ernst Vlcek: Kampf um die Sonnenstadt
522 Hans Kneifel: Die Spur des Rächers
523 Clark Darlton: Der Planetenräuber
524 Clark Darlton: Die Gelben Eroberer
525 William Voltz: Das große Sterben
526 H.G. Ewers: Söldner der Galaxis
527 Hans Kneifel: Die Insel der Glücklichen
528 Hans Kneifel: Die Diener der gelben Götzen
529 Ernst Vlcek: Die letzten Tage der Amazonen
530 H.G. Francis: Die Sternenflut
531 H.G. Ewers: Die Macht der Sieben
532 Kurt Mahr: Die Alte von USTRAC
533 William Voltz: Der Durchbruch
534 William Voltz: Der Schwarze Dämon
535 Clark Darlton: Transport ins Ungewisse
536 Ernst Vlcek: Götzendämmerung
537 Hans Kneifel: An Bord der MARCO POLO
538 H.G. Francis: Die Panikmacher
539 H.G. Ewers: Das Experimente der Cynos
540 William Voltz: Die Attacke der Cynos
541 Clark Darlton: Im Banne des Panikfeldes
542 H.G. Ewers: Die Stunde der Zentauren
543 Ernst Vlcek: Das letzte Aufgebot der MARCO POLO
544 Hans Kneifel: Die Späher der GEVARI
545 William Voltz: Der Maskenträger
546 H.G. Ewers: Menschen unter Cynos
547 Kurt Mahr: Die Sonne warf keinen Schatten
548 H.G. Francis: Testflug zur Erde
549 Clark Darlton: Das Elixier der Götter
550 H.G. Ewers: Rückkehr ins Jahr 2000

551 William Voltz: Menschheit im Test
552 Ernst Vlcek: Schlachtfeld Erde
553 Hans Kneifel: Die Gladiatoren von Terra
554 Clark Darlton: Kidnapper im Weltraum
555 H.G. Ewers: Jenseits der Energiemauer
556 William Voltz: Der Sonnengigant
557 H.G. Francis: Das Gesetz der Götzen
558 Ernst Vlcek: Die Erde im Hypersturm
559 Hans Kneifel: Die Insel des Wahnsinns
560 Clark Darlton: Gucky, der Tambu-Gott
561 William Voltz: Verstoßen ins Nichts
562 Kurt Mahr: Kurier nach Sol
563 H.G. Ewers: Gespensterjagd
564 Ernst Vlcek: Die Zeit mutiert
565 Clark Darlton: Gucky, der Meisterdieb
566 William Voltz: Planet im Hyperraum
567 William Voltz: Der Mann aus dem Eis
568 H.G. Ewers: Rebellion der Cynos
569 H.G. Ewers: Das Korps der Cappins

9. Die Altmutanten

570 Ernst Vlcek: Die Stimmen der Qual
571 Ernst Vlcek: Raumschiff der Besessenen
572 Kurt Mahr: Die Stunde des Symbionten
573 Hans Kneifel: Die Lady und der Barbar
574 Clark Darlton: Das Himmelsmetall
575 H.G. Francis: Stadt im Lavameer
576 William Voltz: Ein Mutant verschwindet
577 William Voltz: Ein Mutant wird gejagt
578 H.G. Ewers: Im Labyrinth der Toten
579 Ernst Vlcek: Die Psycho-Vampire
580 Clark Darlton: Die Zeitritter
581 Kurt Mahr: Die Geistermutanten
582 Hans Kneifel: Die Mutantenfänger
583 William Voltz: Der Ara und die Verzweifelten
584 H.G. Francis: Der Mutantenplan
585 William Voltz: Das Doppelspiel des Arkoniden
586 H.G. Francis: Der Riese aus dem All
587 Hans Kneifel: Die Flotte der Retter
588 H.G. Ewers: Die Überlebensspezialisten
589 H.G. Ewers: Station der Gegenwelt
590 Clark Darlton: Flugziel unbekannt
591 Ernst Vlcek: Die Paradox-Intelligenz
592 Ernst Vlcek: Eine Welt in Trümmern
593 Clark Darlton: Der metaphysische Krieg
594 H.G. Francis: Der Kampf der Paramags
595 Hans Kneifel: Die Antimaterie-Gefahr
596 H.G. Ewers: Planetoid im Hypersturm
597 Ernst Vlcek: Das letzte Asyl
598 William Voltz: Die Para-Bank
599 Kurt Mahr: Tag der Entscheidung

10. Das kosmische Schachspiel

600 Kurt Mahr: Die unsichtbare Grenze
601 William Voltz: Die falschen Mutanten
602 Clark Darlton: Der Sprung nach Luna
603 H.G. Ewers: Planet der Ritterspiele
604 Ernst Vlcek: Triumph der Gewalt
605 Hans Kneifel: Sprung nach Galax-Zero
606 Kurt Mahr: Marathon der Raumschiffe
607 William Voltz: Arena Eiswelt
608 Clark Darlton: Auf den Spuren der PAD
609 H.G. Ewers: Operation Sternstunde
610 Ernst Vlcek: Pilgerflug nach Terra
611 Hans Kneifel: Brennpunkt Medo-Center
612 H.G. Francis: Galaxis am Abgrund
613 Kurt Mahr: Geißel der Menschheit
614 William Voltz: Flugziel Andromeda
615 William Voltz: Gefahr für Andromeda
616 H.G. Ewers: Die Andro-Pest
617 Clark Darlton: Der Kampf um die Positronik
618 Hans Kneifel: Zweikampf der Immunen
619 Kurt Mahr: Jagd nach der Zeitmaschine
620 Ernst Vlcek: Reise durch den Zeitstrom
621 H.G. Ewers: Die Zeitkorrektur
622 Hans Kneifel: Gehirn in Fesseln
623 William Voltz: Markt der Gehirne
624 Clark Darlton: In den Katakomben von Nopaloor
625 H.G. Francis: Die Nullzeit-Brücke
626 Kurt Mahr: Kampf der Gehirne
627 Ernst Vlcek: Die Hölle von Maczadosch
628 William Voltz: Der Ceynach-Jäger
629 H.G. Ewers: Duell mit dem Ceynach
630 Clark Darlton: Das Erbe der Yulocs
631 Hans Kneifel: Die fliegenden Städte
632 H.G. Francis: Ruf aus der Unendlichkeit
633 Kurt Mahr: Die psionische Jagd
634 H.G. Ewers: Aufstand der Mucton-Yul
635 William Voltz: Das steinerne Gehirn
636 H.G. Francis: Der Raytscha stirbt
637 Hans Kneifel: Der Fremde von Catron
638 Ernst Vlcek: Der Konterplan
639 Kurt Mahr: Der Tod des Großadministrators
640 William Voltz: Das verrückte Gehirn
641 H.G. Ewers: Das Geisterspiel
642 H.G. Francis: Die Flotte der Selbstmörder
643 Ernst Vlcek: Planet der stillen Wächter
644 Hans Kneifel: Goliath aus der Vergangenheit
645 Kurt Mahr: Die Catron-Ader
646 William Voltz: Kontakte mit der Ewigkeit
647 H.G. Ewers: Intrigen auf Payntec
648 Clark Darlton: Der Kampf mit dem Yuloc
649 Kurt Mahr: Schach der Finsternis

11. Das Konzil

650 William Voltz: Der Bund der Sieben
651 Ernst Vlcek: Die Rebellen von Hetossa
652 H.G. Francis: Duell zwischen den Sternen
653 Hans Kneifel: Der Terraner und der Rebell
654 H.G. Ewers: Das Mondgehirn denkt anders
655 William Voltz: Der letzte Magier
656 Clark Darlton: Der Geheimnisträger
657 Kurt Mahr: Der Arkturus-Zwischenfall
658 Kurt Mahr: Flug in die Dunkelwolke
659 H.G. Francis: Das Bio-Programm
660 H.G. Ewers: Operation Bumerang
661 Hans Kneifel: Der Sonnenzünder
662 Ernst Vlcek: Jagd auf einen Toten
663 William Voltz: Leticron, der Überschwere
664 H.G. Ewers: Tunnel durch die Zeit
665 H.G. Francis: Die Vulkan-Diebe
666 Hans Kneifel: Im Bann des Sonnendreiecks
667 William Voltz: Wächter des Ewigen
668 H.G. Ewers: Operation Sonnenbaby
669 H.G. Francis: Stützpunkt Donnergott
670 Clark Darlton: Der Hyperraum bricht auf
671 Hans Kneifel: Der Zeittaucher
672 Ernst Vlcek: Countdown für Terra
673 Kurt Mahr: Raumschiff Erde
674 H.G. Francis: Im Land der Dreemer
675 H.G. Ewers: Monumente der Macht
676 Hans Kneifel: Im Mahlstrom der Sterne
677 Clark Darlton: Das Erbe der Glovaaren
678 William Voltz: Zeus Anno3460
679 Ernst Vlcek: Im Bannkreis der Pyramide
680 H.G. Francis: Strafplanet der Eroberer
681 Kurt Mahr: Das Sonnen-Fünfeck
682 Hans Kneifel: Terror der Ungeborenen
683 H.G. Ewers: Das Mädchen von Lemuria
684 Ernst Vlcek: Die falschen Itrinks
685 H.G. Francis: Planet in Angst
686 William Voltz: Die Flotte der Toten
687 William Voltz: Begegnung im Chaos
688 H.G. Francis: Der Einmann-Krieg
689 Kurt Mahr: Die Irrfahrt des Mutanten
690 Kurt Mahr: Die Flucht des Körperlosen
691 Clark Darlton: Sargasso des Alls
692 H.G. Ewers: Die Insekten-Königin
693 H.G. Ewers: In den Höhlen der Ploohns
694 Hans Kneifel: Die Anti-Molkexbomben
695 Ernst Vlcek: Die Unantastbaren
696 William Voltz: Botschafter des Friedens
697 William Voltz: Im Intersse der Menschheit
698 H.G. Francis: Meuterei auf der MEBRECCO
699 Kurt Mahr: Terra unter fremder Sonne

12. Aphilie

700 Kurt Mahr: Aphilie
701 H.G. Ewers: Sprung in die Freiheit
702 Clark Darlton: Das Stummhaus
703 Hans Kneifel: Jagd der Outsider
704 Ernst Vlcek: Die Rebellen von Imperium-Alpha
705 William Voltz: Flucht aus dem Imperium-Alpha
706 H.G. Francis: Verkünder des Sonnenboten
707 H.G. Ewers: Der Arenakämpfer
708 Clark Darlton: Zwischenspiel auf Saturn
709 William Voltz: Stahlfestung Titan
710 Hans Kneifel: Raumschiff in Fesseln
711 Ernst Vlcek: Die Unendlich-Denker
712 H.G. Francis: Am Rand der 7. Dimension
713 Kurt Mahr: Roboter lügen nicht
714 H.G. Ewers: Kinder der Sol
715 H.G. Ewers: Kampf um die Sol
716 Clark Darlton: Unheil aus fremder Dimension
717 William Voltz: Das Ende von Balayndagar
718 Hans Kneifel: Geheimmission der Frauen
719 H.G. Ewers: Fluchtpunkt Ovarons Planet
720 H.G. Ewers: Todeskommando Last Hope
721 Ernst Vlcek: Die Stimmen der Toten
722 H.G. Ewers: Eine Botschaft für Ovaron
723 Clark Darlton: Kolonie der Cyborgs
724 Kurt Mahr: Geheimkonferenz der Rebellen
725 Hans Kneifel: Allianz der Galaktiker
726 William Voltz: In der Dakkarzone
727 H.G. Francis: Spezialisten der Nacht
728 H.G. Francis: Jahrtausendschläfer
729 H.G. Ewers: Die Nullbewahrer
730 William Voltz: Wege ins Nichts
731 William Voltz: Die Diebe von der Sol
732 Hans Kneifel: Aufstand der Immunen
733 Hans Kneifel: Der Weg des Diktators
734 Kurt Mahr: Operation Gehirnwäsche
735 Kurt Mahr: Die Armee aus dem Ghetto
736 Clark Darlton: Rächer zwischen den Sternen
737 Ernst Vlcek: Unternehmen NUG
738 H.G. Ewers: Das Spiel des Laren
739 H.G. Francis: Operation Doppelgänger
740 William Voltz: Der Schaltmeister von Orcsy
741 H.G. Ewers: Die falsche MARCO POLO
742 Clark Darlton: Rückkehr fraglich
743 Hans Kneifel: Inferno der Dimensionen
744 H.G. Francis: Die letzten der Koltonen
745 H.G. Ewers: Die Rache der Dimensionauten
746 William Voltz: Der Zeitlose
747 Harvey Patton: Die Körperlosen von Grosocht
748 Kurt Mahr: Raphael, der Unheimliche
749 Kurt Mahr: Plan der Vollendung
750 H.G. Francis: Ein Freund der Posbis

751 H.G. Francis: Testfall Sonnenbote
752 H.G. Francis: Die Konfrontation
753 Ernst Vlcek: Strategen des Universums
754 H.G. Ewers: Zwischenspiel auf Rolfth
755 H.G. Ewers: Die Flucht der Kelosker
756 H.G. Francis: Ein Stern funkt SOS
757 William Voltz: Welt ohne Menschen
758 William Voltz: Die Einsamen von Terra
759 Kurt Mahr: Eiswüste Alaska
760 Ernst Vlcek: Kampf der Diplomaten
761 Hans Kneifel: Traum eines Cyborgs
762 H.G. Ewers: Aufstand der Cyborgs
763 H.G. Ewers: Inferno im Kosmos
764 Clark Darlton: Der Wall um die Welt
765 William Voltz: Fehde der Mächtigen
766 Kurt Mahr: Der Herr der Welt
767 Kurt Mahr: Der Wächter von Palatka
768 William Voltz: TERRA-PATROUILLE
769 H.G. Francis: Kinder der Unendlichkeit
770 Ernst Vlcek: Sie suchen Menschen
771 H.G. Francis: Rückkehr der Sol
772 Clark Darlton: Das Gespenst von Vrinos
773 H.G. Ewers: Der Chaosmacher
774 Hans Kneifel: Die Stadt des Glücks
775 Peter Terrid: Die Herren von Sh'donth
776 Kurt Mahr: Das schwarze Raumschiff
777 William Voltz: Kampf den Invasoren
778 William Voltz: Duell der Außerirdischen
779 Ernst Vlcek: Gucky und der Grauvater
780 H.G. Francis: Die Testwelt
781 Clark Darlton: Gegner im Dunkel
782 H.G. Ewers: Die Bucht der blauen Geier
783 H.G. Ewers: Die Kontaktzentrale
784 Kurt Mahr: Die Rache der Feuerflieger
785 William Voltz: Die erste Inkarnation
786 Hans Kneifel: Rebell gegen die Kaiserin
787 Ernst Vlcek: Die Stunde des Rebellen
788 Peter Terrid: Eine Falle für das Modul
789 H.G. Francis: Der Spieler und die Fremden
790 William Voltz: Das Geheimnis des Moduls
791 Kurt Mahr: Der Comp und der Kybernetiker
792 Clark Darlton: Hilfe aus Zeit und Raum
793 H.G. Ewers: Die Aktivatorjagd
794 H.G. Ewers: Zeitbombe Zellaktivator
795 Marianne Sydow: Netz des Todes
796 Ernst Vlcek: Der Kristallträger
797 Hans Kneifel: Planet der Leibwächter
798 H.G. Francis: Im Banne des schwarzen Kristalls
799 Kurt Mahr: Abschied von Terra

13. BARDIOC

800 William Voltz: Die Kaiserin von Therm
801 William Voltz: Sirenen des Alls
802 Clark Darlton: Planet der toten Kinder
803 Ernst Vlcek: Stätte des Vergessens
804 Kurt Mahr: Der Zeithammer
805 Kurt Mahr: Flucht von Intermezzo
806 H.G. Ewers: Der Marsianer und der MV
807 H.G. Ewers: Der Kampf um Terra
808 H.G. Francis: Chaos auf Lusamuntra
809 Hans Kneifel: Mensch aus dem Nichts
810 William Voltz: Homo sapiens X7
811 Peter Terrid: Begegnung auf Olymp
812 H.G. Francis: Der Howalgonier
813 Clark Darlton: Im Strom der Ewigkeit
814 Ernst Vlcek: Der Vario und der Wächter
815 Kurt Mahr: Der Sieben-D-Mann
816 William Voltz: Meister der Gravitation
817 H.G. Ewers: Statthalter des Bösen
818 Hans Kneifel: Die Gravo-Schleuse
819 William Voltz: Die fliegende Stadt
820 H.G. Ewers: Das Gravitationsgefängnis
821 Hans Kneifel: Die Gravo-Katastrophe
822 Kurt Mahr: Ein Fremder auf Luna
823 Kurt Mahr: Der Kampf um die IRONDUKE
824 H.G. Francis: Die Riesen von Halut
825 H.G. Francis: Die Amokmacher
826 H.G. Francis: Kristalle der Gewalt
827 Clark Darlton: Der Mann von Barkon
828 Kurt Mahr: Götze der Wolklovs
829 William Voltz: Die List des Terraners
830 William Voltz: Die vierte Inkarnation
831 H.G. Ewers: Patrouille der MVs
832 H.G. Ewers: Station der MVs
833 Hans Kneifel: Orbit um Terra
834 Ernst Vlcek: Rebell gegen ES
835 H.G. Francis: Rückkehr der Vernunft
836 Ernst Vlcek: Vision der Vollendung
837 Kurt Mahr: Im Bann des Neutronensterns
838 Kurt Mahr: Paradies der Feuerflieger
839 Kurt Mahr: Das große Feuerwerk
840 William Voltz: Auf BULLOCs Spuren
841 Clark Darlton: Die Glaswelt
842 H.G. Francis: Tor in die Unendlichkeit
843 H.G. Francis: Die Frühträumer
844 H.G. Ewers: Fremde auf Olymp
845 Hans Kneifel: Treibgut der Sterne
846 Ernst Vlcek: Die Flucht des Laren
847 H.G. Ewers: Metamorphose
848 Kurt Mahr: Titan - die letzte Bastion
849 Kurt Mahr: Sprung über den Abgrung
850 William Voltz: Bardioc

Testflug

Fäs Arkons Ehre

851 William Voltz: Kosmischer Alptraum
852 Clark Darlton: Insel zwischen den Sternen
853 H.G. Francis: Heimat der Menschen
854 H.G. Francis: Mutanten von Gäa
855 Ernst Vlcek: Spektrum des Geistes
856 H.G. Ewers: Treffpunkt Totenwelt
857 Kurt Mahr: Erbe der Aphilie
858 Kurt Mahr: Die BASIS
859 Hans Kneifel: Ring der Gewalt
860 William Voltz: Rückkehr des Zeitlosen
861 William Voltz: Gehirntransport
862 Clark Darlton: Eiswind der Zeit
863 H.G. Francis: Die schlafende Göttin
864 H.G. Francis: Demeters Flucht
865 H.G. Ewers: Kosmische Irrfahrt
866 H.G. Ewers: Aura des Unheils
867 H.G. Francis: Bardioc und die Kaiserin

14. PAN-THAU-RA

868 Kurt Mahr: Aufbruch der BASIS
869 Kurt Mahr: Die Tage des Ungeheuers
870 William Voltz: Plondfair, der Berufene
871 William Voltz: Zentrum der Lüge
872 Hans Kneifel: Die Schattenwelt
873 H.G. Francis: Die Manipulierten
874 H.G. Francis: Die Gravo-Hölle
875 Marianne Sydow: Der Psionen-Strahler
876 Kurt Mahr: Die Welt des LARD
877 Kurt Mahr: In der Gewalt des LARD
878 Ernst Vlcek: Impulse aus dem Nichts
879 Ernst Vlcek: Sturm auf Terra
880 Clark Darlton: Gegner im Dunkel
881 H.G. Ewers: Erbe des Tba
882 H.G. Ewers: Brennpunkt Milchstraße
883 Hans Kneifel: Die große Pyramide
884 William Voltz: Raumschiff des Mächtigen
885 William Voltz: Kampf in der PAN-THAU-RA
886 H.G. Francis: Welt der Suskohnen
887 H.G. Francis: Die Verschollenen
888 Kurt Mahr: Überfall der Malgonen
889 Kurt Mahr: Der Kampf um Quostoht
890 Ernst Vlcek: Auge zum Hyperraum
891 Hans Kneifel: Geschenk der Götter
892 Ernst Vlcek: Facetten der Ewigkeit
893 Clark Darlton: Abschied von Eden II
894 William Voltz: Soldaten des LARD
895 William Voltz: Herren der PAN-THAU-RA
896 H.G. Ewers: Die Meuterer
897 H.G. Ewers: Ein Hauch von Magie
898 Marianne Sydow: Der Saboteur
899 William Voltz: Orkan im Hyperraum

15. Die kosmischen Burgen

900 William Voltz: Laire
901 Ernst Vlcek: Die Zweidenker
902 Ernst Vlcek: Das Mädchen und die Loower
903 Kurt Mahr: Der Quellmeister
904 Kurt Mahr: Murcons Burg
905 H.G. Francis: Sendboten des Alles-Rads
906 H.G. Francis: Das Gericht der Kryn
907 Marianne Sydow: Das Weltraumbaby
908 William Voltz: Aura des Friedens
909 Hans Kneifel: Die Falle der Kryn
910 Clark Darlton: Planet der Telepathen
911 Ernst Vlcek: Der Helk des Quellmeisters
912 Ernst Vlcek: Die Truppe der Berserker
913 H.G. Ewers: Im Land der Riesen
914 H.G. Ewers: Begegnung auf Zaltertepe
915 Kurt Mahr: Murcons Vermächtnis
916 Kurt Mahr: Der Quellmeister und die Bestie
917 William Voltz: Grenze im Nichts
918 William Voltz: Das Grab des Mächtigen
919 H.G. Francis: Duell mit dem Roboter
920 H.G. Francis: Insel der Vernichtung
921 Clark Darlton: Kontakt auf Scharzo
922 Marianne Sydow: Invasion der Feuerkugeln
923 Ernst Vlcek: Panik im Hypperraum
924 Ernst Vlcek: Lockruf der Psychode
925 H.G. Ewers: Boten der Finsternis
926 H.G. Ewers: Das Ladonnia-Psychod
927 Hans Kneifel: Reigen der Paratender
928 Ernst Vlcek: Solo für einen Androiden
929 William Voltz: Die Demonteure
930 William Voltz: Das Loch im Universum
931 Kurt Mahr: Das strahlende Gefängnis
932 Kurt Mahr: Statue der Macht
933 H.G. Francis: Ariolcs Vermächtnis
934 H.G. Francis: Gucky, der Mächtige
935 Clark Darlton: Mysterium des Weltalls
936 Marianne Sydow: Die letzten Flibustier
937 H.G. Ewers: Planet der Ebenbilder
938 H.G. Ewers: Armada der Orbiter
939 Ernst Vlcek: Das Rätsel von Lakikrath
940 Ernst Vlcek: Geburt einer Dunkelwolke
941 Ernst Vlcek: Pakt der Paratender
942 Ernst Vlcek: Der Margor-Schwall
943 Hans Kneifel: Der Kybsoon-Effekt
944 William Voltz: Planet der Puppen
945 Kurt Mahr: Die Energiejäger
946 Kurt Mahr: Der sechste Schlüssel
947 H.G. Francis: Der Matazema-Plan
948 H.G. Francis: Wohnsitz der Götter
949 Marianne Sydow: Beherrscher der Tiefe
950 H.G. Ewers: Testfall Olymp

951 H.G. Ewers: Ultimatum der Orbiter
952 William Voltz: Die Höhlen der Ringwelt
953 Ernst Vlcek: Der Laser-Mann
954 Ernst Vlcek: Die Phantom-Jagd
955 Clark Darlton: Das Rätsel der Barriere
956 Hans Kneifel: Niemandsland der Träume
957 Kurt Mahr: Der Traumplanet
958 Kurt Mahr: Die Gruft des Beschützers
959 Marianne Sydow: Der Loower und das Auge
960 Marianne Sydow: Das Ufo-Serum
961 H.G. Ewers: Der verrückte Orbiter
962 H.G. Ewers: Wächter der goldenen Stadt
963 Peter Griese: Mission der Flibustier
964 Ernst Vlcek: Schwingen des Geistes
965 Ernst Vlcek: Die Sporenschiffe
966 Peter Terrid: Der letzte der Mächtigen
967 Clark Darlton: Die Materiesenke
968 Clark Darlton: Exodus der Mutanten
969 William Voltz: Der falsche Ritter
970 William Voltz: Das Ende der Wächter
971 Kurt Mahr: Alarm auf Martappon
972 Kurt Mahr: Die Stimme aus dem Nichts
973 H.G. Francis: Das seltsame Genie
974 H.G. Francis: Wachfort SKARABÄUS
975 Marianne Sydow: Die zweite Welle
976 H.G. Ewers: Kämpfer für Garbesch
977 Ernst Vlcek: Kemoaucs Bestie
978 Ernst Vlcek: Heimkehr der Loower
979 Peter Terrid: Der Nachfolger
980 Kurt Mahr: Schwerkraft-Alarm
981 Kurt Mahr: Helfer der Kosmokraten
982 William Voltz: Der Auserwählte
983 Clark Darlton: Der Ort der Stille
984 H.G. Ewers: Waffen der Verdammnis
985 H.G. Ewers: Erzfeind der Orbiter
986 Marianne Sydow: Das Ende der Sternenstadt
987 Marianne Sydow: Die sanften Invasoren
988 H.G. Francis: Duell der Erbfeinde
989 H.G. Francis: Die Zukunft der Orbiter
990 Kurt Mahr: Planet der Glücksbringer
991 Kurt Mahr: Die letzte Horde
992 Peter Griese: Bestienrummel
993 Peter Terrid: Bastion der Bestien
994 H.G. Ewers: Problem Langzeitwaffe
995 H.G. Ewers: Der Kampf gegen die VAZIFAR
996 Ernst Vlcek: Der letzte Waffengang
997 Ernst Vlcek: Straße der Psychode
998 Clark Darlton: Terraner unerwünscht
999 H.G. Francis: Heimkehr

16. Die kosmische Hanse

1000 William Voltz: Der Terraner
1001 Marianne Sydow: Die Jäger von Chirocool
1002 Marianne Sydow: Das weiße Schiff
1003 Peter Terrid: Neulinge an Bord
1004 Kurt Mahr: Die Stufen der Erkenntnis
1005 Kurt Mahr: Todesfahrt nach Felloy
1006 Clark Darlton: Die Falle von Cratcan
1007 William Voltz: Die Kosmische Hanse
1008 Ernst Vlcek: Ein Computer spielt verrückt
1009 Ernst Vlcek: Agenten auf Mardi-Gras
1010 Peter Griese: Der Computermensch
1011 Peter Griese: Angriff der Brutzellen
1012 H.G. Francis: Der programmierte Mann
1013 H.G. Ewers: Die Spoodie-Seuche
1014 H.G. Ewers: Alles für die SOL
1015 Marianne Sydow: Das Schiff der Ahnen
1016 Clark Darlton: Zwischenspiel auf Karselpun
1017 Kurt Mahr: Auf den Spuren der Bruderschaft
1018 Kurt Mahr: Die Betschiden und der Jäger
1019 Hans Kneifel: In den Händen der Bruderschaft
1020 William Voltz: Das Viren-Experiment
1021 H.G. Francis: Der unsichtbare Gegner
1022 Ernst Vlcek: Der Held von Arxisto
1023 Peter Terrid: Die Quarantäneflotte
1024 H.G. Francis: Zeitmüll
1025 Marianne Sydow: Planet der Spiele
1026 Marianne Sydow: Der Favorit
1027 William Voltz: Das Superspiel
1028 Clark Darlton: Der einsame Gefangene
1029 Kurt Mahr: Die Unbezwingbaren
1030 Kurt Mahr: Meister der Vergangenheit
1031 H.G. Ewers: Mission Zeitbrücke
1032 Peter Griese: Der Experimentalplanet
1033 Peter Griese: Die Hamiller-Tube
1034 H.G. Francis: Kommandos aus dem Nichts
1035 William Voltz: Sphinx
1036 Peter Terrid: Das Spoodie-Schiff
1037 Peter Terrid: Gefangene der SOL
1038 Hans Kneifel: Der Verräter von Kran
1039 Kurt Mahr: Die Stimme der Bruderschaft
1040 Kurt Mahr: Unheil über Kran
1041 William Voltz: Das Orakel
1042 H.G. Ewers: Gefahr aus M19
1043 H.G. Ewers: Vamanu
1044 H.G. Francis: Die schwarze Macht
1045 Peter Griese: In den Höhlen von Lokvorth
1046 Clark Darlton: Terra im Schußfeld
1047 H.G. Francis: Sklaven der Superintelligenz
1048 William Voltz: Atlans Rückkehr
1049 Kurt Mahr: Geheimagent für Kran
1050 Kurt Mahr: Die Roboter von Ursuf

1051 Ernst Vlcek: Die schwarze Flamme
1052 Peter Griese: Finale auf Chircool
1053 Peter Griese: Metamorphose der Gläsernen
1054 H.G. Ewers: Der mentale Sturm
1055 H.G. Ewers: Das psionische Labyrinth
1056 William Voltz: Die steinerne Charta
1057 H.G. Francis: Die Gestrandeten
1058 Kurt Mahr: Vorstoß nach M3
1059 Kurt Mahr: Fels der Einsamkeit
1060 Clark Darlton: Der Planet Vulkan
1061 H.G. Ewers: Beherrscher des Atoms
1062 H.G. Ewers: Station der Porleyter
1063 Detlev G. Winter: Ein Hauch von Leben
1064 Clark Darlton: Der Schiffbruch
1065 Peter Griese: Die Superviren
1066 Ernst Vlcek: Gesils Punkt
1067 H.G. Francis: Am Rand des Nichts
1068 Kurt Mahr: Rückkehr in die Hölle
1069 H.G. Ewers: Tötet die Terraner
1070 William Voltz: Gefangene der Materie
1071 Marianne Sydow: Zwischenstation Orsafal
1072 Ernst Vlcek: Karawane durch Magellan
1073 H.G. Francis: Das rotierende Nichts
1074 K.H. Scheer: Lockruf aus M3
1075 Marianne Sydow: Die Waffe der Porleyter
1076 Horst Hoffmann: Der Weg der Porleyter
1077 Detlev G. Winter: Aura des Schreckens
1078 Kurt Mahr: Die Seth-Apophis-Brigade
1079 H.G. Francis: Station der Freien
1080 Horst Hoffmann: Das Ende eines Experiments
1081 H.G. Ewers: Die Unbesiegbaren
1082 H.G. Ewers: Transmitter nach Nirgendwo
1083 K.H. Scheer: Der Kometenmann
1084 Kurt Mahr: Operation Kardec-Schild
1085 Horst Hoffmann: Der Symbionten-Träger
1086 William Voltz: Solaner-Jagd
1087 Marianne Sydow: Wolke im All
1088 Ernst Vlcek: Der ewige Krieger
1089 H.G. Francis: Die Psi-Antenne
1090 Kurt Mahr: Der Kardec-Kreis
1091 H.G. Ewers: Sperrgebiet Hyperraum
1092 H.G. Ewers: Aktion Transmitternetz
1093 Detlev G. Winter: Testwelt Cheyraz
1094 H.G. Ewers: Der Mann aus Haiti
1095 Ernst Vlcek: Das Ende eines Porleyters
1096 Marianne Sydow: Der Ring der Kosmokraten
1097 H.G. Francis: Begegnung in der Unendlichkeit
1098 Kurt Mahr: Der steinerne Bote
1099 Kurt Mahr: Das Kollektiv der Porleyter

17. Die Endlose Armada

1100 William Voltz: Der Frostrubin
1101 K.H. Scheer: Erkundung gegen Unbekannt
1102 Clark Darlton: Der letzte Mirvaner
1103 Detlev G. Winter: Außenseiter der Armada
1104 H.G. Ewers: Meuterei im All
1105 H.G. Ewers: Das Siegelschiff
1106 Kurt Mahr: Der Trümmerreiter
1107 Kurt Mahr: Jenseits der tödlichen Grenze
1108 William Voltz: Sturz aus dem Frostrubin
1109 Marianne Sydow: Die Stunde der Krieger
1110 Ernst Vlcek: Operatoren für Kruste Magno
1111 Horst Hoffmann: Die Macht der Elf
1112 H.G. Francis: Der Silberne
1113 H.G. Francis: Die Station des Silbernen
1114 Kurt Mahr: Der Fluch der Kosmokratin
1115 Clark Darlton: Bote des Unsterblichen
1116 H.G. Ewers: Projekt Zweiterde
1117 H.G. Ewers: Das Gedankenmonster
1118 K.H. Scheer: Der Admiral und der Silberne
1119 Hans Kneifel: Gestrandet unter blauer Sonne
1120 William Voltz: Geschäfte mit dem Tod
1121 Kurt Mahr: Der Sonnenhammer
1122 Kurt Mahr: Raubzug der Armadaschmiede
1123 Ernst Vlcek: Brutstätte der Synchroniten
1124 Thomas Ziegler: Das Armadafloß
1125 H.G. Francis: Einsatzkommando Synchrodrom
1126 H.G. Ewers: Der Psi-Trust
1127 Marianne Sydow: Die Ewigen Diener
1128 Kurt Mahr: Weltraumtitanen
1129 Kurt Mahr: Der befehlende Code
1130 Thomas Ziegler: Aufstand im Vier-Sonnen-Reich
1131 Thomas Ziegler: Planet der Deportierten
1132 H.G. Ewers: Die Toten und der Wächter
1133 H.G. Ewers: Duell in der Notzone
1134 Detlev G. Winter: Im Innern einer Sonne
1135 Clark Darlton: Begegnung am Todesauge
1136 William Voltz: Die letzten Maahks
1137 Kurt Mahr: Einer gegen Terra
1138 Kurt Mahr: Triumph der Psioniker
1139 Ernst Vlcek: Unheimliches Erwachen
1140 Marianne Sydow: Der Eindringling
1141 William Voltz: Die Zeit bleibt Sieger
1142 H.G. Ewers: Sammelpunkt Vier-Sonnen-Reich
1143 H.G. Francis: Die Goon-Hölle
1144 H.G. Francis: Operation Hornissenschwarm
1145 H.G. Ewers: Der unsichtbare Bote
1146 Detlev G. Winter: Angriff der Barbaren
1147 Detlev G. Winter: Die Spur zu Ordoban
1148 Kurt Mahr: Die schwarze Pyramide
1149 Marianne Sydow: Im Bann des Zweisterns
1150 Kurt Mahr: Die große Vision

1151 H.G. Ewers: Das Babel-Syndrom
1152 Ernst Vlcek: Gespensterwelt
1153 H.G. Ewers: Hölle auf Erden
1154 Clark Darlton: Flucht aus dem Grauen Korridor
1155 Arndt Ellmer: Der Erwecker
1156 H.G. Francis: Der Armadaprinz
1157 H.G. Francis: Rebellen der Armada
1158 Marianne Sydow: Der Schiffbrüchige
1159 Kurt Mahr: Seth-Apophis
1160 Kurt Mahr: Aitheran ruft
1161 Kurt Mahr: Totentanz in M82
1162 H.G. Ewers: Kampf um Terra
1163 Thomas Ziegler: Invasion der Fairy Queens
1164 Arndt Ellmer: Vishna-Fieber
1165 William Voltz: Einsteins Tränen
1166 Detlev G. Winter: Weltraum in Flammen
1167 Marianne Sydow: Bettler des Vakuums
1168 H.G. Ewers: Marionetten der Silbernen
1169 Kurt Mahr: Pforte des Loolandre
1170 Kurt Mahr: Abgrund unter schwarzer Sonne
1171 Clark Darlton: Der Todesimpuls
1172 Arndt Ellmer: Triumph der Kosmokratin
1173 Detlev G. Winter: Computerwelten
1174 Ernst Vlcek: Duell der Kosmokraten
1175 H.G. Ewers: Zeitbeben
1176 H.G. Ewers: Die Nichtwelt
1177 Kurt Mahr: Der Junge von Case Mountain
1178 Kurt Mahr: Die vierte Weisheit
1179 H.G. Francis: Vorhof des Loolandre
1180 H.G. Francis: Das Clansgericht
1181 Marianne Sydow: Die Clansmutter
1182 Arndt Ellmer: Das Element der Kälte
1183 Detlev G. Winter: Zwischen Licht und Finsternis
1184 Thomas Ziegler: Der Weg der Flamme
1185 Thomas Ziegler: Feind der Kosmokraten
1186 Ernst Vlcek: Dekalog der Elemente
1187 H.G. Ewers: Zielgebiet Armadaherz
1188 H.G. Ewers: Die Loolandre-Patrouille
1189 Marianne Sydow: Alaska Saedelaere
1190 Kurt Mahr: Die stählerne Spinne
1191 Kurt Mahr: Im Schattenreich der Yo
1192 Arndt Ellmer: Angriff auf die Hundertsonnenwelt
1193 Detlev G. Winter: Gestern ist heute
1194 Ernst Vlcek: Hundertsonnendämmerung
1195 H.G. Francis: Krisenherd Andro-Beta
1196 H.G. Francis: Die Waffenhändler von Mrill
1197 H.G. Ewers: Der Psi-Schlag
1198 H.G. Ewers: Traumzeit
1199 Kurt Mahr: Der Prinz und der Bucklige

18. Chronofossilien / Vironauten

1200 Kurt Mahr: Ordoban
1201 Detlev G. Winter: Kosmisches Mosaik
1202 H.G. Francis: Sturz durch die Zeit
1203 H.G. Francis: Die Zeitgänger
1204 H.G. Ewers: Der erste Impuls
1205 Thomas Ziegler: Kundschafter der Kosmokraten
1206 Clark Darlton: Flucht ins Labyrinth
1207 Arndt Ellmer: Im Bann des Kraken
1208 Kurt Mahr: In den Katakomben von Starsen
1209 Kurt Mahr: Die Grauen Lords
1210 Arndt Ellmer: Unterwegs nach Magellan
1211 Thomas Ziegler: Der gute Geist von Magellan
1212 H.G. Francis: Die größte Show des Universums
1213 H.G. Ewers: Der Superkämpfer
1214 H.G. Ewers: Ein Raumriese erwacht
1215 Ernst Vlcek: Der Ruf des Stahlherrn
1216 Ernst Vlcek: Drei Ritter der Tiefe
1217 Peter Terrid: Abenteuer im Grauland
1218 H.G. Francis: Der Haluter Sokrates
1219 H.G. Francis: Der blockierte Mutant
1220 H.G. Ewers: Im mentalen Netz
1221 H.G. Ewers: Der Oxtorner und der Admiral
1222 Arndt Ellmer: Das Chronofossil
1223 Detlev G. Winter: Ordobans Erbe
1224 Thomas Ziegler: Rückkehr in den Frostrubin
1225 Kurt Mahr: Bastion im Grauland
1226 Kurt Mahr: Der Kampf um Schatzen
1227 Arndt Ellmer: Lord Mhutans Stunde
1228 H.G. Francis: Clio, die Spielzeugmacherin
1229 Ernst Vlcek: Psionisches Roulette
1230 Thomas Ziegler: Psychofrost
1231 Thomas Ziegler: Unternehmen Thermoschild
1232 Kurt Mahr: Anschlag auf Gatas
1233 Kurt Mahr: Rückkehr in die Minuswelt
1234 Ernst Vlcek: Piratensender Acheron
1235 Clark Darlton: Blitz über Eden
1236 H.G. Ewers: Im Reich der Jaschemen
1237 H.G. Ewers: Rebellion der Kyberneten
1238 Arndt Ellmer: Zentrum des Kyberlandes
1239 Arndt Ellmer: Der Einsame der Tiefe
1240 Peter Griese: Kampf um das Technotorium
1241 Ernst Vlcek: Der Smiler und die Sphinx
1242 Peter Griese: Tsunamis im Einsatz
1243 Peter Griese: Die Maschinen des Dekalogs
1244 Kurt Mahr: Traumwelt Terra
1245 Kurt Mahr: Der böse Geist von Terra
1246 Thomas Ziegler: Die Macht des Träumers
1247 H.G. Francis: Aufbruch zum Vagenda
1248 H.G. Ewers: Das Glaslabyrinth
1249 H.G. Ewers: Auf dem Weg zum Licht
1250 Thomas Ziegler: Die Raum-Zeit-Ingenieure

1251 Ernst Vlcek: Stalker
1252 Ernst Vlcek: Start der Vironauten
1253 Kurt Mahr: Aufbruch nach Erendyra
1254 Kurt Mahr: Welt ohne Hoffnung
1255 Arndt Ellmer: Unternehmen Quarantäneschirm
1256 Peter Griese: Die Faust des Kriegers
1257 H.G. Francis: Die Letzte Schlacht
1258 H.G. Ewers: Sternenfieber
1259 H.G. Ewers: Der Weg nach Eden
1260 Marianne Sydow: Das letzte Chronofossil
1261 Ernst Vlcek: Devolution
1262 Ernst Vlcek: Schule der Helden
1263 Peter Griese: Die Freibeuter von Erendyra
1264 Arndt Ellmer: Der Flug der LOVELY BOSCYK
1265 H.G. Francis: Die heilende Göttin
1266 Kurt Mahr: Der Troß des Kriegers
1267 Kurt Mahr: Flucht aus Elysium
1268 Peter Griese: Die Tiermeister von Nagath
1269 Detlev G. Winter: Ein Auftrag für die SOL
1270 Arndt Ellmer: Der Rettungsplan
1271 Kurt Mahr: Finale in der Tiefe
1272 Kurt Mahr: Revolte der Ritter
1273 H.G. Ewers: Upanishad
1274 H.G. Francis: Die Paratau-Diebe
1275 Peter Griese: Die Goim-Station
1276 Arndt Ellmer: Kodexfieber
1277 H.G. Ewers: Nachricht aus Gruelfin
1278 Kurt Mahr: Der Elfahder
1279 H.G. Francis: Insel der Sternensöhne
1280 Ernst Vlcek: Meister der Intrige
1281 Arndt Ellmer: Teleport
1282 H.G. Ewers: Sprung zum Dreiecksnebel
1283 H.G. Ewers: Der Kartanin-Konflikt
1284 Kurt Mahr: Am Paß der Icana
1285 Kurt Mahr: Das Spiel des Lebens
1286 Peter Griese: Comanzataras Träume
1287 Peter Griese: In der Kalmenzone von Siom
1288 H.G. Francis: Das Barbarentor
1289 Ernst Vlcek: Sterntagebuch
1290 Arndt Ellmer: Stalker gegen Stalker
1291 H.G. Ewers: Die Verblendeten
1292 Marianne Sydow: Das Versteck der Kartanin
1293 H.G. Francis: Desothos Geschenk
1294 Arndt Ellmer: Die Botschaft des Elfahders
1295 Kurt Mahr: Der neue Sotho
1296 Peter Griese: Intrige zwischen den Sternen
1297 H.G. Ewers: Zweikampf der Sothos
1298 Kurt Mahr: Der Gorim von Aquamarin
1299 Ernst Vlcek: Im Garten der ESTARTU

19. Die Gänger des Netzes

1300 Mahr/Vlcek: Die Gänger des Netzes
1301 H.G. Francis: Eirenes Spur
1302 H.G. Ewers: Schicksalspunkt Terraner-Tor
1303 Peter Griese: Der Retter von Topelaz
1304 Arndt Ellmer: Das Gericht der Elfahder
1305 Arndt Ellmer: Das Haus der fünf Stufen
1306 Clark Darlton: Das Geheimnis von Chanukah
1307 Ernst Vlcek: Vorstoß in den dunklen Himmel
1308 Kurt Mahr: Das Wunder der Milchstraße
1309 Kurt Mahr: Heiße Fracht für Terra
1310 H.G. Ewers: Unternehmen Götterschrein
1311 H.G. Ewers: Hölle SOTHOM
1312 Arndt Ellmer: Die Spur der Kartanin
1313 Marianne Sydow: Die Kolonisten von Lao-Sinh
1314 H.G. Francis: Horchposten Pinwheel
1315 Peter Griese: Der Roboter und der KLOTZ
1316 Ernst Vlcek: Die Kalydonische Jagd
1317 Ernst Vlcek: Die Orphischen Labyrinthe
1318 Kurt Mahr: DORIFER
1319 Peter Griese: Konferenz der Sieger
1320 K.H. Scheer: Tostan, der Spieler
1321 H.G. Francis: Brennpunkt Big Planet
1322 H.G. Ewers: Rebellion der Haluter
1323 H.G. Ewers: Paladin VI
1324 Kurt Mahr: Der Große Bruder
1325 Kurt Mahr: Der Tod eines Kriegers
1326 Arndt Ellmer: Gegenschlag der Kartanin
1327 Marianne Sydow: Das Geheimnis der Wissenden
1328 Robert Feldhoff: Die Harmonie des Todes
1329 Ernst Vlcek: Der Raub der Hybride
1330 K.H. Scheer: Flucht aus dem Vergessen
1331 H.G. Francis: Zu Ehren Ijakors
1332 Peter Griese: Die Höhlen der Ewigkeit
1333 Kurt Mahr: Im Bann des Psichogons
1334 Clark Darlton: Der Zweck heiligt die Mittel
1335 Arndt Ellmer: Die Verlorenen Geschenke der Hesperiden
1336 H.G. Ewers: Der Jäger von Gatas
1337 Ernst Vlcek: Krieg der Esper
1338 Ernst Vlcek: Die Sechstageroboter
1339 Kurt Mahr: Ijarkors letzte Schlacht
1340 Arndt Ellmer: Ephemeriden-Träume
1341 Robert Feldhoff: Der Spion von Kumai
1342 H.G. Francis: Tod aus der Unendlichkeit
1343 K.H. Scheer: Der Königstiger
1344 Peter Griese: Das Ende der Hybride
1345 Marianne Sydow: Gruft der Erleuchtung
1346 Kurt Mahr: Entscheidung im Raumfort 3201
1347 Kurt Mahr: Am Ereignishorizont
1348 Ernst Vlcek: Die ESTARTU-Saga
1349 Ernst Vlcek: Chronik der Kartanin

20. Tarkan

1350 Kurt Mahr: Tarkan
1351 H.G. Ewers: Die Materiequelle
1352 Robert Feldhoff: Die schwarzen Schiffe
1353 K.H. Scheer: CORDOBA ruft BASIS
1354 Peter Griese: Strangeness-Schock
1355 Arndt Ellmer: Der Kaiser kehrt zurück
1356 H.G. Francis: Die Botschaft der letzten Tage
1357 Marianne Sydow: Nach dem Holocaust
1358 H.G. Ewers: Im Dimensionsgefängnis
1359 Ernst Vlcek: Der letzte Krieger
1360 Robert Feldhoff: Abschied der Vironauten
1361 Kurt Mahr: Das Anklam-Projekt
1362 Kurt Mahr: Der Sonnensucher
1363 Arndt Ellmer: Krieg der Städte
1364 Peter Griese: Auf den Spuren ESTARTUS
1365 Ernst Vlcek: Die Astrologen von Hangay
1366 Clark Darlton: Die Freiheit des Bewußtseins
1367 H.G. Ewers: Brennpunkt Pinwheel
1368 H.G. Ewers: Iruna
1369 K.H. Scheer: Strangeness-Rhapsodie
1370 Marianne Sydow: Amoklauf der Wissenden
1371 Arndt Ellmer: Projekt Septembermorgen
1372 Kurt Mahr: Zwölf Raumschiffe nach Tarkan
1373 Kurt Mahr: Imago
1374 Ernst Vlcek: Wiege der Kartanin
1375 Ernst Vlcek: Friedhof der Nakken
1376 Robert Feldhoff: Die Werber des Hexameron
1377 Robert Feldhoff: Der rote Hauri
1378 Peter Griese: Geheimniswelt Cheobad
1379 Arndt Ellmer: Zielstern Anklam
1380 H.G. Ewers: Die Helden von Zapurush-III
1381 Marianne Sydow: Romanze in Psi
1382 K.H. Scheer: Das Siegeszeugnis
1383 H.G. Ewers: Todeskommando Paghal
1384 Clark Darlton: Ort der Erfüllung
1385 Kurt Mahr: Die Materiewippe
1386 Peter Griese: Raumstation Urian
1387 Ernst Vlcek: Signale der Vollendung
1388 Kurt Mahr: Kurier nach Tarkan
1389 H.G. Francis: Straße der Skarabäen
1390 Robert Feldhoff: Die Tore DORIFERS
1391 Vlcek/Griese: Der Fürst des Feuers
1392 K.H. Scheer: Treffpunkt Y-Gate
1393 Arndt Ellmer: Botschaft aus der Heimat
1394 H.G. Ewers: Im Auftrag der Toten
1395 Peter Griese: Kampfkommando Ragnarök
1396 Marianne Sydow: Die verborgene Welt
1397 Robert Feldhoff: Der Sänger und die Mörder
1398 Peter Griese: Feuersturm
1399 Kurt Mahr: ESTARTU

21. Die Cantaro

1400 Kurt Mahr: Götter der Nacht
1401 Arndt Ellmer: Herr der Trümmer
1402 H.G. Ewers: Die Drachenwelt
1403 Marianne Sydow: Die fliegenden Menschen
1404 K.H. Scheer: Diebe aus der Zukunft
1405 H.G. Ewers: Das Erbe der Posbis
1406 Robert Feldhoff: Barriere im Nichts
1407 Clark Darlton: Der Eremit von Satrang
1408 Ernst Vlcek: Ein Tropfen Ewigkeit
1409 Arndt Ellmer: Sucher in M3
1410 Kurt Mahr: Der Druide
1411 Peter Griese: Eiswelt Issam-Yu
1412 Marianne Sydow: Der Pirat von Magellan
1413 H.G. Francis: Enklave Chronopuls-Wall
1414 K.H. Scheer: Der letzte Aufbruch
1415 Robert Feldhoff: Die Spur des Propheten
1416 Arndt Ellmer: Das Gebot der Götter
1417 Clark Darlton: Flug in Richtung Ewigkeit
1418 Kurt Mahr: Die Höhle des Giganten
1419 H.G. Ewers: Tod eines Cynos
1420 H.G. Ewers: Sternentore
1421 Ernst Vlcek: Zeitzeugen
1422 Ernst Vlcek: Die Tage der Cantaro
1423 K.H. Scheer: Wer ist Advok?
1424 Kurt Mahr: Revolte auf Phönix
1425 H.G. Francis: Eine Falle für die Cantaro
1426 Peter Griese: Daarshol, der Cantaro
1427 Marianne Sydow: Die Reise nach Ardustaar
1428 Robert Feldhoff: Wächter der BASIS
1429 Arndt Ellmer: Hamillers Herz
1430 Arndt Ellmer: Hamillers Puzzle
1431 H.G. Francis: Das Humanidrom
1432 H.G. Francis: Flugziel Gevonia
1433 Kurt Mahr: Blokadebrecher
1434 H.G. Ewers: Station der Rätsel
1435 Clark Darlton: Im Halo der Galaxis
1436 Robert Feldhoff: Die Bionten von Kyon
1437 Marianne Sydow: Der Weg nach Bentu-Karapau
1438 Ernst Vlcek: Kinder der Retorte
1439 K.H. Scheer: Agenten weinen nicht
1440 Ernst Vlcek: Deckname Romulus
1441 Arndt Ellmer: Schwarze Sternenstraße
1442 Kurt Mahr: Die grauen Eminenzen
1443 Arndt Ellmer: Die Flucht der Barbarossa
1444 Kurt Mahr: Legende und Wahrheit
1445 K.H. Scheer: Gensklaven für Uulema
1446 Peter Griese: Robotsporen
1447 H.G. Ewers: Sturmwelt am Scheideweg
1448 Marianne Sydow: Der Kaiser von Karapon
1449 Marianne Sydow: Die Perle Moto
1450 H.G. Francis: Die Herren der Straßen

1451 Robert Feldhoff: Die Siragusa-Formeln
1452 Ernst Vlcek: Entscheidung am Ereignishorizont
1453 Kurt Mahr: Der unbekannte Feind
1454 Peter Griese: Psychoterror
1455 H.G. Ewers: Kundschafter für Halut
1456 K.H. Scheer: Fremde in der Nacht
1457 Robert Feldhoff: Bomben für Topsid
1458 H.G. Francis: Die Spur der Haluter
1459 Marianne Sydow: Die Spur von Sira-VII
1460 Arndt Ellmer: Ellerts Botschaft
1461 Peter Griese: Der Friedenssprecher
1462 Robert Feldhoff: Operation Brutwelt
1463 Ernst Vlcek: Die Geburt eines Cantaro
1464 Kurt Mahr: Das Phantom von Phönix
1465 K.H. Scheer: Schach dem Klon
1466 H.G. Ewers: Kontrakt mit Unbekannt
1467 H.G. Francis: Historie der Verschollenen
1468 Marianne Sydow: Zentralplasma in Not
1469 Peter Griese: Impulse des Todes
1470 Arndt Ellmer: Der Arzt von Amgermaddon
1471 Robert Feldhoff: Museum der Archäonten
1472 Ernst Vlcek: Loge der Unsterblichen
1473 K.H. Scheer: Jagd den Terraner!
1474 Kurt Mahr: Das Supremkommando
1475 Clark Darlton: Auf Gesils Spuren
1476 Peter Griese: Drei gegen Karapon
1477 H.G. Ewers: Die Piratin
1478 Marianne Sydow: Planet der Sammler
1479 H.G. Francis: Prophet des Todes
1480 Arndt Ellmer: Die Verbannten von Maahkora
1481 Robert Feldhoff: Keine Chance für Raumfort Choktasch
1482 Kurt Mahr: Der Alleingang des Außenseiters
1483 Ernst Vlcek: In den Ruinen von Lokvorth
1484 Marianne Sydow: Der Tod eines Nakken
1485 Peter Griese: Werkstatt der Sucher
1486 H.G. Ewers: Mission auf Akkartil
1487 H.G. Francis: Rebellion in der Gen-Fabrik
1488 K.H. Scheer: Söhne der Hölle
1489 Arndt Ellmer: Offensive der Widder
1490 Ernst Vlcek: Endsation Sol
1491 Robert Feldhoff: Transit nach Terra
1492 Robert Feldhoff: Das dunkle Netz
1493 Kurt Mahr: Das Gefängnis der Kosmokratin
1494 Peter Griese: Jagd auf Gesil
1495 Arndt Ellmer: Die Generalprobe
1496 Marianne Sydow: Die Paratrans-Mission
1497 H.G. Ewers: Unternehmen Exitus
1498 K.H. Scheer: Rhodans Tod
1499 Ernst Vlcek: Das Mondgehirn erwacht

22. Die Linguiden

1500 Ernst Vlcek: Ruf der Unsterblichkeit
1501 H.G. Francis: Weg ohne Wiederkehr
1502 Kurt Mahr: Die letzte Frist
1503 Robert Feldhoff: Krisenfall Topsid
1504 Arndt Ellmer: Die Mutantensucher
1505 Marianne Sydow: Dorina, die Friedensstifterin
1506 Marianne Sydow: Eine Welt der Linguiden
1507 K.H. Scheer: Insel der Monster
1508 Peter Griese: Spur der Hoffnung
1509 H.G. Ewers: Der Dunkle und sein Schatten
1510 Clark Darlton: Ein blinder Passagier
1511 Ernst Vlcek: Die neun Leben des Caligula
1512 Robert Feldhoff: Der heimliche Rebell
1513 H.G. Francis: Rendezvous auf Jimmerin
1514 Arndt Ellmer: Das Muschelschiff
1515 Peter Griese: Das Geheimnis der Nakken
1516 Kurt Mahr: Chaos im Humanidrom
1517 K.H. Scheer: Der Imperator
1518 H.G. Ewers: Das Cueleman-Debakel
1519 Robert Feldhoff: Das Symbol der Taube
1520 Marianne Sydow: Geschäfte mit Topsid
1521 Peter Griese: Die Streiter von Efrem
1522 Arndt Ellmer: Metalyse
1523 Kurt Mahr: Das Projekt
1524 Ernst Vlcek: Die Uhren von Wanderer
1525 H.G. Francis: Methanwelt Antau I
1526 H.G. Ewers: Galaxis der Verdammten
1527 H.G. Ewers: Gesil und der Gesandte
1528 Marianne Sydow: Metamorphosen des Geistes
1529 Robert Feldhoff: Rückkehr in die Provcon-Faust
1530 Robert Feldhoff: Sturm in der Dunkelwolke
1531 Peter Griese: Besuch auf Terra
1532 Arndt Ellmer: Lasim und Paranakk
1533 H.G. Francis: Ende der Sonnenzeit
1534 Marianne Sydow: Nocturnen-Alarm
1535 Ernst Vlcek: Tanz der Nocturnen
1536 Ernst Vlcek: Der Weise von Fornax
1537 H.G. Francis: Was die Götter schenken
1538 K.H. Scheer: Der Thron von Arkon
1539 Marianne Sydow: In der Eastside
1540 Peter Griese: Ein Freund der Linguiden
1541 Robert Feldhoff: Das himmlische Stück
1542 H.G. Ewers: Mission auf Vaar
1543 Arndt Ellmer: Der Held von Sigris
1544 K.H. Scheer: Roulette der Auserwählten
1545 Peter Griese: Die Welten von Truillau
1546 Robert Feldhoff: Voltago der Diener
1547 Arndt Ellmer: Sabotage auf Terra
1548 Kurt Mahr: Orbit im Nichts
1549 Ernst Vlcek: Brennpunkt Wanderer
1550 Marianne Sydow: Die neue Bestimmung

1551 Peter Griese: Die Linguidenforscher
1552 Robert Feldhoff: Tolots Terror
1553 H.G. Ewers: Stalkers Trick
1554 H.G. Francis: Kinder des Monos
1555 Kurt Mahr: Zu Arkons Ruhm und Ehre
1556 Arndt Ellmer: Schatten der Vergangenheit
1557 Robert Feldhoff: Die Bionten von Drumbar
1558 Peter Griese: Pentaskopie
1559 Marianne Sydow: Atlan und der Linguide
1560 H.G. Francis: Agenten des Bewahrers
1561 H.G. Ewers: Der Überfall
1562 Kurt Mahr: Bastion des Bewahrers
1563 Clark Darlton: Geheimsache RIUNAN
1564 Horst Hoffmann: Report der Unsterblichkeit
1565 Arndt Ellmer: Der Intrigant
1566 H.G. Francis: Vermächtnis eines Helden
1567 Robert Feldhoff: Die Auserwählten
1568 Peter Griese: Sklaven der5. Dimension
1569 Ernst Vlcek: Finale für Taurec
1570 Kurt Mahr: Das Haus der Geborgenheit
1571 Kurt Mahr: PE-hilfreich
1572 Horst Hoffmann: Der Menschenzoo
1573 Marianne Sydow: Blick in die Zeit
1574 H.G. Francis: In den Händen des Folterers
1575 Robert Feldhoff: Der Gesang des Lebens
1576 Arndt Ellmer: Die Planetenspringer
1577 Arndt Ellmer: Endstation Etustar
1578 Marianne Sydow: Geschäfte mit dem Frieden
1579 H.G. Ewers: Roi Danton der Pirat
1580 Peter Griese: Rätselhaftes Kima
1581 Horst Hoffmann: Tod im Weltraumfort
1582 Ernst Vlcek: Das Kimalog
1583 Marianne Sydow: Das Mädchen und der Nakk
1584 Peter Griese: Agent an drei Fronten
1585 Kurt Mahr: Eine Leiche nach Akkartil
1586 H.G. Francis: Wen die Rache trifft
1587 Robert Feldhoff: Rebellion der Sterblichen
1588 Marianne Sydow: Die falsche Kette
1589 Arndt Ellmer: Im Auftrag des Galaktikums
1590 H.G. Francis: Operation Unsterblichkeit
1591 Peter Griese: Opfer des Hyperraums
1592 H.G. Francis: Der Ilt und der Tod
1593 Horst Hoffmann: Taurecs Geschenk
1594 Robert Feldhoff: Flugziel Dorifer
1595 Robert Feldhoff: Blick in die Zukunft
1596 Arndt Ellmer: Abgrund der Zeit
1597 Horst Hoffmann: Abschied von der Unsterblichkeit
1598 Peter Terrid: Der Tag des Zorns
1599 Ernst Vlcek: Ein Freund von ES

23. Die Ennox

1600 Ernst Vlcek: Wenn die Sterne erlöschen
1601 Kurt Mahr: 10. Januar 1200
1602 Clark Darlton: Spurensuche im All
1603 Peter Griese: In der Toten Zone
1604 H.G. Francis: Der Fluch von Rubin
1605 Peter Terrid: Besucher aus dem Irgendwo
1606 Robert Feldhoff: Der Spieler und die Kartanin
1607 Robert Feldhoff: Im Leerraum gestrandet
1608 Horst Hoffmann: Ennox an Bord
1609 Arndt Ellmer: Rettung für die Posbis
1610 Horst Hoffmann: Das Ende des Spuks
1611 Peter Griese: Im Dschungel der Sterne
1612 Peter Terrid: Der letzte Flug der LIATRIS SPICATA
1613 H.G. Francis: Die Suche nach Paunaro
1614 Arndt Ellmer: Beauloshairs Netz
1615 Arndt Ellmer: Jaobouramas Opfergang
1616 Kurt Mahr: Experimente im Hyperraum
1617 Robert Feldhoff: Die Akonin
1618 Peter Griese: Panik
1619 Horst Hoffmann: Krisenherd Bolan
1620 Ernst Vlcek: Affraitancars Uhrwerk
1621 Ernst Vlcek: Colounshabas Waffe
1622 Clark Darlton: Der Verlorene
1623 Peter Terrid: Dimension des Grauens
1624 H.G. Francis: In der Wechselzone
1625 Kurt Mahr: Botschaft von ES
1626 Robert Feldhoff: Qeyonderoubos Aufstieg
1627 Robert Feldhoff: Die Arcoana am Scheideweg
1628 Arndt Ellmer: Kristall aus dem Nichts
1629 H.G. Francis: Die blaue Schlange
1630 Peter Griese: Geheimmission der XENOLITH
1631 Peter Terrid: Jäger der Unsterblichkeit
1632 Kurt Mahr: Botschaft aus der Raumzeitfalte
1633 Arndt Ellmer: Eine Falle für die MAGENTA
1634 H.G. Francis: Das Schwert der Akonen
1635 Robert Feldhoff: Schach der Blauen Schlange
1636 Peter Griese: Die letzte Etappe
1637 Peter Griese: Gefangene der Zeit
1638 H.G. Francis: In Sintas Bann
1639 Kurt Mahr: Signale aus NGC6503
1640 H.G. Ewers: Griff nach Arkon
1641 Horst Hoffmann: Symbiose
1642 Horst Hoffmann: Der Planet der Ennox
1643 Peter Terrid: Psychospiel auf Akon
1644 H.G. Francis: Sturm auf Wanderer
1645 Robert Feldhoff: Operation Draco
1646 Arndt Ellmer: Finale im Sheokorsystem
1647 Kurt Mahr: Der letzte Schlag
1648 Ernst Vlcek: Die Spiegelgeborenen
1649 Robert Feldhoff: Projekt Coma

24. Die Große Leere

1650 Horst Hoffmann: Flugziel Große Leere
1651 H.G. Francis: Am Rand der Großen Leere
1652 Susan Schwartz: Im Netz des Quidor
1653 H.G. Ewers: Randwelt der Rätsel
1654 Peter Griese: Das Versagen der Ennox
1655 Arndt Ellmer: Sampler1
1656 Peter Terrid: 20 von Ertrus
1657 Horst Hoffmann: SOS für Mystery
1658 Robert Feldhoff: Lyndaras Kämpfer
1659 H.G. Francis: Falsches Spiel auf Makkom
1660 Ernst Vlcek: Die Todesengel von Hangay
1661 Kurt Mahr: Tabuplanet Shaft
1662 Susan Schwartz: Welt ohne Schatten
1663 Peter Griese: Insel der Schatten
1664 Peter Terrid: Der Henker von Sloughar
1665 Horst Hoffmann: Boccus Traum
1666 Horst Hoffmann: Der weite Horizont
1667 Robert Feldhoff: Die Früchte des Wissens
1668 Robert Feldhoff: Die Türme von Canaxu
1669 Ernst Vlcek: Der Kyberklon
1670 H.G. Ewers: Das Tribunal
1671 Arndt Ellmer: Fluchtpunkt Mars
1672 H.G. Francis: Ennox-Jagd
1673 Susan Schwartz: Die Offenbarung der Veego
1674 Peter Griese: Freunde der Ennox
1675 Peter Griese: Kontakt bei Borgia
1676 Peter Terrid: Im Gravo-Kubus
1677 Robert Feldhoff: Durchgang zur Spiegelwelt
1678 Arndt Ellmer: Im Brennpunkt der Spindeln
1679 Horst Hoffmann: Der Dunkelplanet
1680 Ernst Vlcek: Moira
1681 Susan Schwartz: Kurs Milchstraße
1682 Peter Terrid: Söldner ohne Auftrag
1683 H.G. Francis: Mehr Macht für Arkon
1684 Arndt Ellmer: Endstation Heleios
1685 Peter Griese: Spindel und Segment
1686 Horst Hoffmann: Wesen aus der Spindel
1687 Robert Feldhoff: Fremde auf Titan
1688 Robert Feldhoff: Joker Nummer Sieben
1689 Susan Schwartz: Rendezvous auf Phegasta
1690 Peter Terrid: Kollektiv der Sieben
1691 Arndt Ellmer: Das Schöpfungsprogramm
1692 Horst Hoffmann: Syntron-Alarm
1693 Peter Griese: Vierzehn Berserker
1694 H.G. Francis: NATHAN stirbt
1695 Ernst Vlcek: Entscheidung auf Luna
1696 Peter Terrid: In den Ruinen des Mars
1697 Arndt Ellmer: An Bord der STYX
1698 Susan Schwartz: Die Schule der Theans
1699 Horst Hoffmann: Nachricht von Taurec

25. Die Ayindi

1700 Robert Feldhoff: Möbius
1701 Peter Griese: Die Ayindi
1702 Horst Hoffmann: Jagd auf die STYX
1703 Peter Terrid: Todesbezirk der Abruse
1704 Arndt Ellmer: Zwischen den Fronten
1705 Peter Terrid: Auf der Welt der Kristalle
1706 Ernst Vlcek: Kibb
1707 Robert Feldhoff: Attacke der Abruse
1708 Robert Feldhoff: Geheimsache Gender
1709 Arndt Ellmer: Der Wächter von Rotsand
1710 H.G. Ewers: Mission in Magellan
1711 Peter Griese: Kristallplanet Mars
1712 Horst Hoffmann: Volatgos Flucht
1713 Susan Schwartz: Im Bann der Abruse
1714 Ernst Vlcek: Die Beausoleils
1715 Peter Terrid: Das Enterkommando
1716 Arndt Ellmer: Die Hantel des Somers
1717 Peter Griese: Inseln der Illusion
1718 H.G. Ewers: Mysteriöse Waren
1719 Horst Hoffmann: Die Totenliste
1720 Susan Schwartz: Kommandant der Abruse
1721 Robert Feldhoff: Utiekks Gesandte
1722 Robert Feldhoff: Abrutians Boten
1723 Peter Terrid: Unternehmen Werftplanet
1724 Arndt Ellmer: Besuch aus Hirdobaan
1725 Peter Griese: Basar der Träumer
1726 H.G. Ewers: Testfall Magellan
1727 Peter Terrid: Der Kristallkopf
1728 Horst Hoffmann: Hoffnung für Terra
1729 H.G. Francis: KristallBRAND
1730 Susan Schwartz: Der Verbündete
1731 Ernst Vlcek: Die Beaumortels
1732 Robert Feldhoff: Avanatas Armada
1733 Arndt Ellmer: Projekt Sonnenschild
1734 Peter Griese: Kampagne der Hamamesch
1735 Arndt Ellmer: Handelszentrum Eastside
1736 Horst Hoffmann: Planet der Corrax
1737 Horst Hoffmann: Das Corrax-Rätsel
1738 Susan Schwartz: Der alte Raunach
1739 Susan Schwartz: Der Tabubrecher
1740 H.G. Francis: Gefangene des Theans
1741 Arndt Ellmer: Hamillers Alleingang
1742 Robert Feldhoff: Countdown für KOROMBACH
1743 Peter Terrid: Digital-Gespenster
1744 Peter Griese: Der Plan des Unsterblichen
1745 Ernst Vlcek: Sholunas Hammer
1746 H.G. Francis: Das Herz der Abruse
1747 Peter Terrid: Hyzzak
1748 Horst Hoffmann: Im Teufelskreis
1749 Horst Hoffmann: Inseln des Lebens

26. Die Hamamesch

1750 Robert Feldhoff: Karawane der Verzweifelten
1751 Arndt Ellmer: Die Grenzländerstation
1752 Hubert Haensel: Als Rebell geboren
1753 Peter Terrid: Die Crypers
1754 Susan Schwartz: Phantome auf Schimos
1755 Peter Griese: Die Fürstin und der Outlaw
1756 H.G. Francis: Herr der Milchstraße
1757 Horst Hoffmann: Endstation Tod
1758 Robert Feldhoff: Der Maschinenmensch
1759 Hubert Haensel: Die Outlaws von Unith
1760 H.G. Francis: Verrat auf Ambraux
1761 Peter Terrid: Konfrontation auf Connox
1762 Arndt Ellmer: Vorstoß nach Schingo
1763 Horst Hoffmann: Würfel des Todes
1764 Horst Hoffmann: Jagd nach dem Glück
1765 Susan Schwartz: Der Imprint-Faktor
1766 Arndt Ellmer: Phasenspringer
1767 Peter Griese: Einsatz der Kartanin
1768 Ernst Vlcek: Maschtaren sehen alles
1769 Robert Feldhoff: Endreddes Bezirk
1770 Robert Feldhoff: Endreddes Gesetz
1771 H.G. Francis: Der Tempel der Mondgöttin
1772 Hubert Haensel: Zug der Herrscher
1773 Hubert Haensel: Entscheidung auf Borrengold
1774 Peter Griese: Der Weg des Smilers
1775 Susan Schwartz: Kommando Gonozal
1776 Peter Terrid: Endreddes Unterwelt
1777 H.G. Francis: Ende eines Unsterblichen
1778 Arndt Ellmer: Die Pounder
1779 Horst Hoffmann: Tréogen
1780 Robert Feldhoff: Der brennende Mond
1781 Peter Griese: Kampf um NETWORK
1782 Peter Terrid: Zwischen Schingo und Tampir
1783 H.G. Francis: Das Versteck der Maschtaren
1784 Hubert Haensel: Rückzug oder Tod
1785 Arndt Ellmer: Knotenpunkt Zonder-Myry
1786 Robert Feldhoff: Das Reparaturgehirn
1787 Horst Hoffmann: Die Sklaven des Bezirks
1788 Susan Schwartz: Testcenter
1789 Peter Griese: Programm Lebenshilfe
1790 Robert Feldhoff: Ende einer Ewigkeit
1791 Peter Terrid: Die Brut
1792 Horst Hoffmann: Lebensziel Rache
1793 Hubert Haensel: Tod den Galaktikern!
1794 H.G. Francis: Plan der Auferstehung
1795 Ernst Vlcek: Die Farbe Alenant
1796 Susan Schwartz: Rückkehr der Sydorrier
1797 Arndt Ellmer: Station der Roach
1798 Peter Terrid: Werkstatt des Lebens
1799 Horst Hoffmann: Der Kreis schließt sich

27. Die Brücke in die Unendlichkeit

1800 Robert Feldhoff: Zeitraffer
1801 Robert Feldhoff: Die Herreach
1802 Hubert Haensel: Stiefkinder der Sonne
1803 Hubert Haensel: Der Riese Schimbaa
1804 Arndt Ellmer: Kampf ums Überleben
1805 Peter Terrid: Arsenal der Macht
1806 Peter Griese: Der Mutant der Cantrell
1807 H.G. Francis: Die Haut des Bösen
1808 Susan Schwartz: Landung auf Lafayette
1809 Horst Hoffmann: Hetzjagd durch den Hyperraum
1810 Arndt Ellmer: Der Weg nach Camelot
1811 H.G. Francis: Konferenz der Galaktiker
1812 Ernst Vlcek: Camelot
1813 Peter Griese: Die Mörder von Bröhnder
1814 Robert Feldhoff: Unter dem Galornenstern
1815 Peter Terrid: Rätselwelt Galorn
1816 Peter Terrid: Hüter der Glückseligkeit

Statistiken zu PERRY RHODAN

Natürlich könnte man zur PERRY RHODAN-Serie eine unendliche Fülle von Statistiken liefern; sicher interessieren sich auch eine Menge von Menschen dafür.

Wie sieht beispielsweise die Verteilung der PERRY RHODAN-Computer aus? Was stand im einzelnen in den PERRY RHODAN-Reports, und wer hat wann welche Rißzeichnung erstellt? Und: Welche Hauptperson ist wann mit welcher Nebenfigur eine Beziehung eingegangen?

Ganz zu schweigen von weiteren Verknüpfungen zur Außenwelt: Wer weiß denn schon, welche Rock-Bands in welchen PERRY RHODAN-Romanen in welcher Form verarbeitet wurden? Wer kann nachvollziehen, welche Politiker und welcher Science-Fiction-Fan gegen seinen Willen und ohne sein Wissen als außerirdischer Bösewicht in PERRY RHODAN mitspielte?

Mit solchen Statistiken kann man die Leser erheitern. Man muß es nicht. Deshalb haben wir uns auf die wesentlichen beschränkt …

So ergibt die von Oliver Reiff erstellte PERRY RHODAN-Autorenstatistik nach 600er-Etappen ein schönes Bild: Man kann nachvollziehen, wann welcher Autor seine schöpferischste Phase hatte. Die von Heiko Langhans erstellte Taschenbuch-Statistik erklärt sich von selbst, ebenso die vom selben Autor zusammengestellte Sammelstatistik für ATLAN. Zuletzt liefert Oliver Reiff eine Aufstellung der Hauptpersonen – natürlich nur aus der Heftreihe.

Autorenstatistik:
PERRY RHODAN in 600er-Etappen

Autor	Romane 1 bis 599	Romane 600 bis 1199	Romane 1200 bis 1820	Romane gesamt
K.H. Scheer	51	4	21	76
Clark Darlton	131	47	14	192
Kurt Mahr	82	104	65	251
W.W. Shols	4	0	0	4
Kurt Brand	38	0	0	38
William Voltz	123	80	0	203
H.G. Ewers	94	100	55	249
Conrad Shepherd	3	0	0	3
Hans Kneifel	49	41	0	90
Ernst Vlcek	15	66	60	141
H.G. Francis	9	82	65	156
Harvey Patton		1	0	1
Peter Terrid		10	30	40
Marianne Sydow		29	32	61
Peter Griese		10	67	77
Detlev G. Winter		11	3	14
Horst Hoffmann		4	34	38
Thomas Ziegler		6	7	13
Arndt Ellmer		5	76	81
Robert Feldhoff			64	64
Susan Schwartz			18	18
Hubert Haensel			8	8
Mahr / Vlcek			1	1
Vlcek / Griese			1	1
Summe	**599**	**600**	**621**	**1820**

Die Taschenbücher in der Statistik

Autor:	Einstieg:	zuletzt:	gesamt:
Clark Darlton	1	342	25
Kurt Mahr	2	372	42
Kurt Brand	3	3	1
H.G. Ewers	5	359	61
Hans Kneifel	8	393	84
William Voltz	9	161	12
Ernst Vlcek	46	336	32
H.J. Frey	87	102	2
Klaus Fischer	106	261	2
H.G. Francis	127	399	21
Harvey Patton	151	269	6
Peter Griese	171	384	20
Peter Terrid	179	400	21
Horst Hoffmann	186		12
W.K. Giesa	197	270	5
Detlev G. Winter	203	203	1
Arndt Ellmer	213	401	20
Falk-Ingo Klee	235	248	2
Thomas Ziegler	236	265	3
Hubert Haensel	237	403	10
Robert Feldhoff	289	376	10
Martin Schlesinger	325	325	1
Dr. Florian F. Marzin (Hrsg.)	333	333	1
Susan Schwartz	357	370	2
Götz Roderer	375	375	1
Uwe Anton	385	392	2
Konrad Schaef	387		2
Manfred Weinland	394	394	1
Rainer Castor	396	402	2

Taschenbuch-Titelbilder

Zeichner:	Bände:
Johnny Bruck	1–218, 325
Alfred Kelsner	219–252, 255–324, 326–335, 337–338, 341–405
Bob Layzell	253
Robin Hidden	254
Ralph Voltz	336, 340
J.K. Potter	339

Autorenstatistik:
ATLAN in 100er-Etappen

1 bis		99	199	299	399	499	599	699	799	850	
Einstieg mit Band:											
K.H. Scheer	1	2	1								= 3
William Voltz	3	11		1	1		1				= 14
H.G. Ewers	4	19	15	13	10	10	2	3	13	8	= 93
Hans Kneifel	8	22	16	15	15	15	12	14	16	8	= 133
Kurt Brand	15	1									= 1
H.G. Francis	17	16	12	15	15	13	8	6	9		= 94
Dirk Hess	21	2	8	7							= 17
Ernst Vlcek	22	16	11								= 27
Kurt Mahr	67	6	8	7	8		9	6			= 44
Clark Darlton	82	3	9	9	9	2					= 32
Klaus Fischer	94	1	2								= 3
Peter Terrid	125		8	12	6	13	7	14	11	3	= 74
Conrad Shepherd	170		3								= 3
Marianne Sydow	178		4	12	18	17	2	2	5		= 60
Harvey Patton	179		3	9	4				8	6	= 30
Horst Hoffmann	312				14	17	14	13			= 58
Detlev G. Winter	421				6	3					= 9
Hubert Haensel	425					7	8	8	9	7	= 39
Peter Griese	501						16	17	8	8	= 49
Wilfried Hary	515						1				= 1
Falk-Ingo Klee	526						9	9	8	5	= 31
Arndt Ellmer	527						8	8	13	7	= 36

Hauptpersonen von Heft 1 bis 1799

1. 971 × Perry Rhodan – der Erbe des Universums
2. 451 × Atlan – der Einsame der Zeit
3. 413 × Gucky – der Retter des Universums
4. 297 × Reginald Bull – Perry Rhodans Stellvertreter und ältester Freund
5. 149 × Icho Tolot – der Haluter
6. 140 × Roi Danton – alias Michael Reginald Rhodan
7. 139 × Ras Tschubai – Teleporter
8. 128 × Julian Tifflor – der Erste Terraner
9. 118 × Alaska Saedelaere – der Cappinspürer und ehemalige Maskenträger
10. 87 × Ronald Tekener – der Smiler und Spieler
11. 66 × Tako Kakuta – Teleporter
12. 62 × Fellmer Lloyd – Orter, Telepath
13. 58 × John Marshall – Telepath
14. 58 × Homer G. Adams – Finanzgenie und Halbmutant
15. 57 × Ernst Ellert – der »neue« Bote von ES
16. 52 × Ovaron – der Ganjo des ganjasischen Reiches
17. 51 × Hotrenor-Taak – der Verkünder der Hetosonen
18. 49 × Galbraith Deighton – Gefühlsmechaniker und Chef der SolAb
    49 × Geoffry Abel Waringer – terranischer Chefwissenschaftler
20. 48 × Melbar Kasom – ertrusischer USO-Spezialist
    48 × Jen Salik – ein Ritter der Tiefe
22. 38 × Gesil – Inkarnation von Vishna, Perrys Frau
23. 36 × Anson Argyris / Vario-500 – der Robotkaiser von Olymp
    36 × Dao-Lin-H'ay – die ehemalige »Stimme von ARDUSTAAR«
25. 35 × Irmina Kotschistowa – Metabio-Gruppiererin
    35 × Sato Ambush – der Pararealist mit Ki

Alle Statistiken über das Auftreten der Personen beziehen sich nur auf Nennungen am Beginn des PERRY RHODAN-Romans unter der Rubrik »Die Hauptpersonen des Romans«.